왕길지(Gelson Engel)의 한국선교

왕길지(Gelson Engel)의 한국선교

Dr Gelson Engel and Korea Mission

A Biography of Dr Gelson Engel, an Australian Presbyterian Missionary, who taught at the Presbyterian Theological Seminary and Soongsil Academy in Pyengyang, North Korea.

이상규

Sang Gyoo Lee

숭실대학교 한국기독교문화연구원

뿌리총서 간행사

나무에 뿌리, 물에 샘이라는 것은 우리의 개천절 노래에도, 조선의 용비어천가에도 등장하는 의미 있는 비유입니다. 압축하면 본원(本源)이라 합니다. 만물의 본원을 지극한 단계까지 찾아나서는 행위는 자기 존재를 완전히 하고 역할 수행을 극대화하며 그만큼 의미 있게 살아가기 위한 필수적 작업입니다.

높은 산 등성이에 있는 작은 샘에서 솟아난 맑은 석간수가 바위골짜기를 거쳐 산 아래 도달하고 넓은 농지와 대도시와 중간에 있는 댐과 제방을 경험하며 넓은 바다로 가는 동안 주변에서 이른바 지천이 계속 합류하여 수량은 많아지는데 청정도는 점점 떨어지지만 공업, 농업, 발전, 또는 정수하여 수백만 도시민의 상수원으로 쓸 수 있게 되어 그 용도가 커집니다. 시작은 은미했으나 결과적 쓰임새는 광대합니다. 우리 숭실도 많이 커졌습니다. 처음 시작할 때는 문과 한 반으로 시작했고, 기독교적 사회지도자, 한국 교회의 지도자를 양성하는데 초점을 맞추었지만 이제는 40여개 학과와 학부, 그리고 대학원생을 합하면 17,000여명의 재학생이 있고, 상당한 규모의 건물도 있고 500여 전임 교수진도 있습니다. 그러나 커진 만큼 초기의 맑은 정신이나 숭고하다고 했었던 목적을 그대로 견지하고 있는지 살펴볼 필요가 있습니다.

2013년 가을 우리 숭실대학교에 '뿌리찾기위원회'가 발족하였습니다. 건학120주년 기념사업의 일환으로 평양에서 시작한 숭실대학의 정신, 그 흐름의 모습과 내용, 그리고 서울에서 재건할 때의 과정 등에 대하여 집중적으로 연구하고자 해서입니다. 평양 숭실의 설립자 베어드, 2대 교장 라이너, 3대 교장 마펫, 4대 교장 매큔, 5대 교장 마우리 다섯 분의 교장을 연구하여 평전을 짓고, 블레어, 편하설, 스월른, 솔토, 해밀튼, 클라크, 보컬 등 10명의 큰 업적을 이룬 분들을 집중적으로 연구하며, 더불어 평양대부흥회, 신사참배, 『논리약해』, 순교자, 선교사들의 부인, 숭실의 문인, 숭실의 음악인, 방지일 목사, 조만식 선생 등 30주제의 사건·저술·인물 등 특정 분야에서 이루어진 탁월한 업적을 연구하고 그 가치를 재현해 내는 것을 목표로 하였습니다.

이 연구에 한국교회사 연구에 있어 전문가이신 이상규 교수님(고신대), 김흥수 교수님(목원대), 임희국 교수님(장신대), 이덕주 교수님(감신대), 김승태 교수님(한국기독교역사연구소) 그리고 민경찬(한예종) 교수님을 각각 책임 연구원으로 모실 수 있게 된 것, 그리고 숭실대학교의 여러 학문 분야의 교수님들이 참여해 주신 것에 깊은 감사를 드립니다. 희귀 자료들을 선뜻 내어 주시고, 확보에 도움을 주신 한국교회사문헌연구원의 심한보 선생, 그리고 호주선교회 관련 자료를 제공해 주신 전 예장(통합)교단 사무총장 조성기 목사님께 감사드립니다. 또 이번 일에 크게 도움을 주신 분으로 결코 빠뜨릴 수 없는 분이 있습니다. 숭실대학교 부설 한국기독교박물관의 학예사 한명근 박사입니다. 한명근 박사는 이번 일에 있어서 여러 형태로 많은 도움을 주었습니다. 무엇보다 박물관이 소장하고 있는 희귀 자료의 열람은 물론 사진들을 제공하여 연구와 연구물의 출판에 큰 도움을 주었습니다. 뿌리찾기위원회의 발족 때부터 연구 기획에서 김명배 교수가 많은 도움을 주었습니다. 또한 더불어 기획·사무·총괄 간사로 수고해 주신 오지석 박사께도 깊은 감사를 전합니다. 사무행정에서 매끄러운 진행을 배려해 주신 120주년기념사업회 윤형흔 부장님의 수고도 함께 오래도록 기억할 것입니다.

이제 그 연구결과들을 뿌리총서라는 이름으로 숭실대학교 한국기독교문화연구원에서 간행합니다. 1967년에 출범한 한국기독교문화연구원은 그 동안 줄곧 이름 그대로 한국의 기독교문화를 연구해 오고 있습니다. 우리 연구

위원회에서 수행한 활동은 사실상 한국기독교문화연구원의 사업과 부합하며, 실제로 행정과 사무실, 소장 자료를 중심으로 진행되는 등 그 활동의 일환으로 진행되어 왔습니다. 뿌리총서 1호는 윌리엄 베어드입니다. 이어 평양 시절 숭실의 교장들의 평전이, 그리고 탁월한 업적을 이루어낸 분들에 대한 연구물이 그 일련 번호를 차례로 이어 나가게 됩니다.

항시 좋은 뿌리를 가졌다고 자부해온 우리 숭실인들이 그 뿌리의 형성 과정을 다시 살펴보고 오늘의 우리에게 나타나고 있는 가지와 잎과 꽃과 열매가 바람직한 형상과 품질과 격조를 지니고 있는지를 냉정하게 살펴보는 시간이 되기를 원합니다.

만시지탄이 큰 이 일이지만 그 중요성을 인식하시고 많은 어려움 속에서도 이를 발의하시고 재정을 마련하시고 행정의 틀과 편의를 제공하여 주신 숭실대학교 총장님께 깊은 감사를 드립니다.

2017년 4월

숭실대학교 뿌리찾기위원회 위원장

숭실대학교 한국기독교문화연구원장

곽 신 환 삼가 적음

저자 서문

이번에 호주장로교 출신 선교사 겔손 엥겔(Gelson Engel), 곧 왕길지(王吉志)에 대한 연구서를 펴내게 된 것을 기쁘게 생각합니다. 왕길지 선교사는 1900년 10월 29일 부산으로 와 1937년 3월 25일 한국을 떠나기까지 36년 5개월간 부산(1900-1919)과 평양(1919-1937)에서 봉사했던 위대한 선교사였습니다. 독일 출신인 그는 바젤선교회 소속으로 한국에 오기 전 이미 인도 푸나에서 6년 간(1892-1898) 봉사한 바 있으므로 43년간 선교사로 일한 셈입니다. 개척자적인 정신과 학문적인 능력, 그리고 12개국의 언어를 통달했던 언어적 소양과 음악적 재능을 겸비했던 그는 부산경남지방에서 교회개척과 순회전도, 목회와 학교운영, 노회와 총회 등 각종 치리회에서 봉사했고, 1906년 이래로 평양신학교 교수로 일하는 한편, 1920년부터 3년간은 숭실대학 교수로 일했습니다. 뿐만 아니라 신학지남 편집, 찬송가편찬위원, 구약성경개역작업에 관여하였고, 여러 논문과 저서를 남기기도 했습니다. 특히 그는 호주장로교 선교부를 대표하여 숭실대학 교수로 일하는 한편 숭실대학 이사로 기독교교육을 위해서도 헌신했습니다.

이런 활동에도 불구하고 그에 대한 연구가 구체적으로 이루어지지 못했습니다. 이런 가운데 숭실대학교 한국기독교문화연구원의 배려로 왕길지 선교사에 대해 연구하게 되었고 여러 가지로 부족하지만 이 책을 출판하게 된 것입니다. 이 연구를 이끌어 주시고 후원해 주신 한국기독교문화연구원 곽신환 원장님과 관계자들께 깊은 감사를 드립니다. 또 원고의 일부를 「크리스찬 경남」 신문에 연재할 수 있도록 배려해 주신 서성우 목사님과 필요한 자료수집에 도움을 주신 신민석 박사의 사랑과 격려에 대하여 감사드립니다.

이 책은 전 4부로 구성되어 있습니다. 제1부 "왕길지 선교사의 선교활동과 숭실대학"에서는 왕길지의 생애 여정을 따라 그의 선교적 삶을 고찰하되 숭실대학을 위한 봉사에 주목하였고, 제2부에서는 왕길지 선교사와 후일 그의 부인이 되는 아그네스 브라운 선교사의 일기를 편집했습니다. 수기본 원문을 다시 검토하여 새롭게 번역하였을 뿐만 아니라 해설 주(註)를 첨가하여 독자들의 이해를 돕고자 했습니다. 제3부는 왕길지 선교사가 「신학지남」에 기고했던 여러 글 중 5편을 선정하여 수록하였습니다. 그리고 이 책 말미에는 왕길지와 아그네스 브라운의 영문 일기를 수록하여 번역본과 대조하여 읽을 수 있도록 배려하였습니다.

한국기독교문화연구원의 배려에도 불구하고 이 책은 여러 가지로 부족합니다. 더 좋은 연구가 이루어지기까지 잠정적인 기간만이라도 이 책이 유용한 자료가 되기를 기대합니다. 이 글을 쓸 수 있도록 배려해 주신 연구원과 곽신환 원장님께 감사의 인사를 드립니다.

2017년 1월

고신대학교

이상규

목차

I부

왕길지 선교사의 선교활동

II부

왕길지 선교사 부부의 일기

III부

왕길지 선교사의 논문 및 논설

부록

I부

왕길지 선교사의 선교활동

시작하면서

호주장로교회는 1889년 데이비스(J. H. Davies, 1856-1890)를 한국에 파송한 이래 해방 이전까지 78명의 선교사를 파송하였는데, 이 중 가장 유능한 그리고 지도적인 인물이 겔손 엥겔(Rev Gelson Engel, 1868-1939) 목사였다. 한국 이름 왕길지(王吉志)로 널리 알려진 그는 1900년 10월 29일 월요일 아침 부산에 도착한 이래 1937년 3월 은퇴하기까지 37년간 부산(1900-1919)과 평양(1919-1937)에서 활동했다. 개척자적인 정신과 학자적인 소양, 그리고 다방면의 해박한 지식을 겸비한 특출한 선교사였던 그는 언어 능력이 탁월하여 모국어인 독일어 외에도 12개국의 언어, 곧 헬라어(고전 헬라어와 신약성경 헬라어인 코이네 헬라어), 히브리어, 라틴어 등 고전어와, 영어, 불어, 이태리어 등 현대 서양어와 마라티어(Marathi), 힌디어(Hindi), 우르두어(Urdu) 등 인도의 방언들을 구사할 수 있었다. 또 내한 이후에는 한국어와 중국어(漢字)를 습득하였고 후일에는 일본어도 독학하여 불편 없이 사용할 수 있었다.

그는 한국에 체류하는 동안 교회개척과 순회전도, 경남지역교회 감독과 당회운영, 일신여학교 교장, 경상노회와 경남노회에서의 활동, 조선야소교장로회 총회를 위한 봉사, 평양의 예수교장로회신학교에서의 교수 활동과 각종저술, 신학지남 편집, 찬송가편찬위원, 성경개역작업, 그리고 숭실학교에서의 교수 등 다양한 영역에서 활동했다. 이 글에서는 왕길지 선교사의 내한과 활동, 특히 숭실학교에서의 봉사와 관련하여 호주장로교 선교부와 숭실대학에서의 후원과 협력관계에 대해 소개하고 그가 한국교회에 끼친 영향과 유산들에 대해 소개하고자 한다.

왕길지는 1900년 내한 한 이후 대한제국의 쇠망과 일제의 강점, 독립운동, 한국에서의 첫 철도의 부설, 총독부의 식민통치, 선교부에 대한 탄압 정책 등 한국 현대사의 각종 변화와 정치적 질곡을 체험하였다. 이와 같은 환경에서 그는 한국교회 조직의 기초를 놓았고, 한국교회 형성을 주도하는 한편 한국에서의 신학교육에 동참하였다. 그는 신학적으로 경건한 복음주의자였다. 그의 경험이 농축된 한국에서의 활동은 한국교회사 형성에 심대한 영향을 끼쳤다. 이런 점에서 그는 진정한 의미의 '한국교회의 교사'(Doctor ecclesiae Coreae)였다. 따라서 그의 한국선교는 한국교회사 해명에서도 중요한 의미를 지닌다.

1. 가정 배경과 교육

가정배경

왕길지는 1868년 10월 10일, 교사였던 다니엘 엥겔(Daniel Frederich Engel, 1837-1872)과 어머니 케더리나(Catherina, nee Henzlar, 1843-1911) 사이의 4남매 중 장남으로 독일 서남부 슈바벤에 있었던 뷔르템베르크(Württemberg)의 도나우강(Danube) 상류의 작은 마을 로텐아커(Rottenscker)에서 태어났다. 이곳은 1806년 이후 뷔르템베르크 왕국이었는데, 1871년 독일 제국의 일부가 되었다. 그의 아버지는 1837년 튀빙겐 남쪽의 슈바비안 알프(Swabian Alb) 지역인 에빙겐(Ebingen)에서 출생하여 그곳에서 성장했다. 그는 20세 생일을 맞기 3개월 전인 1857년 네카르하우젠(Neckarhausen) 출신인 케더리나와 결혼했다. 그 동안 교사로 일했으나 결혼 얼마 후에는 가이스링겐(Geislingen) 근처의 오베뵈링겐(Oberböhringen) 학교의 교장이 되었다. 이곳은 로텐아커로부터 60 km 떨어진 곳이었다.

그는 네 아이를 출산했는데, 장남이 고트로프(Gottlob), 곧 왕길지였고, 엘리자벳(Elise, 1869), 파울린(Pauline, 1871), 프레드리히(Fredrich, 1872)가 차례로 태어났다.[1)] 그의 어머니 케더리나는 자상하고 인정 많은 여성으로서 "모든 사람들로부터 큰 사랑을 받았고", 친절하고 덕성을 지닌 여성이었다. 왕길지의 본래 이름은 고트로프(Gottlob)였으나 결혼 후 겔손(Gelson)으로 개명했다. 그가 4살 때인 1872년 5월 18일 아버지는 장티푸스로 35세의 나이로 세상을 떠났고, 막내 동생 프레드리히는 아버지가 세상을 떠나기 한 달 전인 1872

---

1) 이글에서 가정 배경에 대한 정보는 왕길지가 1889년 3월 선교사 훈련을 받기 위해 바젤선교회에 제출한 자기 소개서인 'Mein Lebenslauf'에 근거하였다. 이 문서에서 왕길지는 자신의 출생에서부터 선교사 지원까지의 과정을 기술하고 있다. 이 기록의 주요사항은 왕길지의 아들 Frank Engel, *Rarely a Dull Movement: My Family History and My Life Story* (2001)에 인용되었다. 이 책은 오직 35권 타자본으로 인쇄되어 가족과 친지들에게 분배되었다.

년 4월 10일 출생하였으나 그도 약 50일 후인 1872년 6월 1일 사망했다. 이런 상황에서 29세의 나이로 과부가 된 어머니와 어린 세 자녀는 매우 어려운 어린 시절을 보내게 된다.[2)] 왕길지는 4살 때 네카르하우젠(Neckarhausen)으로 이사하여 이곳에서 4년간의 초등학교 교육을 받고, 그 후 인접한 뉘르팅엔(Nürtingen)의 라틴어학교(Latin School)에 입학했다. 오늘의 김나지움(Gymansium)에 해당하는 이 학교에서 고전어, 곧 그리스어와 라틴어 그리고 히브리어를 배웠고, 또 음악과 문화일반에 대해 공부했다. 이때의 고전어 공부가 후일 그의 사역의 유용한 도구가 되었다. 아버지처럼 교사가 되고자 했던 그는 1883년 뉘르팅엔에 있는 교육대학(Lehrer Seminar)에 입학하였다. 이 학교 입학시험에서는 150명 중 29등이었을 만큼 우수한 학생이었다. 이 학교에 4년간 재학했던 그는 1887년 졸업했다. 1888년과 1889년에는 여러 곳(Nellingen, Denkendoff, Balingen 그리고 Magerkingen)에서 보조교사로 일한 바 있다.

경건주의의 영향

이런 면학의 여정에서 왕길지는 경건주의의 영향을 받았다. 경건주의(Pietism)는 17세기 독일 알사스지방 라폴츠바일러(Rappoltsweiler)에서 출생한 필립 스페너(Philip Jacob Spener, 1635-1705)에 의해 시작된 루터파 내의 새로운 신앙운동으로써 16세기 종교개혁의 정신을 계승하여 이를 삶의 현장에서 실천하려고 했던 신앙운동이었다. 이런 점에서 독일의 교회사가인 브레히트(M. Brecht)는 "경건주의는 종교개혁이후 개신교회의 가장 의미 있는 신앙운동"이라고 불렀다. 16세기 종교개혁 이후 유럽 사회는 신구교 간의 대립이 심화되었고, 개신교회는 교리적 강조에 중점을 두게 된다. 이런 상황에서 교회는 제도화 되고 형식화되어 생명력을 잃고 있었다. 이런 제도화와 교리 중심주의, 곧 죽은 정통(dead orthodox)에 대한 반성이 일어났고, 이 반성은 독일

---

2) 왕길지의 어머니는 1911년 2월 11일 독일 Bempflingen에서 67세를 일기로 사망했다. 이상규, 『부산지방 기독교 전래사』(글마당, 2001), 302.

개신교회, 곧 루터교회의 내부에서 발생하여 점차 전 유럽의 개신교회로 확산되어 18세기에 꽃을 피웠다. 종교개혁을 통해 이신칭의의 구원관이 석명되고 정통교리가 강조되었으나 점차 화석화 되어 생명력을 잃고 있었다. 이런 상황에서 바른 신앙의 회복과 신앙의 실천이 강조되었다. 이런 점에서 경건주의는 '제2의 종교개혁'이라고 불리기도 한다.

스페너가 쓴 『경건한 열망』(*Pia Desideria*, 1675)은 경건주의 운동이 어떤 운동인가를 보여준다. 스페너는 이 책에서 교회에 대한 정부의 간섭, 성직자들의 통속적이고 모범적이지 못한 생활, 비생산적인 신학적 논쟁, 부도덕, 술 취함, 이기적인 자기 추구 등을 비판했다. 스페너는 영국의 청교도와 마찬가지로 음식과 술과 의복에 대한 절제를 주장했고, 당시 루터파가 아디아포라, 곧 '불간섭의 영역'으로 여겼던 극장출입, 춤, 카드놀이 등을 금지해야 한다고 보았다. 그는 이상과 같은 잘못에 대한 지적과 함께 개혁을 위한 6가지 요구조건을 제시하였는데, 그것은 성경에 대한 더 낳은 이해, 상호 기독자적 관심의 회복, 선행에 대한 강조, 과도한 논쟁의 중지, 신학교육에서의 영적 훈련, 그리고 설교의 갱신이 그것이다. 이렇게 볼 때, 경건주가 지향하는 목표는 근본적으로 '선행과 거룩한 생활'로 정리될 수 있을 것이다.

경건주의 운동은 1694년에 설립된 작센 안할트주의 할레대학(Universität Halle)을 중심으로 확산되었다. 이 대학에서 수천명의 젊은이들이 교육을 받았고, 수많은 선교사들이 배출되었다. 그러나 18세기 중반부터 할레의 경건주의는 점차 활기를 잃고 경건주의의 영향력은 점차 타 지역으로 확산되었는데, 성경신학자인 벵겔(Johann Albrecht Bengel, 1697-1752)의 지도력 하에서 뷔르템베르크는 후기 경건주의의 중요한 거점이 되었다.[3] 이곳에서의 경건주의는 대중적 성격의 신앙운동으로 지역과 교회에 영향을 주며 교구 안으로

3) 니콜즈(서영일 역), 『현대교회사』(기독교문서선교회, 1994), 98.

침투해 갔다.[4)]

경건주의는 성경의 기본교리를 강조하면서도 이론적인 지성주의를 배격하고 개인적인 경험적 산 신앙을 강조했다. 즉 이들은 당대의 정통주의와는 달리 바른 신앙과 더불어 경건한 삶을 강조했다. 이들은 제도적인 국민교회에 속해 있는 것만으로 만족하지 않고, 슈페너의 표현대로, '진지하게 기독신자가 되고자' 했다. 비록 경건주의가 계몽사조를 극복할 수 있을 정도의 신학적이고 창조적인 힘을 지니지는 못했으나 합리주의와 계몽주의 사조에 대항하여 성경의 진리를 강조하면서 오늘까지 독일 내의 보수적인 신앙으로 존속하고 있다.

왕길지는 이런 환경에서 태어나 성장하면서 경건주의의 강한 영향을 받게 되었다. 이 점은 그의 생애에 자연스럽게 드러났다. 그의 아들 프랑크 엥겔(Frank Engel)의 증언에 의하면, 일반적으로 호주출신 선교사들은 미국 출신의 선교사들에 비해 다소 개방적이고 진보적 신학을 견지했다고 평가하지만 자신의 아버지는 청교도적 신앙과 경건주의적 경향이 짙었던 것으로 회상했다. 프랑크는 동료인 미북장로교 선교사들의 자녀들은 주일에 소풍을 가거나 오락을 즐겨했으나 자신은 그런 일을 허락받지 못했다는 점을 일예로 들었다. 또 호주연합교회 선교사로 내한하여 장로회신학대학 교수를 역임했던 변조은(John Brown)은, 왕길지는 위대한 선교사 "하겐아우어(F. A. Hagenaur)나 헤이그(Haig)와 마찬가지로 모라비안 배경의 독일 경건주의의 영향을 받았고, 미국선교사들보다 더 복음주의적이었다고 지적한다.[5)]

뷔르템베르크의 경건주의는 독일어권인 스위스의 경건주의와 매우 흡사한 양상을 보여주었고, 특히 19세기 스위스 바젤은 경건주의의 또 다른 중심지가 되었다. 이런 환경이 왕길지로 하여금 후일 바젤선교회에 가담하게

4) 제랄드 크렉, 알렉 비들러, 『근현대교회사』(크리스챤다이제스트, 1999), 102.

5) 존 브라운과의 면담(2001. 3. 15).

되는 동기가 된다.

선교헌신

당시 독일의 경건주의적 환경에서 선교가 중시되었고, 선교에 대한 관심은 스페너에 이어 프랑케(August Franke, 1663-1727)를 거쳐 친첸도르프(Nichlaus Ludwig Zinzendorf, 1700-1760)에 이르러 더욱 중시되었다. 할레대학에서 할레 선교회의 창립과 함께 친첸도르프와 모라비안과의 만남은 18세기 이후 독일에서의 선교운동의 중요한 전환점이 된다. 이런 환경에서 독일에서 선교에 대한 관심이 고조되었고, 뷔르팅엔에서는 매년 선교축제가 개최되었다. 학창시절 왕길지는 어머니와 함께 이 모임에 매년 참가하였다. 이런 기회를 통해 세계의 종교적 상황과 선교적 과제를 인식하게 되었고, 선교사의 길을 모색하게 된다. 그러나 그의 어머니는 아들이 선교사가 되는 것을 원치 않았다. 그래서 그는 교육대학에서 공부하게 된 것이다. 이때의 상황에 대해 왕길지는 다음과 말한다.

> "교육대학에 다닐 때 나는 선교사로의 소명을 받았다. 그러나 어머니는 이런 일에 무관심했다. 또 친구도 선교사의 길을 권하지 않았다. 왜냐하면 나는 기관지 염증과 시험 준비에 대한 스트레스로 건강이 좋지 못했기 때문이다."

그래서 왕길지는 신학과 철학 공부를 진지하게 생각했다. "주님은 언어공부 능력을 주셨기 때문이었다." 실제로 그는 언어영역에서는 항상 동료들 중 최 상위권이었다. 그래서 21세 때인 1889년 학구의 길을 가고자 시도한 일도 있었다.

1889년 7월 18일, 뷔르템베르크의 에빙겐(Ebingen)에서는 선교대회가 개최되었다. 왕길지는 이 모임에도 참석했는데, 이 모임에서 두 사람의 선교사 파송식이 거행되었다. 이를 계기로 자신 또한 선교사의 길을 진지하게 고려하게 되었다. 왕길지는 이렇게 썼다.

"이때의 선교사 임직식은 내가 오랫동안 꿈꾸었으나 그동안 잊어버렸던 나의 모든 재능을 온전히 주님을 위해 바치려는 선교사의 꿈을 다시 환기시키는 계기가 되었다. 그러나 동시에 나의 내면에는 다른 목소리, 곧 선교사의 소명과 대조되는 학문의 길에 대한 소명이 있었다. 선교사의 길은 삶의 목표를 너무 낮게 잡은 것이 아닌가? 또 내가 만일 선교지로 간다면 이전에 나를 가르친 스승들과 나에게 도움을 주었던 분들이 어떻게 말할까를 생각해 보라는 음성이었다. 바로 그때 하나님의 영이 온 마음을 다해 하나님의 나라와 그의 의를 구하고 있음에도 불구하고 내 안에 얼마나 큰 교만과 세상 지식이 들어 있는지를 보여주셨다. 첫 음성이 이러했다. '아니야, 네가 어디든 가려고 한다면 먼저 겸손해야 해. 네가 세상의 영예를 구한다면 먼저 예수님과 바울이 세상의 수치를 기꺼이 받아드렸던 일을 기억해야 해.' 이 음성이 결국 이겼다."

두 주간동안 고심하던 왕길지는 결국 선교사의 길을 결심하고 1889년 8월 3일 바젤선교회(Basel Mission Society)에 선교사 지원을 했고, 선교사명과 헌신에 대한 심사를 거쳐 이 선교회의 선교훈련원(Mission Haus)에서 훈련을 받게 되었다. 그는 선교 자원과 함께 자신의 소명을 말한 후 다음과 같이 결론짓고 있다.

"나는 어디든 갈 준비가 되어 있다. 그렇다. 그리스도께서 그 사랑으로 나를 강권하사 나의 모든 것을 부인하게 하시고 나의 인간적 연약함에도 불구하고 내 모든 재능을 가능한 한 성별하여 오직 주님의 처분에 맡겨 주님의 추수 밭에서 놀라운 일을 하게 하신다. ... 사랑하는 어머니는 자신에게 어려운 결정이었지만 나의 생각에 동의해 주셨다. 그래서 나는 바젤선교회를 노크하게 되었다."

이때 왕길지의 선교사 지원을 추천해 준 이가 에빙겐의 목사 요하네스 베크(Johannes Beck)였다. 그는 왕길지의 어릴 때부터의 생활을 잘 알고 있었는데, 왕길지는 "건실한 기독교 교육을 받으며 성장했다"고 말하면서, "나는 지난 수년간 그리스도께서 왕길지의 가슴 속에서 헛되이 역사하지 않으셨다는 사실을 알 수 있고, 그리스도께서는 견고한 반석에 기초하여 그에게 역사하셨다."고 썼다. 또 왕길지는, "우리 주 예수 그리스도에 대하여 어린아이와 같이 순전한 사랑이 있고, 봉인한 학교 성적표에 나타난 바처럼 재능이 많은 청년이자 자신을 개발하려는 강력한 열망을 가진 청년"이라고 추천했다. 이때 스츄트가르트의 의사는 왕길지의 건강 확인서를 써 주었다.

그는 곧 바젤선교회(Basel Mission)가 운영하는 바젤선교교육원(Basel Mission House)으로 갔다. 이때가 1889년 8월 29일 목요일, 그의 나이 21세 때였다. 여기서 약 3년간 체류하며 신학과 선교에 대한 교육을 받았다. 선교훈련을 받은 동료들은 40명이었는데, 1890년 찍은 사진을 보면 이들 중 35명이 낫이나 곡괭이 혹은 삽을 들고 있다. 선교사로서 일할 현장이 가나, 카메룬, 중국, 인도네시아, 인도 등과 같은 나라였으므로 이곳에서 살아갈 수 있도록 농기구 사용법, 장판, 도배, 타일 작업, 옷짜기 등 생활 훈련을 받았음을 알 수 있다. 이들은 또 성경언어(헬라어와 히브리어)도 공부했다. '바젤복음주의 선교회'(Basel Evangelical Missionary Society)라고도 불린 '바젤선교회'는 뷔르템베르크 출신의 루터교 목사 크리스티안 불룸하르트(Christian Gottlieb Blumhardt, 1779-1838)에 의해 1815년 설립되었는데, 불룸하르트는 이때부터 1838년까지 선교회 대표로 일했다. 경건주의적 배경에서 설립된 바젤선교회는 모라비안적인 전통을 따르는 자급 선교를 지향했고, 오늘의 전문인 선교라고 할 수 있는 사업체를 통한 선교를 거부하지 않았다.

영국에서 일어난 18세기 복음주의 부흥운동은 교회에 자각과 각성을 주었고, 결과적으로 개신교 선교운동에 영향을 주어 다양한 선교단체가 조직되어,[6] 스테판 닐은 19세기를 "위대한 선교단체의 시기"(the great age of societies)라고 불렀다.[7] 바젤선교회도 이 중 하나였다.

1889년 9월부터 3년 간 선교훈련을 받은 왕길지는 1892년 6월 6일 뷔르템베르크의 발링겐(Balingen)에서 인도 푸나(Poona) 지방 선교사로 공식 임명되었다. 푸나는 서부 인도의 해안 도시였다.

바젤선교회 소속 선교사가 된 왕길지는 다시 스코틀랜드의 에딘버러(Edinburgh)로 가서 짧은 훈련기간을 보냈다. 이 기간이 학교교육제도, 교수법을 공부하고, 또 영어를 배우고 학습하는 기회가 되었다.

---

6) 근대선교운동 전후 창립된 대표적인 선교단체들로는 다음과 같다. The Society for Propagation of the Gospel in Foreign Parts(SPG, 1701), The Pietist Danish-Halle Mission(1705), Scottish Society for Propagation of Christian Knowledge(1709), The Moravian Mission(1732), Baptist Missionary Society(1793), London Missionary Society(1795), Scottish and Glasgow Missionary Society(1796), Netherlands Missionary Society(1797), Church Missionary Society(1799), British and Foreign Bible Society(1804), The American Board of Commissioners for Foreign Missions(1810), American Baptist Missionary Union(1814), Basel Mission (1815), American Bible Society(1816), The Wesleyan Methodist Missionary Society(1817), Berlin Missionary Society (1824)

7) Stephen Neill, *A History of Christian Missions* (Penguin Books, 1977), 252.

2. 인도 푸나에서의 선교사역

바젤선교회

인도는 중국과 더불어 19세기 서구 교회의 가장 주요한 선교지로 인식되고 있었으므로 1793년 윌리엄 케리(William Carey, 1761-1834)가 인도로 향한 이후 여러 선교단체가 인도선교를 시작했다. 1800년대 초의 경우 루터교 선교사들, 기독교지식증진회(SPCK: Society for Promoting Christian Knowledge), 영국 고교회 선교단체인 복음전파회(SPG: Society for the Propagation of the Gospel), 런던선교회(LMS: London Missionary Society), 영국교회 선교회(CMS: Church Missionary Society), 웨슬리안 메도디스트(Wesleyan Methodists), 그리고 1812년 이후에는 미국 회중교회의 미국해외선교회(ABCFM: American Board of Commissioners for Foreign Mission) 등이 이곳에서 선교사역을 전개하고 있었고, 스코틀랜드장로교회는 1830년 알렉산더 두프(Alexander Duff, 1806-1878)를 파송한 이래 인도선교에 동참했다. 스코틀랜드의 첫 해외선교사이기도 했던 두프는 학교교육을 통해 인도의 교양 있는 지도층에게 복음을 전하려고 시도했던 인물로서 선교학교(mission school)를 설립한 첫 인물이었다. 그의 교육을 통한 선교는 매우 성공적이었고 타 지역과 타 선교부도 영향을 주어 두프의 학교 교육 정책을 답습하였다.[8] 그 결과 인도 여러 지역에 학교가 설립되었고, 바젤 선교회도 이런 교육활동을 중시했다.

바젤 선교회는 바젤선교교육원 출신의 선교사를 타 선교회 요원으로 파송하기도 했는데, 대표적인 경우가 인도로 파송된 독일인 찰스 레니우스(Charles T. E. Rhenius, 1790-?)였다.[9] 훌륭한 학자이기도 했던 그는 타밀어 문

---

8) Stephen Neill, 275.

9) Stephen Neill, 272.

법에 박식했고 신약을 새롭게 번역하기도 했던 유능한 선교사였다.[10] 그는 바젤선교회가 영국교회선교회(CMS)에 인력을 공급한 대표적인 사례였다.

1833년 영국의 동인도회사가 기존의 방침을 철회하여 인도선교가 가능하게 되자 바젤선교회는 1834년 인도에 독자적으로 선교사를 파송하기 시작했다. 그 첫 선교지가 인도남부 카르나타카 주의 항구 도시 망갈로레(Mangalore)였다. 산스크리트어로 '행운의 땅'이라는 의미를 가진 이 도시는 1783년 영국이 점령한 도시로서 커피 적출항으로 널리 알려져 있다. 또 농산물 가공업과 면공업이 발달한 도시였다. 이곳에 파송된 첫 선교사가 사무엘 히비치(Samuel Hebich, 1803-1866) 목사를 비롯하여 레너(Rev Lehner)와 그라이너(Rev Greiner) 목사였다.[11] 바젤 선교회는 그 후 서부인도로 진출하였고, 왕길지를 푸나로 파송하게 된 것이다.

푸나(Poona)는 봄베이에서 자동차로 3시간 거리에 있는 데칸 고원에 위치한 도시로서 아라비아 해(海)에 인접해 있고, 서부인도의 중심도시이자 수도였다. 이곳은 해발 600미터의 고원지대였기 때문에 휴양지 혹은 피서지로 발달하여, 외국인 선교사들이 선호했던 도시였다. 특히 봄베이에 인접해 있어 푸나 지방 또한 중요한 선교지로 인식되고 있었다. 푸나(Poona)는 인도 원주민들에 의해 푸네(Pune)라고 불리는데, 마하트마 간디가 억류되어 일생을 보낸 곳이기도 하다.

이곳에서도 이미 여러 단체들이 선교활동을 펼치고 있었다. 예컨대 미국해외선교회(ABCFM)는 1813년 봄베이로 진출하여 푸나 지방 선교를 시도하였고, 영국교회선교회(CMS)는 봄베이에 이어 1888년 이곳에 공식적으로 선교지부를 설치하고 선교사역을 전개하였다. 이보다 몇 년 앞서 로버드 스콰이어스(Robert Squires)는 이곳에 신학교를 설립하고 신학교육을 시작하고 있

10) 레니우스의 가정 배경, 선교활동에 대하여는, Beth Walpole, *Venture of Faith* (Madras: The CLS Press, 1993), 64-73을 참고할 것.

11) Stephen Neill, 277; Beth Walpole, 97.

었다.[12] 영국교회선교회는 신학교 외에도 퍼거슨학교(Ferguson College), 헬레나 학교(Helena's School)를 설립운영하고 있었고, 두 스코틀랜드장로교 선교부와 합작으로 유니언 고등학교(Union High School)를 운영하고 있었다.[13] 또 제나 선교회(ZBMM)는 이곳에서 빅토리아 고등학교를 운영하고 있었다.[14] 두프의 선교학교 정책을 답습한 것이다.

푸나에서의 활동, 결혼

1892년 말 24세의 나이로 푸나에 도착한 왕길지는 우선 이곳 방언을 공부하며 선교사역을 시작하였다. 이 시기 바젤선교회는 다른 선교부 보다 극빈층에서 나오는 그리스도인들의 경제적인 향상을 위해 힘을 쏟았고 청소년들의 기술교육을 중시했다. 말하자면 바젤선교회는 지역민들의 삶의 환경 개선을 위해 노력하였고 가난한 이들을 후원하고, 또 버려진 아동들을 위해 고아원을 설립하여 이들을 양육했다. 왕길지 또한 이런 사역에 무심하지 않았지만 이들을 위한 교육을 선교의 중요한 과제로 인식했다. 그에게 있어서 교육은 선교의 도구 혹은 수단이자 선교 그 자체였다.

그런데 푸나에서의 왕길지의 사역은 순탄하지 않았다. 그는 결국 바벨선교회를 떠나게 된다. 그 이유는 바젤선교회의 선교정책이 개인의 자유를 과도하게 제한 한다고 보았기 때문이었다. 왕길지는 에딘버러에서 몇 개월 동안 훈련 받을 때 젊은 스코틀랜드 여성과 교제하게 되었고 곧 사랑에 빠졌다. 왕길지는 이 여성과 결혼하고자 했다. 그러나 이 사실을 안 바젤선교회는 이들의 결혼을 허락하지 않았다. 당시 바젤선교회 규정에는 미혼 선교사

---

12) Eugene Stock, *The History of the Church Missionary Society* Vol. III (London: CMS, 1899), 479.

13) Eugene Stock, *The History of the Church Missionary Society* Vol. IV (London: CMS, 1916), 217.

14) Eugene Stock, 217.

가 결혼할 경우 선교회 소속 선교사들끼리 결혼하도록 되어 있었기 때문이었다. 그런데 바젤선교회 책임자가 왕길지와 교제하던 여성과 접촉하였는데, 이 일로 그 여성과 그 가족이 불쾌하게 여기고 있다는 사실을 접한 왕길지는 격분했다. 이 여성은 왕길지와의 교제를 단절했고, 왕길지는 곧 바젤선교회를 탈퇴하게 된다. 바젤선교회의 규정이 개인의 자유, 특히 마음의 문제까지 과도하게 제한한다(limiting too much one's personal freedom, especially in matter of the heart)고 보았기 때문이다.[15)]

선교회를 떠난 왕길지는 혼자였고, 또 사역의 책임도 없었다. 심리적으로 힘든 시기였다. 그런데 다행하게도 교육 선교를 위해 고심했던 그는 1894년 감리교 선교부(WMMU: Wesleyan Methodist Missionary Society)로 이적하게 된다. 감리교 선교부가 설립한 테일러고등학교(Taylor High School For Boys) 교장으로 그를 초청했기 때문이었다. 테일러 고등학교는 비교적 규모가 큰 학교였고, 또 푸나의 전망 좋은 높은 지대에 위치하고 있었다. 이 학교 이름은 미국감리교회의 테일러 감독의 이름을 따라 명명되었다. 아버지를 따라 교사가 되고자 했던 그는 선교지에서 교육선교사로 활동하게 된 것이다. 왕길지는 이 학교 교장으로 일하는 한편 푸나의 라놀리 감리교회(Lanoli Methodist Church) 목사로 일하게 되었다. 감리교 선교부는 1814년 이래로 인도에서 활동해 왔는데,[16)] 테일러 고등학교는 인도 상류층 자녀들을 위한 학교였고, 이 학교를 통해 인도인들의 마음을 사고자 한 것이다.

왕길지는 그해 12월 19일에는 호주 감리교 목사 헨리 바스(Rev Henry Bath)

---

15) 왕길지는 이 일로 큰 상처를 받았고 바젤선교회 탈퇴는 단호했다. 1900년 이후에야 바젤선교회와 관계가 회복되어 서신을 주고 받았다. 이를 계기로 바젤선교회 또한 결혼 문제 등에 있어서까지 선교회가 개인의 자유를 제한하는 것은 재고되어야 한다는 점을 인식하게 되었다. 이를 계기로 왕길지는 선교회 정책에 대한 비판을 거두었다. 그가 바젤선교회로 복귀하는 것은 전혀 고려하지 않았으나 선교회와의 서신 왕래는 재개되었다. Frank Engel, *Rarely a Dull Movement: My Family History and My Life Story*, 19.

16) Beth Walpole, 90-91.

의 딸 클라라 바스(Clara Emily Bath, 1870-1906)와 혼인하게 된다. 클라라는 1870년 11월 7일,[17] 헨리 바스 목사와 제인(Jane, nee Edmonds) 사이의 9남매 중 5번째로 남호주(South Australia) 카푼다(Kapunda)에서 출생했다. 그의 아버지 헨리 바스는 1839년 콘웰(Conwell)에서 태어나 1840년 부모를 따라 남 호주로 갔는데, 후에 아델라이드(Adelaide)에서 목수가 되었다. 후에는 감리교 목사가 되어 남 호주에서 5개 교회에서 일했다. 그가 마지막으로 사역한 교회가 클라라가 출생했던 카푼다였다. 1870년에는 빅토리아주 웨슬리안대회(Victorian Wesleyan Conference)로 전임되어 케슬마인(Castlemaine) 감리교회를 담임했다. 감리교회는 매 3년 마다 새로운 임지로 전임케 했는데, 케슬마인에 이어 리치몬드(Richmond), 산허스트(Sandhurst), 발라랏(Lydiard St, Ballarat), 질롱(Yarra St, Geelong), 그리고 1884년에는 멜버른 론스데일 가(Lonsdale St)의 감리교회(Wesleyan Church)로 이동했다. 이 때 그는 '빅토리아와 타스마니아 주 감리교대회'(Methodist Conference of Victoria and Tasmania) 회장이 되었다. 이런 그의 봉사로 이 교회에는 그를 기념하는 3개의 스테인 그래스를 설치했을 정도였다.[18] 그런데 클라라가 20대 초반의 나이가 되었을 때 웨슬리교회에는 사회변화와 함께 인적 구성의 변화가 나타났다. 중산층 신자들이 죽거나 타지로 이동함에 따라 이 지역이 슬럼가가 되었다. 1893년 당시 교회에는 오직 20여 가구만 남았을 정도로 교인수가 격감했다. 이런 상황에서 1893년 4월 에드가 목사(Rev A. R. Edgar)가 '감리교 선교회'(Central Methodist Mission) 대표가 되었는데 그는 사회복지 사업에 주력하게 된다. 산업혁명 이후 빈민층이 증가했을 때 영국에서 경우처럼 이곳에서도 '자매회'(Sisterhood committee)가 조직되었는데 클라라는 이 선교회에 가담한 첫 두 사람의 여성 중 한 명이었다.

---

17) Agnes Brown은 자신의 1904년 11월 7일자 일기에서 11월 7일이 클라라의 생일이라고 기록하고 있다.

18) 이 스테인그래스에는 헨리 바스 목사에 대하여, '설교자들의 왕자'(Prince of Preachers), '높은 이상의 사람'(a Man of High Ideals), 그리고 '온화한 친구'(A Warm-hearted Friend)라고 기록했다.

이런 경험에서 클라라는 자신의 삶을 이웃을 위해 헌신하기로 다짐했고, 선교사로서 자신을 온전히 주님께 바치기로 결심했다.[19)]

클라라는 성경, 신학, 전도, 위생 및 응급처치법 훈련을 받고 7개월 후 감리교선교회를 통해 인도 선교사로 파송을 받아 1894년 인도 푸나에 도착했다. 특별한 직무가 없이 떠났는데 혹자는 테일러 고등학교 교장인 왕길지를 만나러 갔다고 말하기도 한다. 이곳에서 클라라는 왕길지와 만나게 된 것이다.[20)]

1894년 결혼 당시의 왕길지(G. Engel)와 부인 클라라(Clara Bath, 1870-1906)

곧 왕길지와 클라라는 서로를 필요로 하고 있다는 점을 깨닫게 된다. 그래서 그 해 말, 곧 1894년 12월 19일 푸나의 감리교회에서 이들은 결혼했다. 결혼 증명서에 클라라를 '교사'라고 기록하고 있는 것을 보면 아마도 클라라는

---

19) Renate Howe and Shurlee Swain, *The Challenge of the City: The Centenary History of Wesley Central Mission, 1893-1993* (South Melbourne: Hyland House, 1993), 38.

20) Frank Engel, 29; 존 브라운, 『은혜의 증인들』(한국장로교출판사, 2009), 66.

테일러고등학교에서 가르친 것으로 보인다.

결혼과 함께 왕길지는 자신의 독일식 이름 Gottlob를 Gelson으로 개명한다. 클라라가 독일식 이름을 좋아하지 않았기 때문이었다. 어떤 이름으로 고칠까를 고심하던 왕길지는 자신이 읽고 있던 영문 소설에 나오는 Gelson으로 개명하게 된다. 이 개명은 (가족관계는 변함이 없었지만) 독일과의 관계를 단절하는 시작이 되었다. 스위스에서의 독일인이나 바젤선교회의 권위주의에 대한 반감도 없지 않았지만, 독일에서의 프러시아(Prussia)의 대두와 카이저 빌헬름 2세(Kaiser Wilhelm II)의 군사주의에 대한 거부감도 작용했을 것이다. 그러나 무엇보다도 매력적인 호주여성에 대한 호감이 컸기 때문이었다. 이 때부터 왕길지는 모든 기록을 독일어 대신 영어로 썼고, 그가 내한한 이후 일기를 비롯한 모든 기록은 독일어가 아니라 영어로 기술했다. 당시는 오늘과 같은 여권은 없었고 국민 증명서(Deutsches Reich, Kingdom of Württembery)가 있었는데, 그는 1889년 9월부터 5년간 유효한 신분증명서가 있었으나 이를 연장하지 않음으로 1904년 9월 6일자로 독일 국적을 상실했다. 그래서 그는 12년 후 영연방의 여권을 발급받기까지 12년간 무국적자로 살았다.

첫 아이 프레드(Fred Nelson)은 결혼 2년 후인 1896년 10월 1일 출생했고, 둘째 아이 허버트(Herbert Alexander)는 1897년 12월 8일 푸나에서 태어났다.

1892년 푸나에 도착했던 왕길지는 6년 간 활동했으나 푸나에 더 오래 남아 있을 수 없게 되었다. 적어도 30년 이상 인도에서 사역하기를 희망했으나 자신과 아내의 건강 때문에 1898년 인도를 떠나게 된다. 자신도 열대기후에 적응하지 못했으나, 특별히 아내는 열대성 장(腸) 질환인 장흡수부전증으로 설사와 빈혈을 경험했고, 특히 체중감소로 인도에 더 이상 체류하기가 어려웠다. 의사 또한 인도에서 철수를 권고했다. 결국 바스는 인도를 떠나기로 했고, 왕길지는 아내를 따라 호주로 이민을 결심하게 된 것이다. 그의 나이 30세 때였다. 왕길지가 4년간 봉사했던 테일러고등학교 교장직을 사임하게 되었을 때 다음과 같은 송별사를 증정 받았다.

"우리는 귀하가 보여준 바 우리의 영적 유익을 위한 끊임없는 자기 부정에 대하여 깊은 감사의 마음을 표현하며, 우리를 위한 목회적 돌봄에 대하여 충심으로 감사드립니다. 귀하는 우리의 영적 교사였을 뿐만 아니라 우리의 진정한 친구임을 보여주었습니다." 왕길지는 테일러고등학교에서 충심의 환영을 받았음을 알 수 있다.

3. 호주에서의 활동

스타웰 정착

인도를 떠난 왕길지 부부는 1898년 11월 11일 멜버른에 도착했다. 호주로 이주한 왕길지는 1899년에는 빅토리아주 스타웰(Stawell)이라는 지방으로 이주하였다. 이곳 학교의 교장으로 초빙받았기 때문이다. 스타웰은 발라랏(Ballarat) 서쪽의 작은 시골마을로서 광산 도시였다. 호주에서는 1850년대 소위 골드 러쉬(gold rush)라고 불리는 금광채굴업이 성행하였고, 빅토리아주의 경우 발라랏과 벤디고(Bendigo)의 사금 충적토(沖積土)는 금을 찾는 이들의 '희망의 땅'이 되어 전 세계에서 사람들이 몰려들게 되었다. 스타웰은 이곳에 인접해 있었다. 이런 상황에서 1851년 당시 8만 명에 불과하던 빅토리아 주 인구는 10년 후인 1860년대 초에는 50만명으로 증가했다. 이 시기 중국인 노동자들의 유입은 토착민들의 위협으로 간주되었을 정도였다. 1854년 중반에 약 4천명의 중국인 광부들이 호주로 들어왔는데 그 대부분이 빅토리아주로 유입되었다. 1857년 빅토리아 주의 금광으로 들어온 중국인들은 23만 623명에 달했다.[21] 이들의 저임금 노동으로 광부들의 생산 가치를 떨어뜨렸고, 호주인이나 유럽인들의 노동조건을 위협했다. 이런 현실이 스타웰을 비롯한 주변 도시 사회문제로 제기되기도 했다. 호주장로교회는 이들 중국인을 대상으로 1865년부터 선교사역을 시작하게 되는데, 첫 사역자는 싱가폴에서 선교사로 활동한 바 있는 윌리엄 영(William Young)이었다.[22] 빅토리아 주의 중국인을 위한 사역은 그 후 여러 지역으로 확대된다. 호주 빅토리아장로교회의 발라랏지역 거주 중국인들을 위한 사역은 한국선교보다 35년

---

21) F. G. 클라크(임찬빈 역), 『호주의 역사』(나남출판, 1995), 165.

22) Sang Gyoo Lee, *To Korea With Love* (Melbourne: PCV, 2009), 46, D. M. Stewart, *Growth in Fifty Years, 1859-1909* (Melbourne: D. W. Paterson, 1909), 88.

앞서 시행된 것이다. 후에 발라랏, 벤디고 등지의 광산업은 경제성이 없어 점차 폐광되어 1950년에는 거의 자취를 감추었지만 왕길지 부부가 이곳으로 이주한 때는 여전히 금광도시로 인구 유입 지역이었고 사회적으로 안정되지 못한 지역이었다.

하바드 칼리지 교장 취임

스타웰의 작은 학교 하바드 칼리지(Harvard College)의 교장으로 초빙된 왕길지는 곧 이곳으로 이주했다.[23] 스타웰의 14번지 리가 스트릿(14 Ligar Street)에 위치하고 있던 이 학교는 1874년 스타웰 레이디스 칼리지(Stawell Ladies' College)로 출발했으나 후에는 글래나라(Glanara College)로 개칭되었고, 1895년 알버트 하일(Albert Hale)씨가 경영권을 인수한 이후 하바드 칼리지로 개칭되었다. 왕

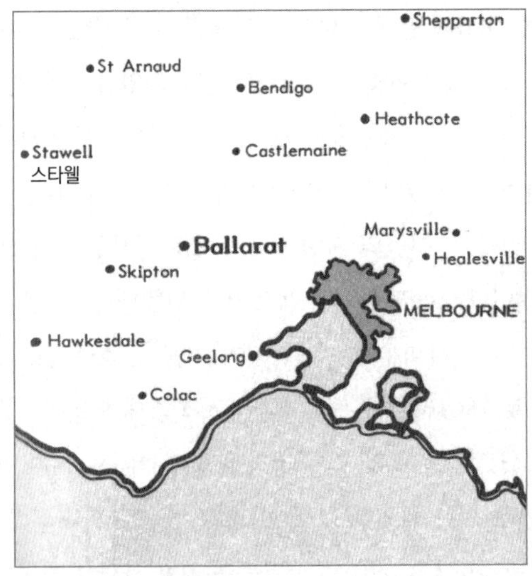

왕길지 목사가 정착했던 호주 빅토리아주 멜버른과 인근 도시. 스타웰(Stawell)은 발라랏 서쪽의 작은 도시이다

23) '하바드 칼리지'는 초중등학교를 겸한 소규모의 학교였다. 영어권에서 college 라고 해서 반드시 한국의 '대학'(大學)과 같은 고등교육기관을 의미하는 것은 아니다. 왕길지에 관한 기록에서 '하바드 칼리지'를 '하바드 대학'으로 번역한 것은 옳지 않다.

길지가 호주로 이주하기 3년 전의 일이었다. 왕길지 목사가 이 학교 교장으로 초빙된 것은 이미 인도에서 학교장으로 일한 경력이 중시되었고, 그의 학식 또한 높이 평가되었기 때문이다. 그래서 왕길지 부부는 스타웰에 정착하게 된 것이다. 이곳에서 교장으로 일하는 한편 독일인 이주자들의 교회를 맡아 봉사하기도 했다. 왕길지는 이 학교에서 2년간 교장으로 봉사했으나 후에는 광산의 폐업과 함께 주민이 감소하게 되자 이 학교도 문을 닫았고, 학생들은 스타웰 세컨더리 칼리지(Stawell Secondary College)로 흡수되고 말았다. 스타웰에 거주하는 동안 세번째 아이가 1899년 5월 20일 태어났는데, 그가 딸 도라(Dora)였다.

호주로 이주해 온 왕길지는 이곳의 장로교회 곧, 빅토리아주 장로교단(PCV: The Presbyterian Church of Victoria)으로 이적하였다. 이 교회의 복음주의적 신학이 자신의 입장과 동일했고 지나치게 엄격하지도 않아 장로교회로 이적하게 된 것이다. 이 당시 빅토리아주의 인구는 120만 정도였고, 빅토리아 장로교회(PCV) 교인은 19만 명 정도였다. 즉 빅토리아주 인구 중 16%가 빅토리아장로교회 교인이었다. 당시 교회는 450여개 처, 목사수는 220여명이었는데 목회하고 있는 목사 수는 170여명에 불과했다.[24] 왕길지 목사가 빅토리아 장로교회의 정회원이 된 때는 1900년 5월이었다. 그런데, 빅토리아 장로교회 목사가 된 왕길지에게는 새로운 과제가 그를 기다리고 있었다. 빅토리아 장로교회에 속한 여전도회연합회는 한국에 파송할 선교사를 찾고 있었다. 20세 전후에 선교사로서의 삶을 결단했던 왕길지에게 있어서 한국에서의 부름은 마케도냐인들의 호소로 인식되었다.

---

24) D. M. Stewart, 127.

4. 호주장로교회의 형성과 한국 선교

왕길지 목사가 한국선교를 자원하게 되는 과정을 이야기하기 전에 호주장로교회의 형성에 대해 간략하게 소개하고자 한다. 호주에서의 기독교의 역사는 영국계 백인들의 호주 이주와 함께 시작되는데, 호주 건국의 해로 보는 1788년 첫 영국인 범죄자들이 호주로 이주하게 될 때 동행했던 성공회 목사 리차드 존슨(Richard Johnson)은 호주에서의 종교 활동을 시작했던 첫 인물이었다. 죄수들의 신앙과 갱생을 관장하기 위해 파송되었던 그가 호주에서 첫 예배를 인도한 날은 1788년 2월 3일로 알려져 있다. 이날 그의 첫 설교는 시편116편 12절을 본문으로는 하는 설교였는데 이 설교는 호주에서의 최초의 예배였다. 이때로부터 영국인의 이주가 시작되었지만 자유이민이 시작된 것은 1793년부터였다.

빅토리아주 장로교회의 기원

이때부터 영국의 여러 종파의 성직자들이 호주로 이주해 옴으로써 호주에서의 기독교회가 형성되었다. 장로교회의 경우, 스코틀랜드인들의 이주로 시작되었는데, 호주 장로교회는 모교회인 스코틀랜드장로교회의 역사와 신학, 예전을 그대로 답습하였다. 호주에 장로교가 처음 소개된 때는 1803년이었다. 이 때 뉴 사우스 웰즈(NSW) 주의 헉스베리 강(Hawkesbury River) 변에서 첫 모임으로 출발하여[25] 소수 구릅으로 있었으나 영국교회의 리차드 존슨 목사가 도착한지 30년이 지난 1820년대에 와서 교회적 조직을 갖추기 시작했다. 1820년대부터 스코틀랜드인의 자유이민이 급증하였는데, 이러한 상황에서 장로교인들의 수가 증가하였고, 장로교 목사들도 호주로 이

---

25) C. A. White, *The Challenge of the Years, A History of the Presbyterian Church of Australia in the State of New South Wales* (Sydney: Angus and Robertson, 1951), 1-6.

주하게 된다.

호주로 이주한 첫 3사람의 장로교 목사는 각기 다른 교회적 배경을 지닌 이들이었는데, 1822년 타스마니아 호바르트(Hobart)에 도착했던 아치발드 맥아더(Archibald MacArthur)는 유나이티드 세이션 쳐치(United Secession Church)에 속해 있었고, 두 번째로 호주에 왔던 존 던모 랭(John Dunmore Lang)은 스코틀랜드장로교회(Church of Scotland)의 복음주의 계열에 속한 자로서 1823년 시드니에 도착하였고, 세 번째로 이주해 온 장로교 목사는 존 멕그라비(John McGarvie)였는데, 그는 앞서 온 두 목사와는 달리 중도적인 입장의 인물로 1826년 시드니에 도착하였다. 이들은 모국 스코틀랜드의 교회 상황을 그대로 호주로 이식하는 결과를 가져왔다.

장로교회가 상당한 영향력을 행사했고, 후일 한국선교를 주도했던 지역인 빅토리아주에 온 첫 장로교 목사는 재임스 클루(James Clow, 1790-1861)였다. 스코틀랜드장로교회(Church of Scotland) 출신인 그는 1837년 타스마니아로 왔고, 후일 멜버른으로 이주하여 첫 예배를 인도했다. 그는 동인도회사 사목으로 약 20년간 봄베이(Bombay)에서 일한 바 있고, 스코틀랜드로 돌아가 3년 가까이 지낸 후 다시 호주로 이주하였다.

1838년에는 제임스 폽스(James Forbes, 1813-1851)가 뉴 사우스 웰즈 노회의 파송을 받고 멜버른으로 이거하였다. 그는 교파를 막론하고 멜버른에 정착하였던 최초의 목사였고, 장로교회만이 아니라 초 교파적인 여러 영역에서 활동했던 영향력 있는 지도자였다.[26] 엄격한 칼빈주의자였던 그는 1838년 2월 3일, 후일 스캇치교회(Scots Church)라고 불리는 이 지역 최초의 장로교회를 설립했는데, 이 날을 빅토리아주에서의 장로교의 시작으로 보고 있다.[27] 제임스 폽스가 설립한 이 교회는 지금도 멜버른 시내 중심가에 위치하고 있

26) J. C. Robinson, *Melbourne's First Settled Minister* (Victorian Historical Society, 1928), 5-6.

27) Rowland Ward, *The Bush Still Burns, The Presbyterian and Reformed Faith in Australia, 1788-1988* (Melbourne, 1989), 189.

는데, 후일 한국선교사를 후원하거나 파송하고 또 귀국하거나 은퇴하는 선교사를 환영하는 행사가 치러진 중심 교회가 된다. 특히 폽스 목사는 기독교 교육에 커다란 자취를 남겼는데, 스캇치 칼리지(Scotch College)를 비롯한 여러 학교를 설립하였다.[28)] 그는 1841년 3월에는 지금의 왕립 멜버른병원을 설립하였고, 원주민들의 생활환경 개선을 위해서도 지대한 관심을 쏟았다. 그는 '수없이 일을 만드는'(abundant in Labours) 사람이었다. 폽스가 멜버른으로 이거 한 후 여러 장로교 목사들이 멜버른으로 이주함으로서 멜버른을 비롯한 빅토리아 주에는 스코틀랜드와 똑 같은 여러 장로교 교단들이 이식되었다.

빅토리아장로교회(PCV)의 조직과 해외 선교

여러 장로교 목사들의 이주와 교회 설립으로 1850년대 빅토리아주에는 크게 3가지 장로교단이 조직되어 있었다. 첫째는 스코틀랜드(장로)교회(Established Church of Scotland)를 계승한 교회로서, 1840년부터 1854년까지는 시드니를 중심으로 호주대회(Synod of Australia)[29)]로 불리다가, 1854년 4월 빅토리아주에서 빅토리아주 대회(Synod of Victoria)로 발전한 교회, 둘째는 1846년 호주(빅토리아)대회로부터 분리된 빅토리아 자유장로교회(Free Presbyterian Church of Victoria)이다. 이 교회는 1843년 '스코틀랜드(장로)교회'에서 스코틀랜드 자유교회(Free Church of Scotland)가 분리되자 3년 뒤 호주에서도 동일한 분리가 있었고, 그 결과로 생겨난 교회였다.[30)] 셋째는 스코틀랜드 연합장로

---

28) 그가 호주 특히 빅토리아 주에서 교육에 끼친 영향에 대해서는 Monash University 교육학부에 박사학위청구논문으로 제출되었다가 후일 단행본으로 출판된 Mairi Harman, *James Forbes of Melbourne, Pioneer Clergyman and Educator* (Sydney: Crossing Press, 2001)을 참고할 것.

29) NSW의 경우 1822년 이래로 장로교회가 조직되기 시작했는데, 호주대회(The Synod of Australia in connection with the Established Church of Scotland)는 1840년 10월 5일 조직되었다. C. A. White, 7.

30) 이 교회가 지금의 The Presbyterian Church of Eastern Australia의 기원이 되는데, NSW에서도 Victoria와 동일하게 1846년 William McIntyre 목사에 의해 조직되었다.

교회(United Presbyterian Church of Scotland)를 계승하여 1850년에 조직된 빅토리아 연합장로교회(United Presbyterian Church of Victoria)가 그것이다. 이 세 장로교 집단은 정부의 지원이나 간섭을 반대하는 강력한 독립적인 교회 조직으로서 스코틀랜드에서의 장로교회의 모습을 그대로 반영하고 있었다. 말하자면 이때까지의 호주 장로교회들은 모국인 스코틀랜드교회의 체제, 신학, 예전을 답습하는 호주 지부와 같은 성격을 지니고 있었다.

그러나 1859년 4월 7일 위의 3교회(단)는 약 10년간의 연합을 위한 토론을 거쳐 하나의 교회로 통합되었는데, 그것이 빅토리아장로교회(PCV: Presbyterian Church of Victoria)이고, 후일 한국 선교를 주도하게 된다. 물론 이 때 위의 3교회(단)의 모든 교회가 통합에 참여한 것은 아니었다. 그러나 연합을 반대했던 이들 중 일부가 1867년에, 다른 일부가 1870년에 다시 빅토리아장로교회(PCV)로 흡수되어 명실상부하게 빅토리아 주 교회를 대표하는 장로교회가 되었다. 이 빅토리아장로교회는 다른 주의 장로교회들에 비해 교세가 가장 크고 재정적으로 안정적이어서 영향력 있는 장로교회가 되었고, 1889년 이후 한국 선교를 주도하였다.[31] 당연한 일이지만 이 빅토리아장로교회는 교리표준으로 웨스트민스터신앙고백을 받아드렸다.

그런데 빅토리아장로교회 총회가 해외선교부(Foreign Mission Committee)를 조직했을 때는 교단이 조직된 이듬해인 1860년이었다. 이 당시 빅토리아 장로교회는 크게 두 지역, 곧 지금은 바누아투(Vanuatu)라고 불리는 뉴 헤브리디즈(New Hebrides)[32]와 호주 원주민 선교에 치중하였고, 1850년대 골드 러쉬(gold rush)로 인한 중국인의 유입 이후에는 빅토리아주에 거주하는 중국인들

---

31) 빅토리아장로교회의 형성과 한국선교에 대한 보다 자세한 논의는 이상규, 『부산지방 기독교전래사』 (도서출판 광야, 2001), 146ff., 혹은 이상규, "호주장로교회의 부산,경남지역선교활동," 「기독교사상연구」 5(1998. 2), 63-84을 참고할 것.

32) 호주 장로교회의 바누아투 선교에 대해서는 J. Graham Miller, *Live, A History of Church Planting in the New Hebrides,* vol. I-VII (The Presbyterian Church in New Zealand, 1974-1990)를 참고할 것.

에 대한 선교가 중심을 이루고 있었다.

빅토리아 장로교회가 조직된 지 약 30년 후 1889년 데이비스를 한국에 파송하기까지 교회의 선교운동에 영향을 준 인물은 존 게디(John Geddie, 1815-1872), 하겐아우어(F. A. Hagenaur, 1829-1909), 존 패이톤(John Paton, 1824-1907) 등인데, 이들이 호주교회 선교운동의 선구자들이었다. 이들은 교회의 선교사명을 고취하고 선교비전을 제시하였다. 특히 패이톤의 뉴 헤브리디즈에서의 선교 활동은 교회의 선교운동에 큰 영향을 끼쳤다. 후일 한국선교사로 왔던 매견시(J. N. Mackenzie), 나대벽(D. M. Lyall), 이명선(C. Ellis) 등은 직접적으로 패이톤의 영향으로 한국선교를 자원했던 이들이다.

빅토리아장로교회의 한국선교는 1889년 해리 데이비스(J. Henry Davies, 1856-1890)[33]의 자원으로 시작되었는데, 그의 내한과 갑작스런 죽음(1890. 4. 5)은 빅토리아장로교회의 한국 선교를 촉진하는 계기가 되었다.

---

33) 1856년 뉴질랜드 왕가라이(Wangarai)에서 출생한 데이비스는 4살 때인 1860년 부모를 따라 호주로 이주하였고, 20세 때인 1876년에는 호주 CMS 소속 인도 선교사로 파송되어 21개월간 일했다. 건강상의 이유로 1878년 5월 21일 멜버른으로 돌아온 그는 멜버른대학에서 수학하고 1881년 4월에는 코필드문법학교(Caulfield Grammar School)을 설립하여 1888년까지 교장으로 있었다. 그는 다시 인도로 돌아가기를 원했으나 한국선교를 요청하는 월푸(John R. Wolfe, 1832-1915)의 편지를 읽고 한국선교를 자원하게 된다. 성공회 신자였던 그는 한국 선교사가 되기 위해 성공회를 떠나 빅토리아장로교회로 이적하여 투락(Toorak) 교회에 출석했다. 투락교회 담임 이윙(John F. Ewing, 1849-1890) 목사는 1888년 11월 22일 장로교 총회에 전(前)일본 선교사였던 딕슨(W. G. Dixon)과 맥크라렌(S. G. McLaren)을 포함하여 17명의 지도급 총대원들의 서명을 받아 데이비스를 한국 선교사로 갈 수 있도록 인준을 요청하였다(*Proceeding of the General Assembly of the Presbyterian Church of Victoria,* Nov. 1888, Appendix II). 그 결과 데이비스는 에딘버러에서 목사안수에 필요한 기본교육을 마치고 시험에 합격하여 1889년 8월 2일 청년연합회의 지원을 약속받고 8월 5일에는 목사안수를 받았다. 그는 누나인 메리(Mary T. Davies)와 함께 1889년 8월 21일 멜버른을 떠나 10월 2일 이른 아침 부산항에 입항하였다. 4일 오전 11시에는 제물포에 도착하였고 다음날 오후 늦게 서울에 도착하였다. 이때로부터 5개월간 서울에 체류하면서 한국어 공부에 주력하였고, 언더우드와 함께 전도여행을 떠나기도 했다. 1890년 3월 14일, 어학 선생과 하인, 그리고 매서할 문서와 약간의 약품을 준비하여 서울을 떠나 수원, 과천, 공주를 거쳐 300마일에 이르는 약 20일 간의 답사여행을 마치고 4월 4일(금) 목적지인 부산에 도착했다. 그러나 천연두와 폐렴에 감염되어 부산 도착 다음 날인 1890년 4월 5일, 34세의 나이로 사망하였다.

청년연합회와 여전도회연합회의 창립

데이비스의 죽음은 빅토리아장로교회 선교운동에 큰 영향을 끼쳐 교회 내에 양대 선교사 파송단체(missionary sending organizations)를 조직하게 만들었다. 그 첫째가 '청년연합회'(YMFU)의 창립이었다. 청년연합회는 멜버른의 맥길리버리(McGillivray)의 발의로 1888년 조직되었는데, 첫 이름은 Young Men's Sabbath Morning Fellowship Union (YMFU)이었다.[34] 이 조직은 우리나라의 청년면려회와 같은 것인데, 스코틀랜드장로교회의 Young Men's Sabbath Morning Fellowship Association을 모방한 조직이었다. 호주에서는 1876년 뉴 사우스 웰즈(NSW) 주에서 처음 조직되었고, 그 후 여러 지역으로 확산되었다. 멜버른에서는 1888년 7월 27일 준비모임이 소집되어 회칙 초안 등 총회 조직준비에 착수하였고, 동년 8월 17일에는 11개 지역교회 청년들을 창립위원으로 하여 빅토리아주 청년연합회를 조직하기에 이른 것이다. 이때 로버트 길레스피(Robert Gillespie)는 회장으로 선임되어 1902년까지 14년간 봉사했다. 당시 빅토리아주 장로교신학교 초대교수로 변증학을 가르쳤던 렌틀(J. Laurence Rentoul) 목사, 투락교회의 이윙(J. F. Ewing) 목사, 호손(Hawthorn) 장로교회 던칸 러브(Duncan Love) 장로, 그리고 첫 제안자였던 맥길리버리(M. McGillivary) 등은 부회장으로 피선되었다. 후일 뉴 사우스 웰즈주에서 장로교회 목사가 된 스틸(James Steels)씨는 총무로 피선되어 이 조직의 실무를 담당하였다. 조직 당시는 남·여 혼성으로 구성되었으나 후일 '여전도회연합회'(PWMU)가 창립된 이후 점차 남성들의 연합체로 발전되었다. 이 모임은 원래 주일 아침에 모여 성경공부와 기도 등을 통해 영적 성장을 도모하고 친목과 교제를 위한 운동으로 시작되었으나, 데이비스를 한국에 파송, 지원하는 일을 계기로 선교단체로 발전하였다. 또 주일 아닌 평일에 회합하는 경우가 많아짐에 따라 이 연합체의 이름도 후에는 YFU(Young Men's Fellowship

34) *First Annual Report, 1888-1889*, 5-7.

Union)로 변경되었다. 그 후에는 빅토리아장로교친교회(PFV: The Presbyterian Fellowship of Victoria)로 변경되었다. 이 모임이 처음 조직될 1888년 당시에는 11개 교회 청년들로 구성되었으나, 일 년 안에 598명의 회원을 가진 26개 교회연합체로 성장하였고, 1889년 8월 2일 장로교 창립 50주년 기념대회 기간 중에 모인 특별회의에서는 한국선교사로 자원한 데이비스 목사를 지원하게 된다.

그런데, 데이비스의 갑작스런 사망 이후 청년연합회는 선교사 파송단체로 전환하였고, 1891년에는 매카이(James Mackay) 목사 부부를, 1894년에는 아담슨(Andrew Adamson) 목사 부부를 후속 선교사로 파송하였다. 또 1903년에는 커를(Dr H. Currell) 의사 부부를, 1910년에는 왕대선(R. D. Watson) 목사 부부를, 1916년에는 도별익(F. J. Thomas) 목사 부부를, 1929년에는 부오란(F. T. Borland) 목사 부부를 각각 한국으로 파송하고 지원하였다.[35)]

데이비스 죽음 이후 조직된 또 한 가지 단체가 '여전도회연합회'(PWMU: Presbyterian Women's Missionary Union)였다. 데이비스의 사망소식을 들을 딘우디(C. Dinwoodie)라는 여성이 선교후원을 위해 익명으로 50파운드를 기부했다. 이것이 시작이 되어 한국에서 순직한 데이비스 목사의 누이 메리 데이비스(Mary T. Davies) 또한 한국선교가 재개되기를 바란다며 50파운드를 기증하였고, 쿠리부인(Mrs Currie)도 50파운드를 기증하였다. 이런 선교재개를 위한 기부와 더불어 여성들의 선교단체 조직을 위한 여러 갈래의 시도가 어우러져서 1891년에는 여전도회연합회를 창립하게 된 것이다. 말하자면 데이비스의 죽음은 '여전도회연합회'(PWMU) 창립의 동기가 되었다.

---

35) 1921년 도별익 목사가 사임한 후에는 마산 창신학교 교사였던 한국인 김호열(金互烈, 1901-1925)을 초청하여 멜버른대학에서 유학토록 지원하였으나, 그는 유학 중 후두암으로 사망하였다. 김호열은 호주에서 유학한 최초의 한국인이었다. 이상규, "최초의 호주 유학생은 누구였을까?" 「부경교회사연구」 34(2011.10), 33-34.

창립과정은 이러했다. 1890년 7월 29일 멜버른의 투락교회에 출석하던 하퍼 부인의 집에서 이방 여성들에게 복음을 전하기 위한 장로교 여성연합회 창립의 가능성을 검토하기 위한 모임이 회집되었다. 공교롭게도 여성선교단체 조직을 위한 일련의 노력은 빅토리아주의 3개 지역에서 동시에 일어났는데, 이는 당시 교회여성들의 선교에 대한 관심을 반영하고 있다. 즉 멜버른에서의 준비 모임과 더불어 발라랏(Ballarat)에서는 케언스(Mrs Cairns) 부인이, 질롱(Geelong)에서는 데이비스(Mrs J. Davies) 부인이 각기 별도의 조직을 준비하고 있었다. 이상과 같은 일련의 움직임이 결실을 맺어 1890년 8월 25일 멜버른 시내의 장로교 총회회관(Assembly Hall)에서 정식으로 여전도회연합회를 조직하기에 이른 것이다. 회장에는 하퍼 부인(Mrs Robert Harper)[36]이, 부회장에는 토드 부인(Mrs Todd)[37]이 선임되었다. 흥미로운 사실은 한국에서 순직한 데이비스 목사의 두 자매와 제수씨가 이 조직에 중요한 역할을 감당했다는 점이다. 바로 이 점은 데이비스의 한국에서의 선교와 죽음이 가져온 분명한 영향임을 알 수 있다.

여전도회연합회가 조직된 다음 해인 1891년 10월 멘지스(Miss Belle Menzies), 페리(Miss Jean Perry), 그리고 퍼셋(Miss Fawcett) 등 세 미혼여선교사를 한국에 파송하였고, 이때부터 여전도회연합회는 해방 전까지 35명의 선교사를 파송하였는데, 이는 동일한 기간에 내한한 호주선교사의 60%에 달했다.[38] 이들 중에는 첫 선교사 데이비스 목사의 두 조카인 마가렛 데이비스(Miss Margaret

---

36) 하퍼 부인은 호주장로교 역사에서 그리고 여전도회연합회 역사에서 지울 수 없는 자취를 남겼다. 그는 1890년 창립에서부터 1924년까지 34년간 여전도회연합회 회장으로 봉사하며 헌신과 봉사를 아끼지 않았다.

37) 토드 부인 또한 이때로부터 33년 간 부회장 혹은 간부로 여전도연합회를 위해 봉사했다.

38) 빅토리아장로교회는 1889년 데이비스를 파송한 이래 50여 년 간 한국에 78명, 곧 25명의 남자와 53명의 여자(선교사 부인 19명 포함)선교사를 파송했다. 78명은 내한 총 선교사의 5%에 지나지 않았다. 그런데, 호주선교사 78명 중 선교사 부인을 제외한 59명 중 24명은 해외선교부(FMC) 소속이었고, 35명이 여전도회연합회(PWMU) 소속이었는데, 여전도회연합회 소속 선교사는 전체 선교사의 60%에 해당한다.

Davies)와 진 데이비스 의사(Dr Jean Davies)가 포함되어 있다. 언니인 마가렛은 대마가례(代瑪嘉禮)라는 한국이름으로 1910부터 1940년까지 30년간 일하면서 부산의 일신여학교 교장으로 활동했고, 동생 진은 대지안(代至安)이라는 한국이름으로 1918년부터 1941년까지 진주의 배돈병원 의사로 봉사했다.

위의 두 선교사파송단체가 활발하게 활동하게 되자 빅토리아장로교 총회 해외선교부(Foreign Mission Committee)가 한국선교에 관여하기 시작했고, 앞의 두 선교사 파송 기관 선교사의 인준과 관리 등을 관장하게 된다. 초기에는 청년연합회와 여전도회연합회가 독자적으로 선교사를 파송하고 재정 지원을 감당하였으나 1900년대 이후부터 총회 선교부도 선교사 파송을 시작하게 된다. 따라서 청년연합회의 경우 선교사 파송은 점차 총회선교부 사역으로 흡수되었다.

5. 한국 선교지원과 파송

제2진 선교사들의 내한

호주의 첫 한국 선교사 데이비스가 한국에 온지 6개월 후 사망하자 호주교회는 큰 충격을 받았고, 이 젊은이의 죽음을 헛되이 할 수 없다는 자각이 선교 각성을 불러왔다. 데이비스의 죽음은 선교의 종료가 아니라 새로운 시작이었다. 데이비스를 후원했던 청년연합회(YFU)는 즉각 후속 선교사 파송을 결의했고, 곧 선교파송단체로 전환했다. 또 여성들 가운데서 일어난 선교열정도 자연스럽게 조직을 이루어 여전도회연합회(PWMU)를 창립하게 되었고 선교사 파송을 준비하게 되었음을 앞에서 지적했다. 그 결과 청년연합회는 발라랏의 성 요한교회(St. John's church) 담임목사였던 제임스 매카이(James Hannah Mackay, 1857-1919) 목사와 부인 사라(Sara Anderson, 1859-1892)를 한국선교사로 파송하기로 결의하였고, 여전도회연합회는 세 사람의 미혼 여성, 곧 멘지스(Miss Belle Menzies, 1856-1935), 퍼셋(Miss Mary Fawcett, 1862-1937), 그리고 페리(Miss Jean Perry, 1863-1935)를 한국 선교사로 파송하기로 했다.

멘지스는 발라랏의 에벤에셀교회 출신이었고, 퍼셋은 매카이 목사가 담임으로 있던 발라랏의 성 요한교회 교인이었다. 그런가하면 페리는 런던에서 태어나 1882년 호주로 이민하여 퀸즈랜드주 글래드스톤(Gladstone)에서 살던 여성이었다. 이들 5명의 제2진 선교사들은 1891년 9월 5일 시드니를 출발하여[39] 조선으로 향하는 장도에 올랐다. 약 40일 간의 긴 여정을 마치고 부산에 도착한 날은 1891년 10월 12일이었다. 호주의 첫 선교사가 내한한지 꼭 2년만이었다.

부산에 도착한 이들 5명의 제 2진 선교사들에게 가장 긴박한 일은 거처를

---

39) *The Presbyterian Monthly* (September, 1, 1891), 254.

마련하는 일이었다. 당시 부산에 살던 외국인이란 세관장 영국인 헌트(Mr J. H. Hunt, 河文德)와 미국북장로교 선교부에서 파송된 베어드 목사(Rev William Baird 1862-1931) 부부와 캐나다 토론토대학 청년회(YMCA)의 파송을 받고 내한한 로버트 하디 의사(Dr Robert Hardie 1865-1949) 가정뿐이었다. 내한한 호주의 제2진 선교사들은 이들 집에서 동거할 수 없어 한국인들의 집에서 겨울을 보내고자 했으나 주택을 빌릴 수 없었다. 궁여지책으로 일본인 거류지 내의 빈 창고를 얻을 수 있었고 이곳에서 1891년 겨울을 보내게 되었다. 흙벽돌로 지은 운막집으로 바람이 집안까지 스며드는 허술한 곳이었으므로 겨울을 지내기에는 적절치 못했다.

사라의 죽음과 매카이 목사의 은퇴

이들이 부산에 도착한지 3개월 후인 1892년 1월 27일 새벽, 혹한의 날씨가 기승을 부리고 있을 때 폐렴으로 6주간 병상에 있었던 매카이 목사 부인 사라는 세상을 떠났다. 멜버른의 알프레드병원(Alfred Hospital) 부속 간호학교 출신의 간호사였으나 자신의 건강을 지키지 못했다. 이 때 그의 나이 32세였다. 동료선교사 진 페리의 편지에 의하면 사라는 1891년 12월 12일부터 아프기 시작했고, 병상에서 고통을 받고 잠을 이루지 못했으나 불평하지 않았다고 한다.[40] 매카이 목사 부인은 호주장로교의 두 번째 순직자였다. 호주 선교사들은 사라의 시신을 1월 29일 데이비스 목사가 묻힌 부산시 중구 대청동의 복병산(伏兵山)에 매장하였다.

매카이 목사도 건강이 크게 악화되었고, 세 미혼여성도 건강이 좋지 못한 상태였다. 이렇게 되자 영도의 '피(避) 병원'에 거주하던 하디 선교사는 호주 선교사 4사람을 자기 집으로 오게 하여 함께 그 해 겨울을 지내도록 조치하였다. 당시 그의 집에는 네 칸의 작은 방이 있었는데 하디 부부와 두 아이,

40) *The Presbyterian Monthly* (May, 1, 1892), 162.

베어드 선교사 부부, 매카이 선교사, 그리고 세 여선교사 등 10명이 함께 기숙하였다. 그러나 매카이 목사의 건강이 호전되지 않자 하디 의사는 매카이 목사에게 본국으로 돌아가 건강을 회복한 뒤 다시 임지로 돌아올 것을 권고하였다. 그래서 매카이 목사는 아직 한국 생활에 익숙지 못한 세 여선교사를 남겨둔 채 1892년 7월 4일 호주로 돌아갔다.

멜버른에서 얼마간 요양한 매카이는 홍콩과 일본 나가사끼를 거쳐 1892년 8월 3일 오전 10시경 다시 부산으로 돌아왔다.[41] 이 때 여전도회연합회의 네 번째 선교사인 무어(Miss Bessie S. Moore, 1863-1956)[42]를 데리고 왔다.

부산으로 돌아온 매카이 목사는 그 해 10월 11일 일본 나가사끼에 있는 성공회 교회당에서 동료 여선교사 퍼셋(Miss Fawcett)과 재혼하였다. 매카이 목사는 이 사실을 본국 선교부 책임자였던 케인스씨에게 공식적으로 통보하였고 (1892년 10월 14일자 편지), 퍼셋은 여전도회연합회에 선교사 사임 의사를 전달하였다. 당시 여전도회연합회 선교사는 결혼할 수 없으며 결혼할 경우 선교

부산에서 일한 초기 호주여선교사들(1906). 왼쪽에서 Niven, Brown, Menzies, Kelly.

---

41) *Record* (1892. 10), 14.

42) 무어선교사는 빅토리아주 웜배트 힐(Wombat Hill) 가까이에 있는 데이레스포드(Daylesford) 출신으로 여전도회연합회의 파송을 받고 한국으로 가기 위해 기다리고 있던 중, 짧은 기간 요양을 마치고 임지로 돌아가는 매카이 목사와 동행하게 된 것이다. 무어는 이때부터 1919년 한국에서 은퇴할 때까지 17년 간 부산(1892-1913)과 통영(1918 이후)에서 봉사하였다.

사직을 사임하도록 규정되어 있었기 때문이다. 퍼셋은 매카이의 아내로서 부산에 체류했으나 공식적으로 선교사 신분이 아니었다.

매카이 선교사에게 가장 중요한 업무는 선교사의 주택을 확보하는 일이었다. 여러 가지로 노력하던 중 1893년에는 초량지역에 약 600평의 땅을 구입할 수 있게 되었고, 얼마 후 여선교사들은 매카이 목사의 도움으로 부산진 좌천동의 한옥과 땅을 매입할 수 있게 되었다. 그래서 매카이 목사 부부는 초량으로, 여선교사들은 부산진 좌천동으로 이주하였는데, 이 지역, 곧 초량과 부산진이 호주선교부의 첫 거점이 되었다. 후일 북장로교 선교부와의 선교지 조정안에 의해 매카이가 주제하고 있던 초량지역은 북장로교 선교부에 이양되었음으로 부산진 지역이 호주선교부의 거점이 되었다. 호주 빅토리아 장로교회의 주일학교 아동을 위한 잡지였던 「더 레코드 *The Record*」에 게재된 무어의 편지[43]를 보면 당시 부산진에 위치한 주택 모습을 대상 짐작해 볼 수 있다. 창호지로 된 문이 낮았고 창문 또한 작은 토담집이었다.

주택문제의 심각성 때문에 선교관 건립은 시급했다. 이를 위해 선교부는 이미 약 1,000파운드의 예산을 계상하고 있었다. 그래서 1892년 지금의 부산진구 좌천동 471번지 혹은 그 주변에 서구식 주택을 건립하였는데 이것이 호주선교부의 첫 선교관이었다. 후일의 기록에 의하면 361파운드의 건축비가 소요되었다고 한다. 이 정도의 건축비는 당시 호주 빅토리아주 노동자가 일 년간 벌 수 있는 수입의 총액과 비슷한 경비였다. 또 1894년 말에는 여선교사들을 위한 또 다른 선교관이 건립되었는데 이 건물은 선교사들의 숙소, 고아원, 첫 학교건물 등 다양한 용도로 사용되었고 후에는 선교사들의 주택으로 사용되었다. 지금은 다 없어지고 이 자리에 일신기독병원 구 건물이 자리하고 있다.

---

43) *The Record* (1893. 6), 7.

호주 선교부가 주택 부지를 확보하고 선교관을 건립하기 시작했을 때 매카이 목사 부부는 만성 말라리아 병(chronic Malarial poisoning) 때문에 한국을 떠나지 않으면 안 되었다. 그는 1893년 8월 28일 선교본부에 사임 의사를 전보로 통보하였고 곧 부산을 떠나 부인 퍼셋과 함께 그 해 10월 13일 멜버른으로 돌아갔다.[44] 매카이의 한국에서의 사역기간은 2년에 불과했다.

페리의 사임, 멘지스, 무어, 브라운의 활동

매카이 목사가 한국에서 은퇴한 후 페리(Jean Perry) 선교사 또한 1894년 초 선교사직을 사임했다. 그리고는 잠시 일본에서 체류한 후 서울로 옮겨 가 걸인, 유랑자 혹은 고아와 맹인 청소년들을 위해 엘렌 패쉬(Ellen Pash)와 함께 고아원(孤兒院, Garden for Lonely Children)을 설립하고 일하던 중 1897년에는 영국복음선교회(British Evangelistic Society)를 설립했다. 페리는 문필력을 겸한 인물로 한국선교와 관련된 여러 권의 책을 출판했다.[45] 그는 1915년까지 한국에서 일했는데, 한국에서 은퇴할 때 고아원과 모든 구호 시설들을 구세군에게 넘겨주었다고 한다.[46] 페리가 선교부를 떠난 이유는 호주선교부 정책에 대하여 의견을 달리했던 것으로 보이지만 구체적으로 어떤 이견이 있었는지에 대해서는 분명히 알 수 없다.[47] 페리가 선교부를 떠나게 되자 호주 빅토리아

---

44) *Blue Book of Nov. 1893*, xxxvii. 한국에서 은퇴한 매카이 목사는 점차 건강을 회복하였고, 남 멜버른(South Melbourne)에 위치한 클라렌돈가 교회(Clarendon Street Church)에서 담임목사로 일했다. 그는 다시 한국으로 돌아오지 못하였고 1919년 62세를 일기로 세상을 떠났다.

45) 페리가 남긴 저작으로는, *True Stories by a British Missionary Woman* (London, n.d.), *Chilgoopie The Glad* (London: S. W. Partridge & Co: n.d.), *The Man in Grey* (London: S. W. Partridge, n. d.), *Uncle Mac the Missionary*(London: S. W. Partridge, n. d.), *Twenty Years a Korean Missionary* (London: S. W. Partridge, 1911) 등이 있다.

46) C. A. Clark, *The Nevius Plan for Mission Work* (1937), 104.

47) 호주장로교회의 공식문서인 장로교 『총회록』(*Proceedings of the General Assembly, Presbyterian Church of Victoria*) 등에는 단지 "종교적 견해 때문에"(in consequence of her religious view)라고 기록되어 있다.

장로교회의 제2진 선교사 5명 중 오직 멘지스만 남게 되었다.

빅토리아장로교 여전도회연합회(PWMU)는 페리가 선교부를 떠나게 되자 그의 후임으로 브라운(Miss Agnes Brown, 1868-1954)을 선교사로 임명하였고, 그는 1895년 12월 3일 부산에 도착하였다. 브라운은 일반적으로 롤란드 관(Rolland House) 혹은 여교역자훈련원(Deaconess Training College)으로 불렸던 여성 교회지도자 양성원을 수료한 첫 한국선교사로 알려져 있으나 이는 사실이 아니다.[48] 빅토리아 주 발라랏 출신인 그는 동 멜버른(East Melbourne)의 와렌 부인(Mrs Warren) 휘하에서 선교준비를 했고, 짧은 기간 간호사 교육을 받았을 뿐이다. 내한 한 브라운은 멘지스, 무어 선교사와 함께 부산에서 사역하였고, 1907년 7월 3일에는 왕길지(Rev Gelson Engel, 1868-1939) 선교사와 결혼하게 된다.

부산진 좌천동에 거주하던 세 미혼 여선교사들은 주변의 한국인들과 접촉하던 중 부인 성경반을 열고 또 '미오라'라는 이름의 고아원(Myoora orphanage) 사업을 시작하게 된다. 이것이 호주 장로교선교부의 첫 자선기관이었다. 고아원의 아동 수는 점차 늘어갔고 2년 후인 1895년에는 13명으로 늘어났다. 수용인원이 많아지자 교육의 필요성이 제기되어 1895년 10월 15일에는 수업연한 3개년의 소학교 과정을 설치하고 사립 부산진 일신여학교(私立 釜山鎭 日新 女學校)를 개교하게 된다. 이 학교가 한강 이남의 최초의 여자학교였

48) 여교역자훈련원(Deaconess Training College)은 멜버른 남노회에 속한 프라란(Prahran)의 롤란드 목사(Rev W. S. Rolland)에 의해 1894년 5월 빅토리아장로교회 총회에 발의되었고, 콜린스가 156번지에 위치한 총회회관에서 첫 강의가 시작된 때는 1896년 5월 22일이었다. 장로교총회가 공식적으로 이 훈련원 설립을 허락한 때는 1897년 총회에서였다[Catherine Ritchie, *Not to be Ministered Unto* (Melbourne: Uniting Church Press, 1998), 1,2,3]. 이 허락에 따라 훈련원이 공식 개교 했을 때는 1898년이었다(Catherine Ritchie, 4,6,9). 그런데 브라운이 내한한 때는 첫 강의가 시작되기도 전인 1895년 12월이었다. 따라서 "왕길지의 부인(Clara Bath)는 한국에 선교사로 나가 있던 브라운(A. Brown)과 친구였는데 둘은 빅토리아 장로교회에서 경영하는 멜버른 여선교사훈련원(Deaconess Training College)에서 함께 훈련받은 사이여서 브라운을 통해 한국선교 상황을 파악하고 있었다."라는 몇몇 논자들의 언급은 사실이 아니다.

고, 호주 장로교 선교부의 첫 교육기관이자 부산 경남지방 최초의 근대 여성 교육기관이 된다.

1894년 4월 22일에는 첫 세 사람의 수세자를 얻게 된다.[49] 그들이 심상현(沈相炫)과 이도념(李道恬)과 귀주(貴珠, 성 미상)라는 여성이었다.[50] 이때의 수세자는 호주 선교부의 첫 결실이자, 여선교사들이 얻은 첫 열매였고, 부산지방에서의 첫 수세자였다. 이때까지 호주 선교부에는 멘지스, 페리, 무어 등 세 사람의 여선교사만 있었다. 그래서 첫 세례식은 미국 북장로교 선교사로서 1891년 이래 부산에서 사역하였던 배위량 선교사가 집례하였다.

---

49) 부산지방에서의 첫 세례식에 관해서 분명히 말한 자료는 오직 두 가지 뿐이다. 즉 Harry A. Rhodes의 *History of the Korea Mission, Presbyterian Church USA* Vol. I(1884~1934)와 Richard Baird가 엮은 *William M. Baird of Korea, a profile*(1968)이 그것이다. 전자에서는 첫 세례식 일자를 1894년 4월 23일이라고 기록하였으나(129쪽), 후자에서는 1894년 4월 22일로 기록하였다(48-49쪽). 특히 두 번째 자료는 부산지방의 첫 북장로교 선교사이자 첫 세례식을 집례했던 William Baird의 일기를 선별하여 편찬했는데, 이 일기에서는 두 번이나(1894년 5월 3일자와 7월 16일자) 첫 수세일을 4월 22일로 기록하였다. Rhodes의 자료는 2차 자료이지만, Baird의 자료는 1차 자료로서 세례식을 집례 했던 선교사의 기록이므로 신뢰성이 높다. 1894년 4월 22일이 주일이었음을 고려해 볼 때 의심의 여지가 없다. Baird가 1894년 7월 15일 자신의 고용인(서초시 곧 서두엽과 곽수은)에게 세례를 베풀었는데, 이것이 부산에서 두 번째 세례식이었고, 이날도 주일이었다.

50) 이 날 세례를 받은 두 여성에 대한 정보는 불충분하지만, 심상현에 대해서는 보다 많은 정보가 남아 있다. 심상현이 세례를 받았던 4월을 전후하여 무어(Moore) 등 여선교사들은 빅토리아의 발라랏(Ballarat)에 거주하는 기도 후원자들에게 심상현의 주택을 구입하기 위한 모금을 요청하는 서신을 보냈는데[*Record of Church of Australia and Tasmania*. Vol. VI. No. 8 (Aug. 1894), 5 참고]. 이 편지를 받은 신자들이 은밀하게 기도하는 중에 "환우(患友)기도회"(*Invalids' Prayer Band*)가 정성껏 모금한 후원금을 부산에 송금하였고, 선교부는 이 돈으로 부산진의 선교사관 맞은편 한옥을 매입할 수 있게 되었다. 이곳에 거주하게 된 심상현은 환우들에게 감사의 편지를 보냈는데 이 편지를 통해서 배위량의 일기에서 불분명했던 첫 수세자의 이름을 정확하게 확인할 수 있게 되었다. 심상현은 이 편지에서 후원금에 대하여 감사한 후 "하나님은 우리로 하여금 자녀가 되도록 하셨지요. 귀주(*Koui Chou*)는 불교를 신봉하던 나이 드신 부인의 새 이름인데 '귀한 진주'(goodly pearl)란 뜻이고, 또 다른 부인(Archie)의 새 이름은 도념(To Nyem)인데 '순수한 도'(doctrine pure)란 뜻 입니다. 그리고 저의 새 이름은 상현(Sang Hyen)인데 '서로 밝음'(both bright)이란 뜻이지요"라고 이름의 뜻을 설명하였다. 이 정보에 근거하여 3 수세자의 이름이 정확하게 심상현(沈相炫), 이도념(李道恬)과 귀주(貴珠)임을 알 수 있다. 외국인들의 한국의 지명, 인명 등 고유명사 표기가 부정확하거나 완전하지 못한 점을 고려해 볼 때 심서방의 편지는 매우 중요한 정보가 아닐 수 없다.

아담슨의 내한과 활동, 부인의 죽음

이런 가운데 청년연합회의 파송을 받은 아담슨 선교사가 내한하게 된다. 그는 청년연합회 파송으로 1891년 내한하여 2년간 일하고 귀국한 매카이 선교사의 후임이었다. 청년연합회는 매카이 선교사의 은퇴 이후 한국으로 파송할 새로운 선교사를 물색했으나 용의하지 않았다. 6개월이 지나도록 선교사 후보를 구하지 못하게 되자 청년연합회는 마침 영국을 방문 중이던 청년연합회 회장 길레스피(R. A. Gillespie)에게 선교사 후보를 탐색하도록 위임하였다. 당시 호주는 영국을 모국(home country)으로 이해하고 있었으므로 호주에서 적절한 목회자를 찾지 못하면 영국에서 목회자를 청빙하는 사례가 빈번했으므로 이 또한 이례적인 일이 아니었다.[51)]

길레스피 회장은 런던에서 교계지도자들을 만나 한국 선교사로 헌실 할 인물을 찾던 중 영국장로교회(The Presbyterian Church of England) 소속의 안드레 아담슨 목사(Rev Andrew Adamson, 1860-1915)를 청년연합회의 한국 선교사로 선정하였다. 아담슨은 1884년부터 1889년까지 5년 간 대영성서공회(The British and Foreign Bible Society) 중국 북부지방(Northern China)에서 일한 선교사인데 부인의 건강 때문에 런던으로 돌아와 휴양하고 있었다.[52)] 빅토리아장로교 해외선교부는 청년연합회의 아담슨 목사의 한국 선교사 파송요청을 인준하였고, 아담슨 목사는 아내 엘라이자 에니(Eliza Annie)와 두 딸 바이올렛(Violet)과 마벨(Mabel)을 데리고 1894년 5월 20일 부산에 도착했다. 아담슨 목사의 두

---

51) 이런 문제들, 곧 호주의 장로교회와 영국 및 스코틀랜드 장로교회와의 관계, 그리고 호주교회의 영국 및 스코틀랜드 교회의 목사 청빙에 대한 보다 자세한 정보는 Malcolm D. Prentis, "Scottish Religious Influences in Colonial Australia, 1788-1900", *Records* (Scottish Church History Society, 1981), vol. 13. No. xxi, part I 과 동일 저자의 "The Presbyterian Ministry in Australia, 1822-1900: Recruitment and Composition" *Journal of Religious History* Vol. 13. No. 1 (June, 1984)을 참고할 것.

52) 아담슨의 북중국에서의 사역에 대한 정보를 얻기 위해 William Canton, *A History of the British and Foreign Bible Society* vol. 1-5 (London: 1904-1910)를 섭렵했으나 기록을 찾지 못했다.

딸은 중국에서 출생한 연년생으로써 1894년 당시 7살과 6살이었다.

그런데 선교사로 허입된 아담슨은 호주를 방문하지도 못했고, 따라서 호주장로교 선교부 혹은 청년연합회 관계자와 만나지도 못했다. 단지 길레스피 회장의 천거에 따라 선교사로 임명되었고 선교지의 시급성 때문에 런던에서 곧장 한국으로 오게 된 것이다. 1893년 8월 이후 호주 선교부에는 세 여선교사 뿐이었으므로 아담슨 목사의 부임은 여선교사들에게는 큰 기쁨이었다. 그러나 머지않아 여선교사들과 아담슨 목사 간에 심각한 대립과 불화가 제기될 줄은 아무도 예견하지 못했다.

1894년 5월 20일 내한하여 매카이 목사가 유했던 부산 초량에 거주하게 된 아담슨 목사는 이때로부터 1914년 한국에서 은퇴할 때까지 20년 동안 부산(1894-1909)과 마산(1910-1914)에서 봉사하였다. 부산에서 아담슨 목사의 초기 사역은 지역순례와 전도였다. 또 중국에서 일한 경험 때문에 부산의 중국인 거류지에서 중국인을 위한 사역도 시작하였다. 그리고 부산에 체류하는 일본인을 위한 사역도 시작했다. 당시 부산에는 약 6,000여명의 일본인이 거주하고 있었는데,[53] 일본인 목사 모또가와(Rev G. Motogawa)라는 사람을 조수로 택하여 이일을 위임하였다.[54] 이런 활동과 함께 아담슨은 초량을 중심으로 한국인 조수의 협력 하에 전도와 집회를 이끌어 갔다. 그 결과로 설립된 교회가 지금의 초량교회였다.

당시에는 부산진의 여선교사와 초량의 아담슨 선교사 중심의 두 지부(Station)가 있었는데 각기 별도의 집회가 이루어지고 있었다. 아담슨이 부산에 왔을 때는 24명의 수세 신청자들이 있었고 이들의 수세를 위한 학습을 시행했고, 1895년 1월 3일 기록된 청년연합회의 켐프(Kemp)씨에게 보낸 그

---

53) *Sixth Annual Report of the PFU* (1893-94), 7.

54) *Blue Book of PCV*(1895. 11), xxxiii 참고.

의 편지에서 많은 한국인들이 물질적 도움을 얻기 위해 신자인척 하는 일이 있음을 지적하고 세례 청원자라 할지라도 일정기간의 점검(Probation)이 필요하다고 했다. 아담슨의 내한 이후 여러 수세 청원자가 있었으나 1895년 11월 3일 처음으로 10명의 남자, 11명의 여자 그리고 한 사람의 유아세례, 곧 22명에게 세례를 주었다고 한다.[55] 이때의 세례식은, 1894년 4월 22일에 있었던 부산에서의 첫 번째 세례식, 1894년 7월 15일 미국 북장로교 선교사였던 배위량(W. M. Baird) 선교사의 고용인 서초시(Saw Cho Si, 서두엽)와 가정부 곽수은(Kwak Soo Eun)에게 베푼 두 번째 세례식에 이은 부산에서의 세 번째 세례식이었다.

〈표 1〉 부산에서의 초기 세례식

일시	수세자				집례자	해당선교부
	남	여	유아	계		
1894. 4. 22	1	2		3	W. Baird	호주선교부
1894. 7. 05	1	1		2	W. Baird	미북장로교 선교부
1895. 11. 03	10	11	1	22	A. Adamson	호주선교부

아담슨 선교사는 초량에 정주하면서 인근 지역은 물론 울산, 마산, 창원, 통영, 그리고 거제도 등 경상남도 일원을 순방하였고, 한국인 전도자들을 택하여 매서전도를 실시하였다. 이런 와중에서 아담스의 부인 엘라이자(Eliza

55) 이날의 수세자 수에 대해서는 상이한 기록이 있다. 즉 여전도회연합회가 빅토리아주 장로교총회에 보고한 문서(총회록, Nov. 1896)에서는 남자 10명, 여자 11명, 합 21명으로 보고되어 있으나, 빅토리아주 총회 선교부에 보낸 아담슨의 보고(FMC 회의록, 18, Mar. 1896)에는 22명으로 되어 있는데, 이 중 한 남자는 매우 영향력 있는 인물리라고 했다. 또 여전도회연합회 연례보고서(1896)에서도 22명으로 되어 있고, 청년연합회 연례보고서(1895-6)에서도 22명으로 되어 있는데, 그 중의 한 사람은 유아세례였다고 기록하고 있다. 이상의 자료를 종합적으로 판단해 볼 때 집례자였던 아담슨의 보고와 그가 속했던 청년연합회의 자료가 더욱 신빙성이 있는 것으로 판단되어, 이날 수세자 22명 중 남자가 10명, 여자가 11명, 유아세례가 1명이었던 것이 분명하다. 그리고 10명의 남자 중 한 사람은 영향력 있는 인물이었다고 보는 것이 종합적 이해라고 판단된다.

Annie, 1861-1895)은 건강을 잃고 몇 달간 병상에 있던 중 1895년 11월 27일 아침 조용히 숨을 거두었다.[56] 사인은 간경변(肝硬便, cirrhosis of the liver)이었다.[57] 말 그대로 간이 딱딱하게 되어 간 기능을 하지 못하게 되는 간 질환이었다. 호주 선교부의 세 번째 죽음이었고, 임지인 부산에 온지 꼭 1년 6개월 만의 희생이었다. 아담슨 여사의 시신은 데이비스 목사와 매카이 목사 부인 사라가 묻혀 있는 복병산에 안장되었다.

이때로부터 약 1년 뒤인 1896년 11월 19일 아담슨 선교사는 영국 런던 출신인 카밀라 레인(Miss Camilla Rain)과 상하이에서 혼인했고, 그 후 두 자녀를 얻었다. 카밀라는 고 아담슨 여사의 절친한 친구였다.[58] 아담슨 선교사 부부가 한국에 파송된 이후 간헐적으로 한국소식을 접해왔던 카밀라는 엘라이자의 사망 소식을 듣고 아담슨 목사를 돕기로 작정하고 그에게 청혼하여 혼인하게 된 것이다.

아담슨과 세 여 선교사들과의 갈등

호주 빅토리아장로교회의 한국선교는 처음부터 시련의 연속이었다. 소수의 인원으로 출발하여 한국 선교를 개척했으나 세 선교사가 부산에서 순직하였고, 현지의 악조건과 싸우지 않으면 안 되었다. 이런 상황에서 발생한 선교사들 간의 갈등은 선교부의 존폐 위기까지 몰고 갔다. 이 갈등은 데이비스와 매카이에 이어 청년연합회의 세 번째 선교사로 파송을 받아 1894년 5월 20일 부산에 도착한 아담슨 선교사와, 여전도회연합회의 파송을 받아 1891년 10월 12일 부산에 도착했던 멘지스, 1892년 8월 부산에 온 무어(Miss Elizabeth Moore), 1895년 12월 부산에 온 브라운(Miss Agnes Brown), 그리고 멘지

56) *The Fellowship Messenger* (Feb., 1896), 15. PFU 연례보고서(1896), 9쪽에서는 11월 24일로 잘못 기록되어 있다.

57) *The Fellowship Messenger* (Feb., 1895), 15.

58) *Ninth Annual Report of the PFU(1896-1897)*, 7.

스의 휴가 기간 동안 선교지를 방문하여 선교사역을 도왔던 딘우디(Miss C. Dinwoodie) 양 등 미혼 여선교사들과의 대립이었다. 1895년 대수롭지 않는 일에서 시작된 이 갈등은 5년간 계속되면서 심각한 양상으로 발전하였다. 당시 호주선교사로는 아담슨 목사와 세 사람의 여선교사뿐이었는데, 결국 성(姓) 대결이었다.

이들은 다 같이 빅토리아장로교회 선교사였으나, 아담슨은 청년연합회가 파송한 선교사였고, 여선교사들은 여전도회연합회가 파송한 선교사였다. 이들 간의 갈등의 조짐은 아담슨 선교사 파송 직후부터 나타났다. 아담슨의 내한 약 10개월 후인 1895년 2월에는 상호 간의 신뢰가 무너지고 인간관계가 악화되었다. 1896년 이후부터는 심각한 대립 양상을 보여 상호비방하기 시작한다. 아담슨은 한국에 파송된 유일한 남자 목사 선교사로서 비록 선교지에는 여선교사들보다 늦게 왔으나 이미 중국에서 일한 경험이 있었다. 연령으로는 멘지스 보다는 젊었으나 다른 여선교사들 보다는 연장자였다. 그래서 여 선교사들은 아담슨이 호주 선교부의 지도적 위치에서 자기들을 주관하려고 한 것으로 인식했다.

당시 아담슨은 매카이가 건축했던 초량의 선교관에 거주하고 있었고, 여선교사들은 부산진 좌천동에 거주하고 있었는데, 각기 다른 선교사 파송기관에 의해 독립적인 사역을 감당하고 있었다. 그러나 여선교사들은 아담슨이 호주선교부 대표인 듯 자신들을 주관하려 한다고 인식했고, 불만을 토로하기 시작했다. 여선교사들은 아담슨의 태도를 남성우월주의로 파악했다. 이 작은 인간관계의 틈은 아담슨 선교사에 대한 불신과 선교업무에 대한 견해차가 결부되면서 5여년 간의 갈등으로 발전했다.

여선교사들은 5가지 점에서 아담슨의 과오와 실책, 혹은 인격적 불신을 토로하고 이점을 본국에 보고하였다. 즉 아담슨은 첫째 진실성이 없고(Untruthfulness), 둘째 기만적(Deceitfulness)이라고 했다. 이 두 가지 점에 대해서는 여선교사 전원이 문제를 제기했다. 셋째는 여선교사들의 명예를 훼손했다(Defamation of character)고 주장했다. 이 점을 주장한 이는 멘지스, 무어, 브라운이었다. 넷째는 음주벽(Drunkenness)이 있고, 다섯째는 은행 잔고가 없음에도 불구하고 수표를 발행한다는 점이었다. 이 점을 제기한 이는 무어 선교사였다. 이상의 지적은 사소한 점들이며, 첫 3가지 경우는 매우 주관적인 판단일 수 있는데, 근원적으로 볼 때 인간관계의 갈등에서 기원한 것이었다. 이 갈등의 와중에서 아담슨의 부인 엘라이자는 세상을 떠났고, 아담슨 또한 정신적 고통을 겪었다.

이상과 같은 부산주재 선교사들 간의 대립은 선교사역에 막대한 지장을 초래하고 있었으므로 빠른 해결은 긴급한 과제였다. 이런 불미스런 대립을 처리하기 위해 빅토리아주 장로교 해외선교부는 주한 북장로교 선교부에 이 사건의 진상 조사를 공식적으로 요청하였고, 또 빅토리아주 청년연합회는 이 문제의 해결을 위해 길레스피(T. A. Gillespie) 회장을 한국에 파송하기까지 했다. 그러나 갈등을 봉합하기에는 불신의 벽이 너무 높았다. 여선교사들을 파송했던 여전도회연합회는 선교사들의 철수와 타국으로의 전보까지 고려하고 있었다. 빅토리아장로교 총회 해외선교부는 호주 선교부를 북장로교 선교부 산하에 편입시키는 방안까지 고려했다.

호주 장로교의 공식문서인 에디 커(Edith Kerr)와 조지 엔더슨(George Anderson)이 공동집필한 『호주장로교회의 한국선교 보고, 1889-1941』에서는 이 불미스러운 일에 대해 침묵하고 있으나, 빅토리아장로교 총회 회의록, 해외 선교부의 회의록, 당시의 빅토리아 장로교회의 공식문서들인 *The Presbyterian Messenger*, *Chronicles*, *Fellowship Messenger*, 여전도회연합회와 청년연합회 회의록에는 이 사건에 대한 여러 기록이 남아 있다. 필자는 호주장로교총회 고문서관에서, 아담슨과 여선교사들이 각기 서로의 주장을 반박하고 자신의 입장을 진술하는 수십 페이지에 달하는 편지를 찾을 수 있었는데, 가장 긴 편지는 4x6 배판 크기의 용지 37쪽에 달하는 아담슨의 편지였다. 선교지에서 인간관계의 파괴가 가져 올 수 있는 대립과 불신의 벽이 얼마나 심각했던가를 알 수 있었다.

빅토리아장로교 총회는 부산 주제 선교사들 간의 심각한 갈등에 대한 보고를 접하고 해외선교부(Foreign Mission Committee)에 이 문제의 원만한 해결을 요청하였다. 총회 해외선교부는 여전도회연합회 실행위원회(Executive Committee of the PWMU)와 공동으로 청년연합회 회장 로버트 길레스피(Robert Gillespie)를 한국에 파송하여 이 문제의 조속한 해결을 위해 중재하도록 요청하였다.[59] 그래서 길레스피 회장은 1896년 9월 내한하였고 아담슨 선교사와 여선교사들을 별도로 만나 그간의 과정과 의견을 청취하였고 상호이해와 화해를 통해 선교부의 본래적 일에 전력하도록 요청하였다. 이 일련의 노력을 통해 아담슨 선교사와 여선교사들 간에 화해가 이루어지는 듯 했다. 그래서 길레스피는 본국에 만족할 만한 해결이 이루어졌다고 전보를 치고 본국으로 돌아갔다.[60] 그러나 문제는 남아 있었고 어떤 면에서는 더욱 심각한 상태로 발전했다.

여선교사들은 전원 선교사 사퇴서를 제출하는 한편 아담슨 선교사와 같이 일할 수 없다고 주장했다. 이와 같은 선교사 간이 불화는 선교 후원금(donation)의 감소에 영향을 주었다. 여전도회연합회에 입금된 선교비 현황을 연도별로 보면 이점이 분명히 나타난다. 즉 1984-95년에는 1409파운드가 입금됐으나, 1895-96년에는 1374파운드, 1896-97년에는 1115파운드로 감소했다.

문제 해결을 위한 여러 시도와 청년연합회 길레스피 회장의 한국 방문과 수습 시도가 성과 없이 끝나자 빅토리아장로교 해외선교부는 이 문제 해결

59) Foreign Mission Committee는 1896년 7월 20일 멜버른에서 모인 회의에서 청년연합회 회장인 Robert Gillespie를 한국에 파송하도록 결의했다. *Fellowship Messenger*(Nov. 1896), 15.

60) *Ninth Annual Report of the PFU* (1896-97), 6.

을 위한 특별한 조치를 취하게 되었다. 즉 1897년 9월 20일 회집된 해외선교부는 여전도연합회와 청년연합회의 동의하에 서울에 주재한 주한 북장로교 선교부에 이 문제에 대한 조사를 의뢰하였고, 북장로교 선교부의 보고에 따라 필요한 조치를 강구하기로 결의하였다.

선교사들 간의 갈등에 대하여 선교사를 파송한 두 기관인 여전도회연합회와 청년연합회 간의 견해차가 있었고, 또 부산에 있는 여선교사들과 아담슨 선교사의 보고서와 사신(Private letter)에도 현저한 견해차가 노정되고 있었기 때문에 보다 객관적인 문제 해결을 위해 북장로교 선교부에 조사를 의뢰하게 된 것이다.

북장로교 선교부의 조사 보고

호주장로교 해외선교부로부터 조사 의뢰를 받은 북장로교 선교사부는 언더우드(Rev H. G. Underwood, 185-1916)와 에비슨 의사(Dr Oliver R. Avison, 1860-1956)를 조사위원으로 위촉하였고, 이 두 사람은 1898년 2월 부산으로 와 여선교사들이 아담슨에 대해 고소한 다섯 가지 문제들에 대해 12일 간에 걸쳐 조사를 실시하였다. 북장로교의 두 선교사는 여선교사들과 장시간 면담하였고 당시의 정황과 목격자, 증인들에 대한 조사와 의견청취를 거쳐 그해 4월 그 결과를 장문의 보고서로 작성하였다. 보고서의 분량은 무려 45페이지에 달했다. 이 긴 보고서는 '미국 대표단의 보고서 요약'(Abstract of Report received from American Delegation, with some explanatory clauses from minutes)이라는 이름으로 정리되어 교회와 기관의 관계자들에게 공개되었다.[61]

이 보고서에서 미국 북장로교 선교부 조사위원은 여선교사들이 아담슨 목사에 대해 크게 다섯 가지 점에서 비난과 고소를 제기하였으나 충분하고도 만족할만한 증거를 제시하지 못했다고 지적하고, 많은 내용이 불신과 편견

---

61) Sang Gyoo Lee, *To Korea with Love* (Melbourne: PCV, 2009), 89.

Abstract of Report received from American Delegation, with some explanatory clauses from minutes.

Charges Against Rev. A. ADAMSON.

1. Untruthfulness } Charges made by Misses Dinwoodie,
2. Deceitfulness } Menzies, Moore and Brown.
3. Defamation of Character—Charges by Misses Menzies, Moore and Brown
4. Drunkenness—Charge by Miss Moore.
5. Issuing Cheques when there was no Money in the Bank to his Credit—Charge by Miss Moore.

CHARGE I.—UNTRUTHFULNESS.

Count 1.—This charge arose from Mr Baird's refusal to examine Miss Brown. On referring to documents, it was apparent that there was nothing connecting Mr. Adamson with it. It was therefore withdrawn.

Count 2.—Miss Dinwoodie said that Mr. Adamson had written to the *Fellowship Messenger*, saying that he was doing work among the Chinese in Fusan, and that this could not have been true, as he arrived here May 23rd, 1894, and the Chinese fled from here in August of the same year. This was also withdrawn by the ladies. They had evidently not looked into the dates of the case, or they would have seen that there was no foundation for their feeling that Mr Adamson was practising deceit when he wrote the letter in question. Miss Dinwoodie said that she would bring evidence to prove that he had not worked amongst the Chinese, but she afterwards, on January 24th, said that she could not prove her assertion.

Count 3.—Mr Adamson was charged with saying that Mr. Sim, a Corean teacher, had complained to him of the inadequacy of his salary, and when questioned by the ladies, he Mr Sim) denied that he had done so. The evidence in this count rests entirely upon the veracity and memory of old Mr. Sim, and, as to what happened, the contention is not that Mr. Sim was not dissatisfied with his salary, nor that he had not complained of it through another Corean, but simply that he had not personally spoken to Mr. Adamson about it. The statements made by Mr Sim to the delegation were in several points contrary to those made by the ladies and Mr Adamson, so that he evidently had either forgotten or was not speaking truthfully. Probably he had forgotten, being quite an old man. As to whether he had spoken to Mr Adamson or not on the subject, the matter rests between them, one stating that he did and the other that he did not, and it is for you to decide whether you will believe Mr Adamson or the Corean teacher. We may say that truthfulness is not especially characteristic of Coreans, particularly if anything is to be gained by swerving. To our mind, the matter was entirely of too trivial a character to have formed the basis of a charge of untruthfulness, as the man admitted having complained to Mr. Adamson's *colporteur*, and only denied having spoken to Mr. Adamson.

호주 선교사들 간의 갈등에 대한 미북장로교 대표단의 조사 보고 요약문

과 오해에 기초하였음을 설명하였다. 결국 여선교사들이 제기한 5가지 내용의 고소는 취소되었다고 보고하였다.[62]

북장로교 선교부의 조사위원이 보낸 보고서에 기초하여 호주장로교 해외

62) 미국 북장로교 선교부 조사위원들의 보고에 대해 여전도회연합회(PWMU) 측에서는 불만을 제기했다. 여전도회연합회는 부산의 여선교사들이 제기한 아담슨 선교사에 관한 고소가 사실임을 증언해 줄 수 있는 부산주재 북장로교 선교사들이 이미 부산을 떠난 후였기 때문에, 서울서 온 북장로교 선교부의 두 조사위원은 정확한 실태 파악이 불가능했다고 주장한다.

선교부가 취한 조치에 대해 언급하기 전에 여선교사들의 상황을 언급해 두고자 한다. 1896년 2월 멘지스는 안식년이 예정되어 있었기 때문에 이 기간 동안 멘지스의 사역을 담당하기 위해 딘우디(Dinwoodie)양이 한국에 파송되었고, 멘지스는 이 기간 한국을 떠나 멜버른에 체류하고 있었다. 당시 여전도회연합회는 여러 차례의 모임을 개최하여 한국에서의 선교부 간의 갈등문제를 논의하였는데 멘지스는 한국에 남아있는 여선교사들과 의견을 같이 했다.

부산에 있던 여선교사들, 곧 브라운, 무어, 그리고 딘우디 양은 한국에서 아담슨 선교사와는 함께 일할 수 없다며 1897년 3월 6일자로 선교사 사임서를 제출하였고 부산주재 북장로교 선교부와 함께 일하겠다는 뜻을 본국에 통보하였다. 안식년으로 멜버른에 체류 중이던 멘지스 또한 사퇴의사를 표명하였다. 이 사실이 1897년 4월 26일 회집되었던 여전도회연합회 특별위원회에 보고되었으나 사임서는 반려되었다. 그러자 약 두 달 후인 1897년 5월 6일 브라운과 무어는 다시 선교사 사임서를 제출하였고, 그 해 8월 5일 멘지스 또한 선교사 사퇴의사를 밝혔으나 이 역시 반려되었다.

어떻든 선교사들의 갈등이 심각해졌을 때인 1897년 11월에 모인 빅토리아장로교 총회에서는 이 문제 해결을 위해 아래와 같이 결의했다. 즉, "현재 부산 선교부에 상존하고 있는 난제들이 신속히 해결되기를 기대하며, 1898년 11월부터 여전도회연합회(PWMU)와 청년연합회(Fellowship Union)는 각기 소속 선교사들을 현재와 같은 방법으로 선정하되, 최종적인 승인을 위해 총회 해외선교부에 추천토록 할 것이며 양 연합회 소속 선교사들의 선교지 이동의 문제는 해외선교부가 주관하도록 해야 한다."[63]

이와 같은 결정 이후인 1898년에도 선교사들 간의 갈등이 해소되지 못했다. 결국 여전도회연합회 실행위원회는 해외선교부에 주한 여선교사들의 완전 철수와 타 지역 전보 의사를 통보했다. 앞에서도 언급했듯이 여선교사들

---

63) *PWMU Annual Report for 1897-8*, 2 참고.

이 아담슨 목사와는 함께 일할 수 없다고 사퇴의사를 밝혔기 때문이었다. 그러나 해외선교부가 볼 때 기왕에 일해 온 한국에서의 선교 사역은 중단할 수 없고, 선교사의 완전철수는 그간의 사역을 무효화하는 결과를 가져오기 때문에 차라리 호주선교사들을 미국 북장로교선교부 휘하에 두는 편이 이상적인 문제 해결의 길이라고 보았다. 그래서 다음과 같은 결정을 하기에 이르렀다. 즉, "해외선교부는 여전도회연합회와 청년연합회와의 합의를 거쳐 호주 선교부를 미북장로교 선교부 부속으로 두되 주한 호주선교부의 재산은 빅토리아장로교 관할 하에 둔다."는 내용이었다.

해외선교부가 이와 같은 결정을 하게 된 것은 미국 북장로교 조사위원들의 보고에 따른 조치라고 볼 수 있는데 앞서 언급한 45페이지에 달한 조사보고서에서 북장로교 조사위원은 호주선교사들의 수가 적기 때문에 이러한 불화가 발생하였으므로 선교사 수를 증원할 것을 건의한 바 있다. 그러나 더 많은 선교사를 보내기에는 재정적으로 어려웠음으로 호주 선교사들을 북장로교 선교부 휘하에 두어 관리하고자 했던 것이다. 그러나 미국 북장로교 선교부는 호주 장로교 해외선교부의 결정을 받아들이지 않았기 때문에 이 안이 실행되지 못했다.

이렇게 되자 여전도회연합회는 1899년 9월 문제 해결하기 위한 조처로 해외선교부에 새로운 제안을 하기에 이르렀다. 즉 여선교사들을 감독할 수 있도록 하기 위해 목사 선교사 파송을 요청하기에 이른 것이다. 여전도회연합회는 여선교사만이 아니라 이제 안수 받은 목사를 파송하므로 여전도회연합회의 한국 선교부를 대표하도록 의도한 것이다. 이런 배경에서 파송된 선교사가 왕길지 목사였다. 이상과 같은 왕길지 내한 배경에 대한 긴 설명은 왕길지의 내한과 그의 역할이 얼마나 중차대했던 가를 보여주기 위한 것이었다.

왕길지 목사의 선임과 선교지에서의 역할

여전도회연합회는 한국에 파송할 능력 있는 목사 선교사를 수색했다. 이 일은 두 가지 방법으로 추진되었다. 첫째는 추천을 받는 방식이었고 다른 한 가지는 선교 지망자의 자원이었다. 이런 과정에서 자연스럽게 왕길지 목사는 한국으로 파송될 적절한 인물로 천거되었다. 1900년 당시 빅토리아장로교회에 속한 목사 수는 200여명에 불과했으므로 후보자를 선택하는 문제가 어렵지 않았다. 왕길지는 이미 인도 푸나에서 6년간 사역한 바 있고, 언어능력이 탁월했을 뿐만 아니라 연령적으로도 적절한 인물이었다. 특히 왕길지 본인이 선교지로 돌아갈 길을 찾고 있었기 때문이다. 이런 상황에서 여전도회연합회는 왕길지 목사와 면접하였고, 미혼 여선교사들만을 파송했던 전례를 깨고 그를 한국선교사로 파송하기로 결정했다. 빅토리아주 장로교 총회 해외선교부도 이를 지체 없이 승인해 주었다. 그래서 왕길지 목사는 여전도회연합회 파송 선교사로서 부산에서 이미 활동하고 있는 여선교사들을 관장할 책임을 지고 1900년 10월 29일 내한하게 된 것이다.

이보다 앞서 왕길지 부부는 멜버른, 발라랏, 질롱 등지에서 개최된 선교모임에 참석하여 한국행을 보고하고, 9월 12일에는 멜버른 시내 콜린스 가(街) 156번지 총회회관에서 모인 여전도회연합회(PWMU)가 주최하는 마지막 기도회에 참석하여 소회를 밝히기도 했다. 9월 17일에는 총회회관에서 호주장로교연방총회(PCA) 총회장인 율 목사(Rev A. Yule)가 참석한 가운데 왕길지 목사를 한국으로 파송하는 송별회가 개최되었다. 장로교신학교의 구약학교수 하퍼(Andrew Harper) 교수와 프레이저 목사(Rev W. Fraser)의 연설, 왕길지의 답사, 그리고 투락교회 찬양대의 찬양이 이어졌다.[64)]

이런 행정적인 절차를 끝내고 내한하기 전 여전도회연합회는 주한 여선교사들과 왕길지 선교사에게 통지문(Instructions)을 보내 선교사역 전반에 대한 지침을 하달했다. 120년 전의 이 문서가 다행하게도 멜버른 총회회관 여전도회연합회(PWMU) 사무실에 보관되어 있어 이때의 정황을 헤아릴 수 있

---

64) *The Record*, vol. XII, No. 10(October, 1900), 13.

게 되었다.

부산에서 사역하고 있는 여선교사들에 대한 통지문은 전문(前文)과 7개항으로 구성되어 있는데 "빅토리아장로교 총회는 여전도회연합회(PWMU)의 요청에 따라 안수 받은 목사 선교사를 한국에서의 여전도연합회 사역의 책임자로 허락했습니다. 여러분들을 안내하기 위한 아래의 지시사항은 1895년에 보낸 지시사항을 대신합니다."라는 전문에 이어 7개항으로 구성되어 있다.

1. 왕길지 목사는 한국에서 여전도회연합회의 사역을 총괄하는 감독으로 임명되었다. 따라서 여러분 각자가 이전에 담당했던 모든 책임에서 해제되었다.
2. 왕길지 목사는 본회 사역의 모든 영역, 곧 지역 담당, 순회전도, 그리고 학교사역을 전적으로 통괄한다.
3. 따라서 합의하고 의논한 이후라도 감독자의 최종 허락 이전까지는 어떤 일도 실행해서는 안 된다.
4. 사역과 관계된 모든 자금(資金)은 감독자를 통해 수납되고 지출된다.
5. 여러분들은 성경공부와 기도회 등 정해진 시간에 감독자와 면담할 수 있다.
6. 여전도회연합회는 왕길지 목사에게 그와 그 후 임명되는 모든 선교사들에게 매년 한국어 시험을 실시할 것을 권고한다. 그러나 시간과 에너지를 예기치 못한 곳에 투자해야 하는 예외적인 경우에는 이 규정의 엄격한 적용을 유예할 수 있다.
7. 본 연합회는 여러분들의 언어능력의 진보와 연례보고서를 왕길지 목사에게 보내도록 지시하였다. 여러분들이 과거처럼 여러분들의 사역에 대한 월례 선교편지를 본 연합회로 보내주실 것을 기대한다.

그리고 한국으로 파송되는 왕길지 선교사에 대한 통지문은 A4용지 두 장 분량의 11개 항으로 구성되어 있는데, 그 내용을 요약하면 다음과 같다.

1. 귀하에 대한 여전도회연합회(PWMU)의 임명은 장로교총회 혹은 노회에서의 귀하의 신분에 아무런 영향을 주지 않는다. 귀하는 장로교총회 해외선교사로 인정될 것이며, 귀하가 빅토리아에 거주하던 해외선교위원회 휘하에 있던 노회원의 지위는 유지된다.
2. 비록 여전도회연합회가 한국에서의 귀하의 주택과 봉급을 책임지게 되지만, 귀하는 한국에서의 여전도회연합회의 사역에 대한 전적인 책임을 감당해야 한다. 동시에 총회 선교사로서 다른 선교부 파송 선교사들과 형제애로 협력하며 기도회와 회의 등 공동행동을 요구하는 각종 업무에 협력해야 한다.
3. 여전도회연합회는 귀하가 한국에서 사역하고 있는 다른 장로교 선교사들과 친선관계를 유지하기를 권장한다.
4. 여전도회연합회는 귀하가 선교지의 어떤 분야에서나 정치적인 문제에 개입하지 않는 것이 바람직하다고 생각한다.[65)]

65) 이와 같은 피선교지에서의 정치불간섭주의는 주한 외국선교부의 일반적인 입장이었던 것으로 보인다. 주한 네 장로교 선교부(미국북장로교, 호주장로교, 미국남장로교, 캐나다장로교 선교부)를 회원으로 조직된 장로교공의회는 1901년 9월 20일 출범하면서 5개 조항의 정교분리 원칙 혹은 정치적 중립 의지를 표명했는데, 그 내용은 다음과 같다. "1. 우리 목사들은 대한 나라일과 정부 일과 관원 일에 대하야 도무지 그 일에 간섭 아니 할 것을 작정할 것이요, 2. 대한국과 우리나라들은 서로 약조가 있는데, 그 약조대로 정사를 다 받으되, 교회 일과 나라일은 같은 일 아니라, 또 우리가 교우 가르치기를 교회가 나라일 보는회가 아니오 또한 나라일은 간섭할 것도 아니오, 3. 대한 백성들이 예수교회에 들어와서 교인이 될지라도 그 전과 같이 대한 백성인데, 우리 가라치기를 하나님의 말씀을 거스림 없이 황제를 충성으로 섬기며 관원을 복종하야 나라 법을 다 순종할 것이오, 4. 교회가 교인이 사사로히 나라 일 편당에 참예하는 것을 지킬 것이 아니오, 또 만일 교인이 나라 일에 실수 하거나 범죄하거나 그 가운데 당한 일은 교회가 담당할 것 아니오 가리 울 것도 아니오, 5. 교회는 성신이 붓친 교회요, 나라 일 보는 교회가 아닌데, 예배당이나 회당 사람이나 교회 학당이나 교회 일위하여 쓸 집이오 나라 일 의논하는 집 아니오, 그 집에서 나라 일 공론하러 모힐 것도 아니오, 또한 누구던지 교인이 되어서 다른데서 공론하지 맛 할 나라 일을 목사

5. 귀하에게 주택을 제공하고 봉급은 연 280파운드로 하되, 한국에 도착하는 때부터 산정되며, 한국을 떠나게 될 때 지급이 종료된다.
6. 한국에서 7년 봉사한 이후 1년간의 안식년이 주어진다. 단 본국으로 귀국하는 여행 기간은 안식년 기간에 포함되지 않는다. 안식년은 건강상 이유로 주어지지만 동시에 본국교회 선교사역에 유익하게 사용되어야 한다. 본회는 귀하 가족의 안식년 귀국과 임지로의 귀환 경비를 통상 경로에 준하여 지급하되, 안식년 기간 사례는 연 280파운드 정도로 하고 호주에 도착하는 때로부터 산정한다.
7. 여전도회연합회는 귀하가 빅토리아주를 떠날 때부터 일기(journal)을 쓰며, 매월 흥미로운 일이나 중요한 사건을 포함하는 일기 요약문을 본회로 보내기를 권장한다. 또 한국에서 사역하는 바를 요약한 연례보고서를 보내주기를 기대한다. 모든 보고서와 공식적인 통신은 본회 해외담당 총무(foreign secretary)를 통해 보내주기를 요망한다.
8. 여전도회연합회는 귀하가 연례적으로 한국어 시험을 시행하기를 희망한다. 본회에 의해 임명된 신임 선교사들에게 엄격하게 시행되는 것이 우리의 희망이다.
9. 귀하는 한국에서의 본회의 선교사역 감독자로써 본회와 지회에 관련된 모든 자금을 수령하게 될 것이다.
10. 귀하는 본회의 한국선교사역을 전적으로 통괄하며 어떤 형태의 새로운 사역도 귀하의 책임 하에 있다는 점을 헤아려 주기 바란다.
11. 본 연합회는 귀하의 아내를 한국에서 그리스도를 위해 귀하와 동역하는 협력선교사(associate missionary)로 간주한다.

이상의 문서를 보면 여전도회연합회는 왕길지 목사에게 여선교사들을 감

의 사랑에서 더욱 못할 것이오." 「그리스도신문」 1901. 10. 3.

Instructions given to Rev G. Engel.

1. Your appointment by the P. W. M. U. in no way interferes with your relations to the Pres. Church Assembly or Presbytery. You will be recognised as one of its foreign missionaries, having a seat in the Presbytery where you reside while in Victoria & be under the care of the Foreign Miss. Comtee

2. Although the P. W. M. U. is responsible for your house & salary in Korea & you are to have full charge and care of their work in the field, yet, as the Assembly's Mission is one, you will work with the Missionary who is in charge of the other branch of the Mission by brotherly conference in united meetings for prayer & counsel & all business of a character requiring joint action.

3. The Comtee would encourage your fraternal relations with the missionaries of other Presbyterian Churches working in Korea.

4. The Comtee think it desirable that you should abstain from taking any part in political affairs of the country.

5. The salary shall be £280 per. Ann. with house provided. The salary shall commence on arrival in Korea, & shall cease on the date of departure from it.

6. A furlough of one year - exclusive of time spent travelling shall be granted after 7 years service in the field. Furloughs are granted primarily for health reasons, but have reference also to the advantage of the Mission cause in the Church at home. The Union will defray the expenses of the journey for you & family to & from Victoria by the usual direct route. The furlough allowance shall be at the rate of £280 per. Ann. & shall commence

engel

빅토리아주 총회가 왕길지 선교사에 보낸 지시문

독할 절대적인 책임을 부여하였고, 여선교사들에 대한 불신이 컸음을 알 수 있다. 왕길지 목사는 호주에서 모든 절차를 마감하고 1900년 9월 한국으로 향하게 되는데, 이때의 여정에 대해서는 왕길지의 영문 일기가 남아 있어 긴요한 자료가 되고 있다.

선교지 부산으로의 여정

왕길지는 1900년 9월 19일 수요일 12시, 아내 클라라 바스와 세 아이 넬슨(Fred Nelson)과 허비(Herbert) 그리고 도라(Dora)를 데리고 일본 국적의 증기선 카수까 마루(Kasuga Maru)호로 멜버른 항구를 떠나 한국으로 향하는 긴 여정에 올랐다.[66]

부두에는 여러 친구들이 나와 미지의 나라로 향하는 이들에게 평안을 빌며 아이들에게 선물을 주며 기도하고 축복해 주었다. 배는 포트 필립 베이를 지나 보타니 만을 거쳐 시드니로 향했다. 9월 21일에는 시드니 써큘러 큐이(Circular Quay)에 정박했다. 이곳에 일주일가량 머문 후 다시 탑선하여 27일 시드니를 떠나 브리즈번으로 향했다. 29일 토요일에는 브리즈번의 핀켄바 부두에 정박했다. 밤 11시경 다시 이곳을 떠나 타운스빌, 마그네틱 섬을 지나 더스데이 섬에 도착한 날은 10월 5일 이었다.

한국으로 향하는 여정은 먼 해로였다. 암보이나(Amboina)를 거쳐 마닐라 해협으로 들어가 방카(Banka) 수로를 통과하고 민다노(Mindano) 섬 서쪽 해안을 거쳐 칼라바이트 갑(Cope Calavte)를 통과하고 마닐라 해안에 정박했다. 10월 12일 이었다. 여기서 하루를 보내고 다시 출발하여 홍콩 섬을 지나 홍콩에 도착했다. 이곳에서 왕길지는 바젤선교회 사무실을 방문하고 옛 동료를 만났는데, 그들은 왕길지가 아직도 인도에서 활동하고 있는 줄 알았다고 한다. 왕길지는 이곳에서 "중국북부지방에서 일어난 소요를 피해 온" 선교사들을 만났는데,[67] 그들은 중국에서 일어난 의화단 사건(Boxer Rebellion)을 피해 일정기간 홍콩에 체류했던 이들이었을 것이다. 왕길지의 부인은 런던선교회(LMS) 사무실로 가 옛 동료를 만났는데 거기서도 중국으로부터 피난 와 있는 친구를 만났다고 한다.

홍콩에 있는 동안 왕길지 가족은 10월 17일 바젤선교회 파송의 두 젊은 선교사와 같이 이곳의 가장 높은 산인 픽크(The Peak)에 올랐다. 태평산(太平山)

---

66) *The Record*, vol.XII, No. 10(Oct., 1900), 12.

67) 왕길지의 일기, 1900. 10. 16.

이라고 불리는 높이 554m의 가파른 산이라 등반전차(The Peak tram)를 이용하여 산 정상으로 올라가 홍콩 시가를 구경했다. 10월 18일에는 홍콩을 떠나 일본으로 향했다. 10월 22일에는 나가사끼(長崎)에 도착했고, 23일 새벽 2시에 나가사키를 출발하여 시모노세키(下關)를 거쳐 10월 24일에는 고베에 도착했다. 이곳에서 다른 증기선 야마시로 마루(Yamashiro Maru)로 옮겨 타고 이동하여 모찌항(門司港)에 도착했다. 10월 27일에는 시모노세끼를 거쳐 10월 29일 한국으로 향했다. 그날 새벽 쓰시마 해협을 지나 8시 30분 경 부산 앞바다가 보이는 지점까지 왔고, 부산항에 도착했을 때는 9시 경이었다. 즉 9월 19일 수요일 멜버른을 떠나 시드니 브리즈번을 거쳐 마닐라 홍콩 일본을 경유하여 10월 29일 월요일 부산에 오기까지 꼭 40일이 소요되었다. 이날, 곧 1900년 10월 29일 일기에서 이렇게 썼다.

"3마일 정도 되는 해변이 우리 앞에 펼쳐져 있다. 오른쪽의 부산의 마을이 안개 속에 그 모습을 드러냈다. 그 안개 사이로 보이는 흰색의 유럽식 주택이 우리가 살게 될 집이다. 왼쪽에는 일본인 거류지가 있고, 항구는 좁은 수로에 의해 영도와 분리되어 있다. 부산과 일본인 거류지 중간쯤에 초량이 있다. 이곳 선교관에 아담슨(Adamson) 부부가 살고 있는데, 외형은 부산의 다른 집들과 비슷하다. 초량과 일본인 거류지 사이 언덕에 미국북장로교 선교사들과 세관원 집들이 눈에 잘 띄게 서 있다. 페리(Miss Perry) 양이 손으로 만든 약식 지도로 내가 이미 부산의 지리를 공부했기 때문에 모든 것이 친밀하게 느껴졌다."[68]

부산항에 도착한 왕길지 목사 가족은 무어(Miss Moore) 선교사의 영접을 받았다. 그는 왕길지 목사를 영접하기 위해 항구와 인접한 북장로교의 노세영(Cyrill Ross) 선교사 집에 자고 아침에 부두로 나온 것이다. 왕길지 목사 부인

---

68) 왕길지의 일기, 1900. 10. 29. 동일한 내용이 왕길지의 편지에서 언급되고 있는데, 이 편지는 *The Messenger* (Mar. 22, 1900) 130쪽에 수록되어 있다.

왕길지 내한 당시의 부산진 좌천동 거리. 사진의 서양식 주택이 왕길지 선교사의 주택이었다

과 아이들은 가마로 3마일, 곧 4.8km 거리의 부산진으로 보냈고, 짐은 짐꾼들이 부산진의 왕길지가 거주할 주택으로 옮겼다. 그리고 왕길지 목사 자신도 가마를 타고 부산진 좌천동에 도착했다. 왕길지의 주택은 호주선교부가 건축한 서양식 건물인데, 여선교사 멘지스 무어 브라운 양이 살던 곳이었다.

여선교사들은 왕길지 목사를 위해 기꺼이 이 집을 내어주고 자신들은 지붕이 낮은 한옥으로 옮겨갔다. 부산진에 도착했을 때의 상황을 왕길지는 이렇게 기록했다.

"가마꾼들은 나를 소녀들을 수용한 고아원 마당에 내려놓았다. 그곳이 선교부의 바깥마당이었다. 예기치 못한 일인데, 신자인 두 할머니가 나와서 충심에서 울어나오는 환영의 인사를 했다. 나는 그들의 말을 한 마디도 알아들을 수 없었지만 무엇을 말하는지 알 수 있었다. 그 의미가 얼굴과 몸짓에 드러나 있었다. 아내와 아이들도 동일한 환영을 받았다. 물론 아이들도 아주 즐거워했다. 선교관에서의 환영도 동일하게 따뜻했다. 우리가 온 것을 모두가 기뻐하는 것 같았다."[69)]

왕길지는 부산의 첫 인상을 이렇게 적었다.

"우리가 선교관을 둘러보았을 때 우선 우리를 감동시킨 것은 마루에서 바라볼 수 있는 아름다운 전망과 아담하고도 편리한 시설이었다. 집을 짓는 솜씨는 고국에서의 그것과 비슷하다. 선교관은 매우 아늑하고 잘 지어진 건물이다. 부산의 중심 도로는 마을의 가장 넓은 길인데, 시드니의 조지 가(George street)처럼 꼬불꼬불하다. 그러나 세 사람정도만이 나란히 걸어갈 수 있고 또 그 길 전체가 통행이 가능하지 않으므로 조지가 만큼 널지는 않는 편이다. 주택들은 콜린스가(Collins street)의 집만큼 크지는 않지만 한국 기준으로 볼 때는 큰 집들이다. 지붕은 주로 짚으로 이어져 있는데, 지붕이 낮아서 처마가 머리까지 내려오는 것이 발끝으로 서서 낮은 창을 통해 집안을 들여다보는 것 보다 훨씬 편리할 것이다. 결과적으로 가마나 말을 타고 동네를 지날 때에도 시

---

69) *The Messenger* (Mar. 22, 1900), 130.

야가 막히지 않는다."[70]

왕길지에게는 친구가 사 준 카메라가 있었다. 선교사역을 보고할 소중한 소지품이었다.

70) *The Messenger* (Mar. 22, 1900), 130.

6. 부산경남 지방에서의 선교사역

언어공부

부산에 도착한 왕길지 선교사에게 가장 시급한 과제는 언어의 습득이었다. 그는 한국에 도착하여 이틀을 보내고 1900년 11월 1일부터 한국어 공부를 시작했다. 한국어 교사는 김서방으로 알려진 호주선교사 주변의 인물인데 그는 영어를 전혀 알지 못했다. 따라서 한국어 공부는 손짓과 몸짓으로 하는 공부였다. 그나마도 부산정착에 분주하여 규칙적으로 공부할 수 없었다. 그러다가 부산에 도착한지 20여일이 지난 11월 19일 월요일부터 시간을 정해두고 규칙적으로 한국어 공부를 시작했다. 언어에 재능이 있었던 왕길지는 한국어 습득도 빨랐고, 한국에 도착한지 한 달이 채 안된 11월 25일 주일 부산진교회 주일 저녁예배를 폐할 때 한국말로 축도를 할 수 있었다. 이때가 공중 앞에서의 첫 한국어 시위였다.[71] 사람들은 이국인 목사의 한국어 실력에 놀라고 신기해했다. 특히 김서방이 크게 기뻐했다고 한다. 왕길지는 자신의 일기에서 한국어로 축도할 수 있었던 것은 '자신의 능력이 아니라 하나님의 도우심'이라고 말하면서 루터의 말을 인용했다. "열심 있는 기도가 공부의 절반이다"(diligent prayer is half the study). 즉 열심히 기도하면 공부의 반은 한 것과 같다. 나를 부르신 하나님은 내가 이 일을 위한 온전히 적절한 사람이 되게 하신다."라고 한 다음 "나는 그것을 확신한다."라고 쓰고 있다. 그로부터 한 달이 지난 후에는 장례식을 인도했을 정도였다. 세례 받은 한 여성이 사망했을 때 왕길지는 어학선생 김서방과 선교부에서 일하는 심서방의 도움을 받았지만 12월 29일 이 여성의 장례식을 한국말로 인도했다.

왕길지 목사는 한국어 공부와 함께 한국인의 일상을 보고 배우면서 생활

71) 왕길지의 일기, 1900. 11. 25.

과 풍습, 역사와 문화를 익혀 갔다. 그는 효과적인 한국어 습득을 위해서는 중국어(한문)에 대한 이해가 필수적이라는 점을 깨달고, 한국에 도착 다음 해인 1901년 1월 25일부터는 중국어 공부도 병행했다. 왕길지의 한국어 실력은 날로 발전하였고, 1901년 4월부터는 자신에게 한글을 가르쳐주던 김서방과 '심석사'에게 영어를 가르치며 성경도 가르칠 수 있게 되었다. 그가 말하는 '심석사'는 부산지방 첫 개심자 심상현의 동생 심취명(沈就明, 1875-1958)을 의미하는 것이 분명하다. 그 후 왕길지의 어학선생 겸 조사로 일한 이가 정덕생(鄭德生, 1881-1949)이었다.[72] 정덕생은 호주 선교사의 어학선생 겸 조사로 시작하여 부산 경남 지방 기독교 형성에 중요한 역할을 하게 된다.

아담슨과의 업무협의

여전도회연합회의 파송을 받고 여선교사들을 감독해야 하는 왕길지에게 있어서 우선 처리해야 할 과제는 청년연합회의 파송을 받고 1894년 내한하여 활동하고 있는 아담슨과의 업무 협의였다. 비록 호주장로교 휘하에 있지만 파송단체가 다른 두 선교사 간의 협의와 협력이 필요했다. 무엇보다도 아담슨과 여선교사들 간의 5여년에 걸친 갈등도 깨끗이 정리하고, 더 이상 갈등이 제기되지 않도록 하기 위해 상호 협의가 필요했다. 그래서 부산생활에 어느 정도 익숙해진 12월 4일 왕길지는 아담슨과 만났다. 아담슨은 왕길지가 살고 있는 부산진에서 2.4km 떨어진 초량에 살고 있었다. 두 사람은 과거

72) 1881년 8월 30일 경상남도 기장에서 출생한 정덕생은 1902년 경 개종하였고, 1906년 2월부터 기장군 안평교회 전도사가 되었다. 또 손안로(A. Adamson)와 왕길지의 조사로 활동하면서 1905년 이후 기장동부교회, 수안교회 등 교회 설립에 관여하였고, 1910(1911)년 안평교회 장로가 되었다. 1912년에는 평양신학교 입학하여 1915년 제8회로 졸업하였다. 그 해 7월 목사 안수를 받은 그는 부산 초량, 제일영도, 항서, 조도교회를 담임하였고, 경남노회장(1918, 1924)을 역임했다. 또 단기간 일본 고베 중앙신학교에서 유학한 바 있다. 후에는 독립운동을 지원하는 등 민족운동에도 관여하였고, 광산업에 투신하기도 했다. 자세한 내용은, 이상규, 『부산경남지방 기독교회의 선구자들』(고신대학교 출판부, 2012), 111-118을 참고할 것.

에 만난 일이 없고, 또 왕길지는 여전도회 파송 선교사들을 대변하는 입장이었으므로 편안한 만남은 아니었다. 아담슨과의 첫 만남이었음으로[73] 왕길지는 인사를 겸하여 아내와 동행했다. 가벼운 인사를 나눈 후 찬송을 함께 부르고 기도한 후 성경 한 구절을 읽고 대화를 시작했다. 아담슨은, 본국교회 해외선교위원회(FMC) 총무가 자신에게 보낸 지침이라는 문건에서 언급된 "모든 교회 사역은 공동보조를 취하야 한다."는 구절을 들어 두 선교사들 간의 모든 사역은 상호토의하고 협의한 후 결정하고 추진해야 한다고 주장했다.

아담슨은 여전도회연합회 사역에 대해서도 자신의 의사를 반영하겠다는 의도였다. 그러나 왕길지는 이를 수용하지 않았다. 아담슨의 제안은 자신의 주권을 침해하는 것으로 이해했다. 그래서 왕길지는 여전도회연합회는 독자적인 사역을 할 수 있고, 자신은 여선교사들의 감독으로서 본국교회의 지침이 의도하는 정신은 참고하되 자신이 판단하여 선교사역을 추진할 수 있다고 주장했다. 첫 만남에서부터 두 사람은 이견을 보였고 대립했다. 이것은 사실 두 사람만의 문제가 아니었다. 도리어 이전부터 있었던 아담슨과 여선교사들 간의 감정적인 대립과 앙금이 해소되지 못했기 때문이다. 왕길지는 두 사람의 만남을 무의미하게 할 의사는 없지만 그렇다고 해서 이 회합이 법적 효력을 지닌 회의라고 볼 수도 없다고 주장했다. 본래 왕길지 선교사는 성격이 곧고 원칙을 중시하는 인물이었다. 그런가 하면 아담슨은 여선교사들과의 오랜 대립으로 지쳐있었고, 신경이 날카로운 상태였다. 두 사람은 오랜 시간 논의했으나 사역의 방향에 대해서는 논의조차 하지 못했다.[74] 그래도 수확이 있었다면 불필요한 마찰을 피하기 위해 상호협력 해야 한다는 점을 인식했다는 점이다. 축도로 모임을 마친 후 간식을 함께하며 짧은 시간 호의적인 대화를 하고 헤어졌다. 첫 만남에서부터 심리적 긴장이 있었

---

73) 왕길지의 일기, 1901. 3. 12.

74) 왕길지의 일기, 1900. 12. 4.

으나 이는 그 후에도 완전히 해소되지 못했다. 사실 두 선교사는 훌륭한 분들이었지만 조직과 조직의 입장을 대표해야 하는 현실이 긴장을 초래한 것이다. 이렇게 만난 지 약 두 주가 지난 12월 15일 초량지역에 살고 있던 아담슨 목사는 왕길지 부부를 점심식사에 초대했다. 또 12월 31일 일본인 거류지의 북장로교 선교사 사이드보텀 목사(Rev Richard H. Sidebotham) 선교사 집에서 모인 재부 선교사들의 첫 모임에서 다시 만나고, 1901년 1월 1일에는 왕길지 선교사 집에서 모인 호주선교사 신년 모임에서, 그 다음날에는 왕길지 목사 집에서 다시 만나는 등 접촉을 통해 상호 이해를 도모했다. 재부 선교사들의 두 번째 월례 모임은 1901년 1월 28일 왕길지 목사 집에서 개최되었다. 2월 5일과 3월 5일에는 아담슨 부부와 왕길지 부부의 월례 모임이 있었다. 이런 만남이 친목과 상호 교류와 이해를 넓혀갔지만 그럼에도 불구하고 심리적 긴장은 오래 계속되었다.

부산교회(부산진교회) 목회활동

부산에 도착한 왕길지의 가장 중요한 사역은 앞서 내한 한 여선교사들에 의해 1892년 시작된 부산진교회를 담임하는 일이었다. 언어를 공부하는 일정기간은 동료 여선교사의 통역으로 설교하며 담임목사 역할을 감당했지만 곧 교회 전반을 관장하게 된다.

왕길지 선교사가 부산에 도착한 이후 맞은 첫 주일은 1900년 11월 4일이이었다. 이때는 교회가 설립된 지 8년이 경과한 때였다. 이때의 주일 예배장소는 다름 아닌 여선교사들의 숙소, 곧 지금의 왕길지 선교사의 주택 식당이었다. 이때까지는 목사선교사 없이 여선교사들에 의해 운영되어 왔으나 이제 왕길지 목사가 자연스럽게 담임목사로써의 역할을 하게 된 것이다. 이로서 교회 일을 주도했던 멘지스는 다른 사역에 집중할 수 있게 되었다. 실제로 부산교회(부산진교회)가 시작된 후 멘지스 선교사가 예배인도를 주도하며

부산진교회 첫 예배당, 1900. 12. 9(주일)부터 이곳 한옥에서 예배드렸다. 1900년 성탄절 예배후.

담임 목사 역할을 해 왔다.[75] 왕길지가 처음으로 참석한 이날 예배에는 남자 15명, 여자 48명 총 63명이 참석했다고 한다. 왕길지의 첫 선교보고서에서 "나는 지난주일 잘 양육된 63명의 회중이 있음을 알게 되었다"고 했는데 바로 이들을 두고 한 말이었다. 왕길지 목사가 부임했다고 초읍에서 몇 사람이 이날 예배에 참석했다고 한다.[76]

그런데 예배장소가 협소하여 더 이상 주택 식당에서 예배드릴 수 없는 형편이었다. 그런 중에 12월 초 부산진 좌천동의 선교관과 인접한 한옥을 구입하게 되었고 이곳을 수리하여 12월 9일 주일부터 이 한옥에서 예배를 드

75) 「일신」(동래일신여학교 교우회 회지) 8(1936), 3. "그 때에는 아직 남 선교사가 없었기 때문에 주일 아침 예배는 모두 멘지스 부인이 인도하는 것이 상례이었고, 어떤 때에는 다른 선생을 시켜서 인도하도록 하는 때도 있었지만 그럴 때에는 일일이 손수 준비해 주게 됨으로 이튿날에는 두통으로 들어눕게 되는 일도 여러 번 있었다."고 기록하고 있다.

76) 왕길지의 일기 1900. 11. 4.

리게 되었다.[77] 방은 25×8피트이니 5.6평에 불과했다. 여전히 협소한 공간이었다. 이런 공간에 50여명 이상이 회집한다는 것은 매우 불편한 일이었다. 그렇다고 해서 달리 예배당을 건축할 여력도 없었다. 지붕이 낮고 출입문이 작은 것도 문제였다. 서양인의 눈으로 볼 때는 지붕과 문이 너무 낮아 똑 바로 설수 없을 정도였지만 한국인들에게는 크게 문제 되지 않았다. 예배처소를 옮긴 이날 예배에는 추운 날씨 때문에 평소보다 약간 적은 52명이 출석했다. 12월 16일 주일에는 남자 16명, 여자 33명, 어린아이 1명 등 50명이 참석했고, 저녁 예배에는 45명이 출석했다. 이튿날 월요일(12.17) 왕길지는 남자 성도들을 오게 하여 부엌 설비를 갖추고 벽을 허는 등 예배공간을 정리하고 수리했다. 비록 협소해도 성도들은 독립된 교회당 건물을 갖게 된 것을 크게 기뻐했다고 한다.[78] 흥미로운 일은 당시 한국의 예배당은 남,녀간 서로 볼 수 없도록 구분했으나 부산진교회의 경우 처음부터 분리의 벽이 없었다는 점이다. 12월 23일 주일에는 64명이 참석하였다. 왕길지가 한국에서 맞는 첫 성탄절 예배에는 성인 60명, 아동 57명이 참석하여 예배 공간이 매우 협소했고, 남자들은 여성들에게 자리를 양보하고 바깥에 앉아 예배드렸다고 한다.

〈표 2〉 부산진교회 초기 출석현황

일자	남자	여자	아동	계	비고
1900. 11. 4(일)	15	48		63명	일부신자 초읍에서 옴
1900. 12. 9(일)					
1900. 12. 16(일)	16	33	1	50	저녁 예배 45명 출석
1900. 12. 23(일)				64	
1900. 12. 25(화)	60		57	117	

77) 새로운 예배처에 대한 더 자세한 기록은 Engel, "Life in Korea," *The Messenger*(April 5, 1901), 173.

78) 왕길지의 일기, 1900. 12. 17.

왕길지 목사가 내한 한 이후 첫 세례식은 1901년 2월 3일 개최되었다. 이 날 41명의 성인들과 27명의 어린이, 곧 68명이 세례를 받았다. 특히 7명의 가족과 6명의 가족, 곧 두 가정의 모든 식구가 세례를 받기도 했다. 어른들은 흰 한복을, 아이들은 색동옷을 깨끗이 차려입고 예식에 참석하였다. 일부의 수세자는 초읍에서 온 신자들이었고, 고아원의 불구소녀 장기미, 그리고 매 머리(徐玫物)와 보배도 이때 세례를 받았다. 이 날의 세례식은 감사와 감격의 예식이었고, 저녁에는 찬양예배로 드려졌다. 그리고 2월 17일 주일에는 두 어린이가 유아세례를 받았다. 이런 과정을 거쳐 오늘의 부산진교회가 든든히 서게 되었다. '대한예수교장로회 사기' 1901년 항에 다음과 같이 기록하고 있다. "부산진교회가 성립하다. 선시(先是)에 여선교원 영국인 멘지스 양이 당지(當地)에 래주(來住)하야 각양의 시험과 핍박을 모(冒)하고 전도한 결과 신자가 계기(繼起)하얏고, 선교사 왕길지가 내주하야 교회를 설립하니라."[79] 교회가 설립된 것은 그 이전이었고, 비록 비정확한 기록이지만 왕길지의 내한은 교회 발전의 전환점이 된 것은 부인할 수 없다.

울산지역 관할 문제

왕길지의 내한 이후 부산진의 여선교사들과 초량의 아담슨 목사 사이의 첫 대립은 울산지역 관할문제였다. 부산진에 거주하던 무어(Miss Elizabeth Moore)와 브라운(Miss Agnes Brown)을 비롯한 여선교사들은 동래를 거쳐 울산까지 왕래하며 복음을 전했다. 이런 순회전도의 결과로 울산에도 기독교가 전파되었고, 1895년에는 울산지방 첫 교회로 일컬어지는 병영교회가 설립되었다. 이 지역의 초기 기독교인이 이희대인데, 왕길지는 그를 1901년 3월 12일자 일기에서 'Heday'로 표기하고 있다. 그는 부산진에서 선교사들을 통해 신자가 되었고, 그의 모친과 숙모와 함께 울산으로 이거하여 신앙운동을

79) 『조선예수교장로회 사기, 상』, 88.

전개하고 있었다. 이런 연유로 여선교사들과 친근하게 되었고, 1901년 3월 10일 주일에는 부산진교회에서 예배를 드리기도 했다. 그런데 그가 1900년 여선교사들을 울산으로 오도록 요청하고 신앙지도를 부탁했다. 그래서 브라운은 1900년 5월 울산으로 가 그들을 만나고 회합했는데 그곳에 아담슨도 나타났다. 그때는 왕길지가 내한하기 이전이었음으로 목사인 아담슨은 초신자들의 학습이나 세례를 주관하기 위해서는 자신이 관여해야 한다고 생각한 것이다. 말하자면 아담슨은 울산지역도 자신의 관할로 인식하고 있었다. 아담슨은 이희대와 울산의 다른 신자에게 세례받기를 권했다. 그러나 이희대는 초량에 주둔하고 있는 아담슨이 아니라 부산진의 여선교사들의 신앙지도를 바라고 있었다. 이런 상황에서 울산지역 관할권을 두고 아담슨과 왕길지는 심리적으로 대립하게 된 것이다.

이 일로 아담슨과 왕길지는 가까운 거리에 있었으나 편지로 대화하고 신경전을 펴기도 했다. 그러나 이희대씨가 분명하게 부산진의 선교사들과 관계 맺기를 원해 울산지역 관할 문제는 자연스럽게 해소되었다.

관할권이 해결 된 다음 왕길지는 울산을 방문하기로 하고 마부를 고용하여 부산진을 떠나 동래, 서창을 거쳐 태화강을 지나 울산을 거쳐 병영에 도착한 때는 1901년 4월 12일 오후 2시 30분 경이었다. 병영(兵營)은 이름그대로 병사들의 진영이 있었던 곳인데, 울산 경상좌도병영(蔚山 慶尙左道兵營)은 1417년부터 1894년까지 경상좌도 병마절도사가 지휘하던 성이었다. 그래서 병영이라는 이름을 얻게 된 곳이다. 울산 병영에 도착한 다음날 일기에서 왕길지는 이렇게 기록했다. "거기 주둔하고 있는 일단의 한국군 병사들의 훈련모습이 보였다. 독일식 군사훈련 같은데, 야전에선 별 소용이 없는 옛날 프러시아 식 제식훈련을 하고 있었다. 모든 동작을 착검한 총을 메고 했다." 이 정도만 봐도 왕길지 선교사는 병영이라는 지명의 의미를 알고 있었을 것이다. 울산지역 관할 문제로 아담슨과 이견을 보이기도 했으나 결국 여전도회연합회 파송 선교사들이 기장 울주 울산 등 경남동부지역을 관할하는 대신, 아담슨은 마산과 서부경남지역을 맡기로 잠정 합의했다.

북장로교 선교부와의 지역 분담 협의

선교지 분담 문제는 주한 선교부 간의 중요한 현안이었다. 부산 경남지방의 경우, 미국북장로교회와 호주장로교선교부가 동시에 사역을 시작하여 공동 선교구역이었으나 불필요한 마찰이나 인적, 재정적 낭비를 막고 보다 효과적으로 부산경남지역을 선교하기 위해서는 상호 협의와 선교지역 분담이 요구되었다. 그래서 경남지방에서의 지역 분담건은 양선교부 간의 첨예한 주제였고 호주선교부는 이전부터 이 문제를 제기 한 바 있다. 물론 이런 선교지 분담 건은 비단 부산경남 지역만의 문제가 아니라 전국적인 문제였고, 타 지역에서도 선교부 간의 시급한 현안이었다. 그래서 1901년 9월 20일부터 26일까지 서울에서 개최된 장로교공의회(Council of Presbyterian Missions)에서도 이 문제가 심도 있게 취급되었다. 호주장로교에서는 아담슨과 왕길지 선교사가 참석했는데, 이때 회의에서 미국북장로교의 해리슨(W. B. Harrison)의 안(案)과 캐나다장로교의 맥래(D. M. McRae) 안이 제시되어 논의한 끝에 해리슨의 안을 받아드렸다. 즉 경상남도지방 분담에 대하여 다음과 같이 합의했다. 거제도 지방과 낙동강 동북지역, 강원도 남부지역은 호주선교부가 관장하고 동래지역은 호주와 북장로교 공동지역으로 한다는 안이었다. 동시에 부산경남지역에서 사역하고 있는 두 선교부 중 어느 하나는 이곳에서 철수하는 안에 잠정 의견을 같이 했다. 이 분담안은 그 후 다시 논의되었고, 상당한 논란이 있었으나 드디어 1903년 9월에는 호주장로교와 북장로교 간의 원칙적인 합의에 도달하였다. 즉 경남지방 동남쪽, 곧 울산, 기장, 언양, 양산, 거제, 진해, 고성은 호주장로교가, 경남동부지역, 곧 김해, 웅천, 창원, 밀양, 영산, 창녕, 칠원 등지는 북장로교 선교부가 맡기로 합의했다. 그리고 부산과 마산은 공동지역으로 했다. 이때의 분담 지역에 대해 왕길지가 직접 그린 지도가 남아 있어 소중한 자료가 되고 있다.

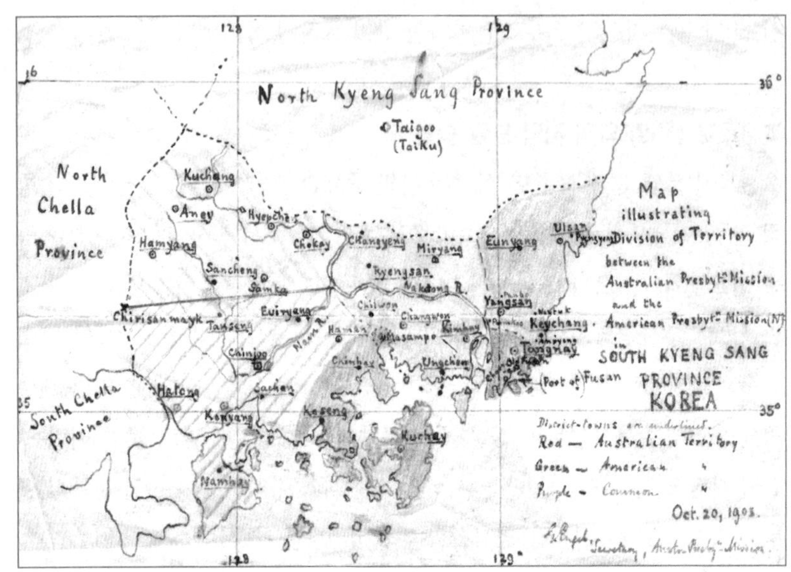

왕길지가 직접 그린 1903년의 미국북장로교와 호주장로교 간의 선교지역 분계도

1909년에는 다시 지역 조정에 합의하였다. 즉 부산의 초량지역을 북장로교회로 이관하는 대신, 호주선교부는 부산진과 동래를 고수하고, 마산과 다수의 경남지역을 관장한다. 미국북장로교 선교부와의 지역분담협의는 그 후 여러 차례 지속되다가 1913년에는 북장로교 선교부가 부산, 경남 지방에서 완전히 철수하기로 합의했다. 이런 협의 과정에서 왕길지는 호주장교를 대표했다. 호주 선교부는 소수의 인원으로 출발했으나 1910년 이른바 '전진정책'(Forward movement)에 따라 후속 선교사들이 내한하게 됨에 따라 북장로교는 부산경남 전 지역을 호주선교부에 이관하고 이 지역에서의 철수를 결정하게 된다. 그래서 1914년 이후 부산경남지역은 전적으로 호주장로교 선교부 관할지역이 되었다.

미오라 고아원

1891년 부산에 왔던 여선교사들의 첫 번째 사역은 버려진 아이들을 돌보는 일이었다. 여선교사들이 처음부터 이런 사역을 계획한 것은 아니었으나 현지에서의 필요 때문에 자연스럽게 고아원 사역을 시작하게 되었다. 이때가 1893년이었다. 이 고아원이 '미오라 고아원'(Myoora orphanage)으로 불리게 되었다. '미오라'라는 말은 호주 원주민어로 '야영지' 혹은 '안식처'(resting place)라는 뜻인데, 당시 멜버른 인근 투락에 있던 하퍼부인(Mrs Harper)의 저택 이름을 따서 명명한 것이다. 하퍼 부인은 여전도회연합회 창립이후 34년간 회장으로 봉사하면서 자신의 저택에서 선교모임과 선교비 모금을 위한 만찬회를 개최하는 등 한국선교를 위해 물심양면으로 헌신했다. 특히 그의 재정 후원이 고아원 사업에 큰 도움을 주었으므로 이를 기리기 위해 하퍼부인의 저택 이름을 따서 '미오라 고아원'이라고 명명하게 된 것이다. 이 고아원은 여선교사 집 앞에 버려진 한 아이로 시작되었으나 수용인원은 점차 증가하였다. 1895년 수용인원은 13명으로 늘어났다. 그러나 그 수는 10명 전후였고, 15명을 넘지 않았다. 왕길지 선교사가 내한할 당시부터 몇 년간 수용인원은 9명에 지나지 않았다.[80] 선교사들 수용된 고아들을 멜버른에 있는 교회나 개인이 후원하도록 한사람씩 결연하였다.[81] (표3 참고)

이 고아원 사역은 멘지스와 여선교사들의 책임 하에서 운영되었으나 이 사역 역시 왕길지 목사의 관할 하에 있었다. 멘지스의 기록에 의하면,[82] 장기미라고도 불린 장금이(張今伊)는 고아원의 최 연장자로서 1902년 당시 17세였다. 한국나이로는 19세였다. 그는 아이들을 가르치는 일과 바느질을 돕는 등 선교사들의 사역을 보조하였고 후에는 봉급 받는 교사로 일하게 된다.

---

80) 당시 수용된 고아들의 사진은 *The Record*, 14권 9호(1902. 9. 1.) 표지에 소개되어 있다.

81) 미오라고아원에 수용된 여아들의 명단, 후원자 등 주요 정보는 Menzies, "The Orphans at Fusan, Corea" *The Record*, vol. xiv, no. 8(Aug, 1, 1902),11 및 Engel, "The Korean Orphans" *The Record*, vol. xiv, no. 9(Sep, 1, 1902), 3에 근거하였음.

82) Menzies, "The Orphans at Fusan, Corea" *The Record*, vol. xiv, no. 8(Aug, 1, 1902),11

Registered for Transmission] [by Post as a Newspaper.

The Record

THE SABBATH SCHOOL AND MISSIONARY MAGAZINE OF THE FEDERATED PRESBYTERIAN CHURCHES OF AUSTRALIA AND TASMANIA.

No. 10, Vol. X. MELBOURNE, OCTOBER 1, 1898. Price, 1s. per annum. Payable in Advance.

Corean Orphans at the Ladies' Mission House, Fusan.

(See Editor's Letter.)

Record, 1898. 10호에 게재된 당시의 호주여선교사들과 고아들

불행하게도 그에게는 신체장애가 있었다. 두 번째로 나이가 많은 여아 봉순(혹은 봉선)이는 세탁, 바느질, 요리 등 여선교사들에게 많은 도움을 주었다고 한다. 그의 오빠가 초량에 살았다고 한다. 그 다음 연장자가 보배인데, 그도 봉순이처럼 선교사들의 조력자 역할을 했다. 그리고 세기, 순남, 순복, 서매물, 홍이는 아직 어리고 공부하는 나이의 아이들이었다. 가장 어린 종희는 생후 2-3개월 되었을 때 선교사들의 주택 화덕 옆에 버려진 아이였다.[83] 1902년 당시 8살인데, 책을 읽고 글을 쓸 수 있었다고 한다.

1911년 말의 경우 고아수는 6명에 지나지 않았다. 그러나 고아들과 함께

83) Engel, "The Korean Orphans" *The Record,* vol. xiv, no. 9(Sep, 1, 1902), 3.

〈표 3〉 미오라고아원 수용자 및 후원자들(1902년 당시)

번호	이름	영문이름	후원자	기타 사항
1	장금이	Keemy	Geelong의 Miss Robertson's 성경공부반	17세), 최연장자, 1901.2.3.일 수세, 후에 평양서 수학함
2	봉순	Pongsoony Pongsuni	Stratford와 Morwell교회의 PWMU 지회	두 번째 연장자, 약간의 청각 장애 있음
3	보배	Popay, Pobai	PWMU의 판매 대금	1901.2.3일 수세
4	세기	Se-ge, Seegy	Stawell교회의 PWMU 지회	
5	순복	Sunpoky	Ballarat의 Ebenezel교회 주일학교	1905년 박성애 조사(후일 목사)와 결혼
6	순남	Sunamie	Moorabool 교회의 Miss Hope	
7	서매물	Maymurie Maymery	Essendon교회 주일학교	1901.2.3일 수세, 1911년 당시 일신학교 교사로 일함, 1913년 말 사망
8	홍이	Hoangie, Whangy	Toorak교회 담임목사	
9	종희	Chongy, Chong-he	Malvern교회 주일학교	8세(1902), 2-3개월 되었을 때 버려진 아이

기숙하는 관리인(boarder) 1명, 보모 3인, 원장격인 책임자 무어(Miss Moore) 등 11사람이 함께 살았다. 이 미오라 고아원이 부산 경남 지방에서의 복지운동의 시작이자 최초의 사회복지시설이었다.

일신여학교

그런데, 미오라 고아원의 아동들이 늘어나자 이들을 위한 교육의 필요성을 느끼게 되었고 이것이 여학교를 설립하는 동기가 된다. 고아들이 다 일신학교에 입학하여 공부한 것은 아니지만 이들에 대한 교육의 필요성이 학교 설립의 직접적인 동기기 된다. 학교는 1895년 10월 15일 호주선교사들의 선교관에서 수업연한 3개년의 소학교 과정으로 출발했다. 사립 부산진일신여학교(日新女學校)의 시작이었다. 날마다(日) 새롭게(新)라는 의미(daily new)

로 일신(日新)으로 명명되었다. 선교사들의 고아원은 단순히 자선기관이 아니라 동시에 교육기관이었던 셈이다. 아이들을 양육할 뿐만 아니라 가르치기 시작한 것이 후일 여학교로 발전했다. 이 학교가 호주장로교 선교부의 첫 교육기관이자 부산·경남지방 최초의 근대 여성 교육기관이 되었고, 적어도 해방 이전까지 경남지방 최고의 여학교로 발전하였다. 당시 사회에서 여성은 교육의 대상이 아니었다. 그러나 호주여선교사들은 여성도 교육의 대상이며, 남성과 동일하게 교육받아야 할 권리가 있다는 점을 시위해 준 것이다.[84] 호주장로교 선교부의 여성교육은 이 지방 여성교육 운동에 크게 기여하였음을 알 수 있다.

1895년 10월 시작된 일신여학교는 주로 성경과 기독교신앙을 가르쳤고 수신(修身), 한글과 한문, 산수, 체조 등을 가르쳤다. 첫 교장은 멘지스(Miss B. Menzies, 閔之使)였고 무어(Miss E. Moore)는 이 일을 도왔다. 부산지방 첫 수세자 심상현의 동생 심취명은 이 학교에서 한문을 가르쳤다. 여전히 학교는 소규모의 소학교(小學校)에 불과했다. 학교라고 하지만 여아들을 보양하는 기관이라고 하는 것이 좋을 것이다. 결석하는 학생이 생기면 멘지스 교장이 직접 가정을 방문하여 아이들을 돌보고 가족을 상담하며 협조를 요청했다. 기독교교육을 시행한다는 이유로 출석을 거부하는 일도 있었다.

이런 상황에서 왕길지 목사가 내한하였고, 1902년 6월 14일부터 멘지스에 이어 제2대 교장으로 일하게 된다. 이때부터 왕길지는 1913년 3월 말까지 약 13년간 교장으로 봉사했다. 왕길지는 이미 인도 푸나의 테일러 칼리지 교장으로, 호주로 이민한 이후에는 스타웰의 하바드 칼리지 교장을 역임한 바 있으므로 부산의 여학교 교육을 담당할 적절한 인물이었다.

---

84) 부산진교회 100년사에서는 일신여학교가 남학교도 운영하였다고 기록하고 있으나 이는 정규과정이 아니었고 일정기간에 불과했다. 또 『부산시사 1』 (1989) 906-908을 인용하여, 일신여학교의 목적이 "한국인 목사와 교사양성이 있었다"고 기술하고 있으나 이는 사실과 다르며, 전혀 근거가 없다. 『부산진교회 100년사』(부산진교회, 1991), 55.

왕길지가 교장으로 취임할 당시 학생 수는 14명에 불과했다. 그 중 9명은 호주선교부가 관리하는 고아소녀들이었음으로 외부에서 오는 학생은 5명뿐이었다.[85] 차츰 학교는 체계가 잡히고 학생수도 증가된다. 1904년(혹은 1903년일수도 있음) 왕길지 목사의 책임 하에서 300파운드의 건축비로 새로운 선교관을 건축했는데, 이 건물은 일신학교 교사로 사용되기도 했다. 이때의 건물은 왕길지 선교사가 설계했고, 건축은 일본인이 맡았다. 건물 사진은 호주 멜버른에서 발간된 주일학교를 위한 잡지 *The Record* (vol. xvi, no. 1, 1904. 9월)에 소개되었다.

1910년 당시의 부산진일신여학교 교사와 아동들. 우 왕길지, 좌 매견시 선교사

1905년 당시에는 46명의 학생이 등록하고 있었고, 그 이듬해에는 85명으로 증가되었다. 재적 학생이 80명이 넘게 되자 새로운 교사가 필요하게 된 것이다. 이런 필요 때문에 호주선교부는 왕길지 목사의 책임 하에서 부산진 좌천동 768번지에 3번째 건물을 지었는데, 그것이 1909년 3월에 설립

85) *The Chronicle*, vol. 4(Feb., 1907), 8.

되었다. 이 건물이 현재 '부산진 일신여학교 교사'로 알려진 현존하는 건물이다.[86] School house로 불린 이곳은 여선교사들의 숙소이기도 했는데, 현재까지 유지되고 있는 것은 다행한 일이다. 이 교사는 본래 단층 건물로 지었으나 1931년 2층을 증축하여 오늘에 이르고 있다.[87] 이렇게 건물이 세워지는 등 교육환경이 개선되자 1909년 8월 9일에는 학부대신의 인가를 받아 수업연한 3개년의 고등과를 신설하게 되었고, 1913년 3월 31일에는 1회 졸업생 4명을 배출하게 된다. 그들이 양귀추(양한나), 방달순, 박덕술 그리고 문순검이다.

1913년(대정 2년) 3월 31일자로 발행된 문순검(文順儉)의 졸업증서에는 당시 일신에서 일한 교사 명단이 기재되어 있는데, 멘지스와 안진주(Margaret Alexander)는 선교사 교사였고, 한문을 가르친 박신연(朴信淵)과 김도선(金道善), 이탄실(李誕實), 그리고 선교사들이 양육한 서매물(徐玫物) 등이었다. 또 일본인 가와쿠오 치요(川窪千代)는 일본어를 가르쳤다. 박신연은 1908년 부산진교회 장로가 되었는데, 그는 그 이전부터 호주 선교부와 협력하고 있었고, 1905년 내한 한 켈리와 니븐 양의 어학선생이기도 했다. 김도선 여교사는 니븐 선교사가 안식년으로 돌아가고 인력이 필요할 때 그를 대신하여 일하도록 교사로 초빙받아 1911년 가을부터 1913년까지 가르쳤다.[88] 일본인 다구치 부인(Mrs Takeuchi)는 일본어 교사로 채용되었는데, 봉급대신 왕길지 부인으로부터 영어를 배웠다.[89] 서매물은 가장 나이 어린 두 학급을 담당했다. 그러나 그가 1913년 말 사망함으로 다른 졸업생이 이 일을 대신하게 되었다.

---

86) 참고, *The Record*, vol. XXII, no. 5(May 1909), 11.

87) 이 건물이 1905년 건축된 것으로 알려져 있으나 사실이 아니다. 이 점에 대해서는, 이상규, "부산진일신여학교 교사는 언제 세워졌을까?," 「부경교회사연구」 22(2009. 9), 59-64를 참고할 것.

88) *Our Missionary at Work*, vol.1, no.1(December, 1911), 24. *Our Missionaries at Work* (Jan. 1914), 14.

89) *Our Missionary at Work*, vol.1, no.1(December, 1911), 24. 그가 학교에 올 수 없을 때는 그 대신 키치다키 부인(Mrs Kichitaki)이 대신 가르쳤다고 한다.

김도선이 1913년 말로 더 이상 가르칠 수 없게 되자 마포삼열 선교사가 평양에서 얻은 첫 회심자의 딸 최명실이 교사로 부임했다.[90)]

그런데 후일 일신여학교 교장으로 취임하게 되는 대마가례(Margaret Davies, 1887-1963) 선교사가 1910년 10월 20일 내한하게 되는데, 이 당시 일신여학교 학생은 약 50명 정도였다는 회고를 감안해 볼 때 1910년 이전까지 학생 수는 50여명 내외에 불과했음을 알 수 있다. 1911년 말 등록한 학생 수는 62명이었는데 이전보다 감소했다는 기록[91)]을 볼 때 1910년 당시는 50~65명 정도였던 것으로 보인다. 1913년 5월 말 당시 등록학생은 74명이었다.[92)]

〈표 4〉 일신여학교 재학생 추이

연도	학생 수	비고(근거)
1895		학교 설립
1900	14	
1905	46	
1906	85	*Chronicles*, Nov. 1906.
1910	50-65	*Our Missionary at Work* (Dec. 1911), 25.
1911	62	*Our Missionary at Work* (Dec. 1911), 25.
1913	74	*Our Missionary at Work* (Jan. 1914), 6.

일신여학교는 설립 때부터 1910년까지는 무상교육이었다. 그러다가 인근에 정부가 운영하는 여자학교가 설립되고 보다 좋은 교육환경을 위해서는 일정액의 수업료는 받는 것이 필요하다는 점에서 1911년 학기기 시작되는 4월부터 저렴한 학비를 받기 시작했다. 당시 6개 반으로 편성되어 있었는데, 초등과정 하급반 학생의 경우 월 10센트, 상급반의 경우 월 15센트였다.[93)]

90) *Our Missionaries at Work* (Jan. 1914), 14.

91) *Our Missionary at Work*, vol.1, no.1(Dec., 1911), 25.

92) *Our Missionaries at Work* (Jan. 1914), 13.

93) *Our Missionary at Work*, vol.1, no.1(Dec., 1911), 25.

1910년 23세의 나이로 내한하여 일신여학교에서 일하던 마가렛 데이비스(Magaret Davies), 곧 대마가례는 1913-1915년 진주에서 활동하다가 다시 부산으로 돌아와 일신학교에서 교사로 그리고 교장으로 일하게 되는데, 그는 멜버른대학교 문과에서 2년을 수학 한 후 동 대학 부속 사범과에서 다시 2년간 교육학을 전공한 여성이었다. 그는 신사참배 거부로 학교가 구산학원(龜山學園)으로 매각되기 전인 1939년까지 교장으로 일했다. 왕길지가 교장으로 재임했던 기간(1902-1913)은 일신학교의 정착과 안정기였다고 할 수 있다.

부산경남지역에서의 순회전도와 교회 설립

왕길지는 내한 이래로 부산진교회 담임목사, 일신여학교 교장으로 일하는 한편 부산경남 지역에서 18년 가까이 순회 전도자이자 개척 선교사로 사역했다. 초기부터 그와 동행하며 일했던 한국인이 그의 어학선생이기도 했던 정덕생(1881-1949)이었다.[94] 기장면 철마면 안평(安平) 출신인 정덕생은 호주선교사를 통해 기독교 신자가 되었고, 1901년부터 왕길지 선교사의 어학선생이자 동역자로 일하게 된 것이다. 그는 왕길지 선교사와 함께 경남지역 교회 설립에 동참하였고 1911년 12월에는 안평교회 장로가 되고,[95] 1915년에는 장로교 목사가 된다. 그는 심취명과 더불어 왕길지 선교사와 동역했던 대표적인 인물이었다. 부산, 경남 지방에서 첫 한국인 목사가 배출된 때는 1912년이었으므로, 안수 받은 목사 선교사들의 지역 교회 순회와 치리, 그리고 성례집행은 가장 중요한 사역이었다.

1911년 당시 부산경남지역에는 34개 처의 교회가 있었는데 총신자는 2,399명이었다. 세례신자는 638명, 세례 받은 어린이 160명, 학습인 524명, 새신자(new admissions) 436명, 탐문자 641명이었다. 주일 평균 출석인원은

94) 정덕생에 대한 자세한 기록은, 이상규, 『부산경남지방 기독교회의 선구자들』(고신대학교 출판부, 2012), 111-118을 참고할 것.

95) *Our Missionary at Work* (Dec., 1911), 22.

1964명에 달했다.[96] 6년 전인 1905년 당시 경상남북도를 합하여 세례신자는 576명에 불과했던 점을 비교해 볼 때 커다란 발전이었다. 1911년 당시 부산 경남지방에서 안수 받은 한국인 목사는 단 한 사람도 없었다. 그러다가 1912년 심취명 장로가 목사 안수를 받게 된다. 1915년에는 정덕생 장로가, 1919년에는 박성애 조사가 각각 목사 안수를 받게 된다. 이렇게 볼 때 1920년까지도 목사 없는 교회가 절대다수였다. 따라서 목사 선교사들은 지역 교회를 돌보지 않으면 안 되었다. 이들은 정기적 순회를 통해 성례를 베풀고, 교회 조직을 갖추게 하고, 제직을 임명하는 등 행정적 업무도 감당했다.

1910년 매견시(James Noble Mackenzie) 목사가 내한하게 되고 그가 부산지부에서 일하게 되자 왕길지와 매견시 간의 담당 지역을 정리했다.[97] 왕길지가 부산과 동래, 언양, 울산서북지역(North-West Ulsan)을, 매견시는 나환자보호시설 책임과 기장과 울산 남동부지역(South-East Ulsan), 그리고 울릉도 지역을 맡았다. 당시 매견시가 관할했던 교회는 24개 처 교회였다.[98]

선교사들의 순회 여행에서 중요한 일은 지역교회 성도들을 돌보고 목회적 필요를 채워주는 일을 비롯하여 개 교회에 필요한 말씀의 봉사자를 선택하여 '조사' 혹은 영수(領首)로 세우고 교육하고 격려하는 일이었다. 왕길지도 바로 이와 같은 일들로 바쁜 날들을 보냈다. 당시 아담슨 선교사는 경남 지방의 서부 지역을 담당하였고, 왕길지는 주로 경남동부 지역 곧 울산, 기장, 서창, 언양, 병영 등지를 순회하였다. 때로는 거열휴 의사(Dr Hugh Currell)와 동행하기도 했다. 1901년 내한한 거열휴 의사는 1903년에는 진주로 이거하게 되지만 부산에 체류할 당시 왕길지와 함께 동래, 기찰, 기장 등지로 순회하며 응급환자들을 돌보기도 했다. 거열휴는 아담슨과 함께 양산 지역을 순

---

96) *Our Missionary at Work* (Dec. 1911), 20.

97) *Our Missionaries at Work* (Jan. 1914), 6.

98) *Our Missionaries at Work* (Jan. 1914), 7.

회한 일도 있다. 이처럼 순회 전도는 당시로는 유효한 선교방식이었다. 왕길지는 후에는 정덕생, 박성태 등 조사들과 함께 경남 내륙지방과 거제도지방도 순회했다. 그 결과 여러 교회가 설립되었는데, 왕길지 선교사와 직접적인 관계 하에 설립된 교회가 9개 처에 달한다.

〈표 5〉 왕길지의 교회설립 혹은 설립지원 현황

연도	교회명	관여형태	참여자	근거
1901	부산진교회	담임, 당회장	심취명	사기, 88
1902	동래 안평(安平)교회	교회설립 지원	朴信淵, 鄭德生, 鄭喜祖, 鄭德善, 朴道柱	
1905	동래 수안(壽安)교회	교회설립 지원	정덕생	사기, 128
1905	기장동부교회	교회 설립	정덕생	사기, 128
1905	기장 월전(후 죽성)교회	교회설립	정덕생	사기, 306
1905	의령 서암교회	설립지원, 시무	정덕생	사기, 128
1906	함안부봉교회	교회설립지원		사기, 158
1906	함안백산리교회	교회설립지원		사기, 159
1906	함안읍교회	교회설립지원		사기, 160
1907	의령연정교회	교회설립지원, 시무		사기, 282
1907	의령갑을교회	교회설립	정덕생	사기, 282
1907	함안 분계실교회	교회설립지원, 시무		사기, 282
1907	함안 마상리교회	교회설림지원, 시무		사기, 283
1908	장전리(長田里)교회	교회설립	정덕생	사기, 289
1908	두구동(杜口洞)교회	교회설립		사기, 306
1908	금사리(錦絲里)교회	교회설립	정덕생	사기, 290
1908	송정(松亭,원남)교회	교회설립지원	李允伯, 李作支	사기, 294
1909	언양동부교회	교회설립 및 지원		사기, 284
1909	언양 반천교회	교회설립		사기, 294
1910	울산 월평(月坪)교회	교회설립		사기, 300
1911	동래 산성교회	교회설립		사기, 306
1911	하단리교회	교회설립		사기, 306
1912	동래 평전(平田)교회			
1912	동래 신평(新坪)교회			
1918	거제도 지세포교회	교회설립 지원		

부산진교회 담임

부산에 체류했던 왕길지 목사의 중요한 사역은 부산진교회에서의 목회였다. 담임목사로서 그는 교인들을 돌보고 목양했는데, 동료선교사들의 도움과 협조가 주효했다. 여성 신자들을 돌보는 일은 멘지스를 비롯한 브라운 등 여선교사들이 담당했고, 이들은 한국인 전도부인의 도움을 입어 성경공부를 주관하고 지역을 순례했다. 왕길지 목사는 주일 설교를 비롯하여 성례집행과 교회 행정 전반을 주관하고, 또 성경공부를 인도하고 양육했다. 왕길지 목사는 내한 한 이후 첫 세례식(1901.2.10.) 첫 성찬식(1901.3.3.)을 주관한 이후 정기적인 성례를 집례했다. 부산진교회에서 수요예배는 1905년부터 시작되었는데, 심취명 김봉명 박성애 등 교회 평신도 중에서 지도적 인사들에게 강단을 맡겨 훈련의 기회로 삼기도 했다.

부산진교회의 초기 성도는 김 서방과 박 석사 등 선교사들의 조력자들과 어학선생, 선교부가 고용한 인물인 심취명과 그 부인 심귀중 및 그 인척들, 전유실과 백차영 등 전도부인들, 그리고 첫 수세자들인 미오라 고아원의 보모 이귀주와 이도념, 그리고 민신복(閔信福), 장금이(張今伊), 서매물(徐玫物), 보배 등 고아원에 수용되어 있던 아동들, 그리고 일신여학교 관계자들과 학생들이 중심을 이루고 있었다. 일신여학교는 호주선교부가 설립 운영하고 있던 학교였고, 또 부산진교회와 인접하고 있어 다수의 일신여학교 학생들이 부산진교회에 출석하게 되었는데, 이런 현상은 그 이후 계속된다. 예컨대 1913년부터 1925년까지 일신여학교를 졸업한 학생 수는 38명에 달하는데, 이중 17명 이상이 부산진교회 교적부인 '생명록'(生命錄)에 기록되어 있다. 즉 일신여학교 학생의 거의 절반이 부산진교회에 출석했음을 알 수 있다.[99] 따라서 이들 가족 또한 부산진교회에 제적하고 있었음을 짐작해 볼 수

---

99) 부산진교회 명부에 등재되어 있는 일신여학교 졸업생 17명은 다음과 같다. 양귀추(1회, 1919), 문복숙(5회, 1917), 박시연(6회, 1918), 신필애(8회, 1920), 김난출, 김신복(이상 9회, 1921), 이명시, 송명진(이상 10회, 1922), 양봉옥, 김채봉, 주애희(이상 11회, 1924), 이필연,

있다. 종합적으로 고려할 때 앞에서 언급한 이들 외의 박감은(朴感恩,[100] 고 심상현의 처), 양영일(1901년 수세), 김수홍(1902년 수세) 등이 부산진교회 초기교인들이었다.

그런데 점차 부산진교회 출석하는 교인수가 증가되자 당회를 구성할 필요성이 제기되었다. 이런 가운데 한 사람이 장로로 선임되었는데 그가 심취명이었다. 본래 심취명과 서영기 두 사람이 피택 되었으나 서영기의 경우 준비부족으로 장립을 받지 못했다.[101] 심취명은 부산지방 첫 수세자인 심상현의 동생으로 1895년 11월 3일 세례를 받았고, 호주선교부 고용인으로 활동하던 중 1896년 6월 10일 아담슨의 주례로 김봉숙(金鳳淑)과 혼인했다.[102] 1903년 장로로 선임된 그는 1904년 5월 27일 장로 장립을 받게 된 것이다. 그는 부산진교회 첫 장로이자 부산경남 지방의 첫 장로였다.[103] 부산진교회 당회록은 다음과 같이 기록하고 있다.

서정순, 최수악, 양순옥, 최금술, 김홍식(이상 12회 1925). 임지원, "일제시기 부산지역 기독교의 수용과 분포" 「부경교회사연구」 19(2009.3), 33 참고.

100) 부산지방 첫 수세자인 심상현의 처 박감은은 그의 아들 심두섭(沈斗燮)과 자부 이순겸(李順兼)과 함께 1915년 10월1일 세례를 받았다.

101) *The Minutes of the Twelfth Annual Meeting of the Council of Missions in Korea* (Seoul: Methodist Publishing House, 1904), 28.

102) 심취명의 부인 이름은 부산진교회 생명록에는 심귀중(沈貴重)으로 기록되어 있다. 『부산진교회 100년사』, 412. 본명은 김봉숙 이었으나 세례 받으면서 새로운 이름을 부여한 것으로 보인다. 성(姓)은 남편의 성을 따른 것으로 보인다. 심취명의 경우도 본래 이름은 심상호(沈相鎬)였으나 하나님의 계명(命)을 이룬다(就)는 의미에서 취명(就命)으로 개명했다.

103) 심취명은 후일 왕길지 선교사의 추천으로 평양신학교에서 수학하고 1910년 제3회로 졸업하였고, 1912년에는 목사 안수를 받음으로 부산경남 지방 첫 한국인 목사가 된다. 목사 안수 후 경상북도 영주군 풍기읍교회로 부임하여 일 년간 봉사하고 1913년 다시 부산진교회로 돌아와 왕길지 목사와 동사했다. 1919년에는 남해지방 5개 처 교회를, 1923년에는 부산의 제일영도교회와 항서교회 담임목사로 부임했다. 1926년부터 3년간은 울산읍교회와 인근 교회를 담임하고 1929년 목회를 중단하게 된다. 1920-1921년에는 경남노회장을 역임했다.

“장로공의회와 경상도 목사들이 심취명으로 부산교회 장로로 택한 것이 좋다 하고 또 경상도 위원들이 심취명의 교회법과 성경요리문답 아는 것을 족하다 한 후에 장로의 직분을 세우기를 허락하였으니 부산교회 주장하는 왕길 목사가 주 강생 일천구백사년 오월 이십칠일에 심취명을 교회법대로 장로로 삼았더라. 그리한 즉 마침내 왕길 목사의 공부방에 목사와 장로와 거렬 의원 장로로 모혀서 목사가 기도하야 교회법대로 온젼하고 참된 당회를 세웠느니라.”

위의 기록처럼 왕길지 목사의 서제에서 왕길지 목사와 거렬 의원(醫員) 그리고 심취명 장로가 모여 기도하고 교회법에 따라 당회를 조직하게 된 것이다. 부산진교회 당회록에 기록된 ‘거렬 의원’이란 다름 아닌 거열휴 의사(Dr Hugh Currell)를 말하는데, 그는 1902년 5월 내한 한 호주장로교의 첫 의료선교사였다. 당연한 일이지만 그는 부산에서 체류하면서 부산진교회에 출석하며 왕길지와 함께 동역하였던 의사였다. 1905년에는 그의 조사 박성애(朴

부산진전경. 우측의 × 일신여학교, ⊥왕길지 주택, □ 여선교사주택, 사진 좌측의 언덕은 보리밭이다.

晟愛, 1877-1961) 가족과 더불어 진주로 이동하여 그곳에서 사역하며 진주교회를 설립했고, 또 배돈병원을 설립하여 의료선교사로 활동했다. 어떻든 심취명의 장립과 더불어 부산진교회 당회가 조직되었는데, 왕길지 목사는 당회장이었고, 심취명은 당회 서기였다. 당회는 왕길지 목사 서제에서 토요일에 모였다.

왕길지 목사는 매사에 엄격했고 정도(正道)를 고집하는 원칙론자였다. 학습인의 경우는 물론이지만 세례에도 엄격했다. 여러 심사를 거쳐 믿음이 분명하고 어느 정도의 성경 지식을 갖춘 이들에게 세례를 베풀었다. 당회가 조직된 후 세례 받은 이들이 박자용 모친, 박경배, 박임순 모친, 박치화 등 4사람이었다.[104] 이들은 1904년 5월 29일, 곧 당회가 조직된 이틀 후 세례를 받았는데, 이들 또한 부산진교회 초기 신자들이었다.

왕길지 목사는 엄격한 치리를 시행했다. 그는 개혁교회 전통에 따라 엄격한 치리를 교회의 표지로 가르치되, 한국과 같은 이교적 현실에서 바른 기독교 가치를 고양시키고 교회의 영적 권위를 수호하기 위해서는 엄격한 치리가 시행되어야 한다고 확신하고 있었다. 그래서 그는 당회가 조직된 후 이를 철저히 시행했다. 문제가 제기되면 먼저 사실을 확인하고 문제 당사자의 진술을 들은 후 명백한 사실로 확인되면 교회법에 준하는 적법한 조치를 취했다. 이런 점들은 부산진교회 당회록에 그대로 드러나 있다. 그래서 술 취하거나 술집 출입자, 불신 혼인자, 주일을 성수하지 않는 자, 교회장기 결석자, 경건하게 예배를 드리지 않는 자, 혼인 전에 몸을 조심치 않는 자, 빚을 갚자 않는 자, 첩을 둔자, 아내를 구타한 자 등을 치리했다.[105] 왕길지 목사는 1904년 부산진교회 당회가 조직된 후 1914년 4월까지 당회장으로 일했고, 그 후에는 매견시(Noble Mackenzie) 선교사 혹은 심취명 목사가 당회장

104) 『부산진교회100년사』, 93-94.
105) 『부산진교회100년사』, 96-99.

을 역임했다.

그런데, 왕길지 목사는 부산진교회에서의 목회만이 아니라 자신이 맡은 부산부 동편, 초읍교회, 동래읍교회(현 수안교회)를 비롯하여 기장교회, 언양교회, 양산교회 등 이 지방과 울산 지방 교회에도 동일하게 위와 같은 원칙을 적용하여 교회를 관장했다. 왕길지 목사는 이런 지역을 순방하였고, 당회가 구성되지 못한 교회들을 부산진교회 당회 아래 두어 당회의 치리를 받게 했다. 후에 부산진교회를 모체로 초읍교회와 지곡교회(현 대연교회)가 분리 개척된다. 왕길지 목사가 내한 했을 당시 이미 초읍에 신자들이 있었고, 이들이 독자적인 모임을 형성하고 있었으나 때로 부산진교회 예배에 참석하기도 했다. 그러다가 1909년에는 초읍 기도소라는 이름으로 발전하였고 오늘의 초읍교회의 모체가 된다. 대연동 지역 성도들도 부산진교회까지 출석했으나 거리상 불편하여 1917년 부산진교회에서 독립하여 별도의 교회로 출발했는데, 이 교회가 현재의 대연교회로 발전했다.

아내의 죽음과 재혼, 첫 안식년

선교사들에게 있어서 가장 고통스런 일은 선교지에서의 사별(死別)이었다. 이런 일은 100년 전만 하더라도 허다했고, 아시아 아프리카 선교지에서 흔한 일이었다. 가장 심한 곳이 서부아프리카 시에라리온이었다. 선교 초기 이곳에서 사역한 선교사 중 33.5%가 5년 이내에 사망했다고 한다. 한국에서도 많은 이들이 목숨을 잃었고 어린 자녀를 선교지에 묻는 일이 허다했다. 미국북장로교선교부의 경우, 1884년 알렌의 입국 이후 1965년까지 386명의 선교사들이 한국에서 일했는데, 이중 한국에서 사역하는 동안 순직(순교)한 이들이 50명에 달했다.[106] 이는 전체 선교사의 13%에 해당한다. 한국에서 사

106) Harry A. Rhodes, A. Campbell, *History of the Korea Mission PCUSA, Vol. II 1935-1959* (PCUSA, 1965), 445-446.

망한 북장로교 선교사들의 자녀는 70명에 달한다.[107)]

이미 호주 선교부는 데이비스(1890), 매카이 목사 부인 사라(1892), 아담슨의 부인 엘라이자(1895)를 부산 복병산 자락에 묻었는데, 왕길지 선교사도 동일한 아픔을 경험했다. 그의 아내 클라라 바스(Clara Bath)가 병고 끝에 1906년 4월 2일 세상을 떠났다.[108)] 왕길지는 인도에서 사역하던 중 클라라를 만나 그의 나라 호주로 이민하였고, 호주장로교회로 이적하게 되었고 그 후에는 한국을 오게 되었으므로 클라라는 왕길지의 삶의 행로를 인도한 여성이었다. 따라서 일생의 반려자이길 원했다. 그러나 그는 육신적으로 연약했다. 인도 푸나에 있을 때 열대성 장(腸)질환(tropical intestinal disease)을 앓았는데, 이 병은 설사를 동반한 체중감소와 빈혈현상을 일으켜 인도를 떠나지 않으면 안 되었다.[109)] 이미 프레드와 허비, 그리고 딸 도라를 출산했던 그는 한국으로 와 두 아들 마크(Mark, 1901. 3. 9)와 노만(Norman, 1903. 3. 8)을 출산하는 등 비교적 안정된 생활을 했으나 1905년 말부터 병세가 다시 악화되었다. 몇 달을 고투하며 견뎠으나 호전될 기미가 보이지 않았다. 당시 부산에 체류하던 미국북장로교의 어을빈(Dr Charles Irvin) 의사는 한국에서 치료하기 어려우니 호주로 돌아가 치료하는 것이 좋겠다고 충고하였다. 그래서 왕길지 선교사는 아내를 데리고 1906년 1월 17일 부산을 떠나 선편으로 호주 시드니로 향했다. 시드니까지 여정은 4주간이 소요되었다. 시드니에 도착 즉시 노스 시드니(North Sydney)의 글렌가렌(Glengarlen) 병원에 입원하여 치료를 받았으나 병세는 호전되지 않았고, 클라라는 남편과 어린 5남매를 뒤로하고 4월 2일 36세의 나이로 하나님의 부름을 받았다.[110)] 클라라는 노스 시드니에 있는 묘지(Gore Hill Cemetery)에 매장되었다. 부산의 동료선교사들이 클라라의 죽음을

107) Harry A. Rhodes, A. Campbell, 469-471.

108) *The Chronicles,* No. 7(May 1, 1907), 5.

109) 존브라운(정병준 역), 『은혜의 증인들』(한국장로교출판사, 2009), 67.

110) *Korea Mission Field*, Vol.II, No.7 (May, 1906), 133.

알게 된 것은 한 달이 지난 5월 7일이었다. 그것이 당시 통신 환경이었다. 호주에서 장례를 치른 왕길지 목사는 비통한 심정으로 얼마를 보내고 다시 한국으로 돌아왔다. 그리고는 첫 안식년을 얻어 1906년 10월 한국을 떠나 호주 멜버른으로 돌아갔다.

그의 거주지는 말번(Malvern)의 발레타 가(Valetta Street) 16번지였다. 그러나 지역교회를 방문하고 선교 보고를 하는 등 분주한 나날이었다. 1907년 3월과 4월의 경우 왕길지의 교회 방문과 선교보고 일정은 다음과 같았다.[111]

3월 3일	오전 11시	North Carlton
	오후 7시	Erskine 교회
5일	오후 3시	Footscray PWMU 모임
6일	오후 8시	Dorcas PWMU 모임
7일	오후 3시	Kew PWMU 모임
10일	오전 11시	East St. Kilda
오후	7시	Elsternwick
11일	오후 3시	East St. Kilda PWMU 모임
12일	오후 3시	Heidelbery PWMU 모임
	오후 8시	Fitzroy(Napier St) CE Society
17일	오전 11시	Port Melbourne
	오후 7시	St. Kilda
21일	오후 3시	Surrey Hills (group)
24일		Ballarat (이 주간 Ballarat 노회 참석)
31일		Ballarat

111) *The Chronicles*, No. 6(March 1, 1907), 8. *The Chronicles*, No. 7(April 1, 1907), 8.

4월 3일	오후 8시	Clifton Hill PWMU 모임
4일	오후 8시	Marvern 환등기 강연
5일	오후 3시	Ararat PWMU
	오후 8시	환등기 강연
7일		Stawell 방문
8, 9일		Horsham (Wimmera 노회 주관 Missionary Conference)
11일	오후 3시	Scots 교회 PWMU,
	오후 8시	Prahran Fellowship Association
12일	오후 8시	East Melbourne의 Cairns Memorial Church,
14일	오전 11시	Toorak
	오후 7시	Malvern
15-19일		Gippsland,
20-30일		Maryborough 노회 참석.

이상의 경우만 보더라도 그가 얼마나 분주하게 안식년을 보냈는가를 알 수 있다.

안식년으로 멜버른에 체류하던 왕길지는 동일하게 안식년을 얻어 멜버른 근교 발라랏에서 지내던 동료 선교사 아그네스 브라운(Agnes Brown, 1868-1954)과 1907년 7월 3일 재혼했다. 브라운은 1868년 8월 11일 빅토리아주 발라랏에서 멀지 않는 세바스토폴(Sebastopol)에서 출생했다. 그의 아버지 조지 브라운(George Brown)은 북아일랜드 출신인데 19살의 나이로 호주 빅토리아로 이주한 분이었다. 그의 어머니 엘리자벳(Elizabeth Lyle)은 벨파스트 출신으로 1863년 호주로 이주하여 1868년 결혼하였고 두달 후 브라운을 출산했다. 브라운은 데이비스 목사에 이어 제2진 선교사로 한국에 왔던 멘지스(Belle Menzzies, 1856-1935)와 같은 교회인 발라랏의 에벤에셀(Ebenezer)교회 출신으로 1892년 24세의 나이로 한국선교사를 지원했으나 여전도회연합회의 재정적 어려움으로 파송이 지연되다가 1895년 12월 3일 27세의 나이로 부산에 왔고, 1900년 10월 이후에는 왕길지 목사의 휘하에서 함께 일해 왔다. 그 동안 미혼여성으로서 기장, 울산, 병영 등 경남동부 지역교회 순례, 미오라 고아원 관리, 부인성경공부반 인도 등 여러 영역에서 일해 왔다. 특히 동래읍교회(현 수안교회)를 관장했다. 그러던 중 1907년 5월에는[112] (1901년 5월 이후의 첫 번째 안식년에 이어) 두 번째 안식년을 허락 받고 호주 멜버른으로 돌아가 지내 던 중 왕길지 목사와 혼인하게 된 것이다. 왕길지 선교사는 사려 깊은 브라운 양에게 호감을 갖고 있었고, 브라운은 부인을 잃은 왕길지의 어려운 처지를 헤아리고 있었다. 그래서 기꺼이 왕길지 선교사의 청혼을 받아드린 것이다. 이전부터 서로를 잘 알고 있었기에 두 사람의 혼담은 신속히 진행되어 결혼식은 브라운의 출신교회인 발라랏의 에벤에셀교회에서 거행되었다.

왕길지의 부인 Agnes Brown

---

112) *The Chronicles*, No. 7(May 1, 1907), 6.

그로부터 꼭 한 달 후 안식년을 마치고 임지로 돌아가는 왕길지 목사 부부를 위한 환송회가 8월 2일 금요일 오후 멜버른 시내 콜린스가와 럿셀스트릿 코너의 스캇치교회에서 성대하게 개최되었다. 왕길지 선교사는 호주장로교 한국선교회를 대표하는 인물이자 그간의 사역으로 상당한 신뢰를 얻고 있었다. 이날 환송회장에는 빅토리아주장로교 총회장 케언즈 목사(Rev Cairns)를 비롯하여 해외선교부를 대표하여 프레이저 목사(Rev W. Fraser), 여전도회연합회를 대표하여 그레이 목사(Rev John Gray), 그리고 아담슨 목사 부부를 비롯하여 많은 교계지도자들이 참석했다. 여전도회연합회(PWMU)의 롤란드 부인의 사회로 진행된 이날 환송회에서 아이작 왓츠의 "햇빛을 받는 곳 마다 주 예수 왕이 되시고"(Jesus shall reign where'er the Sun doth)를 합창한 후 총회장의 기도, 존 그레이 목사와 프레이저 목사의 왕길지 목사에 대한 격려와 찬사가 이어졌다. 롤란드 부인은 간명한 말로 인사한 후 왕길지 목사 부인에게 27개의 금화 혹은 은화가 포함된 지갑을 여전도회연합회 이름으로 증정했다. 그리고 앞으로의 삶이 행복하기를 기원했다. 이것은 꼭 한 달 전에 결혼한 브라운 선교사를 격려하는 의미였다. 이어 왕길지 목사의 답사가 이어졌다. 그는 감사의 인사와 함께 선교지 한국을 위한 기도부탁과 선교지 한국에는 더 많은 사역자가 필요하다는 점을 말했다. 이어서 몇 사람의 기도가 있은 후 축도로 환송회를 마감했다. 이날 자신의 이름을 밝히지 않는 한 성도는 경상남도 진주교회를 위해 풍금(Organ)을 기증하기도 했다.[113)]

환송회 이후 곧 멜버른을 떠난 왕길지 선교사는 1907년 9월 17일 부산으로 돌아왔다.[114)] 과거에는 동료였으나 이제 아내가 된 브라운과 함께. 이제 브라운은 부산의 신자들로부터도 '목사 부인'(Moksa Pueen)의 신분이었다.

이들은 선교사역 때문에 세 아이 프레드, 허비, 도라는 호주에 남겨두고

---

113) 왕길지 목사 부부를 위한 송별회에 대한 기록은 *The Chronicle*, September, 1, 1907, 6쪽.
114) *The Chronicle* (Dec. 1, 1907), 1.

막스와 노만만 데리고 임지로 돌아왔는데, 온 가족이 함께 생활 할 수 없는 것은 선교사들이 겪는 아픔이었다. 임지로 돌아온 브라운은 이전의 사역을 계속하는 한편 남편과 함께 지역교회를 순방하며 여자 성경반을 운영했다. 브라운은 왕길지 목사와 결혼 한 후 3자녀를 출산했는데, 1909년 출생한 조지(George)는 곧 사망했고, 호주 첫 선교사 데이비스(Davies)가 묻힌 복병산 자락에 매장되었다. 프랑크(Frank, 1911. 10. 21), 엘지(Algy, 1913. 10. 15)는 건강하게 성장했다. 후에 프랑크는 목사가 되었고, 호주기독교회를 대표하여 WCC 중앙위원을 역임했다. 또 호주교회의 에큐메니칼운동사를 연구하여 신학박사 학위를 받았다. 필자는 멜버른 대학 인근의 파크빌(Parkville)에 살던 그의 집을 여러 차례 방문하여 대화한 바 있다.

7. 각종 치리회에서의 봉사

왕길지 선교사는 1900년 내한 한 이래 선교사들의 협의체인 '장로교공의회'에서 활동하였고, 후에는 경상노회와 경남노회에서도 치리회장을 역임하는 등 한국교회 형성에 있어서도 중요한 기여를 하게 된다.

장로교 공의회

선교사들의 협의체는 '연합공의회'(1889), '선교공의회'(1893)를 거쳐 1901년 9월 20일에는 '장로교공의회'로 개칭되는데, 첫 회장은 북장로교회의 스왈론(William Swallen)이었다. 이 때 아담슨과 함께 이 회에 가담했던 왕길지 목사는 교회정치위원회, 법규위원회에 배정되었다.[115] 이때 왕길지는 장로교정치원리에 대한 초안을 제시하여 차기 회의 때 논의하도록 위임받았다. 이때부터 왕길지는 한국장로교회의 조직과 제 규정 정립에 기여하였다. 장로교공의회는 1901년부터 조선의 장로교회를 독립적이 기구로 조직하려고 시도하였다. 1902년 9월에 모인 장로교공의회에서 왕길지는 신학교육위원회, 교회정치위원회, 법규위원회, 교리표준위원회, 찬송가위원회 등에서 활동했다.

교회정치위원의 한 사람으로 선임된 왕길지는 동료 위원인 마펫(S. A. Moffett), 밀러(F. S. Miller), 테이트(L. B. Tate), 푸트(W. R. Foote) 등과 함께 노회 조직에 대한 안(案)을 제안한 바 있다. 즉, 1 사람 혹은 2사람 이상의 장로가 있는 12개 이상의 지역교회와 또 3명 이상의 목사후보생이 있을 경우 노회를 조직할 수 있고, 이렇게 조직된 노회는 교리표준서를 채택할 권리, 목사안수, 교회의 조직이나 다른 교회적 의안을 처리할 완전한 권한을 지닌다는 내용이었다. 또 각 선교부는 이런 한국의 독자적인 노회 조직 결의를 해 선

115) *The Minutes of the Ninth Annual Meeting of the Council of Missions in Korea* (Seoul: Methodist Publishing House, 1901), 1.

교부 운영위원회나 해 선교부가 속한 본국교회 총회나 법적 기구에 이에 대한 승인을 요청하고 한국교회의 독자적인 노회 설립을 위해 협조한다는 등 노회 설립에 대한 보고서[116]를 제출하였다.

왕길지는 1904년에는 장로교공의회 의장(moderator)으로 선임되었다. 서기 및 회개는 북장로교의 편하설(Chas F. Bernheisel) 선교사, 한국어 서기는 평양의 주공삼 장로였다. 이때에도 왕길지 선교사는 교회정치위원회, 법규위원회, 노회설립을 위한 법규위원회, 교리표준 위원회, 찬송가위원회, 신학위원회 등에서 활동했다. 그 외에도 경상남북도에 산재한 교회를 관장하는 경상위원회를 대표했다. 신학교육위원으로서의 활동에 대해서는 차항에서 별도로 소개하기로 하고 교회정치위원회의 활동과 관련한 당시의 정황을 소개하고자 한다.

〈표 6〉 역대 선교공의회, 장로교공의회 의장

연도	의장, Moderator
1893-4	이눌서 Rev W D Reynolds
1894-5	배위량 Rev W M Baird
1895-6	전위렴 Rev W M Junkin
1896-7	이길함 Rev Graham Lee
1897-8	최이덕 Rev L B Tate
1898-9	부두일 Rev W R Foote
1899-00	원두우 Rev H G Underwood
1900-01	오웬 Dr C C Owen, M.D.
1901-02	소안론 Rev W L Swallen
1902-03	이눌서 Rev W D Reynolds
1903-04	구례선 Rev R Grierson, M.D.
1904-05	왕길지 Rev G Engel
1905-06	마포삼열 Rev S A Moffett
1906-07	배유지 Rev E Bell

116) *The Minutes of the Tenth Annual Meeting of the Council of Missions in Korea* (Seoul: Methodist Publishing House, 1902), 12-13.

이 시기에도 한국에 독자적인 노회 설립을 추진했으나 본국교회의 반대에 직면하였다. 장로교공의회는 1902년 주한 장로교 선교부가 연합하여 한국에 하나의 독자적인 노회를 조직하고, 주한 선교부는 이 노회와 협력할 수 있도록 본국교회의 승인을 요청하기로 결의한 바 있는데, 호주와 캐나다 장로교회 해외선교부는 이를 승인했으나, 미국 북장로교회와 남장로교회는 이 제안을 승인하지 않았다. 미국의 두 장로교회는 이런 구상에 대해 동감을 표시하면서도 이를 실현하기에는 시기상조라고 판단했다. 안수 받은 목사가 한 사람도 없는 상태에서 한국에 노회를 조직한다는 것은 사실상 선교사들의 조직이라고 할 수 밖에 없고, 이를 토착적인 한국교회로 볼 수 없다는 이유에서였다. 그래서 한국인 목사와 장로가 세워지고 독립적인 교회 조직을 갖출 수 있을 때까지 연기하는 것이 지혜롭다고 판단한 것이다. 이런 점이 1904년 장로교 공의회에서 보고되었다.[117]

문제는 단순하지 않았다. 한국인 목사가 배출된 후 노회를 조직할 수 있다고 한다면 노회와 같은 교회 조직이 없는데 어떻게 목사를 안수를 할 수 있는가? 한국교회를 관장하는 선교사가 속한 본국 교회를 통해서 한단 말인가? 이처럼 선교부로부터 독립적인 한국교회 조직은 선교사들이 직면한 현실적인 문제였다. 이점과 관련하여 여러 논의가 있었으나 마땅한 해결책이 없었다. 이런 점에 대한 논의는 그 이후에도 계속되었다. 그런데 여러 지역에 급속하게 교회가 설립되고 신자수가 크게 증가하게 되자 치리회 조직의 필요성을 인식하게 된다. 결국 미국의 남북장로교회는 조선의 장로교회 조직을 허락했다. 그래서 1906년에 소집된 장로교공의회는 노회조직을 공식적으로 결의하게 되는데, 이런 과정에서 왕길지 선교사의 기여가 적지 않았다. 후에 그가 장로교 총회장으로 추대되는 것은 이런 행정적 봉사에 대한 예우였다.

117) *The Minutes of the Twelfth Annual Meeting of the Council of Missions in Korea* (Seoul: Methodist Publishing House, 1904), 31-38.

독노회의 조직

한국에서의 장로교회의 첫 조직인 '독노회'는 1907년 9월 17일 정오 평양 장대현교회에서 창립되었다. 첫 거주 선교사인 알렌이 내한한지 23년이 지난 때였다. 이 당시 한국의 전체 신자는 약 10만명으로 추산하지만,[118] 보다 정확히 말하면 75,968명이었고, 세례교인은 18,061명에 달했던 것으로 보고되어 있고, 장로교회수는 약 785개 처에 달했다. 또 목사선교사는 49명, 한국인 장로는 47명이었다.

이날 조직된 노회가 '죠션야소교장로회 노회'였는데, 이 노회를 '독노회'(獨老會)라고 부르게 된 것은 선교부로부터 독립한 노회라는 의미와 함께 한국의 하나뿐인 노회라는 의미였다. 회장은 마포삼열(S H Moffett, 1864-1939), 부노회장은 방기창(邦基昌, 1851-1911), 서기는 한석진(韓錫晋), 부서기는 송인서, 회개는 이길함(Graham Lee) 선교사가 선임되었다. 회원은 한국인 장로 40명, 주한 장로교선교사 38명이었다. 노회를 조직한 후 신학교를 졸업한 길선주 방기창 서경조 송인서 양전백 이기풍 한석진 등 7인을 목사로 장립했다. 독노회록은 다음과 같이 기록하고 있다.

> "주후 1907년 월 17일 정오에 한국노회를 설립한 후에 대한에 신학교 졸업학사 일곱 사람을 목사로 장립하고 대한국 예수교장로회 노회라 하였으니 이는 실로 대한국 독립노회로다. 할렐루야, 찬송으로 성부 성자 성신님께 세세토록 영광을 돌리세. 아멘."

첫 회의에서 회장이 사용하는 결의봉 망치 호칭을 기일(Rev James Gale) 선교사와 한석진 목사에게 위임했는데, 기일은 두드릴 고(敲), 망치 퇴(槌)를 조합하여 '고퇴'로 제안하였고, 길선주의 동의로 확정되었다.

---

118) 『대한예수교장로회 노회록』, 서문 2.

노회의 조직과 함께 '12개 신조'를 신경(信經, Confession of the Faith)으로 채택했는데, 그 내용은 성경무오, 하나님의 주권, 삼위일체, 동정녀 탄생, 인간의 타락, 그리스도의 속죄, 성령, 성례전, 불가항력적 은혜, 부활과 심판 등의 교리를 포함하고 있었다. 이 신경은 인도장로교회가 채택한 것과 동일한 것이었다. '12개 신조'와 함께 '웨스트민스터 소신앙문답서'(Westminster Shorter Catechism)도 교회가 마땅히 가르쳐야 할 문답서로 인정했다.

제2회 독노회(1908. 9) 당시 한국인 노회원은 59명, 선교사는 32명 등 91명이었다.[119] 왕길지 선교사는 경상대리회장으로 선임되었고, 정사(政事)위원으로 활동했다.

제3회 독노회(1909. 9)에는 한국인 회원 85명, 선교사 회원 33명이었는데, 이 해에는 다시 8명의 목사를 장립하였는데, 왕길지는 목사후보생 시취위원이었다. 제4회 독노회(1910. 9)에는 목사 55인, 장로 74인 등 129명이 참석하였는데, 이 때에도 왕길지는 정사위원으로 봉사하고 신학사 문답시 교회사기(敎會史記)를 담당하고 원입교인 시취위원으로 가담했다. 당시 회의록을 보면 이런 위원으로 활동하는 한편 의견을 개진하거나 각종 결의에도 적극적으로 참여하였음을 알 수 있다. 제5회(1911. 9) 독노회는 대구 남문교회에서 개최되었는데, 이때도 왕길지는 정사위원, 규칙위원, 원입목사강위원으로 활동하는 한편 신학생 준시(準視)위원으로 교회사를 담당했다. 특히 왕길지 선교사가 각 대리회 보고를 노회록에 첨부하여 출간하도록 동의한 것을 보면 역사 기록에 대한 그의 관심을 반영한다.[120] 이 제5회 노회 때 독노회 휘하의 7대리회(代理會)를 노회로 승격시키고 총회를 조직하기로 결의하였다.

119) 『예수교장로회대한로회 데이회회록』, 2.

120) 『예수교장로회대한로회 데오회회록』, 9.

〈표 7〉 각 노회 조직 현황

일시	회집장소	노회명	목사수	장로수	기타
1911. 10. 15	전주 성박교회	전라노회	20	25	
1911. 12. 4	새문안교회	경충노회	12	21	
1911. 12. 6	부산진교회	경상노회	17	9	
1911. 12. 8	봉산 모동교회	황해노회			
1912. 1. 28	평양신학교	평안남노회	28	96	
1912. 2. 15	선천 북교회	평안북노회	26	15	
1912. 2. 20	원산 상리교회	함경노회	14	16	

경상노회

이 결의에 따라 각 대리회를 노회로 조직하게 되는데, 경상노회는 1911년 12월 6일 부산진교회에서 조직된다. 선교사 목사 15명(손안로 부해리 왕길지 심익순 맹이와 위철지 인노절 오월번 권찬영 연위득 거열휴 라대벽 맹호은 매견시 왕대인), 한국인 목사 2명(김영옥 홍승한), 장로 9명(박신연 김응진 이현필 심취명 정덕생 김성호 김기원 황경선 이준섭)이 참석한 창립노회에서 왕길지 목사는 초대 노회장으로 선출되었다. 서기는 홍승한 목사였다. 안의와와 어도만 두 선교사는 안식년을 보내고 있어 노회에 참석하지 못했다. 경상노회는 경상도지역을 12개 구역으로 나누어 시찰하였다.

왕길지 선교사는 이때부터 2회(1912.3.6.) 3회(1912.7.2.) 4회(1912.8.31.)에서 노회장으로 피선되어 5회가 개최되는 1912년 12월 19일까지 노회장으로 봉사했다. 이 점만 보더라도 경상노회의 주도적인 그리고 중심 인물로 활동했음을 알 수 있다. 이 노회에서는 선교사들의 관할 지역을 분담했는데, 왕길지 목사는 부산진 당회, 부산부 동편, 언양, 울산 서북편을 맡았고, 호주선교사들인 손안로 매견시 왕대인 거열휴 또한 경남지방 관할지역을 분담하였다.

〈표 8〉 호주선교사들의 지역분담

호주선교사	분담지역
왕길지	부산진 당회, 부산부 동편, 언양, 울산 서북편
손안로	거제, 용남, 함안, 의령, 마산포
매견시	울산병영당회, 기장 안평당회, 기장군, 울산 동남편
라대벽	하동, 곤양, 남해
왕대인	진해, 고성
거열휴	진주, 사천 당회, 삼가, 고성

김만일 조사는 왕길지 목사 구역인 부산부 동편 7개처 교회 조사로 임명되었다. 그리고 조사들에게 학습인 세우는 일을 허락했다. 경상노회는 1916년까지 12회 개최되는데 5년간 존속했다. 1916년 6월 22일 대구 성경학당에서 개최된 제12회 경상노회에서 왕길지 선교사의 제안으로 "경상노회 지경이 너무 광활 한고로 남북노회로 나눌 것을 결의"하고 이를 총회에 헌의하기로 했다.[121)]

이런 행정적 봉사의 와중에서 왕길지는 안질에 문제가 생겨 시력을 잃어 어려움을 겪기도 했다. 특히 1911년 후반과 1912년 전반기가 어려운 시기였다. 거의 반 맹인(semi-blindness) 상태였다. 그래서 이 시기에는 그를 대신하여 동료 선교사들이 중요한 문서를 대신 작성해 주거나 읽어주어야 했을 정도였다. 이런 도움을 준 이들이 왕대선(Rev Robert Watson) 목사나 안진주(Miss M. Alexander) 혹은 미희(Miss Ida McPhee) 선교사였다.[122)] 그러다가 4월 말 간신히 회복되어 평양신학교 강의도 할 수 있게 되었다.[123)] 이해에는 평양에서 강의하고 6월 중순경 부산으로 돌아왔다.

121) 최병윤 편집, 『경상도노회회록, 1911-1916』(부산경남기독교역사연구회, 2009), 90.

122) *Our Missionaries at Work* (Jan. 1913), 11.

123) *Our Missionaries at Work* (June, 1912), 12.

〈표 9〉 경상노회 회집 및 역임원 현황

회수	연도	회집장소	회장(부회장)	서기	회계
1	1911. 12. 6	부산진교회	왕길지	홍승한	홍승한
2	1912. 3. 6	대구남산교회	왕길지	홍승한	홍승한
3	1912. 7. 2	밀양읍교회	왕길지	홍승한	홍승한
4	1912. 8. 31	평양신학교	왕길지	홍승한	홍승한
5	1912. 12.19	대구남산교회	안의와	홍승한	홍승한
6	1913. 7. 2	부산영서현여학교	안의와	홍승한	홍승한
7	1913. 12. 31	마산교회	부해리	이현필	홍승한
8	1914. 7. 1	대구성경학교	부해리	이현필	홍승한
9	1914. 12. 30	부산일신여학교	어도만	이현필	홍승한
10	1915. 6. 23	대구성경학교	어도만	이현필	홍승한
11	1915. 12. 29	구마산교회	홍승한(방혜법)	정덕생	홍승한
12	1916. 6. 22	대구성경학교	홍승한(방혜법)	정덕생	홍승한

총회

한국교회가 수적으로 성장하게 되자 1912년 9월 1일 평양 경창문(京昌門) 안에 있는 여성경학원(女聖經學院)에서는 경상노회를 비롯한 경기충청노회, 전라노회, 함경노회, 평안남노회, 평안북노회, 황해노회 등 7노회가 파송한 목사 96명(한국인 목사 52명, 선교사 44명), 장로 125명, 도합 221명이 모여 장로교 총회를 조직하였다. 이 총회를 '조선야소교 장로회총회'(朝鮮耶蘇敎長老會總會)라고 불렀다. 이날 총회는 레이놀즈(W D Reynolds) 목사의 사회로 히브리서 10장을 본문으로 '장자회(長子會)'라는 제목으로 설교하고 성찬식을 거행함으로 개회되었다. 이튿날(9월 2일) 회의는 평양 서문밖의 신학교로 옮겨 속개하여 임원을 선출했다. 회장에는 언더우드, 부회장 길선주, 서기 한석진, 부서기 김필수, 회계 방위량, 부회계 김석창씨가 각각 선임되었다. 이때로부터 해방될 때까지 한국장로교는 하나의 총회로 통일을 이루고 있었다.

총회가 조직될 당시 장로교회에는, 7개 노회, 134개 처의 조직교회, 1,920개 처의 미조직교회가 있었고, 한국인 목사 69명, 외국인(선교사)목사 77명,

장로는 225명에 달했다. 또 세례교인 53,008명, 학습교인 26,400명, 총신자수는 127,228명에 달했다. 교단조직에 있어서 장로교는 감리교 보다 훨씬 빨랐다. 감리교는 1930년에야 비로서 '조선감리교'란 이름으로 교단조직을 갖추게 되기 때문이다.

제2회 총회는 1913년 9월 7일 서울 승동교회당에서 개최되었는데, 이때 왕길지 선교사는 선거를 통해 총회장으로 피선되었다.[124] 부총회장은 한석진 목사, 서기는 김필수 목사였다. 당시 호주선교부 소속 선교사는 30여명에 불과했으나 그가 호주교회를 대표하여 총회장으로 추대된 것은 한국교회의 지도자로 인정을 받았기 때문이기도 하지만 그간 여러 치리기관에서의 봉사에 대한 인정이었다. 선교사로서 총회장을 역임한 사람은 왕길지 외에는 언더우드(제1대, 1912)와 배유지(3대, 1914) 마포삼열(8대, 1919) 뿐이었다. 총회창립초기였음으로 왕길지 총회장은 행정적 보완과 제 규정제정, 그리고 목사안수와 결혼 등 각종 예식에 필요한 예식 문답서와 예식문 제정에 유의하였고 이를 추진하였다. 왕길지 목사는 총회장으로 한국 장로교 형성에 기여하게 된다. 특히 장로교 정치제도에 준한 여러 규정과 규칙, 행정적 체계를 수립했다.

경남노회

부산경남지역 교회는 경상대리회(1907-1912), 경상노회(1912-1916)의 치리 하에 있었는데, 1916년 개최된 장로교 제5회 총회에서 경상노회가 헌의한 노회 분립안이 가결되어 경상노회가 경북노회와 경남노회로 분리하게 된다. 그래서 1916년 9월 20일 선교사 11명, 한국인 목사 3명, 장로 11명이 참석한 가운데, 부산 일신여학교 강당에서 경남노회를 조직하게 되었다. 이 창립노회에서 왕길지 목사는 노회장으로 선임되었다. 서기는 왕길

124) 예수교장로회 조선총회제2회 회록(1913), 4.

지 선교사의 오랜 동료였던 정덕생 목사였다. 이때 경남노회의 시찰 구역은 부산, 마산, 통영, 진주로 구분되었다. 이때부터 왕길지 선교사는 2, 3대 노회장으로 1917년 말까지 봉사했다. 그 이후 한석진(1917.12-1918.12), 정덕생(1918.12-1919.12), 라대벽(1919.12-1920.7), 매견시(1920.7-1920.12), 심취명(1920.12-1921.12) 목사가 뒤를 이었다.

이상에서 살펴본 바대로 왕길지 선교사는 1900년 10월 내한 한 이래 장로교 공의회에서 의장(1904-5)으로, 독노회의 각종위원회에서, 경상노회 노회장으로(1911.12-1912.12), 장로교 총회에서 제2대 총회장으로(1913.9-1914.9), 그리고 경남노회 초대 회장(1916.9-1917.12)으로 봉사하는 등 각종 치리회에서 활동하며 한국장로교회 형성에 기여하였다.

8. 평양신학교에서의 교수 봉사

신학교육위원으로서의 활동

왕길지 선교사의 조선예수교장로회 신학교(이하 평양신학교) 교육에의 참여는 1902년부터 시작되었다고 해도 과언이 아니다. 실질적인 강의는 1906년 4월부터 시작했지만 이미 1902년부터 1907년까지 장로교공의회의 신학교육위원으로 활동하면서 한국인 교역자 양성 문제에 관여하여 왔기 때문이다. 왕길지는 1902년 9월 14일 개최된 장로교공의회에서 배위량, 부두일, 마포삼열, 전위렴, 안의와 선교사와 함께 신학교육위원으로 선임되었는데, 이들은 5년 과정의 교과과정안을 작성하여 일 년 간 연구하고 의견을 수합하도록 했다. 이때 제안한 5년 과정의 교과는 대강 다음과 같다.[125] 일 년차에는 성경(신구약개요와 창세기, 복음서와 마태복음 상론), 교회사(구약의 유대역사와 현대사), 조직신학(하나님, 성경, 영감, 삼위일체), 설교학(설교연습, 본문 분석, 성독하기), 교회 표준서(예수교요리문답), 일반역사(만국통감1,2권) 혹은 일반독서 등이다. 2년 차부터 5년차까지도 이와 비슷한 과목, 곧 성경, 교회사, 조직신학, 설교학, 교리 표준서, 일반역사 그리고 일반 독서 과목을 개설하되 그 구체적인 내용은 점차 심화과정으로 나아가도록 배열했다. 성경이나 조직신학, 교회사의 경우 해 학과의 여러 영역을 순차적으로 배열하여 5년 과정을 통해 수학하도록 했다. 흥미로운 점은 역사나 지리 일반독서를 통해 목회자가 필요한 교양을 함양하도록 했다는 점이다.

이 교과과정표에서 권장했던 책은 만국통감(萬國通鑑, Sheffield, *Universal History*), 기독실록(基督實錄, Williamson, *Life of Christ*), 천도소원(天道溯源, Martin, *Evidences of Christianity*), 천도실의(天道實義, Muirhead, *The True Import of Christianity*), 구

125) *The Minutes of the Tenth Annual Meeting of the Council of Missions in Korea* (Seoul: Methodist Publishing House, 1902), 20-24.

세약설(救世畧說, Haves, *Philosophy of the Plan of Salvation*), 자서조동(自西徂東, E. Faber, *Civilization*),[126] 양교변정(兩教辯正, James, *Romanism and Protestantism*) 그리고 사민필지(士民必知, Herbert, *Geographical Gazeteer of the Word*) 같은 책이었다. 이런 책들은 선교사들이 중국어로 번역한 서양문화와 기독교 관련서들인데, 이런 한문서적을 읽게 한 것이다. 위의 제안이 그대로 적용된 것은 아니지만 한국인 목회자 양성에 대한 선교사들의 인식, 곧 성경에 대한 이해와 기독교적 교양을 강조했음을 헤아려 볼 수 있다.

1902년 신학교육위원회가 제안한 교과과정 안에 기초하여 일 년 간 검토한 후 1903년에는 교과과정을 확정하였다. 1903년 회집한 신학교육위원회는 동료 선교사들의 의견을 수합하여 조사(助事)를 위한 3년 과정의 예비과와 정규과정 신학도들을 위한 5년 과정을 확정하였고, 신학수업은 매년 3개월간 시행하되 9개월간은 목회실습기로 구성하였다. 또 교과 과정은 정규과정과 열람과목으로 구분하였는데, 정규과정은 학교에서 교수하는 과목을 의미했고, 열람과목은 각자 가정에서 학습(自習)하는 과목을 의미했다. 열람과목은 학교에서 시험을 통해 이수여부를 확인하게 했다.[127] 이 5년 과정의 교과과정은 1910년 일부 수정되었으나[128] 1919년까지 거의 그대로 유지되었고, 1920년에는 5년 과정의 교과가 3년 과정으로 변경되었다.[129]

신학교육위원회는 평양신학교의 교과과정에 대한 논의만이 아니라 목사후보생의 간택과 심사 등 신학교육 전반을 관장했다. 왕길지는 이런 활동을

---

126) '서편에서 동편에 이르기까지'라는 의미로 번역된 이 책은 중국 선교사였던 화지안(花之安), 곧 Ernest Faber가 쓴 책인데, 서양근대지식에 대한 도서이다. 근대학문의 개척자로 일컬어지는 최남선(1890-1957), 초기 감리교 목사 최병헌(1858-1927)도 이 책을 읽고 서양에 대한 지식을 쌓은 것으로 알려져 있다.

127) 이상규, "한국교회에서의 교회사 교육과 연구," 「한국개혁신학」 45(2015. 2), 73. 채필근 편, 『한석진과 그의 시대』(대한기독교서회, 1971), 119.

128) H. A. Rhodes, "Presbyterian Theological Seminary," KMF, vol.VII, no. 5 (June,1. 1910), 149-151.

129) *Board of Directors of the Presbyterian Theological Seminary of Chosen* (Feb. 1, 1920).

통해 한국인 목회자 양성에 기여하였다.

평양신학교 강의

부산에서 체재하던 왕길지 선교사가 평양신학교에서 강의하기 시작한 것은 1906년부터였다. 마포삼열에 의해 시작된 1901년 시작된 평양신학교는 그 동안 북장로교 선교부 중심으로 운영되어 왔으나 1906년 평양공의회는 타 장로교 선교부 소속 선교사들을 교수요원으로 초빙하기로 하고 해 선교부에 교수요원 파송을 요청했다. 이 요청에 의해 남장로교 선교부는 전위렴(William M. Junkin, 1865-1908)과 이눌서(William D. Reynolds, 1867-1951)를, 호주장로교 선교부는 왕길지 선교사를 천거하였고, 평양신학교는 이들을 교수용원으로 초빙하게 된 것이다. 이렇게 되어 왕길지는 1906년부터 호주 선교부를 대표하여 평양신학교에서 교수요원으로 활동하게 된다. 당시는 연 3개월간 수업하는 제도였음으로 왕길지는 1906년부터 매년 3개월간 평양에 거주하면서 강의했다. 1906년 당시 입학생은 50명이었는데, 입학 이전의 학력과 이전 수학 정도에 따라 각기 다른 학년으로 편입되었다. 왕길지가 담당했던 과목이 교회사 분야였다. 일반적으로 평양신학교 초기 교수 중, 북장로교선교부는 성경해석과 실천신학을, 남장로교선교부는 조직신학을, 호주장로교선교부는 성경언어를, 캐나다장로교선교부는 교회사를 가르쳤다고 말하지만[130] 왕길지는 성경언어와 교회사를 가르쳤다.

당시 교회사 관련 교과로는 교회사기(教會史記)가 있었는데, 2학년은 교회사기 고대사(中古)를, 3학년은 교회사기 중세대(教會史記, 中世代)를, 4학년은 교회사기 종교개혁전후사(更正前, 更正時)를, 5학년은 교회사기 종교개혁 이후사(更正後)를 공부하도록 되어 있었다.[131] 왕길지와 캐나다 장로교의 부두일

130) 안광국, 『한국교회 선교백년비화』 (대한예수교장로회 총회교육부, 1979), 32.

131) 채필근, 『한석진과 그의 시대』(대한기독교서회, 1971), 119, 이상규, "한국교회에서의 교회사 교육과 연구, 1900-1960년까지" 「한국개혁신학」 45(2015. 2), 73-4.

선교사(William R. Foot, 1869-1930)가 이들 과목을 담당했다. 당시 평양신학교에는 '열람과목'이 있었는데, 강의는 없었으나 각자 독학하는 과목을 의미했다. 열람과목 중 교회사와 관련된 학과로는 만국통감(萬國通鑑, 1,2학년), 만국사기(萬國史記, 3,4학년), 로득정교기략(路得政教紀略, 3,4학년), 미국사기(美國史記, 4,5학년) 등이었다. 이런 열람과목을 관장했던 이도 왕길지였다.

비록 왕길지는 교회사 담당 교수였으나 교회사만 가르친 것이 아니다. 예컨대, 윤리학(1910년, 2학년 2학기의 경우), 요한복음(1910년 3학년 1학기의 경우), 시편(1910년 3학년 1학기의 경우), 교육학(1910년 5학년 2학기의 경우) 등을 교수하기도 했다. 또 교회사는 전적으로 그가 가르친 것도 아니다. 상황에 따라 부두일이나 다른 선교사가 교수하기도 했다. 예컨대 1910년 3학년 1학기 종교개혁전사와 3학년 2학기의 종교개혁 이후사, 4학년 1학기의 중세사는 부두일 선교사가 가르쳤고, 그 외에도 미국 북장로교의 소알론(W. Swallen), 캐나다 선교사 업아력(Alexander F. Robb) 등도 교회사를 가르친 바 있다. 1914년의 경우, 등록학생은 190명이었고, 졸업 후 연수과정생이 12명이었다. 이해에 왕길지는 교회사 외에도 웨스트민스터신앙고백서, 교육학, 사도행전 강해를 가르쳤다.[132] 이런 과목들은 1913년에도 가르친 과목이었다. 결국 왕길지는 교회사 교수와 신학교육을 통해 한국장로교 목회자 양성에도 기여하였다.

평양으로의 이주와 교수활동

평양신학교에서 강의는 왕길지 선교사의 중요한 봉사였고, 한국교회를 위한 값진 사역이었다. 본인 스스로도 이런 활동에 대해 매우 만족해 했다. 평양신학교는 처음에는 오직 두 학생, 곧 평안남도 출신 김종섭(金宗燮)과 방기창(方基昌)으로 시작되었으나 해가 지날수록 체계화되고 안정적인 학교로

---

132) *Our Missionaries at Work* (Jan. 1914), 9.

발전해 갔다. 처음에는 설립자 마포삼열(Samuel A Moffett, 1864~1939)과 이길함(Graham Lee, 1861~1916) 선교사가 교사였으나 후에는 배위량(William Baird), 편하설(Charles Bernheisel), 한위렴(William Hunt), 이길함(Graham Lee), 소알론(W. Swallen) 등이 교수로 초빙되었는데, 이들 매코믹신학교 출신들이 한국에서의 신학교육을 주도하였다. 1904년에는 마포삼열이 교장을 맡아 1924년까지 봉사했다.

장로교공의회 신학교육 위원회는 1903년 평양신학교의 교과과정을 확정했는데, 연중 3개월씩 5년간 공부하는 방식이었다. 그러다가 1920년 이후 학사년을 2학기로 구분하고 3년간 수학하는 6학기제를 채택했다.[133)] 1907년 6월 20일에는 첫 졸업생 7인, 곧 길선주, 방기창, 서경조, 송인서, 이기풍, 양전백, 한석진을 배출했다. 이들은 그해 9월 목사 안수를 받음으로 우리나라 첫 장로교 목사가 된다. 평양신학교가 첫 졸업생을 배출할 당시 평양신학교 재적 학생수는 75명에 달했다. 1908년에는 시카고에 거주하는 사이러스 매코믹(Cyrus McComick) 여사가 5천불을 기부하여 이를 비롯하여 1만1천불을 들여 평양 하수구리 100번지 5,000여평의 땅에 새로운 교사를 신축했다. 이런 변화와 함께 학제도 개편되어 1920년부터는 1년 2학기, 3년 과정의 전문학교 제도를 도입하였다. 그때의 등록 학생수는 138명으로서 사실상 대형 신학교에 속했다. 왕길지 목사는 1906년부터 매년 3개월씩 평양에 거주하며 신학교육에 동참해 왔기 때문에 이런 변화와 발전을 목격했다.

무엇보다도 학생수가 증가하게 되자, 평양신학교는 더 많은 선교사 교수가 필요하게 되었고, 왕길지 선교사에게 전임교수로 봉사해 줄 것을 요청했다. 1917년에는 평양신학교 교수 겸 이사로 선임되었는데, 호주 선교부는 기꺼이 그의 평양으로의 이거를 허락했다. 그래서 왕길지 목사는 1919년부터는 호주 장로교 선교부를 대표하여 평양신학교 전임 교수로 활동하게 된다.

---

133) 장로회신학대학, 『장로회신학대학 100년사』(서울: 장로회신학대학, 2002), 85.

왕길지 교수와 헬라어반 학생들

이때부터 왕길지는 부산을 떠나 평양에 거주하면서 오직 신학 교육에 전념하게 된다. 앞에서도 지적했지만 그는 언어능력이 탁월하여 히브리어와 헬라어 등 성경언어와 라틴어와 불어 이태리어 등 서방언어는 물론 마라티어(Marathi) 힌디어(Hindi) 우르두어(Urdu) 등 인도방언, 내한 후에는 한국어와 중국어 일본어도 독학하여 불편 없이 사용할 수 있을 만큼 교수로서의 손색이 없었다. 왕길지는 이때부터(1919) 1937년 은퇴할 때까지 18년간 교수로 활동했다. 교수단의 일원으로 일한 기간(1906-1937)은 31년에 달한다. 1927년까지는 주로 교회사를 강의했으나 1928년부터는 평양신학교 어학과를 담당하게 되어 히브리어와 헬라어를 가르쳤다. 그가 사용한 헬라어 교제가 메이첸의 신약성경 헬라어 문법책이었다. 이 책은 메이첸이 프린스톤 신학교에서 사용했던 교안인데, 필자가 1970년대 헬라어를 공부할 때도 박창환 박사가 번역한 이 책이었다. 이 책은 현재에도 여러 신학교육기관에서 교제로 사용되고 있는데, 왕길지 교수는 아마도 메이첸의 헬라어 교제를 한국에 도입하여 사용한 첫 인물일 것이다.

평양신학교에서 성경언어는 필수과목이 아니라 선택학과였고, 성경언어를 수강하는 학생은 10여명내외에 불과했다. 후일 선교사로 그리고 목회자로 봉사한 방지일, 그리고 성경신학자이자 성경주석가로 널리 알려진 박윤선도 그 중의 한 사람이었다.

왕길지 교수는 성격이 엄격하고 철저했다. 신앙과 삶에 있어서 원칙주의자였다. 강의시간도 엄수했다. 이런 일들로 신학도들은 매우 어려워했다. 그는 여러 흥미로운 일화들이 남아 있는데, 자신은 앵글로 색슨 족이라고 자랑하면서 미국인들은 사마리아인들과 같은 혼혈족이라고 농담했다. 그는 한국에서 사용하는 한문어에 문제가 있다고 이의를 제기한 일도 있다. 교회사 강의 시간에 고대의 예배당 구조를 그림으로 설명하면서 예배당 입구 문에 한문으로 '입출문'(入出門)이라고 썼다. 충청도 출신 학생이 "입출문이 아니라 출입문(出入門)이라고 해야 합니다."라고 지적했다. 이때 왕길지 교수는 교회당 문은 입출문이 옳다며 자기 주장을 굽히지 않았다. 사람이 사는 집은 사람이 먼저 나갔다(出)가 돌아오기(入) 때문에 출입(出入)이라고 해야 하지만, 예배당은 본래 사람이 살지 않고 먼저 들어가야 나오게 되니 입출문(入出門)이 맞다는 주장이었다. 집에서는 나가는 것(出)이 앞서고 들어오는 것(入)이 후이니 '출입'이 옳지만, 교회는 먼저 들어갔다가(入) 예배 후에 나오는 것이니(出) '입출'(入出)이 옳다는 주장이었다. 우리로서는 전혀 생각하지 못한 점인데, 이국인의 눈에는 분명한 차이로 보였던 것이다.

왕길지 교수는 1916년부터는 도서관장으로 봉사했는데, 강의 시간 외에는 늘 도서관에서 일했다고 한다. 신학교 채플시간에는 학교의 공적인 광고도 있었지만 교수들이 광고하는 일도 있었다. 한번은 왕길지 교수가 광고하겠다고 일어섰다. "원래 서책(書冊)은 무족(無足)이라도 자래(自來)하거니와 자거(自去)하지는 못하는데, 책이 없어졌어요." 평양신학교에서 책이 사라지는 일이 있었던 모양이다. 한문 3천자를 익혔다고 자랑하던 선교사답게 유창하게 한자어로 책을 가져가는 일이 없기를 당부한 것이다. 도서관 책 분실의 역사는 도서관 역사만큼이나 길다. 하기야 중세 수도원에서도 책이 사라졌다고 하니 평양신학교에서의 도서 분실은 놀랄 일은 못된다. 바르셀로나의 산 페도르(San Pedro) 수도원에서 발견된 '중세의 저주'(A Medieval Curse)로 알려진 책 도적에 대한 저주문을 보면 책 분실이 가끔씩 있는 일이 아니라 빈번했음을 알 수 있다. "이 도서관에서 한 권의 책이라도 훔친 놈은 뱀이 되어 찢겨지리라. 그런 놈은 수족이 마비되고, 그의 모든 가족들도 죽어 버리리라. 그런 놈은 고통 가운데 쇠잔해지고 자비를 베풀어 달라고 목 놓아 울게 하고, 물에 잠겨 사라질 때까지 고통 가운데 있게 되리라. 그런 놈에게는 죽지 않는 벌레가 있다는 표로 책벌레가 내장을 갉아먹게 하고, 생을 마감할 때 영원한 형벌을 받게 하고, 영원토록 지옥의 불길이 그를 태우게 되리라."

책 도적에 대한 이런 저주의 선언을 보면 수도원에서의 장서 분실이 빈번했음을 알 수 있다. 그런데 평양신학교에서도 책이 분실되는 일이 있어 왕길지 도서관장은 서책은 다리가 없음으로(무족) 스스로 걸어 나가지 못하는데 누군가가 들고 나갔다고 지적한 것이다.

「신학지남」 편집과 발행

그가 평양신학교에서 교수하는 한편, 1918년 3월 계간지로 창간된 「신학지남」의 첫 편집인으로 선임되어 1921년까지 활동했는데, 이 기간동안 총 12권의 「신학지남」을 발간했다. 「신학지남」은, 발간사에서 밝히고 있듯이 "장로교회의 목사와 신학생들에게 신학의 광해(廣海)에 향방을 지남(指南)하려는 데 있다."고 밝히고 있는데, '지남'이란 "가리켜 지시하는 것"이라는 의미로써 장로교회의 신학과 교회생활과 삶의 지침을 제시하기 위한 목적에서 발간하기 시작했다. 또 신학교를 졸업하고 목회하는 목사들에게 신학지식을 습득하게 하고 동시에 목회에 필요한 여러 가지 자료, 특히 설교를 준비하는 데 필요한 강도도형(講道圖型)을 게재하여, 목회활동을 지원하기 위한 의도로 발간하게 된 것이다. 편집 책임을 맡은 왕길지 교수는 발간사에 해당하는 '사설'(社說)에서 이렇게 썼다.

"신학의 진지남(眞指南)은 성경이어늘 어찌하여 이 기보(此期報)의 명칭을 '신학지남'이라 하느뇨. 이 잡지는 성경과 같으냐? 결단코 아니라. 이 기보는 성경으로 진남(眞南)을 삼아 의지하여 매기(每期)에 특별히 우리 장로교회의 목사와 신학생들에게 신학의 광해(廣海)에 향방을 지남하려는 목적이 있으니라. 우리 신학교는 학생들에게 신학의 제 과정을 교수하여도 시기가 부족함으로 만족하게 교수하지 못하는 고로 우리 졸업생들이 신학에 속한 문제를 더 공부하려면 혹 매년에 평양을 가서 졸업 후 별과를 공부할 수가 있기는 있으나 만일 교회의 사무나 사사(私事) 형편이나 원 상거(遠相距)나 여행하기를 금하는 경우에는 타 방법으로 용(用)하여 신학지식을 증가할 필요가 다(多)하니라. 이 기보는 특별히 여차(如此)한 시국 중(時局中)에 우리 졸업생들을 방조(幇助)하려는 목적이 있느니라. 우리 교회의 목사들이 매 주일과 매 수요일에 예배당에서 강설할 시국이 있으니 이 기보는 강도문제나 기도회 제목에 대하여 방조하려는 목적으로 이 제일호에는 절반을 강도부(講道部)에 속하게 하였도다. 또 그 부(部)에는 고 원두우 목사께서 별세한 후라도 이재 우리에게 강도하는 것을 생각한 즉 사도들이 신약편지로 말미암아 근세교회에게 말씀하시는 것과 여(如)하니라. 다시 감축할 것은 우리 졸업생 중에 3인이 강도도형(講道圖型)을 보냄이니라. 또 신학의 어떤 문제에 혹 신 문자를 사용할 일이 있고, 혹 기문(奇文)이 없는 것을 용납하시기를 요망합니다."[134]

이 발간사를 보면 창간 한 잡지를 왜 '신학지남'이라고 명명했는지, 그리

134) 「신학지남」 1(1918. 3), 1.

고 이 잡지 발간 목적이 무엇인지 분명해진다. 한마디로 신학교 재학생들이나 졸업생들에게 신학지식과 설교에 도움을 주려는 것이 주된 목적임을 알 수 있다. 그래서 매호마다 선교사들의 설교를 게재하였고 「신학지남」 2호부터는 "강도에 인용할 만한 비유"까지 게재하여 설교자들을 돕고자 했음을 알 수 있다. 왕길지는 분주한 일상에서도 이 잡지 편집 책임자로 3여년 간 봉사했다. 특히 그는 「신학지남」에 여러 논설 혹은 논문을 발표했는데, 이 점에 대해서는 차항에서 소개하고자 한다. 「신학지남」은 신학관계 서적이 부족하던 당시에 목회자와 신학생들에게 신학 지식을 전달하는 데 큰 공헌을 했다. 「신학지남」 4권 1호(통권 13호), 곧 1921년 9월호부터는 왕길지의 뒤를 이어 배위량 선교사가 편집인으로 봉사했다. 이때에도 「신학지남」의 성격을 해명했는데, 다음과 같이 규정하고 있다.

"본 신학지남은 타 종 신문 잡지와 다르니라. 장로교신학교에서 저술하는바 장로교회의 유일한 잡지인데, 통상보도에서 연람함을 득치 못할 논제를 기재한 즉 교회 목사와 조사나 기타 직원이 본 지남을 독(讀)할진데 우선 한 신자만을 성할뿐 아니라 성경강해와 교회인도의 양책(良策)이 될 것이니 단지 그리스도교의 도리와 같이 그 도리를 전할가하는 논제에만 그치지 아니하고 교회에 유조(有助)한 제반문제도 논급되는 바라. 본 지남의 목적은 신앙을 증진케 하고자 함이며 그 의지는 진리를 건설함이요, 결코 의의(疑意)를 야기코자 함이 아니니 하나님의 진리를 성경에 기초하여 해석하되 유아를 위하여 젖을 예비하고 성인을 위하여 경고(硬固)한 음식을 베풀지니 추측이나 해독이 있는 것은 가급적 피하고자 하노라. 또한 해석하는 것이오 변론하는 것은 아니니 보호 양육함이오, 파괴 항거함은 아니며 장로교회에서 전교(傳教)하는 것을 지득(知得)코자 하는 자 다른 곳에서 얻기 불능하고 여기에서 가능함은 본 지남이 장로교 신학교 교사회에서 편집하는 소이라. 그 취지가 성경에 교훈한데로 진리를 가르치고자 한즉 성경만 의뢰할 것이오 추측을 의뢰치 아니할 것이니 그리스도께서 하나님 되심과 그리스도의 속조와 신앙으로야 구원을 얻음과 구원과 득승(得勝)이 다 예수 그리스도로 말미암음과 천하만민에게 복음전도를 할 의무를 가져야 하는 하나님의 성경대로 시(示)하느니라. 이와 같은 진리와 기타 성경에 수다한 진리를 논하여 조선 전 교회로 하여금 주를 위하여 가장 유효한 사업을 성취하도록 감발(感發)시키고자 하노니 교회 일반 직원과 사역자가 본 지남을 열람할 것이오, 일반 교회와 지식이 있는 장로교인에게 합당한 것이라. 청컨대, 독자 제씨는 본 지남 발전에 협력하여 이에 교훈하는 하나님의 진리가 능히 수다한 민중을 교훈하며 감동하여 선량한 지경에 나가게 할지어다."[135]

즉 「신학지남」은 교회에서 봉사하는 교역자들이나 사역자들, 그리고 교양 있는 지식인들에게 다른 곳에서 얻을 수 없는 지식과 정보를 제공하여 복음 발전에 도움을 주려는 취지에서 발간하고 있음을 밝히고 있다. 「신학지남」은 그 후 계속 발간되었으나 1938년 1학기를 끝으로 평양신학교가 폐교되자 「신학지남」도 1940년 10월 제22권 5집, 통권 113호를 발간하고 폐간되었다. 폐간호에는 사고(社告)를 통해, "독자여러분께 깊이 사과하나이다. 그간의 심심한 애호를 받아오던 중 금번 용지(用紙) 관계로 부득이 본지를 본호한(本號限) 폐간하게 되오니 심심조량(深深照亮)하심을 천만앙망하나이다. 소화 15년 10월 신학지남사 白"라고 밝히고 있으나 폐간의 이유가 용지관계만이 아니었음을 모르는 이가 없을 것이다. 「신학지남」은 광복 후 1954년 2월 박형룡 박사에 의해 복간된다.

연구와 저술활동

왕길지 선교사는 평양신학교에서의 교수활동과 더불어 집필 혹은 저술 활동을 통해서도 한국교회를 위해 봉사했다. 집필 혹은 저술은 일차적으로 평

---

135) 「신학지남」 4/1(1921. 9), 16-17.

양신학교에서의 교수를 위한 목적에서 시작되었고, 또 「신학지남」 독자들을 위한 목적으로 시작되었지만 결과적으로 한국교회 신학 형성의 토대를 제공하였다. 그는 「신학지남」에 27회에 걸쳐 논문 혹은 논설을 게재했는데, 주제는 다양하다. 성경신학 혹은 조직신학 분야가 있는가 하면 변증학, 교회사 혹은 교회 전통에 대한 글도 있다. 교회사와 관련된 논문은 인물기, 역사와 제도, 신앙고백 관련 글들인데, 다음과 같은 글 들이다.

"성 어거스틴," 1권1호(1918. 3), 55-73.
"십이사도의 교훈," 1.1(1918. 3), 39-55.
"로마 列教皇" 3.2(1920. 7), 222-236.
"영국감독교회 조직," 5.4(1923. 1), 81-86.
"안드레 멜윌(Andrew Melville)의 전기" 7.1(1925.1), 49-57.
"기독교 신경 상으로 본 하나님의 신," 10.6(1928. 11), 17-25 등이다.

특히 왕길지는 성령의 사역에 대한 중요한 논문을 번역 게재하였다. 그는 이미 「신학지남」 1권 3호(1918. 11)에 "항거(恒居)하시는 보혜사"라는 글을 게재한 것을 보면 일찍부터 성령론에 대한 관심이 있었고, 이를 소개하려는 의도가 있었음을 알 수 있다. 그는 「신학지남」 11권 1호(1929. 1)에 "예수에 대한 聖神의 事業"을 게재한 이후 성신의 파송하심에 대해 소개한 다음 성신의 사역, 곧 외적 부르심, 죄를 깨닫게 함, 회개케 함, 그리스도와 연합하게 함, 거룩하게 함, 증거하게 하고 교훈하심, 대도하시고 위로하심 등을 순차적으로 소개하고 있다. 이 글의 신학적 의의에 대해서는 후에 다루고자 한다.

또 왕길지는 존 베인(John A. Bain)의 "로마교회의 변천"[136]을 번역하여 「신학지남」에 6차례에 걸쳐 게재한 바 있다. 로마교회에 대한 비판적 성찰인 이

---

136) 비록 저자는 역문의 원전을 밝히고 있지 않으나 John A. Bain, *The Developments of Roman Catholicism* (Edinburgh and London, 1908)을 번안한 것이다.

논문은 총론, 교왕(教王)의 무류(無謬), 신부직(神父職, 司祭職), 화체설(化體說), 미살제(彌撒祭), 참회(懺悔) 등의 문제를 취급하고 있다. 한국교회 성도들에게 로마교에 대한 바른 이해를 돕기 위한 의도로 번역한 것으로 보인다. 체한 기간 동안 그가 *The Korea Mission Field* 나 *The Korea Review*에 영어로 쓴 에세이 혹은 논설은 한국이나 한국교회, 혹은 한국 그리스도인들의 회심을 서양인에게 소개하기 위한 의도에서 작성된 것들이다.

왕길지 교수는 우리나라 말로 두 권의 책을 집필했는데, 이것은 한국교회 신학형성에 있어서 중요한 기여라고 할 수 있다. 당시는 교회사학에 대한 이해가 일천했고, 교회사 전반에 대한 개설서가 소개되기 이전이었음을 고려해 볼 때 그의 집필은 소중한 문서였다. 그 첫 책이 1915년 1월 평양 예수교서원에서 출판한 『긩졍후ᄉᆞ긔』라는 책이다. 왕길지는 평양신학교에서 교회사를 교수하면서 오늘 우리가 '종교개혁사'라고 부르는 16세기 교회개혁사를 '교회긩졍ᄉᆞ'(教會更正史)로 명명했다. 그래서 '긩졍후ᄉᆞ긔'란 종교개혁 이후사라고 할 수 있는데 이 책은 부두일(William Foot)에 이어 한국에서 교회사에 관한 두 번째 개설서라고 할 수 있다. 그가 『갱정후 사기 更正後 史記』,[137] 곧 종교개혁 이후 역사를 편술한 것은 1913년 부두일이 『갱정교 사기』(경성: 조선야소교서회, 1913), 곧 종교개혁사를 편술했기 때문이다.

왕길지의 이 책은 사실상 개론서 그 이상의 의미가 있다. 전4장으로 구성되어 있는데, 제1장 '대적(對敵) 갱정 시대'에서는 서론과 함께 예수회의 조직과 트렌트공의회, 이단 심문과 재판 등을 취급하고 있다. 제2장, '로마교회와 갱정교회가 서로 분쟁함'에서는 불란서에서의 위그노 전쟁, 화란, 독일, 동구권과 영국에서 신구교 간의 대립, 그리고 독립파란 이름으로 청교도(淸教徒)와 스코틀랜드에서의 경우를 취급하고 있다. 제3장, '갱정교회 신학이 개진함'에서는 개신교, 곧 갱정교회의 신학과 신앙고백 성찬론, 쯔빙글리

137) 이 책의 영문 제목은 *Church History, Post Reformation Period*로 되어 있다.

와 칼빈의 신학, 그리고 웨스트민스터신학자회의, 메노와 재세례파를 취급하고 있다. 제4장, '친구회와 메토듸슷교파(法式者)'에서는 조지 폭스의 친우회(親舊會)와 메도디스트(法式者), 웨슬레와 휫필드의 신학을 소개한다. 특히 이 책 후반부에서는 '장로교회의 사기'라는 제목으로 스토틀랜드 장로교회사를 취급하고 있다. 즉 앤드류 멜빌, 국민적 언약(國條約), 엄숙동맹과 언약 등 언약도 운동과 웨스트민스터신학자회, 스코틀랜드에서의 교회 분열 등을 취급하고 있다. 총 83쪽에 불과한 책이지만 종교개혁 후기사에 대한 교과서적 저술이라고 할 수 있다.

왕길지의 두 번째 저술은 1915년 3월 평양 광문사에서 출판한 『古敎會辨證論』인데, 이 책은 제목이 암시하는 바처럼 고대교회의 변증론을 취급한 저술로서 학술적 가치를 지닌 매우 중요한 작품이다. 교회가 1세기에는 교리를 전파하기 위해 주력했으나 다음 세기에는 반대자들로부터 교리를 보호하기 위해 철학적 도리를 세운 시기로 보고 에비온파와 유대주의, 특히 저스틴의 '유대인 트리포와의 대화'를 평설하고, 노스틱과 그 주창자들의 주장을 소개하고 있다. 그리고 이들에 대해 변증가들이 어떻게 변증했던 가를 개진하고 있다. 또 이교(異教)의 회의주의에 대한 변증 등 범신론(萬有神敎)과 유리론(唯理論, 合理論)에 대한 변증을 소개하고 있다. 특히 이 논문에서 왕길지는 초기 변증가들이 헬라철학에서 발전된 영지주의를 비판하면서도 헬라 철학적 인식론에 근거하고 있다는 점을 지적하고 있다.[138] 1915년 당시에 이런 류의 학술적 작품을 출간한 점은 한국인 독자들의 이해정도와 관계없이 교회사학 연구의 가능성을 보여주고 있다. 그럼에도 불구하고 이런 연구가 후대에 계승되지 못한 점이 크게 아쉬울 뿐이다. 왕길지 교수의 이 작품은 고대기독교가 직면했던 바와 동일한 한국의 다종교적 상황에서 기독교 신앙

---

138) 王吉志, 『古敎會辨證論』, 51-52.

의 변호 혹은 변증이 필요했기 때문에 시도되었을 것이다.

교회사에 관한 왕길지의 논문, "십이사도의 교훈"은 이름 그대로 '디다케'(*The Didache*)에 대한 소개인데, 왕길지는 이 책이 1873년 니코메디아의 그리스정교 총주교인 필로테오 브레니오스(Bryennios)에 의해 발견되기까지의 상황 등을 서론적으로 설명한 뒤, 이 책 전문을 번역하여 소개하고 있다. 이것은 한국에서의 '디다케'의 최초의 역본이었다. 한국에서 고대교회의 문헌에 대해 관심을 가지게 된 때가 1990년대 이후라는 점을 고려해 볼 때[139] 70년전인 1918년 당시에 교부 문서의 번역을 시도했다는 점은 놀라운 일이 아닐 수 없다. 그는 1937년 은퇴할 때까지 평양신학교 성경언어와 교회사학 교수로 활동했는데,[140] 그가 한국에서 활동하는 중에 집필한 50여 편의 논설 혹은 논문, 역문과 두 권의 저작은 다음과 같다(발표연대순).

1. 영문

"Native Customs and How to deal with them," *The Korea Field*, 10/2 (Nov.

---

139) 디다케가 정양모에 의해 『열두사도의 가르침』(왜관: 분도출판사)이라는 이름으로 역간된 때가 1993년이었다. 1994년에는 디다케가 포함된 *The Apostolic Fathers*(trans. by J. B. Lightfoot and J. R. Harmer, eds by Michael W. Holmes)가 이은선에 의해 『속사도교부들』(서울: 기독교문서선교회)이라는 제목으로 역간되었다. 이형의 편역의 속사도교부들의 문서를 소개하는 『초대교회의 신앙문서』(서울: 기독교문사)가 역간된 때는 1990년이었다. 최근 김재수에 의해 디다케의 헬라어본의 한역본이 『주님의 가르침』(대전: 엘도론, 2009)이란 이름으로 출간되었다. 비록 폰 캄펜하우젠(김광식 역)의 『헬라교부연구』와 『라틴교부연구』가 1979년 대한기독교서에 의해, 헨리 비텐슨(박경수 역)의 『초기 기독교 교부』와 『후기 기독교 교부』가 1997년 크리스찬 아카데미에 의해 각각 출판되지만 원전 역본이 소개된 것은 1990년대 이후였다.

140) 평양신학교에서 왕길지에게 성경신학이 아니라 성경언어와 교회사를 가르치게 한 것은 미국선교사들의 관점에서 볼 때 호주선교사의 신학이 다소 진보적이라는 인식 때문이었다는 주장이 있다. 왕길지는 엄격하고 강직한 성품의 인물로 알려져 있고, 방지일의 증언도 동일하다. 평양의 신학교에서 성경언어는 필수가 아니라 선택과목이었으므로 수강 학생은 5-6명 혹은 많아도 10명 미만이었으나 그의 교수와 집필은 한국교회 신학 발전에 크게 기여하였다. 1931년 평양의 장로교신학교에 입학했던 박윤선을 비롯한 계일승, 김양선 등 후일 한국교회에 신학적으로 기여한 이들은 왕길지에게서 성경언어를 공부했던 이들이었다.

1914), 355.
"A Woman's Wit," *The Korea Review*, 5/2 (Feb. 1905), 54-56.
"Korean Giants," *The Korea Review*, 5/2 (Feb. 1905), 56-58.
"Mr. Hong, Tiger," *The Korea Review*, 5/4 (Apr. 1905), 126-129.
"How Priest's Became Genii," *The Korea Review*. 5/4 (Apr. 1905), 130-131.
"Detectives Must be the Cleverest Thieves," *The Korea Review*, 5/7 (Jul. 1905), 260-263.
"The Slugger's Cure," *The Korea Review*, 5/9 (Sep. 1905), 323-325.
"The Tenth Scion," *The Korea Review*, 5/12 (Dec. 1905), 441-445.
"Woodcutter, Tiger, and Rabbit," *The Korea Review*, 5/12 (Dec. 1905), 445-447.
"A Magic Formula Against Thieves," *The Korea Review*, 5/12 (Dec. 1905), 447-448.
"In Memoriam, Rev. R. H. Sidebotham" *The Korea Mission Field*(이하 *KMF*), 4/12(Dec 1908), 191.
"The Sluggard's Cure, A Korean Folk-Lore Tale," *KMF* 10/2(1914.11), 355.
" Folk-Lore Tale, Women's Wit" *KMF* 10/12(1914.12), 380.
"The Early Beginnings of the Australian Presbyterian Mission," *KMF* 30/7(Jul. 1934), 133-136.

2. 한글

"社說" 「신학지남」 1권 1호(1918. 3), 1-2.
"십이사도의 교훈" 「신학지남」 1권 1호(1918. 3), 39-51.
"성 어구스듸노", 「신학지남」 1권 1호(1918. 3), 55-73.
"恒居하시는 보혜사", 「신학지남」 1권 3호(1918.11), 3-13.
"시편 이십삼편", 「신학지남」 1권 4호(1919. 1), 3-5.
"전도상황 외", 「신학지남」 1권 4호(1919. 1), 143-152.
"하나님의 자녀됨", 「신학지남」 2권 1호(1919. 4), 3-11.

"면전(緬甸)에 성서賣下", 「신학지남」 2권 2호(1919. 7), 146-154.
"구속이치"(번역), 신학지남 2원 2호(1919. 7), 3-17.
"로마列敎皇", 「신학지남」 3권 2호(1920. 7), 222-236.
"영국감독교회 조직," 「신학지남」 5권 4호(1923. 10), 81-87.
"안드레 멜월의 전기", 「신학지남」 7권 1호(1925. 1), 49-57.
"제21공과" 「신학지남」 9권 2호(1927. 4), 69-89.
"구약상으로 본 하나님의 신"(번역), 「신학지남」 10권 3호(1928. 5), 22-30.
"신약상으로 본 하나님의 신"(번역), 「신학지남」 10권 5호(1928. 9), 20-25.
"그리스도교 信經上으로 본 하나님의 神"(번역), 「신학지남」 10권 6호 (1928.11), 17-21.
"예수에 대한 聖神의 사업"(번역), 「신학지남」 11권 1호(1929. 1), 22-25.
"성신을 파송하심"(번역), 「신학지남」 11권 2호(1929. 3), 7-10.
"성신의 사업: 복음의 외적 召喚"(번역), 「신학지남」 11권 3호(1929. 5), 2-8.
"성신의 사업: 죄를 自認케 하심"(번역), 「신학지남」 11권 4호(1929. 7), 2-7.
"성신의 사업: 改心케 하심"(번역), 「신학지남」 11권 5호(1929. 9), 2-8.
"성신의 사업: 개심케 하심(承前)"(번역), 「신학지남」 11권 6호(1929.11), 1-5.
"성신의 사업: 개심케 하심(承前)"(번역), 「신학지남」 12권 1호(1930. 1), 3-6.
"성신의 사업: 우리를 그리스도와 연합케 하심"(번역), 「신학지남」 12권 2호(1930. 3), 4-6.
"성신의 사업: 거룩케 하심"(번역), 「신학지남」 12권 3호(1930. 5), 4-9.
"故 富斗壹 博士" 「신학지남」 12권 3호(1930. 5), 2-3.
"성신의 사업: 증거하심과 교훈하심"(번역), 「신학지남」 12권 4호(1930. 7), 8-11.
"성신의 사업: 증거하심과 교훈하심(續)"(번역), 「신학지남」 12권 5호(1930. 9), 5-8.
"성신의 사업: 우리의 기도를 도우심"(번역), 「신학지남」 12권 6호(1930. 11),

5-9.

"성신의 사업: 위로하심"(번역) 「신학지남」 13권 1호(1931. 1), 9-12.

"성신의 사업: 위로하심(續)"(번역), 「신학지남」 13권 2호(1931. 3), 12-14.

"로마교회의 변천"(번역), 「신학지남」 13권 6호(1931.11), 27-31.

"로마교회의 변천(前續)"(번역) 「신학지남」 14권 3호(1932. 4), 20-24.

"로마교회의 변천(前續)"(번역) 「신학지남」 18권 1호(1936. 1), 26-29.

"로마교회의 변천(前續)"(번역) 「신학지남」 18권 2호(1936. 3), 34-37.

"로마교회의 변천(前續)"(번역) 「신학지남」 18권 3호(1936. 5), 24-27.

"로마교회의 변천(前續)"(번역) 「신학지남」 18권 4호(1936. 7), 19-24.

3. 저술

《更正後史記》(평양예수교서원, 1915. 1), 83pp.

《古教會辨證論》(평양예수교서원, 1915. 3), 61pp.

호주장로교회의 평양신학교 기숙사 건립

평양신학교에서의 왕길지 선교사의 교수활동과 더불어 호주선교회는 평양신학교를 재정적으로 후원했다. 비록 평양신학교는 북장로교 중심으로 설립되고 운영되었지만 주한 네 장로교 선교부에 협력을 요청하여 각 선교부는 교수요원을 파송하였을 뿐만 아니라 학교운영을 위해 재정적으로 지원하고 후원했다. 호주장로교 선교부도 예외가 아니었다. 특히 각 선교부는 평양신학교 구내에 기숙사를 설립하여 선교부가 담당하는 지역 학생들이 기숙할 수 있게 했다. 이런 취지에서 호주 장로교선교부도 기숙사를 설립했는데, 그것이 '빅토리아관' 혹은 '빅토리아 기념 기숙사'로 불렸다.

호주선교부는 1911년 1월, 부산진에서 선교정책 특별회의를 개최했다. 이때는 1910년 11월 한국을 방문한 호주 빅토리아장로교 해외선교부 총무 페이튼(Frank H. L. Paton) 일행이 선교지 방문차 한국을 방문했을 때였다. 이날 모임에는 왕길지를 비롯하여 아담슨, 라이얼, 매켄지, 맥래, 왓슨 목사와 커를 의사, 그리고 무어, 스콜스, 클라크, 데이비스 등 여선교사들이 참석하였다. 호주에서 온 해외선교부 총무 페이튼과 평신도선교회 총무 질란더스(W. Gillanders)는 방청회원으로 동참했다. 이날 회의에서 호주장로교의 교육정책을 수립하는 등 중요한 결정을 했다. 즉 선교부는 자체적인 고등교육기관, 곧 대학을 설립하거나 운영하지는 않으나, 다른 선교부가 설립한 교육시설들을 이용하고 이런 기관을 후원하기로 결의했다. 이날 선교부는 "평양신학교 운영을 위해 장로교 선교부들과 지속적으로 협력하기로" 결의했다. 특히 호주선교부가 "신학생들의 편의를 위해 평양 소재 신학교에 인접한 기숙사 1동을 구입하고 유지한다."는 안을 가결했다.[141] 이런 결정을 시작으로 평양신학교를 위한 논의가 계속되었다.[142]

1911년 9월 진주에서 개최된 선교협의회 연례회의에서는 평양신학교 내에 "빅토리아 기숙사" 건립문제를 다시 논의했는데, 남장로교가 소유하고 있는 부동산을 구입하여 개보수 하는 안을 제시했다. 그래서 왕길지의 동의와 라대벽 선교사의 재청으로, 미국남장로교 선교부에 편지하여, "현재의 평양신학교 기숙사 및 필요한 대지에 대한 비용으로 1,200엔을 제의하고, 부동산 이전이 실현될 경우, 회계로 하여금 상기 금액을 지불하도록 허락했다."는 사실을 통보하고 교섭을 시작했다.

이날 회의에서, 왕길지에게 평양신학교 이사진과 함께 필요한 개보수 공사 시행을 주관하도록 위임했다. 기숙사 건은 1912년 9월 마산에서 개최된 선교협의회 연례회의에서도 보고되는 등 계속적인 협의가 있었고, 이런 노

141) 이날 "한국의 다른 선교부와 협력하여 세브란스의학전문학교에서 의료 훈련을 수행하되, 매년 한 명의 강사를 파송하고, 그 대학의 경상비에 대해서는 다른 선교부와 협의 후 후원할 액수를 지불한다는 안" 또한 가결했다.

142) *Extracts from the Records of the APM in Korea, 1909-1913* (Melbourne: APM, 1913), 34.

력의 결과로 남장로교 소유의 부동산과 주변 6야드에 대하여, 영구무료임대를 조건으로 남장로교선교부에 총 1,200엔을 지불한다는 안이 가결되었다. 이런 절차를 거쳐 기숙사가 건립되었고, 이 기숙사는 '빅토리아 기숙사'로 불리게 되었다.

타 선교부도 기숙사를 건립하여 신학교육을 지원했는데, 평양신학교 교사 동남쪽 언덕 위에는 6동의 기숙사가 있었다. 교사 남쪽의 두 채의 한식건물은 매코믹 여사가 기부한 '맥코믹 기념 기숙사'였고, 언덕 위의 벽돌 2층 건물은 남장로교 선교부가 지은 '알렉산더 기념 기숙사'였다. 그 뒤의 한식 건물 2동은 북장로교 선교부가 건축한 '마르다 기념 기숙사'였고, 북편 도로변의 기숙사가 호주장로교 선교부가 건축한 '빅토리아 기념 기숙사'였다.[143] 정리하면, 호주 선교부는 왕길지 목사를 파송하여 교수 요원으로 봉사하게 하는 한편, 평양신학교에 이사를 파송하여 신학교를 후원하고 또 경남지방 신학도들을 위해 기숙사를 설립하게 한 것이다.

명예신학박사 학위 수여

왕길지 목사는 평양신학교 교수로 일하는 기간인 1921년 6월 15일 미국 오하이오 주 소재 우스터대학(Wooster College)으로부터 명예 신학박사(Doctor of Divinity) 학위를 받았다.[144] 이것은 1900년 내한 이래 한국에서의 사역, 특히 평양신학교에서의 교수와 연구 활동에 대한 공적인 인정이었다. 미국 오하이오 주 우스터에 소재한 우스터 대학은 미국북장로교 오하이오대회(Ohio Synod)가 1866년 설립한 기독교대학으로 기독교선교운동과 깊이 관련되어 있었다. 이 대학은 설립초기부터 국내외 선교단체나 선교공동체와 깊은 유대관계를 지닌 대학이었고, 다수의 선교사 자녀들이 이 대학에서 수학했다.

143) 채필근, 126.

144) 「신학지남」 4/1(1921. 9), 1.

Degrees and Honors

HONORARY DEGREES

Commencement, June 15, 1921

Doctor of Laws

William H. McSurely, M. A., Chicago, Ill.

Doctor of Divinity

William H. Crothers, M. A., New York, N. Y.
Gelson Engel, Union Theological Seminary, Pyeng Yang, Korea
William A. Perrins, Columbus, Ohio

Doctor of Music

J. Lawrence Erb, Urbana, Ill.

GRADUATING CLASS

Magna cum laude—Marshall Mason Knappen
Florence Elizabeth Wallace

Cum laude—George W. Bradford
Joseph Price Cummings
Earl Meadow Dunbar
Mary Madelyn Hyter
Emily Montgomery
Robert Clayton Remy
George Herdman Rutherford
Ethel Blanche Sager

Bachelor of Arts

Dorothy Dick Adams
Helen Vesta Aylesworth
James Ralph Barnes
Margaret Lucretia Barnes
Thomas Baxter
Violet E. Beery
George W. Bradford, *cum laude*
Charles White Compton
James Harry Cotton
Howard Truman Curtiss
Helen Emily Darling
Clara Grace Deen
Donald Eugene Dickason
Earl Meadow Dunbar, *cum laude*
Arlyn Foster Dunham
Martha Marie Elliott
John Lloyd Evans

왕길지 교수에 대한 명예신학박사 학위 수여식 안내문(1921. 6. 15)

또 이 대학 출신 중에 목사 혹은 선교사로 봉사한 이들도 적지 않다. 세브란스병원 원장이었던 에비슨의 자녀들이 이 대학에서 수학한 것은 선교사 자녀들에 대한 배려 때문이었다.[145] 이 대학은 설립 6년 후인 1872년부터 명예박사학위를 수여하기 시작했는데, 1960년까지 556명에게 명예박사학위를 수여했다. 1876년에는 저명한 아치볼드 하지(Archibald A. Hodge)에게, 1916년에는 학생자원운동(SVM) 정신의 구현자로 불리는 해외선교 운동가 로버트 스피어(Robert Elliott Speer, 1867-1947)에게, 그리고 1921년에는 평양신학교 교수인 왕길지에게 명예신학박사 학위를 수여한 것이다. 그 후에는 1925년

145) 알렌 클라크, 『에비슨 전기』(연세대학교 출판부, 1983), 116, 277.

신학박사 학위수여(1921. 6. 15) 당시의 왕길지 교수

세브란스병원 원장이었던 에비슨 의사에게, 1927년에는 1912년 1월 내한하여 그해 8월부터 세브란스병원 외과과장으로 일했던 알프레드 러들러(Alfred Irving Ludlow, 1875-1961)에게 학위를 수여하였고, 1952년에는 한국의 교회음악가 박태준(1900-1986)에게 명예음악박사학위를 수여한 바 있다. 1954년에는 위대한 역사가 아놀드 토인비(Arnold J. Toynbee)에게도 학위를 수여했다.

그런데 왕길지에게 명예신학박사 학위를 수여한 것은 한국에서의 선교사역과 평양신학교와 숭실대학에서의 교수활동, 그리고 연구 활동에 대한 인정인 것은 분명하지만 교장이었던 마포삼열의 천거로 이루어졌다. 마포삼열은 왕길지 교수의 탁월한 어학 실력과 교수활동, 그리고 저술이 평양신학교에서의 교육과 한국교회에 기여한바 크다고 판단되어 그를 천거한 것이다. 필자는 우스터대학과의 접촉을 통해 왕길지의 박사학위 수여관련 정보를 입수하려고 노력했으나 우스터 대학이 고문서관(Archives)를 개관한 것은

1992년 가을이었고, 이전 문서가 보관되어 있지 않으므로 공식적인 공적사항에 대한 자료를 발굴하지 못했다. 단지 1921년 졸업식 날인 6월 15일 학위를 수여받았음을 확인할 수 있다. 이날 왕길지 외에도 뉴욕의 윌리엄 크로더스(William H. Crothers)와 오하이오주 컬럼부스의 윌리엄 페린스(William Perrins)가 명예신학박사 학위를, 일리노이주 어바나의 로렌스 에르브(J. Lawrence Erb)가 명예음악박사학위를 수여받았음을 확인할 수 있었다.

9. 숭실학교를 위한 봉사

교류와 협력

왕길지 선교사는 1906년부터 호주선교부를 대표하여 평양신학교 교수단의 일원으로 매년 3개월씩 평양에 주재하면서 신학교육에 참여하였고, 1919년에는 호주장로교 선교부를 대표하여 평양신학교 전임교수로 청빙을 받고 평양으로 이거 하였다는 점은 이미 설명하였다. 그가 평양에 주재하게 되자 자연스럽게 숭실학교와도 관련을 맺게 된다. 평양의 신양리(新陽里)와 경창리(景昌里)에는 장로회 신학교와 숭실전문학교가 인접해 있었다. 숭실학교 또한 주한 선교부의 지원과 후원을 받았고 왕길지는 호주 선교부를 대표하는 인물이었기 때문이다.

숭실대학은 1897년 미국 북장로교 선교사 배위량(William Martyn Baird, 1862-1931) 목사에 의해 시작되었다. 1891년 1월 내한한 배위량은 1895년까지 부산에서 개척 전도자로 일하고, 선교부의 정책에 따라 대구지부를 개척하고(1895-1896), 서울지부(1896-1897)를 거쳐 1897년 평양으로 이거하였다. 그해 10월 10일에는 자신의 사저에서 13명의 학생을 모아 사랑방 교실을 열었다. 이것이 '숭실학당'의 출범이었다. 그는 이미 부산에서 '학문서당'(Chinese school)이라는 학교를 개설한 일이 있는데, 평양으로 이거한 이후에도 학교를 설립하게 된 것이다. 1901년 10월에는 평양부 신양리로 이전하여 공식적으로 숭실학당(崇實學堂)이라고 불렀다. '숭실'이란 한자어가 암시하듯이 진실(眞實) 혹은 실업(實業)을 숭상(崇尙)한다는 의미였다. 비록 처음에는 미미했으나 장차 한국에 그리스도의 복음을 전파할 수 있는 참된 교사와 교역자 양성을 설립 목적으로 했다. 이렇게 시작된 숭실학당이 1900년에는 수업연한 5개년의 정식 중학교 과정으로 개편되었고, 1904년에는 세 명의 첫 졸업생을 배출했다.

이렇게 졸업생이 배출되자 이들을 위한 상급과정의 계속 교육의 필요성을 절감하고, 1906년 9월 15일에는 대학부(大學部)를 설치하여 대학교육을 시작했다. 이렇게 함으로써 숭실학당은 숭실중학교와 숭실대학으로 분리 운영하게 된다. 대학부의 첫 입학생은 12명이었다. 이들을 두 반으로 나누어 수업을 시작했다. 이것이 우리나리에서의 4년제 대학교육의 효시가 된다. 이런 결과로 1908년에는 첫 졸업생을 배출하게 된다.

이 당시 숭실대학의 운영은 주한 외국 선교부의 협의와 합의에 의한 연합교육 기관의 성격을 띠게 되어 영문으로는 '연합기독교대학'(Union Christian College)으로 칭하게 되었다. 이처럼 숭실대학이 계속 발전되어 1912년 3월에는 조선총독부로부터 정식 대학인가를 받아 우리나라 최초의 대학이 되었다. 1915년 4월에는 나도래(R. O. Reiner) 선교사가 배위량에 이어 제2대 교장에, 1918년 4월에는 마포삼열(S. A. Moffett) 박사가 제3대 교장에 취임했다. 그러다가 1925년 일제의 사립대학 말살정책의 일환으로 공포된 '사립학교 규칙'에 따라 숭실대학은 전문학교로 격을 낮춰 재인가 받을 것을 강요당했다. 1929년 9월에는 윤산온(G. S. McCune) 박사가 교장에 취임했다. 그는 과거 선천의 신성중학교 교장이었다. 1936년 3월에는 모의리(E. M. Mowry) 박사가 제5대 교장에 취임했다. 그러나 일제의 신사참배강요에 맞서 이를 거부함으로 숭실대학은 1938년 3월 4일 마지막 졸업식을 끝으로 강제 폐교되고 만다. 대학과정을 시작한지 39년만에 문을 닫게 된 것이다. 그러든 중 해방을 맞았고, 1954년 4월에는 문교부로부터 숭실대학 설립인가를 얻어 폐교한지 16년 만에 숭실대학이 서울에 재건되어 오늘에 이르고 있다.

그런데 숭실대학은 미국 북장로교의 윌리엄 베어드에 의해 시작되었으나 북장로교 외에도 감리교 선교부의 협조를 받아 운영되고 있었고, 주한 타 선교부의 지원과 협력을 필요로 하고 있었다. 이런 상황에서 호주선교부는 1910년부터 숭실학교와 교류하게 되는데, 숭실대학 교장 혹은 이사회 명의로 호주장로교 선교부와 교류한 첫 흔적은 1910년부터 나타난다. 즉 1910년 배위량 박사는 교장 명의로 두 통의 협력 제안서를 보내 호주장로교 선교부의 지원과 협력을 요청하였다. 이 제안서는 1910년 8월 부산진에서 개최된 선교회 연례회의(Annual meeting of Mission council)에서 낭독되었고, 토론 끝에 숭실대학과의 협력은 아직 때가 되지 않았다고 보아 제안을 받아드리지는 않되 실행위원회가 향후 선교부의 교육정책을 수립하도록 하고 그 결과를 차기 회의에 보고하도록 결의했다.[146] 숭실대학은 이듬해인 1911년에도 호주 선교부에 지원과 협력을 요청하면서 특히 강사 1인 파송을 요청하였다. 이 요청안에 대해 1911년 9월 진주에서 회집한 선교회 연례회의에서는 이 서신에 대해 감사하고, 현재로서는 강사 1인 파송을 통한 협력이 불가하다는 점을 통보하되, 향후 호주선교부가 어떤 방식으로 협력할 수 있을 것인가를 논의하기로 결의했다.[147] 이런 상호통신과 교류의 과정을 거쳐 1912년 9월 마산에서 개최된 선교회 연래회의에서는 왕길지의 동의로 숭실대학과 협력한다는 점을 재확인했지만 구체적인 참여를 결정하지 못하고 있었다.[148]

그러다가 1913년 9월 부산진에서 모인 호주선교부 연례회의에서는 보다 발전된 안을 결의했다. 즉 호주장로교 선교부는 매년 4개월 간 한사람을 평양으로 보내 숭실대학에서 일하도록 결의한 것이다.[149] 즉 호주장로교는 숭실대학과 인적 물적으로 협력하기로 하였고,[150] 1913년에는 우선 권임함(F. W. Cunningham) 선교사로 하여금 매년 4개월간 평양으로 가 숭실학교에서 봉사하도록 지명했다.[151] 호주장로교선교부와 숭실대학 간의 구체적인 협력 방안이었다.

---

146) *Extracts from the Records of the APM in Korea, 1909-1913* (Fusanchin, 1913), 7.

147) *Extracts from the Records of the APM in Korea, 1909-1913*, 20.

148) *Extracts from the Records of the APM in Korea, 1909-1913*, 38.

149) *Extracts from the Records of the APM in Korea, 1909-1913*, 51.

150) Allen D. Clark, *A History of the Church in Korea* (Seoul: CLS, 1992), 206.

151) Edith A. Kerr and George Anderson, *The Australian Presbyterian Mission in Korea*(Sydney: Australian Presbyterian Board of Missions, 1970), 119.

호주장로교선교부는 고등교육기관을 설립하지는 않고 그 대신 숭실대학이나 세브란스의학전문학교를 후원하여 이곳에서 교육받게 한다는 것이 기본입장이었기 때문에 숭실의 요청을 거절할 이유가 없었다. 비록 권임함 목사를 파견키로 했으나 권임함 목사는 진주지방의 시급한 사역 때문에 이 일을 수행하지 못했다.[152)]

이런 상황에서 왕길지 선교사가 1919년 9월 평양으로 이거하게 되자 1920년 숭실학교 교수요원으로 초빙 받게 되었고, 인적 교류를 시작하게 된다. 반면에 숭실대학과 협력했던 감리교는 1915년 숭실대학 교육에서 철수하게 된다. 결국 숭실대학은 주한 4대 장로교 선교부와 협력할 수밖에 없었다.[153)] 호주선교부의 숭실대학과의 협력 관계는 3가지로 정리될 수 있다. 첫째, 숭실학교에 대한 재정적 후원, 둘째, 왕길지의 숭실대학에서의 교수 활동, 셋째, 왕길지의 숭실학교 이사회 참여가 그것이다. 이를 순차적으로 정리하면 다음과 같다.

재정적 지원과 후원

미국 북장로교 선교부 주도로 시작된 숭실대학은 미국 중서부의 소형 기독교회 대학(small denominational college)을 모델로 설립된 것으로 평가되고 있는데,[154)] 이런 대학들은 설립주체인 교회의 지원과 후원으로 운영되는 교회의 대학이었다. 숭실대학 또한 기독교연합기관으로 주한 장로교선교부의 협력과 지원을 요청했는데, 미국남장로교 선교부는 1912년부터 가담하였고, 호주 선교부는 사실상 1913년부터 가담하게 된다.[155)] 캐나다장로교 선교부는

152) Edith A. Kerr and George Anderson, 119.

153) Edith A. Kerr and George Anderson, 119; A. D. Clark, 206.

154) H. H. Underwood, *Modern Education in Korea* (NY: International Press, 1926), 126.

155) H. A. Rhodes ed., *History of the Korean Mission Presbyterian Church in the USA Vol. I*

그 후 이 학교와 협력하게 된다. 이렇게 되어 숭실학교는 1912년 이후 주한 4대 장로교 선교부와 연합하여 운영하는 학교가 된 것이다.

학교운영 면에서 볼 때, 설립자인 배위량은 1916년 3월 1일까지 교장으로 봉사했고, 그 후에는 나도래(Ralph. O. Reiner)가 교장직을 계승하였다. 그러다가 1918년부터는 10년간 마포삼열 선교사가 교장직을 수행하게 되는데, 배위량 교장은 1916년 호주장로교회에 재정 지원을 요청했다.

이 요청에 응하여 호주장로교 선교부는 경상비 100엔과 중국문학을 강의하는 한국인 강사 급여 후원명목으로 500엔을 지원하기로 했다.[156] 이 해에 북장로교 선교부가 1,600원을, 남장로교 선교부가 600원을 지원한 것과 비교해 볼 때 결코 작은 금액이 아니었다. 이것은 금액의 다소와 상관없이 숭실대학과의 소중한 협력이었다.

호주 선교부는 1918년도에는 경상비 100엔을, 또 중국문학 강사 급여 500엔 외에도 추가 기자재 1차분 500엔을 지원하기로 했고,[157] 1919년에도 동일하게 지원되었다.[158] 숭실대학 이사회은 1920년에도 이전과 동일하게 재정 지원을 요청하였으나 호주선교부의 재정적 어려움 때문에 경상비로 100엔, 과학 기자재 구입 비품비용 500엔은 이전과 동일하게 지원하되, 중국문학 강사 급여는 중지하기로 했다. 그러나 1921년에는 증액하여 연간 1,000엔을 지원하였다. 이런 재정적 지원은 그 후에도 계속되고 지원액은 증가되었다. 즉 1922년에는 1,750엔, 1923년에는 1,250엔이었다.[159] 이 해의 북장

1884-1934 (Chosun Mission, PCUSA, 1934), 421. H. A. Rhodes and A. Campbell, *History of the Korean Mission Presbyterian Church in the USA Vol. II 1935-1959*(PCUSA, 1965), 276.

156) *Extracts from the Records of the APM in Korea, 1916-1917*(Fusanchin, 1917), 23, 33. 『숭실대학교 100년사 1. 평양숭실 편』, 132에서 호주장로교 선교부는 100원을 지원했다고 기록하고 있으나 중국문학 강사 급료는 산정하지 않는 값이다.

157) *Extracts from the Records of the APM in Korea, Vol. 5* (Fusanchin, 1918), 32.

158) *Extracts from the Records of the APM in Korea, Vol. 6* (Fusanchin, 1918), 30.

159) 『숭실대학교 100년사 1. 평양숭실편』, 198.

로교 지원금은 1만 249엔, 남장로교가 1,500엔, 그리고 캐나다 장로교는 호주선교부와 동일했다. 선교부의 규모나 재정적 상황을 고려할 때 호주 선교부의 지원이 결코 미미하지 않았음을 알 수 있다. 1924년의 경우 호주선교회는 2천엔을 지원했는데, 이해의 캐나다 선교부의 지원액은 1천500엔, 남장로교 선교부가 3천앤이었다.[160] 호주장로교선교부의 숭실대학 지원은 그 이후에도 계속되었다.

왕길지의 교수활동

- 1920년 1월 10일부터 1923년 6월 30일까지 -

왕길지 선교사는 평양신학교 교수로 활동하는 한편 1920년 1월 10일부터 1923년 6월 20일까지 3년 6개월간 숭실학교 교육에 참여했다.[161] 숭실학교에 대학부가 설치된 때는 1906년이었는데, 당시의 대학은 종합교양인 양성이 목적이었음으로 오늘처럼 전공학과로 구분되어 있지 않았다. 따라서 모든 학생이 동일한 교과를 이수하도록 되어 있었다. 처음에는 성경, 산수, 한문, 만국역사, 음악 등이 교수되었으나,[162] 1909-1910년 당시 교과목으로는 성경, 영어, 한문, 철학, 윤리학, 논리학, 역사학, 심리학, 교육학, 음악, 경제학, 수학, 문리학, 화학, 생물학 등이었다.[163] 그 후 영어 이외에 일본어가 추가되고 역사학은 세분화 되어 미국사, 미국경제사, 영국사, 기독교사 혹은 교회사가 개설되었다. 비록 숭실대학이 성경 이외에도 과학과 수학, 음악을 필수 과목으로 교수하였으나, "이 땅에 그리스도의 복음을 전파할 수 있는

---

160) 『숭실대학교 100년사 1. 평양숭실편』, 199.

161) 숭실대학교 90년사편찬위원회, 『숭실대학교 90년사』(숭실대학교 출판부, 1991), 869.

162) 숭실대학교 100년사편찬위원회, 『숭실대학교 100년사 1. 평양숭실편』(숭실대학교 출판부, 1997), 73.

163) 숭실대학교 100년사편찬위원회, 『숭실대학교 100년사 3. 학술사.부편』(숭실대학교 출판부, 1997), 50.

참된 교사와 교역자를 양성하는 것"이 숭실대학의 설립 목적이었다.[164] 이 목적을 달성하기 위해서 창조세계에 대한 바른 이해가 필요하다고 보아 과학을 필수로 지정하였고, 수학은 학문의 기초이자 논리적 사고 훈련에 필요하다고 보아 필수로 지정하였다고 한다. 또 하나님 나라 증거에 유익하다고 하여 음악교육을 중시하였는데, 그 결과로 숭실대학은 다수의 쟁쟁한 음악인을 배출하게 되었다. 그럼에도 불구하고 성경과 교회사 등 기독교 관련학문은 숭실대학의 중핵과목으로서 이를 효과적으로 교육하기 위해서 왕길지 선교사에게 성경과 교회사를 교수하도록 초청한 것이다.

평양신학교 설립자 마포삼열은 1924년까지 교장으로 일하는 동시에 1918년 4월부터 1928년 9월까지 숭실대학(1925년 이후는 숭실전문학교) 교장을 겸하고 있었다. 1918년 이후 양 학교를 관장하던 마포삼열은 왕길지 교수에게 평양신학교에서도 봉사하도록 요청하였고, 왕길지는 이에 응하여 1920년부

숭실대학 교수시절의 왕길지(우측 5번째)

164) 『숭실대학교 100년사 1. 평양숭실편』, 60.

터 성경과 교회역사를 교수하게 된 것이다.[165] 그 이전까지는 배위량, 사락수(Alfred Sharrocks), 한위렴(W. Hunt) 등이 강사로 성경을 가르쳤으나 왕길지는 이때부터 교수단의 일원으로 성경을 가르치게 된 것이다. 왕길지의 교수활동은 1920년 역사를 가르치면서 시작했고,[166] 후에는 전 학생을 대상으로 성경 개론을 가르쳤다. 그가 그리스어를 교수했다는 설도 있으나 정규교과로 가르친 것은 아닌 것으로 보인다.

학교 초기부터 한문과 역사를 가르쳤던 박자중(朴子重, 1850-?) 등 한국인의 협력이 없지 않았지만 대체적으로 선교사들이 숭실의 교육을 주도했다.[167] 그러나 1920년을 전후하여 한국인 교수들이 교수하기 시작하지만 영어, 성경, 음악, 혹은 교회사 등은 선교사들이 담당했는데, 왕길지가 교수하던 시기의 외국인 교수들은 일본어를 가르친 요시타께 고유우(吉武五友, 1917-1924), 나라하시 토모나오(楢橋友直, 1918-1920), 음악을 가르친 소일도(David Soltau, 교수기간 1923-1925)와 영어를 가르친 그의 부인 소은경(Mrs Soltau) 등이 있었다.[168] 소일도 선교부 부부는 1921년 5월 17일 내한한 미국 북장로교 선교사였다.

왕길지가 평양신학교 교육과 행정 업무, 곧 도서관장으로 일하기 위해 1923년 6월 숭실학교 교수직을 사임하게 되자 그 뒤를 이어 미국 북장로교의 함일돈(Floyd E. Hamilton, 1890-1969)이 1926년 5월부터 1936년 말까지 성경교수로 봉직했다.[169] 숭실대학은 일제의 강압에 의해 1925년 숭실전문학교

---

165) 그가 숭실대학에서 헬라어와 히브리어를 교수했다는 주장도 있으나 이는 분명치 않다.

166) 『숭실대학교 100년사』, 151, 152.

167) 선교사들 중에서도 교장인 배위량(William Baird)의 동문인 맥코믹 출신들이 다수를 점하고 있었다. 예컨대 마포삼열(Samuel Moffett), 이길함(Graham Lee), 소안론(William Swallen), 한위렴(William Hunt), 방위량(William Blair) 등이다. 『숭실대학교 100년사 1. 평양숭실편』, 82.

168) 『숭실대학교 100년사 3. 학술사. 부편』, 507.

169) 이상규, 『한상동과 그의 시대』(SFC, 2006), 179.

로 개편되는데, 이것은 한국에서 대학교육을 용인하지 않겠다는 의지의 표출이었다. 일제는 이미 1915년 개정 사립학교 규칙을 공포하고 대학교육을 시행하던 여러 사학을 전문학교로 개편하도록 강요하였는데, 숭실학교도 이런 제재를 받게 된 것이다. 그럼에도 불구하고 성경과 기독교관련 강좌는 중시되었고, 왕길지에 이어 함일돈 선교사가 이 일을 계승했다.

학교법인 이사로서의 활동

숭실대학은 연합 운영이라는 정신에서 주한 장로교 선교부의 이사회의 참여를 요청하였다. 이런 취지에서 호주선교부도 이사를 파송하게 된다. 1905년 당시는 북장로교와 감리교 인사 각각 3인을 이사회를 구성하였으나, 정관에 규정된 바처럼 처음부터 타 선교부도 이사회에 참여할 수 있게 했다. 특히 미국 남장로교와 호주장로교 선교부가 숭실대학과 협력을 시작하는 1912년 이사회의 조직이 확대 개편된다. 새로운 선교부의 협력과 지원을 받게 되자 이사회 조직 개편은 불가피한 현실이었을 것이다. 1912년 개편된 이사회는 12명으로 구성되었는데, 이 때 왕길지는 호주 장로교 선교부를 대표하여 이사로 참여하게 된다.[170] 이 당시 북장로교 이사가 5인(W. Baird, C. Bernheisel, W. Blair, C. Sharp, A. Sharrocks), 북감리교 이사가 5인(B. Billings, A. Becker, C. Morris, A. Norton, V. Wachs), 그리고 남장로교(W. Reynolds)와 호주장로교(G. Engel)가 각각 1인이었다.[171] 이 때 이사의 임기는 2년이었고 연임할 수 있었다.

왕길지는 호주장로교회를 대표하여 오랫동안 숭실대학 이사로 봉사했다. 1915년 감리교가 숭실대학 경영에서 탈퇴한 이후 새로운 이사회 조직이 불가피했고, 1922년 캐나다장로교회(후일 캐나다연합교회)가 숭실대학 경영에 참

170) 『숭실대학교 100년사』, 167.

171) 『숭실대학교 100년사 1. 평양숭실편』, 167.

여하면서 이사회가 다시 개편될 수밖에 없었지만 왕길지는 1937년 선교사직에서 은퇴할 때까지 숭실대학의 교수 혹은 강사 그리고 이사로 대학 경영에 동참하였다. 이렇게 볼 때 왕길지로 대표되는 호주 장로교 선교부는 1913년 이래 1937년까지 24년간 숭실대학과 교류하며 숭실대학을 지원하고 후원했음을 알 수 있다.

10. 구약 성서 개역 작업

왕길지는 부산경남지역에서의 교회개척과 순회활동, 평양에서의 신학교육, 숭실대학을 위한 봉사 혹은 각종 치리회에서의 활동 외에도 구약성경 개혁위원으로 한글성경 개역작업에도 깊이 관여했다. 한국어 성경번역은 1882년 이래로 만주에서 스코틀랜드 선교사 존 로스와 존 맥킨타이어에 의해 시도되었고, 일본에서는 1883년 이래로 이수정을 통해 시도된 바 있다. 그래서 만주에서는 1887년에 신약전권이 번역되어 『예수셩교전셔』라는 이름으로 역간되었는데, 흔히 Ross Version 이라고 불리고 있다. 일본에서는 이수정에 의해 1885년 2월 마가복음 번역본이 『신약 마가젼 복음셔 언히』라는 이름으로 초판 1천부가 출판되었다. 1885년 4월 언더우드와 아펜젤러가 일본을 경유하여 조선으로 입국할 때 가지고 온 성경이 바로 이 이수정 번역본이었다.

국내에서 공인본이 나오기 전에 몇 가지 사역본(私譯本)이 있었으나 최초의 신약성경 공인역본은 1900년에 발간되었다. 1893년 상임성서실행위원회가 조직된 지 7년만에 신약성경을 완역하게 된 것이다. 구약성경 번역은 신약성경 번역을 끝낸 1900년 이후 시작되었다. 번역은 여러 사람에 의해 이루어졌는데, 아펜젤러는 창세기를, 언더우드는 시편을, 게일은 잠언과 사무엘서를 맡았고, 감리교의 스크랜턴은 이사야서를, 남장로교의 레이놀즈는 여호수아서를 맡았다. 번역은 쉬 이루어지지 않았고 번역자가 교체되는 등 번역이 지체되고 있었다. 그러다가 레이놀즈와 두 한국인 김정삼과 이승두에게 구약 번역을 일임하였다. 이들은 레이놀드가 거주하던 전주에서 번역에 몰두하여 1910년 4월 2일 드디어 구약 번역을 완료하였다. 구약 번역에 10년이 소요된 것이다. 그 결과로 앞서 번역된 신약과 합하여 1911년 『성경전서』라는 이름으로 빛을 보게 된 것이다. 우리말로 된 최초의 성경 완역본이

구약 개역작업 당시의 김인준, 남궁혁(뒷줄)과 배위량, 이눌서, 왕길지(앞줄 좌로부터)

었다. 이 성경은 성경 원어를 참고하였지만 1901년 미국에서 출판된 미국표준역(American Standard Version)을 주로 참고하였고, 한문성경 또한 참고 된 흔적이 짙다.

그러나 성경번역이 완성되자마자 개역의 필요성이 제기되었다.[172] 특히 구약개역이 시급했다. 그래서 1911년 구약개역자회(The Board of Revisers)를 구성하였는데, 개역작업은 대영성서공회가 발행한 긴즈버그(C. D. Ginsburg, 1908)가 편집한 히브리어 성경이 사용되었다. 이 작업에 참여한 인물이 언더우드와 게일, 그리고 레이놀즈였다. 성경언어에 대한 해박한 지식의 소유자이기도 했던 레이놀즈(Rev William D. Reynolds)는 그 동안 성경번역 작업에 몰두하여 다른 일을 할 수 없었다는 이유에서 곧 구약개역자회를 사임하였고, 언더우는 1916년 일본에서 세상을 떠남으로 개역작업도 순탄하지 않았

172) E. M. Cable, "The Present Version," *KMF* vol.34, no. 5 (May, 1938), 98.

다. 언더우드의 사후 개역자회 회장이었던 게일은 자신이 추구하는 조선어풍 번역에 대한 다른 개역자들이 반발로 개역위원직을 사임했다. 그는 독자적인 구역성경 번역에 몰두하여 사역(私譯) 구약성경을 출간했는데, 그것이 1925년 기독교창문사에서 펴낸『신역신구약전서』(新譯新舊約全書)였다. 이 일에도 한국인 조력자 이원모(李源謨), 이창직(李昌稙), 이교승(李敎承)의 도움이 컸다. 비록 게일은 개역위원직을 사임했으나 한국성경 번역사에서 그가 남긴 기여와 역할은 아무도 부인할 수 없다.

이런 상황에서 왕길지는 구약개역위원으로 초빙되어 1920년부터 개역에 참여하게 된다. 그의 언어 능력을 고려하면 때 늦은 동참이지만, 언더우드와 레이놀즈를 대신할 수 있는 인물로 간주된 것이다.

왕길지가 개역위원으로 일한지 2년 후인 1922년에는 북장로회의 윌리엄 베어드(William Baird), 남감리회의 로버트 하디(Robert Hardie)가 개역위원으로 보선되었다. 후에는 감리교의 케이블(E. M. Cable)이 위원으로 가담하게 된다. 그래서 왕길지는 케이블(Cable), 밀러(Miller), 스톡스(Stokes), 어드만(Eerdman), 하디(Robert Hardie), 피터스(A. Pieters), 크레인(John Crane) 등과 같이 개역위원으로 일하게 된다. 다행하게도 1924년 이후 레이놀즈가 다시 개역위원으로 동참하였다. 잦은 인적 변동으로 개역작업은 계획대로 추진되지 못했다. 그러다가 1926년 이후 활발하게 추진되는데, 개역위원들이 지역적으로 서울과 평양으로 나뉘어져 있어 자연스럽게 개역자회는 서울지구와 평양지부로 나뉘게 되었다.[173] 평양지역(the Pyungyang group)의 경우 왕길지는 베어드, 레이놀즈와 함께 개역작업에 집중하게 된다. 한국인으로는 남궁혁(南宮爀), 김관식(金觀植), 김인준(金仁俊), 이원모(李源模) 등이 위원으로 동참했다. 개역작업은 책별로 분담하여 진행되었으나 윤독과 토론의 과정을 거치고 회합과 회의를 통해 역본을 결정했다. 이런 과정에서 창세기(1925), 출애굽기와 레위기

173) 이덕주,『초기 한국기독교사 연구』(한국기독교역사연구소, 1995), 360.

(1926) 개역이 완료되었고, 1930년에는 17권의 구약성경 개역본이 완성되었다. 이상과 같은 과정을 거쳐 개역작업이 시작된 지 25년 만에 구약개역을 종료하고 1936년에는 개역 구약전서가 출간되었다. 이 개역본을 일부 수정하여 1938년에는 보다 완전한 번역본으로 출판되었다. 이런 일련의 과정에서 왕길지의 기여를 간과할 수 없을 것이다. 필자가 1987년 호주 빅토리아주 멜버른대학 근처의 파크빌(Parkville)의 왕길지의 아들 프랭크(Frank Engel)의 집을 방문했을 때 개역위원으로 활동했던 당시의 상황과 왕길지의 수정 역본들을 구경할 수 있었다.

신약 개역작업은 1926년 '신약개역자회'가 조직되면서 시작되었는데 호주선교사로는 커닝햄(F. W. Cunningham), 곧 권임함 목사가 참여하였다. 감리교의 스톡스(M. B. Stokes), 남장로교의 윈(S. D. Winn), 레이놀즈(W. Reynolds), 크레인(J. C. Crane), 북장로교의 로스(C. Ross)와 함께 커닝햄은 네슬레가 편집한 1898년 판 희랍어 성경을 대본으로 사용했다. 권임함은 왕길지와 더불어 호주선교부의 대표적인 학자로서 성경과 신학, 인문학적 소양을 겸비한 인물이었다. 당시 권임함은 한국어를 가장 잘 아는 외국인으로 지칭될만큼 한국어에 능통했다. 그가 동참한 가운데 1937년에는 개정을 완료하였고 1938년 『신약개역』이란 이름으로 발간되었다. 그래서 구약과 신약이 합본되어 『성경개역』이 출판되었다. 이 공인역 개정 성경이 1952년 한글 맞춤법 통일안에 의거하여 수정을 거친 뒤 『성경전서 개역한글판』이란 이름을 간행되었고, 1956년 다시 새로운 맞춤범에 따라 일부 수정되었고, 1961년에는 815개소의 자구수정을 거쳤다. 이 『성경전서 개역한글판』이 오늘에 이르기까지 한국교회가 가장 오랫동안 사용하는 성경이 되었다. 따지고 보면 왕길지 선교사의 어학능력은 한국 교회를 위한 준비였다.

11. 찬송가 편찬

음악 애호가이기도 했던 왕길지는 찬송가 편찬위원으로 활동하며 한국 찬송가 편찬에도 기여하였다. 1901년 장로교공의회로 개편될 당시 휘하에 7개 위원회를 설치했으나 찬송가 위원회는 없었다.[174] 그러나 1902년 9월 14일부터 20일까지 서울에서 개최된 장로교공의회 제10차 회의에서 북장로교 선교부가 발간한 찬송가 『찬셩시』[175]를 장로교공의회 산하 교회의 공식적인 찬송가로 받아드렸고, 북장로교 선교부가 동의할 경우 향후 찬송가 편찬을 위한 5인의 찬송가위원회(Hymn Book Committee)를 설치하기로 가결했다.[176] 이날 회의에서 왕길지는 민로아(F. S. Miller), 전위렴(W. Junkin), 이길함(G. Lee), 구례선(R. Grierson)과 함께 찬송가 위원으로 선임되었다.[177] 위원장은 민로아였고, 장로교공의회 정회원이 아닌 안애리(Mrs A. Baird)는 협력위원으로 승인되었다. 이날 찬송가위원회는 한국복음주의교회가 사용할 수 있는 단일찬송가 편찬건을 추진하기로 했고 『찬셩시』의 수정 증보작업을 추진했다. 특히 『찬셩시』 제9판(1905)은 크게 증보된 혁신적인 찬송가인데, 민로

---

174) *The Minutes of the Ninth Annual Meeting of the Council of Missions in Korea* (Seoul: Methodist Pub. House, 1901), 1-2.

175) 『찬셩시』는 1895년 북장로교 선교부가 54곡으로 편찬한 찬송가인데, 1898년에는 84곡으로 증보되었고, 1900년 제3판에는 87곡을 수록하였다. 1902년에는 123곡을 수록한 수정판이 발간되었는데, 이 1902년판을 공식적으로 채용하기로 결의하여 공인 찬송가가 된 것이다. 이 『찬셩시』는 계속 증보되었는데, 1905년에는 151곡을 수록한 9판을 대한장로교공의회 이름으로 출판했다. 1906년에는 11판이 1907년에는 제12판이 발간된다[참고, 문옥배, 『한국근대교회음악 사료연구』(예솔, 205), 267-268]. 이중 제9판(1905)과 12판(1907)만이 악보판으로 출간되었고, 나머지 판은 가사판이었다. 이 찬송가는 1908년 장감연합찬송집인 『찬숑가』가 출간되기까지 사용되었다. 문옥배, 『한국찬송가 100년사』 (예솔, 2002), 130.

176) *The Minutes of the Tenth Annual Meeting of the Council of Missions in Korea* (Seoul: Methodist Pub. House, 1902), 10.

177) *The Minutes of the Tenth Annual Meeting of the Council of Missions in Korea*, 10.

아, 원두우, 기일, 소안론(W. L. Swallen), 피득(A. A Pieters) 등이 번역에 참여하였다. 배위량 선교사의 부인 안애리 여사는 58곡을 번역하게 가장 많은 찬송을 번역하였다.

이 때 왕길지는 종교개혁 찬송으로 알려진 1529년 마르틴 루터가 작사 작곡한 독일찬송 Ein feste Burg를 우리말로 번역하여 1905년판 『찬셩시』에 수록되게 했다. 현재는 "내 주는 강한 성이요 방패와 병기되시니"로 개정되어 있으나 당시의 제목은 "못패ᄒᆞᆯ 셩은 하ᄂᆞ님"으로 131장에 편집되었다.[178] 이 찬송은 1935년판 신편찬송가에는 204장에 편집되어 있다. 신편찬송가에는 가사가 약간 개작되어 현재의 것과 동일한데 표기 방식이 고어체일뿐이다.

1. 내 쥬는 강한 성이오
방패와 병긔되시니
큰 환난에서 우리를
구하야내시리로다
녯원수 마귀는
이때에 힘을 써
궤휼과 권세로
제군물 삼으니
텬하에 적수 업도다.

2. 내 힘난 의지할터면
패할 수 밧게 업도다
힘 잇는 장수 나와서
날 대신하야 싸호네

178) 문옥배, 『한국찬송가100년사』, 140, 137. 문옥배, 『한국교회 음악 수용사』 (예솔, 2004), 444.

이 장수 누구뇨
내 예수 그리스도도
곳 만유 쥬로다
당할자 누구뇨
불가불이기리로다.

3. 이 이쌍에 마귀
인민을 삼키려하나
겁내지 말고 잇서라
진리로 이기리로다
친척과 재물과
명예와 생명을
원수가 취한들
상관이 무어뇨
내 쥬 씌 잇스리로다.

왕길지는 음악에 대한 식견만이 아니라 피아노, 오르간, 그리고 바이올린을 연주할 수 있었다. 그래서 평양신학교 채플에서 반주자로 봉사하기도 했다. 그는 1927년까지 25년간 찬송가 편찬위원으로 활동하면서 찬송가 편찬에 기여한 바 적지 않다.[179)]

이상에서 살펴본 바대로 왕길지 선교사는 평양신학교와 숭실학교에서의 교수 활동 외에도 찬송가 편찬위원회를 비롯하여 여러 위원회에서 활동했다. 그 외에도, 1916년 제5회 장로교 총회에서 조선예수교회 사기편찬위원으로 선정되어 역사 편찬에도 기여하였고, 1916년 곽안련, 마포삼열, 업아

---

179) W. M. Kerr, "Report of the Union Hymn book Committee," Sixteenth *Annual Meeting of the Federal Council of Protestant Evangelical Missions in Korea* (Sep. 1927), 16-18.

력, 김선두, 김필수, 양전백 등과 함께 교회정치편집위원으로 선정되어 신경, 규칙(정치), 각종 예식서, 권징조례의 제정 등 교회정치관계 문서 작성에도 참여하였다. 이런 점에서 그는 한국장로교회의 초석을 놓고, 교회, 예배, 신학을 주형했다고 할 수 있다.

12. 인간 왕길지 선교사

여기서 왕길지 선교사의 한국생활 주변이야기를 통해 인간 왕길지의 모습을 소개하고자 한다. 우선 그는 언어적 감각이 탁월하여 한국어를 해독할 수 있었고, 한국의 역사와 문화, 한국의 고전에 대한 식견도 깊었다. 그는 책을 좋아하여 깊이 독서하는 학구적인 인물이었고, 합리적으로 사고하는 인물이었다. 그는 경건과 지성을 겸비한 인물이지만 올 곧은 성격과 사리가 분명한 원칙주의자였다. 이런 점은 전형적인 독일인의 모습이라고 할 수 있을 것이다. 그래서 성격이 좀 괴이한 인물로 인식되기도 했다.

그가 부산에서 사역할 당시 말을 타고 울주 양산 울산 등지를 순회했고, 거제도나 경남 지방을 다닐 때도 걷거나 말을 타곤 했는데, 많은 이들이 그를 미국인으로 생각했다. 그러나 늘 자신은 "독일산(獨逸産) 호주적(濠洲籍) 한국선교사"라고 소개했다. 그가 검정색 양복과 중절모를 쓰고 다닐 때는 귀인 같은 품위가 돋보여 사람들은 그를 정중하게 대했다고 한다. 그러면서 유창한 한국말로 대화하면 지방 사람들의 구경거리가 되었고, 한문 고전까지 인용하면 사람들이 탄복했다고 한다.

평양에서 거주하며 교수로 활동할 때 그는 매사가 분명하지만 때로 까다롭고 철저한 교수로 인식되었다. 그는 성경언어 공부를 중시했고, 언어공부를 해야 자기 학생으로 간주했을 정도였다. 또 목회자는 성경언어를 알아야 한다는 점을 강조했고, 평양신학교에서 성경언어를 모든 학생들에게 강제할 수 없는 현실을 안타까워 했다고 한다. 당시 평양신학교에서 희랍어와 히브리어는 필수가 아니라 선택과목이었다. 따라서 수강생이 많지 않았다. 그러나 성경언어를 수강한 학생에게는 졸업증서 외에도 히브리어 이수증서와 희랍어 이수증서를 별도로 수여했다. 이런 형편에서 왕길지 교수는 자신의 성격처럼 성경언어 교수도 철저했다. 그래서 학생들이 힘들어하고 그 과목

왕길지 교수의 히브리어 강의(장로회신학대학교 역사화보집, 121)

을 기피하여 수강생은 10여명 정도에 불과했다. 수강생이 적었기 때문에 언어 수업은 효과적이었을 것이다. 1930년대에 왕길지 교수에게 헬라어와 히브리어를 배운 이가 박윤선, 방지일 등이었다.

박윤선은 왕길지에 대해 이렇게 회상했다. 그는 "솔직하기로는 거의 수학적이었고, 책임감이 강하신 인격자였다. 나는 그에게서 히브리어와 헬라어를 배웠다. 그의 교수 방법은 매우 엄격하였음으로 그 덕에 원어학을 연구하는 10여명의 학생들이 많은 유익을 얻었다."[180]

비슷한 시기에 공부한 방지일은 자신의 회상기 『야사도 정사로』 에서 평양신학교 재학 중 경험했던 선교사 교수들에 대해 품평하면서, 왕길지는 강직한 인물로 기억했다. "몹시 강직한 분으로 매일 채플에는 노 교수가 풍금을 했고, 도서관장으로 신학교 전반의 일이요, 교수로선 5-6인 되는 원어 학생의 교수일 뿐이다."

180) 박윤선, 『성경과 나의 생애』 (영음사, 1996), 54.

1937년 1학기 당시 왕길지의 성경원어 강의를 수강한 학생은 강신명 계일승 김규당 김양선 김형모 등이었다고 한다.[181] 이들은 후일 한국교회에 지도자가 되었다. 경북 영주출신인 강신명은 새문안교회 담임목사였고 장로교회 총회장을 역임한 교계 지도적 인물이었다. 숭실학교 출신인 그는 문인, 특히 아동문학가이기도 했다는 사실을 아는 이들이 많지 않다. 신학원전에 대한 이해력이 그의 설교를 보다 고상하게 해 주었을 것이다.

계일승은 왕길지의 영향으로 후일 교회사를 전공한 교수가 되었고, 장로회신학대학 학장을 역임했다. 김규당 또한 성경언어를 공부한 덕에 성경신학에 조예가 있었고, 성경신학 교수로 일생을 살았다. 김양선 또한 저명한 교회사가가 되었고, 숭실대학 교수로서 한국기독교박물관을 설립했다. 이처럼 왕길지에게 성경언어를 배웠던 이들은 그것이 학문의 초석이 되어 후일 한국교회에 기여하게 된 것으로 보인다.

이런 일도 있었다. 한번은 경남 출신 신학생이 왕길지 교수의 집을 방문했다. 마침 왕길지 선교사는 외출하려는 참이었다. 그래도 학생이 찾아 왔으니 집안으로 안내하고 잠시 기다렸다. 그런데 그 학생이 방으로 들어가 의자에 앉자말자 기도하기 시작했다. 기도하는 일은 탓할 바가 못 되지만 길게 기도했다. 그리고 나서 용건을 말하려하자 평양 사투리로 호통을 쳤다. "이 자야. 기도는 네 집에서 하고 오라야!" 외출하려는데 예고도 없이 찾아와 길게 기도하니 기분이 상했던 모양이다. 그 학생은 용건도 말하지 못하고 돌아갔다고 한다.

그런데 그 날 저녁, 자기를 찾아온 학생에게 박대한 일이 생각나 잠을 이루지 못했다. 마음이 편치 못했던 왕길지 교수는 그 학생 기숙사로 찾아갔다. 문을 드두려 학생을 만나자, "나 아침에 잘못했지요. 기도하는 형제를 내

181) 『장로회신학대학 70년사』, 106.

보냈지요. 용서하세요." 왕길지의 사과를 들은 학생은, "아닙니다. 제가 무례했습니다."고 눈물을 흘렸다고 한다.[182)]

한번은 헬라어 시간에 싱글벙글하며 왕길지 교수가 말했다. "내가 한국에 온지 40년이 되었지요. 나는 한국에서 죽을려고 했는데, 우리 선교회가 나더러 이제는 본국으로 돌아가라고 합네다. 불가불 돌아갈 수밖에 없지요." 학생들은 조용히 이 말을 듣고 있었다. 그런데 선교사에게 좋은 인상을 주지 못했던 학생 박창목 군이 말했다. "아니 선생님이 본국으로 돌아가시면 어학은 누가 가르칩니까?" 귀국하지 말고 더 오래 남아 있어 달라는 말이었다. 선교사는 마루를 꽝 구르면서, "하나님이 가라는데"[183)] 라고 말했다고 한다.

안광국 목사의 아래의 회고 또한 왕길지 교수의 일면을 보여준다.

> "헬라어 시간이다. 왕 목사가 학생에게 와서 가르치는 것이 아니라 학생들이 왕 목사의 강의실로 찾아간다. 시간이 되어 들어가려는데 왕 목사는 계일승 김규당 김형모 등 2학년 학생들을 앞에 놓고 열심히 강의를 하고 있었다. 김종규라는 1학년생이 교실에서 강의하는 소리를 듣고 문을 딱딱 두드렸다. 강의를 중지하고 왕 목사가 나와 문 앞에 있는 김종규를 알아보았다. 왕 목사는 몹시 불쾌했다. 1학년생들의 수업시간이다. 왕 목사는 출석을 부른 후 다음과 같이 말했다. '오늘 누구 기도할 차례요? 종규 기도하시오. 자복기도 하시오.' 이 때 김종규는 기도를 했다. '하나님 아버지 감사합니다. 우리들에게 원어를 공부하게 해 주시고(에-) 감사합니다. 선생님으로 하여금 학생을 사랑하는 마음을 주시고 ... 아멘.' 하였다. 학생들은 '아멘.' 하였다. 왕목사 입에서 큰소리가 나왔다. '그것이 자복 기도요? 댓쓰 무례(That's impolite). 동양에 그런 법 없지요.' 왕 목사는 종규를 못마땅하게 보았다."[184)]

---

182) 방지일, 『야사도 정사로』 (선교문화사, 2001), 46-47.

183) 안광국, 32-33. 『장로회신학대학 70년사』, 106.

184) 안광국, 33.

그런가 하면 이런 일도 있었다고 한다. 왕길지 선교사는 평양신학교 구내 사택에서 거주했는데, 사택 앞 맞은편에 정구장이 있었고 그 옆에 학생 기숙사가 있었다. 왕길지는 본래 새벽잠이 많아 아침 8시까지 잤다고 한다. 그런데 신학생 김은석 김양선 두 학생은 이른 새벽부터 왕길지의 사택과 가까운 운동장에서 큰소리를 내며 운동을 했다. 이 학생들 때문에 왕길지 교수는 잠을 설치는 일이 적지 않았다. 한두 번도 아닌 매일 아침 잠을 자지 못한 왕길지는 짜증이 났으나 그렇다고 그런 일을 가지고 야단칠 수도 없어 참고 지냈다. 그런데, 어느 날 라부열 교장에게 이 사실을 말하고 학생들이 시정해 줄 것을 요구했다. 그로부터 며칠 뒤였다. 그때도 두 학생이 다른 동료들과 함께 운동장에서 큰소리로 운동하고 있었다. 참지 못한 왕길지 교수는 창문을 열고 소리쳤다. "어디로부터 온 자요?" 너희들이 누구냐 하는 말이었다. 학생들이 대답했다. "기숙사로부터 온 자니라."

그날 등교시간에 라부열 교장이 두 학생을 불렀다. 그리고 물었다. "학생들, 그래도 좋소? 왕 교수가 새벽잠이 많은 분인데 그렇게 깨워서 되겠소?" 라고 물었다. 학생 중 김은석이 말했다. "우리는 운동하고 교수님은 주무시면 안 되겠습니까?"[185]

방지일 목사의 회상에 의하면 왕길지 목사는 아래와 같은 신앙체험을 이야기한 일이 있다고 한다. "여러분만 아세요. 다른 이들에게 선전할 것은 아닙니다. 하나님께서 천사를 보내 보호해 주신다는 점을 제가 오늘 체험했습니다. 제가 도서관에 앉아 있으면 내가 사는 집이 잘 보여요. 처음 평양에 왔을 때 일입니다. 집의 아이가 잘못으로 윗 층에서 땅으로 떨어지는데 내가 빨리 갈 수도 없고 그저 어찌할 줄 모르고 있는데, 아기가 땅에 떨어지기 바로 직전에 누군가가 아이를 받아주는 것을 보고 빨리 도서관에서 나와 집으

---

185) 장병욱, 『한국교회유사』 (성광문화사, 1980, 38.

로 가는데, 한 십 분 걸렸어요. 그런데 아이는 다친곳 없이 땅에 누워있었어요. 참으로 감사하였지요. 나는 오늘 여러 형제들에게 처음 이 이야기를 합니다. 천사가 아이를 받아준 것이 분명하지요."[186]

호주 장로교 선교부 동료였던 마라연 의사(Dr Charles McLaren)은 왕길지에 대해 이렇게 증언했다.

"엥겔 박사는 천부적인 학자이다. 배움은 그의 습관이었고 가르침은 그의 본능이었다. 그의 심성은 풍부했고, 단순함으로 살았다. 우리 주님께서 말씀하신 '천국은 이런 자의 것이니라.' 하셨던 그런 어린아이와 같은 순진함이 있었다. 그에겐 남다른 인내심이 있었다. 그는 끝까지 인내하는 그런 인물이었다. 그 어떤 것으로도 왕길지 박사의 그리스도에 대한 충성심을 꺾어놓을 수 없을 것이라고 믿었다."[187]

왕길지 선교사가 평양신학교 교수로 사역을 끝내고 1937년 귀국하게 되었을 때, 「신학지남」은 아래와 같은 말로 왕길지의 사역을 평가했다.

"그는 다방면으로 재능을 가지셨기 때문에 그만침 많은 사람의 흠모(欽慕)함이 되었다. 그의 가지셨든 소질이나 성격 중 두 가지만을 말한다면 다음과 같다.

1. 그는 학자이였다. 특히 어학에 특장(特長)이 있어 영불독(英佛獨) 외 각국 어를 통(通)하셨다. 또 사학(史學) 방면에 상당한 취미를 가지시고 조선역사와 고물연구(古物硏究)를 부절(不絶)히 계속하셨다.

186) 방지일, 47.
187) Chas. L. McLaren, "Rev. George Engel, D.D.," *KMF* (July, 1939), 150.

1925년 6월 당시의 주한 호주선교사들(중간 줄 우측 2번째가 왕길지 박사)

2. 그의 성격은 엄격한 편이 있고 몹시 정직하셨다. 아마도 그와 접촉해 본 이들은 그가 보통이상의 성격을 소유하였다는 것을 깨다를 것이다. 그리하야 그는 학생 간에도 깊은 인상을 준 이야기가 많다. 그는 타협주의보다도 속에 생각하는 바를 그대로 꾸밈없이 발표하는 것이 특장이었다."[188)]

이런 기록들은 왕길지가 어떤 성경의 인물이었던가를 헤아리는데 도움을 준다. 왕길지 교수는 실력 있는 학자였고 매사가 분명한 인물이었다. 이런 점에서 그는 전형적인 독일 경건주의적 신앙인물이었다.

---

188) "恩師 王吉志 博士를 보냄", 「神學指南」 19/3(1937.5), 37.

13. 왕길지의 신학

이상에서 우리는 왕길지 선교사의 삶의 여정과 선교사역에 대해 소개하였다. 이제 그의 신학이 어떠했던가에 대해 소개할 단계가 되었다. 이글에서 왕길지 선교사의 신학을 구체적으로 말하기 전에 우선 호주장로교 선교사들의 신학 일반에 대해 소개하고자 한다.

1910년대까지 내한했던 호주 선교사들은 복음적인 신학과 진보적인 신학이 혼재해 있던 신학적 변화기에 신학교육을 받았으나 그럼에도 불구하고 이 시기에 내한했던 선교사들은 상당히 복음적이었다.[189)]

〈표 10〉 1910년대까지 내한한 호주 목사 선교사들의 신학교육

내한 연도	Ormond college	기타 신학교육기관
1889		Davies(New College, Edinburg)
1891	Mackay	
1894		Adamson (Theological College of the Pres. Church of England)
1900		Engel (Basel Mission House, Basel)
1909	Lyall	
		Mackenzie (Trinity College, Glasgow)
1910	Watson	Macrae (Trinity College, Glasgow)
1912	Wright Kelly	
1913	Cunningham Allen	
1916	Thomas	

189) 왕길지 선교사의 아들 Frank Engel은 필자와의 면담(1988. 10. 6)에서 한국에서의 선교사 자녀로서의 생활과 호주에서의 에큐메니칼운동에 대한 연구를 토대로 1930년대까지 한국에서 일한 호주 선교사들의 신학을 '복음주의적인 신학'이었다고 평가했다.

1889년 데이비스의 내한에서부터 1916년까지 한국에서 일했던 호주장로교 목사 선교사 13명 중 호주장로교의 공식적인 신학교육 기관이었던 오르몬드 칼리지(Ormond College) 출신이 8명이었고, 나머지 5명은 영국 혹은 독일의 신학교에서 교육을 받았으나 이들이 수학한 모든 신학교육기관이 복음주의를 지향했다. 이들은 왕길지를 제외하고는 호주에서나 장로교 전통의 스코틀랜드에서 교육을 받았다. 그래서 웨스트민스터신앙고백서에 표명된 신학을 수용했던 이들이었다.

호주 장로교회에는 1880년대 이후 자유주의 신학이 소개되지만 적어도 1910년대까지 신학적 변화에 영향을 주지 못했다. 호주에서 공개적으로 진보적 입장을 견지했던 대표적인 인물은 스트롱 박사(Dr Charles Strong)였는데, 그는 1875년 멜버른의 가장 오래된 교회이자 가장 큰 교회로 상당한 영향력을 행사하던 스캇츠교회(Scots Church)에 담임목사로 부임했다. 그는 부임 이후 자신의 신학 입장을 피력했는데, 성경의 그리스도가 실재 역사적 인물인가 아닌가 하는 점은 그리 중요한 문제가 아니라고 주장했다. 그는 '신앙의 그리스도'와 '역사적 예수'는 동일시 될 수 없다고 본 것이다. 그에게 있어서 성경의 제시(biblical presentation)는 깨어져야 할 굴 껍데기 같은 것이었고, 진리의 진주를 찾아내기 위해 버려야 할 것으로 이해했다. 그래서 그는 성경의 역사성을 부인하고, 예수의 역사성마저 부인했다. 1880년 10월에는 「빅토리아 평론」(*Victorian Review*)에 '구속'(Atonement)에 관한 논문을 발표했는데, 이 글에서 그는 그리스도의 신성, 중보자로서의 그리스도에 관해 언급하지 않음으로서 사실상 이를 부인하였다. 특히 그는 논설과 설교를 통해 그리스도의 대속을 부인함으로서 교회는 심각한 혼란에 휩싸였다. 이 문제는 심각한 신학적 파문을 야기하였다. 호주장로교에서의 진보적 혹은 변증법적 신학의 대두를 보여주는 분명한 사건이었다.

당시 교회는 스트롱 교수의 신학에 대하여 단호하게 대처하여 스트롱 목사는 1883년 말로 교회를 사임하게 되는데, 이 사건은 호주에서의 신학적 변화의 조짐인 동시에 여전히 복음주의적 견해가 지배적이었음을 보여준다. 그런데, 1910년 이후 점차 자유주의적 경향이 대두되었다. 그 분명한 증거가 사무엘 엥거스(Samuel Angus)가 1915년 뉴 사우스 웰즈(NSW) 주의 장로교 신학교육기관인 세인트 엔드류스 대학(St. Andrews College) 신약학 교수로 임명된 사건이었다. 그 또한 상당한 논란과 논쟁을 야기한 것은 사실이지만 1910년대까지 여전히 복음주의가 주도적인 환경이었다. 이 시기 내한 한 선교사들은 장로교 전통을 중시하는 복음주의적 경향이 지배적이었다. 이들이 초기 호주선교부의 신학적 경향이었다.

이런 선교부의 신학적 환경을 주도한 인물이 왕길지였다. 앞에서 언급했지만 1900년 10월 말 내한한 왕길지는 호주에서 신학교육을 받지 않았다. 독일 뷔르템베르크(Württemberg)의 경건주의 환경에서 성장하여 1883년부터 1887년까지 독일 뉘르팅겐에 있는 교육대학(Lehrer Seminar)에서 수학한 후 바젤선교회(BM, Basel Mission)가 운영하는 '바젤선교교육원'(Basel Mission House)에서 3년 간 신학 교육을 받았다. 이런 그의 교육환경에서 왕길지 또한 철저한 복음주의자였다.

이런 그의 입장은 「신학지남」에 기고한 그의 논설과 역문 속에도 드러나 있다. "로마교회의 변천"이라는 베인(John A. Bain)의 책 번역을 통해 개신교와 천주교의 역사와 신학, 교리적 차이를 선명하게 제시하고 로마교는 '다른 기독교'임을 분명하게 제시하고자 했고, "구속 이치"를 통해 복음주의교회가 믿는 구속론을 제시하고 있다. 번역문인 "성신의 사업"은 성령론에 대한 연구로서 가장 기본적인 교의이지만 개혁파교회의 성령론을 그대로 소개하고 있다. 그의 "십이 사도의 교훈"이나 『고교회변증론』은 단지 교회사적 가르침 만이 아니라 다(多) 종교사회에서의 기독교의 존재의의와 기독교의 유일성을 보여준다. 그의 글을 통해서도 종교사학파와 다른 복음주의적 신학을 읽을 수 있다.

왕길지의 아들 프랭크는, 왕길지 목사는 청교도적인 경건주의적 환경에서 성장한 엄격한 복음주의자였다고 말하면서 미국 북장로교 선교사들보다 더 엄격했다고 회고했다.[190] 프랭크 엥겔은 필자와의 대화에서도 그의 아버지는 복음주의적 신학자였다고 말하면서 청교도적 경건과 성수주일을 강조했고, 동료였던 미국북장로교 선교사들의 자녀들과는 달리 주일날에는 야외에 나가는 것도 허락하지 않았다고 회상했다.

왕길지 선교사는 한국에서 사역하는 동안 아들에게 영국에서 발간되는 어린이 신문을 구독토록 했고, 자신은 *British Weekly*를 정기구독 했을 만큼 역사와 현실을 보는 안목이 편협하지 않았지만 주일에는 신문 읽기도 절재 했다고 지적한다. 그러면서도 다른 신학에 대해 열린 제세로 대하여 지적추구가 신학적 경계에 제한되지 않았다. 그는 개신교 복음주의 전통을 추구하던 불름하르트(J. C. Blumhardt)를 존경했고, 그의 아들 불룸하르트가 설립한 바젤 선교학교에서 수학하면서 신학적 체계를 확립했다. 그 당시 곧 19세기 복음주의란 성경공부와 기도를 강조하고 예수그리스도의 제자적 삶에 충실한 도덕적 삶의 추구였다. 그러나 그는 교조주의적이지 않았다. 이 점은 그가 성경의 문서비평에 동정적이던 에딘버러에서 발간되던 *The Expository Times*를 정기 구독한 사실에서 엿 볼 수 있다.[191] 반면에 그는 메이첸의 헬라어 문법책을 평양신학교 헬라어 교제로 사용했으나 메이첸의 독립선교부를 지지하지 않았고, 정통장로교로의 분리를 지지하지 않았다. 그는 미국적 환경에서의 분리주의를 경계했다. 즉 그는 극단적인 보수주의자가 아니었다. 이런 점을 고려해 볼 때 왕길지는 '경건한 독일 복음주의자'(a pious German Evangelical)라고 정의할 수 있을 것이다.

---

190) 프랭크 엥겔과의 대화. 1988. 9. 12.

191) Frank Engel's letter to Sang Gyoo Lee dated 14, Oct. 1991.

그럼에도 불구하고 호주선교사들과 왕길지는 당대의 미국 선교사들에 비해 보다 개방적 신학을 견지했던 것으로 인식한 것 같다. 왕길지는 평양의 장로교신학교 교수로서 교회사와 성경언어를 교수했지만, 조직신학이나 성경신학을 주로 교수하지는 않았다. 특히 그가 언어적 능력을 지닌 분이라는 점을 고려해 볼 때 성경언어를 가르친다는 것은 합당한 일이다. 그러나 그가 교의 신학이나 성경신학을 가르치도록 요청받지 못했던 것은, 그의 신학이 북장로교 선교사들에게는 보다 개방적으로 인식되었기 때문이라고 재건교회 최일구 목사는 증언한다.[192] 이것은 자신의 판단이 아니라 일반적 인식이 그러했다고 지적한다.

이 점에 대해서는 박창환 박사의 의견도 동일하다. 장로회신학대학에서 신약을 가르치며 학장을 역임한 박창환 박사는 2014년 6월 5일 한국교회사학연구원 제195회 월례세미나에서 '한국교회의 어제와 오늘'이란 제목으로 강연하면서 이렇게 증언했다.

"선교회의 색깔이 조금씩 달랐다. 미국의 두 교파인 북장로교와 남장로교는 대개 보수적인 선교사들이 왔다. 그래도 그중에는 조금 학문적인 선교사들이 섞여 있었다. 미국의 본부에도 북장로교는 경건파도 많이 있지만 학문을 해야 된다는 파들이 상당이 있었다. 그러나 남장로교는 아주 보수적이라 학문을 거의 하지 않는 그런 교파다. 그분들이 선교사를 보냈다. 호남지방에 온 선교사들이 상당히 보수적인 교회를 세운다. 남북장로교가 제일 많은 영역을 점령하고 교세가 컸다. 함경도에 온 캐나다 선교부는 경건한 분이시지만 학문을 하는 사람들이 있었다."고 소개하고 호주장로교회의 신학에 대해 이렇게 증언했다.

---

192) 재건교회 최일구 목사와의 대화(1995. 6. 27).

"호주에서 온 선교사들도 학문적인 그런 사람들이 있었다. 호주의 엥겔 목사(왕길지)는 언어도 많이 하고 히브리어, 헬라어를 많이 가르쳤다. 엥겔 목사는 사상적으로 리버럴하다고 할까? 학문적이기 때문에 아주 보수적인 신학교가 그들에게 조직신학 같은 중요한 과목을 맡기지 않았고, 어학만 가르치게 했다."

박창환 박사는 캐나다선교사들에 대해서도 다음과 같이 증언했다.

"함경도 선교사(캐나다)들도 평양신학교에서서 가르치긴 하지만 사상적으로 보수적인 신학교라 그들에게 중요한 과목은 안 맡겼다. 함경도 지방에서 온 선교사들은 평안도에 와 있는 선교사(미국 북장로교)와 맘에 안 맞았다. 그리고 평양에서 원산 가는 기차가 없어서 함경도에서 평양을 오려면 먼저 서울로 갔다가 올라와야 했기 때문에 거리가 굉장히 멀었다. 함경도에서 일한 캐나다선교사들은 그 지방 지도자들을 평양으로 보내기 보다는 일본 청산학원이나 다른 신학교로 보냈다. 그래서 김재준 송창근 등은 평양신학교로 까지 않고 일본으로 가서 학문적인 교육을 받았다."

사실의 적시라고 볼 수 없지만 박창환 박사의 증언은, 미국교회 선교사들은 호주교회의 신학을 자신들의 신학보다 진보적인 것으로 인식하고 있었다는 일반적 인식을 반영한다고 할 수 있다. 박창환의 언급처럼 왕길지가 성경이나 성경신학 관련 과목을 전혀 가르치지 않는 것은 아니었다. 앞에서 언급했지만 성경언어나 교회사 이외에도 성경, 음악, 혹은 신앙고백서를 정규교과에서 가르친 일이 있다. 왕길지의 신학은 극단적 보수주의나 근본주의는 아니지만 광의의 경건주의적인 복음주의였다.

왕길지에 대한 이런 오해는 아마도 1930년대 이후 호주신학에 대한 인식에 바탕을 둔 소급적 관찰로 보인다. 실제로 1930년대 호주장로교회 신학의 변화가 나타났기 때문이다. 1930년대 한국에서 일한 여선교사 신애미(A. M. Skinner)는 경남여자성경학원에서 교수하면서 요나서의 역사성을 의심하여 논란이 제기된 일은 한 가지 사례라 할 수 있다.

1933년 11월 호주장로교회의 총회장 매콜리(Rev R. W. Macaulay)가 내한하여 평양신학교를 방문하고 미국의 교수선교사들을 만난 후 진주에 와서 이들의 신학이 지나치게 보수적이라고 탄식했다는 윤인구의 증언[193]도 있다.

정리하면 1930년대 이후에는 호주장로교 신학의 변화에 따라 다소 진보적인 성경비평학을 수용하는 신학이 대두된 것이 사실이고 내한 선교사들 중에 진보적 신학을 수용한 이들도 없지 않았지만 왕길지의 경우는 그렇지 않았다. 여러 교계 인사들의 증언을 종합해 볼 때 미국 북장로교 선교사들은 왕길지를 다소 개방적으로 인식하여 그에게 신학이 아니라 언어를 교수하게 했다고 말하지만 이도 정확한 진술이 아니다. 왜냐하면 왕길지 교수가 언어를 주로 가르친 것은 사실이지만 언어만 가르친 것이 아니라 교회사와 신조, 성경, 요한복음 등도 가르친 바가 있기 때문이다. 그에게 성경언어를 교수하게 한 것은 왕길지의 언어 능력을 인정했기 때문이었다. 왕길지 목사는 비록 타 신학에 대한 지적 추구는 중시하되, 경건한한 복음주의자였고, 성경의 영감과 완전성 혹은 충족성을 신뢰했을 뿐만 아니라 인간의 전적 타락과 그리스도의 대속적 죽음을 확신하고 있었다.

---

193) 방덕수 편, 『윤인구 박사 그 참다운 삶과 정신』(1988), 63.

14. 한국에서의 은퇴

1900년 내한한 이래로 37년간 한국에서 봉사했던 왕길지 선교사는 70세가 되던 1937년 평양신학교 교수직에서 은퇴하였다. 1937년 대구에서 개최된 장로교 제26회 총회에서 신학교육부장이었던 이자익 목사는 보고를 통해 "본교에 31년간 충성으로 봉직하시던 이눌서, 왕길지 양 교수는 연로함으로 은퇴하였사오나 원로교수로 추대하였사오며"라고 보고했다.[194] 왕길지 선교사에 대한 환송예배는 1937년 3월 6일 오후 7시 30분 평양신학교 강당에서 개최되었다.[195]

「신학지남」 19권 3호(1937. 5)는 왕길지 교수의 은퇴에 즈음하여 이렇게 썼다.

"은사 왕길지 박사를 보냄.

지금 신진(新進) 교계 청년 중에서 서양선교사에 대한 종종평(種種評)을 하는 이들이 간혹 있으나 만일 우리들이 그들을 진정으로 이해한다면 아마도 그들을 비난할 줄은 없는 줄 안다. 그들의 시대 부적(時代不適) 운운함으로 논란함은 마치 연노(年老)한 부모를 논람함과 같이 아무 생각 없는 데서 나오는 말이 될 수밖에 없다. 그들이 비록 연로하고 또 우리에게 얼마큼 이해되지 못하는 점이 있다 해도 그것은 극히 사소한 부분으로써 그들이 과거 3,40년 즉 자기들의 전 일생을 우리를 위해 바쳤다는 것을 생각할 때는 자연 머리를 숙이지 않을 수 없다. 오늘 교계에서 자란 청소년들은 우리의 득구(得救)는 말할 것도 없고, 이 신시대(新時代)를 이해하게 된 것이 오로지 그들의 희생에 의한 것인 줄 안다.

---

194) 제26회 총회록(1937), 57.

195) 「기독신보」 1937. 3. 17.

이제 필자는 우리 조선의 은사, 우리 교회의 은사, 우리 신학교에 은사되는 왕길지 박사를 보내는 글을 쓰고 할 때 일어나는 감상이 복잡하다.

그가 조선 땅을 밟기는 지금으로부터 37년 전이었으니 30내외의 신진들은 아직 세상에 출생치도 않는 시기였다. 30여 년 전이라면 우리 조선교회 초창기로써 그 일감이 많았을 것은 의심의 여지가 없다. 그는 일찍이 피소(被召)된 후 1893년도 인도지방으로 파송을 받았으나 그곳에서 건강을 몹시 상하여 부득이 귀국했다가 다시 조선으로 임명함을 받아 1900년에 처음으로 조선 땅을 밟게 되었다.

조선에 오신 박사는 부산진에서 수년간 선교 시무를 하다가 1906년 평양신학교 교수로 임명되어 상평(上平)하였다. 1916년 완전히 원교수(元敎授)로 역사를 담임케 되었다. 그 뒤를 이어 1920년에는 그 가족도 평양으로 전부 이주하시었다. 그후 1928년부터 평양신학교 어학과(語學科)를 담임하시어서 이래 십년간 히브리 헬라어를 교수하셨다. 박사의 경력 중에는 1914년 조선야소교장로회 총회의 회장을 시무하신 일과 상평(上平) 후 숭전(崇專) 신학(神學) 양교의 이사로 노력하신 일이 있다. 또 성경번역위원으로서도 노력하시었다.

그는 일찍 호주와 영국에서 대학을 마친 후 우스터 칼리지에서 신학박사의 학위까지 얻은 후 한창 혈기만장하시던 때에 하나님의 부르심을 받아 우리 조선으로 건너 오셔서 37년간이라는 기나긴 세월을 우리를 위해 노력하신 것이다. 이같이 애쓰시는 중 어느덧 세월은 여류하여 그의 검은 머리는 백발이 휘날리게 되었고, 원기만당(元氣滿堂)하던 기력은 쇠잔(衰殘)하여 마침내 고향으로 돌아가시게 되었다.

값있는 일생을 우리를 위해 바치신 위대한 은인은 그만 고국으로 돌아가셨다. 지금 우리는 그 정직하고 아버지다운 박사의 음성을 다시 들을 길이 없다. 필자 거(去) 3월 6일 박사의 조선 떠남을 애석히 여기는 신학교 학우회 주최의 전별회(餞別會) 석상에서 박사가 최후로 인연 깊은 강단에 무기력하게 나오셔서 '나는 이같은 회합을 슬퍼하오' 라고 울먹울먹하시던 인상이 아직 머리에 완연하다. 자기의 사업터이오 자기의 일생을 바친 정 드린 강산을 뒤에 두고 떠나시는 박사의 심정인들 여북 섭섭했으랴! 박사를 보내는 우리들도 그가 우리를 위해 그 일생을 받치셨다는 것을 생각할 때 진실로 애석함을 불금(不禁)하는 것이다.

그는 다방면으로 재능을 가지셨기 때문에 그만큼 많은 사람의 흠모함이 되었다. 그의 가지셨던 소질이나 성격 중 두 가지만 말한다면 다음과 같다. 1. 그는 학자이었다. 특히 어학에 특장(特長)이 있어 영불독(英佛獨) 외 각국어를 통하셨다. 또 사학(史學)방면에 상당한 취미를 가지시고 조선역사와 고물(古物)연구를 부절이 계속하셨다. 2. 그의 성격은 엄격한 편이었고 몹시 정직하셨다. 아마도 그와 접촉해 본 이들은 그가 보통 이상의 성격을 소유하셨다는 것을 깨달을 것이다. 그리하여 그는 학생 간에도 깊은 인상을 준 이야기가 많다. 그는 타협주의보다도 속에 생각하는 바를 그대로 꾸밈없이 발표하는 것이 특장이었다.

경남지방 신학생들과의 송별기념(1937. 3)

박사는 3월 25일 평양을 떠나 일로(一路) 호주로 향하셨다. 바라건데 연로하신 박사 부처 양위(兩位)는 무사히 귀국하신 후 신우중(神佑中) 내년에 건강한 몸을 가지시옵고 하나님으로부터 친근한 교재를 하시는 중 그 여생이 행복되옵기를 축원하나이다."

모든 사역에서 은퇴한 왕길지 선교사는 3월 25일 평양을 떠나 멜버른으로 향했고, 선교사로서 그의 공식적인 은퇴는 1938년 8월 31일자였다. 이로서 그는 43년간의 선교사 생활을 마감했다.

왕길지는 부산경남지역에서의 봉사, 평양신학교에서의 활동 외에도 숭실대학에서 교수와 이사로 봉사하는 등 호주장로교와 숭실대학의 협력 관계를 주도했다. 이런 점에서 그는 신학 혹은 이념적으로 숭실대학 교육에 기여하였다고 평가할 수 있다.

왕길지 목사는 한국을 떠날 때 한국에서 사용하던 풍금을 가지고 갔다. 음악감상과 연주를 즐겨하던 그는 노년의 때에 풍금을 연주하며 지내던 중 은퇴 이듬해인 1939년 5월 24일 멜버른에서 71세를 일기로 세상을 떠났다. 이틀 후인 5월 26일 금요일 멜버른 근교 캠버웰(Camberwell)장로교회에서 그의 장례식은 엄숙하게 치러졌다. 이날 장례식에는 총회장을 지냈고 1933년 12월 한국을 방문한 바 있는 멕콜리 목사(Rev R. W. Macauley)를 비롯하여 선교 관계 인사들, 한국선교사였던 매견시(Rev J. N. Mackenzie), 안다손(Rev G. Anderson) 목사 등 많은 사람이 모여 그의 죽음을 애도했다. 그의 시신은 스프링베일에 있는 공동묘지에 안장되었다. 그의 두 번째 부인 아그네스 엥겔은 한국에서 은퇴한 후 호주로 돌아가 살다가 1954년 8월 16일 멜버른의 버우드(Burwood)에서 86세의 일기로 세상을 떠났다.

호주 장로교총회는 기념헌사위원회(Committee on Memorial Minutes) 위원장 레기 목사(Rev J. Legge)를 비롯한 위원회가 제안한 왕길지에 대한 추모헌사를 전 총회원의 기립동의로 채택했다. 그 전문은 아래와 같다.

겔슨 엥겔 목사, M.A., D.D.[196)]

고(故) 엥겔 박사는 1868년 10월 10일 뷔르템베르그(Würtemberg)에서 태어났다. 그는 멀링엔(Murlingen)에서 초기 교육을 받았는데, 고전학부에서 고전어 외에도 히브리어, 음악, 일반문화와 기본 지식을 공부했다. 21세가 되던 1889년 바젤선교회 신학원에 입학하여 해외선교 사역을 준비했다. 교수법에 대해 더 공부하기 위해 잉글랜드와 스코틀랜드에서 연구 과정을 거쳤다. 1892년에는 바젤선교부의 해외선교사로 임명되었고, 그 이후 인도에서 6년간 사역하였다. 1898년에 호주로 이주하여 스타웰에 있는 하바드 칼리지에서 교장으로 봉사했다. 그 후 그는 빅토리아장로교회 목사로 허입되었고, 한국의 남부지방 장로교여전도회연합회(PWMU) 사역의 책임자로 임명되었다. 1900년 부산에 도착하여 이 새로운 사역에 매진하였다. 그는 한국에서 1938년 은퇴하기까지 활발하게 봉사하고 빅토리아로 돌아왔다. 그가 1939년 5월 24일 버우드(Burwood)에서 세상을 떠났을 때, 그의 모든 친구들은 큰 충격을 받았고, "이스라엘의 방백이요 위인이 하나님의 부름을 받았다"고 느꼈다.

왕길지 박사의 한국에서의 봉사는 우리 빅토리아장로교회에 매우 중요한

---

196) 원문은 다음과 같다. "The Rev. Gelson Engel, M.A. D.D. The late Dr. G. Engel was born at Wurtemberg on October 10, 1868. He received his early education at Murlingen, in the College of Classical Studies, where, in addition to the Classical Language, he received instruction in Hebrew, music, physical culture and general knowledge. At the age of 21 (1889), he entered the Basel Missionary Seminary, in order to prepare himself for the work of Foreign Missions. He took a course of study in England and Scotland, with a view to securing a better acquaintance with teaching methods. In 1892 he was ordained a Foreign Missionary of the Basel Mission, and thereafter spent six years in missionary work in India. Coming to Australia in 1898, he took a position as Principal of Harvard College, Stawell. He was then received into the ministry of the Presbyterian Church of Victoria, and was appointed to superintend the work of the Presbyterian Women's Missionary Union, in South Korea. He reached Fusan in October, 1900, and threw himself most heartily into this new work. He labored in Korea till 1938, when he retired from active service on his return to Victoria. When he passed away at Burwood on May 24, 1939, his death came as a profound shock to all his friends, who felt that 'a prince and a great man had fallen in Israel.'

사역이었다. 그는 불굴의 의지로 다양한 활동과 경험을 가지고 사역에 매진하였다. 박사는 "여러 전도여정에서 강의 위험과 강도의 위험과 바다의 위험"을 겪었으나, 그 모든 상황에서 "하나님의 일꾼으로 자천"하였다. 그는 전도자로서 힘들고 외로운 개척 사역을 놀랍게 감당하며 교회를 설립하고 많은 시간을 투자하여 교리를 가르쳤다. 그는 한국어 성경번역에도 참여하여 대영성서공회로부터 특별한 감사장을 수여받기도 했다. 뿐만 아니라 한국장로교회가 사용한 찬송가 편찬에도 참여하였다. 그런 일들은 독일어가 모국어였지만 언어를 좋아한 박사에게 가장 적합한 사역이었지만, 동시에 박사는 히브리어, 라틴어, 헬라어, 영어, 불어, 한국어, 중국어 그리고 (약간 부족하지만) 일본어 등 다

Dr. Engel's work in Korea was of the greatest importance to our Church in Victoria. It involved him in the most strenuous and varied activities and experiences. He was 'in journeyings often, in perils of rivers, in perils of robbers, in perils in the sea,' but in all these circumstances he 'commended himself as a minister of God.' His arduous and lonely pioneering labours as an evangelist were great, involving as they did the organizing of churches, and a vast amount of catechetical instruction. He took part in the translation of the Bible into the Korean language, and received special thanks from the British and Foreign Bible Society. He also had a share in the compilation of the hymn book used in the Presbyterian Church of Korea. This was a work most congenial to a man who loved languages, whose native tongue was German, but who was quite at home in such varied languages as Hebrew, Latin, Greek, English, French, Korean, Chinese and (to a less extent) Japanese. Further, he gave diligent attention to Assembly and to Presbytery work. Along with Mr. Adams, of America, he drew up the Rules and By-laws for the Korean Church. This was a work of great importance to a church that was only in its infancy. His wise counsel was also most valuable at a time when profound political changes were taking place in Korea. His work as a teacher needs special mention, for evangelism and teaching were his real life-work. He taught in boys' schools and in girls' schools. He had classes in various churches. Till 1919 he taught at the Bible Institute. But his chief work as teacher was in the Theological Seminary at Pyeng Yang. His connection with that institution began in April, 1906, and at first he used to go there or three months in each year, but in 1919 he was transferred there altogether. He became Professor of Church History and of Biblical Languages in the Seminary.

We see, then, in Dr. Engel a man specially gifted and trained for the important work which he did. In addition to all these qualifications, he was a man vigorous, alert, active, independent. In his presentation of the Gospel, he was a profoundly evangelical. He is described as 'a genial host, a staunch friend, a lover of beauty in art and music, and a lover of flowers, especially roses.' He leaves a widow (who, as Miss Brown, was a senior missionary in Korea), and to her and to all the family the Assembly tenders its very deep sympathy."

양한 언어에도 능통했다. 더욱이 박사는 총회와 노회 사역에도 충직한 관심을 보여주었다. 미국 선교사 아담스 씨와 함께 한국교회의 법과 규정을 제정하였는데, 이는 특히 유아기에 있는 한국교회에 매우 의의 있는 사역이었다. 그의 현명한 조언은, 심각한 정치적 변화를 겪고 있던 당시 한국 사회에 가장 가치 있는 조언이었다. 교육자로서의 그의 사역은 특별히 언급할 필요가 있다. 이는 그가 전도와 교육을 필생의 사역으로 삼았기 때문이다. 그는 남자학교와 여자학교에서 가르쳤고, 여러 교회에서도 가르쳤다. 1919년까지는 성경학교에서 가르쳤다. 그러나 교수로서의 주된 사역은 평양신학교에서의 사역이었다. 이 평양신학교와의 관계는 1906년 4월부터 시작되었는데, 처음에는 연 3개월씩 평양으로 가서 가르쳤으나, 1919년에는 가족과 함께 평양으로 완전히 이동하였다. 그는 이 신학교의 교회사 및 성경원어 교수가 되었다.

이제 우리는 엥겔 박사야말로 그가 섬긴 중요한 사역을 위해서 특별한 재능을 지닌 분이자 또 잘 훈련된 인물이었음을 알게 된다. 그는 이 모든 자질에 더하여 열정적이고 깨어 있고 활동적이고 독립심을 가진 인물이었다. 그는 복음을 제시할 때, 철저하게 복음주의적인 사람이었다. 사람들은 그를 "순전한 접대자, 믿음직한 친구, 예술과 음악 애호가, 그리고 꽃, 특히 장미를 사랑한 사람"이었다고 말한다.

그에게는 (한국의 선임 선교사이셨던 Miss Brown인) 미망인이 계신데, 그와 그의 모든 가족에게 본 총회는 심심한 애도를 표하는 바이다.[197]

이상에서 살펴본 바대로 왕길지 선교사는 1900년 10월 내한하여 1937년 3월 한국에서 은퇴하기까지 개척 전도자이자 교회 설립자로, 교사이자 숭실대학 및 평양신학교 교수로, 성경번역가이자 찬송가 편찬자로 활동했고, 또 장로교 총회와 경상, 경남노회장으로 그리고 각종 위원회에서 활동하며

197) *Extracts, vol.* 24, 152-3.

한국장로교회의 규정과 규칙을 제정하는 등 행정적인 봉사를 감당했다. 그는 쉼 없은 열정으로 하나님의 나라를 위해 헌신했던 위대한 경건주의적인 복음주의자였다. 그는 내한했던 126명의 호주 장로교 혹은 호주연합교회(Uniting Church in Australia) 선교사 중 가장 위대한 그리고 가장 존경받는 선교사로 인정을 받고 있다. 그가 한국을 떠난 지 꼭 180년이 지났으나 그가 남긴 소중한 유산들은 오늘의 한국교회 형성의 초석이 되었다.

II부

왕길지 선교사 부부의 일기

Wednesday, 19th Sep[illegible]

On board the ss. "Kasuga Maru" (Nippon Yusen-Kaisha).

Punctually at 12 o'clock noon, the vessel dropped her cables and moved off [illegible] Last farewells were exchanged with the friends who had come to see us off (Mr [illegible] Mrs C. B. Anderson, Miss Dowling, Miss Robb, Mr & Miss J. Anderson, Rev. T. R. [illegible] Rev. A. & Mrs. Hardie, Mrs Skene, Mrs Yule, Miss Jeanie Ross, Mr. H. Ross, [illegible] Rev. Wm. Nilson, Mr. S. Trend, Mrs. J. G. Paton, Mrs Stevens(?), father, [illegible] Many of these ~~had~~ overwhelmed us with kindness in the form of thoughtful pres[ents] [illegible] games & picture-books for the children etc). It was very touching to see so [illegible] an interest in us, ~~to the way~~ especially considering that the majority of these ha[d] [illegible] us only during the last few weeks. Their kindness will be a lasting [illegible] Korea.

The children enjoyed the passage down Port Phillip Bay. Gelson [illegible] in buoys & light-houses. Herbie became quite concerned about [illegible] through the Heads the boat assumed a little ~~sort~~ rocking [illegible] would console him except his bed where he ~~had a good~~ soon fell into a sou[nd] sle[ep] [illegible] he felt that the boat was altogether too uncanny [illegible] into his bed where later on he enjoyed his tea. [illegible] to sleep to. Mr. E. feeling very tired [illegible] had been attended to.

The number of passengers [illegible]

[illegible]

1. 왕길지 (Gelson Engel) 선교사의 일기
(1900. 9. 19 - 1903. 12. 19)

이 일기는 왕길지 선교사의 1900년 9월 19일부터 1903년 12월 19일까지의 영문 일기를 재편집한 것이다. 왕길지 선교사는 선교지에 부임한 첫 3년간 일기를 썼는데, 모국어인 독일어가 아닌 영어로 썼다. 이 일기는, 선교지 한국으로 가기 위해 호주 멜버른을 출발했던 1900년 9월 19일부터 그해 연말까지는 비교적 성실하게 일기를 썼다. 그러나 1901년에는 1월부터 5월말까지 5개월간 일기를 썼고, 1901년 6월부터 이듬해 3월 19일까지 약 10개월간은 일기를 남기지 않았다. 1902년의 경우 3월 20일부터 4월 8일까지 일기는 썼으나 그 이후 연말까지는 일기를 쓰지 않았다. 1903년에는 11월에 3번, 12월에 10번 일기를 썼을 뿐이다. 비록 1900년 9월부터 1903년 12월까지 3년에 걸쳐 일기를 썼지만 실제 일기를 쓴 것은 12개월 정도에 불과하고, 또 매일 일기를 쓴 것이 아니므로 실제 일기를 쓴 날은 총 133일에 불과하다. 그러나 이 일기는 왕길지 개인의 활동은 물론이지만 호주선교부와 부산경남지방에서의 선교사역에 대한 중요한 기록이라고 할 수 있고, 초기 부산경남 기독교운동에 대한 중요한 정보를 제공하고 있다. 이런 점에서 사료적 가치를 지닌다.

역자는 1988년 5월 일기 복사본을 왕길지의 5남 프랑크(Frank Engel) 박사로부터 입수하였다. 이 일기 원본은 부산 동래구 수안동 소재 수안교회가 관리하고 있다.

- 편역자 이상규 -

범례

1. 일기 원문에는 소 제목이 없으나 독자들의 편의를 고려하여 역자가 첨가하

였다.

2. 일기의 모든 각주는 역자가 첨가한 것임.

3. 동일지명 혹은 인물이 반복 언급될 경우 첫 언급시에만 각주로 설명하였다.

1. 조선(Corea)으로의 여정

1900. 9. 19 (수)

"카수가 마루"(Kasuga Maru, Nippon Yasen Kaisha)호에 승선했다. 우리 배는 낮 12시 정각에 계류삭[198]을 풀고 부두를 떠났다. 전송하러 나온 친구들과 작별 인사를 했다. 헤이스 씨(Mr Hayes), 앤더슨 씨(Mr C. B. Anderson), 도울링 양(Miss Dowling), 롭 양(Miss Robb), 앤더슨 씨 부부(Mr & Mrs J. Anderson), 캐언즈 목사님 부부(Rev T. R. & Mrs Cairns), 하디 목사님 부부(Rev A. and Mrs Hardie), 아이린 부인(Mrs Irene), 요크 씨(Mr York), 지니스 로스 양(Miss Jeanice Ross), 로스 씨(Mr H. Ross), 알렉산더 씨(Mr Alexander), 닐슨 목사님(Rev W. Neilson), 트렌드 씨(Mr J. Trend), 페이튼 부인(Mrs J. L. Paton), 스티븐스 씨(Mr Stevens), 그리고 우리 가족, 아버지와 스탠 (Stan)과 노엄(Norm). 여러 친구들이 (책, 아동용 게임 책, 그림책 등) 우리에게 필요할 선물을 주었고 우리는 그 친절을 생각하며 감사했다. 특히 지난 몇 주 동안 만났을 뿐인데 이렇게 많은 분들이 우리에게 관심을 보인다고 생각하니 가슴이 뭉클했다. 멀리 조선에 가서도 이들의 친절은 오래 기억될 것이다.

아이들은 포트 필립 만(Port Philip Bay)으로 내려가는 항해 때부터 벌써 신이 났다. 넬슨(Nelson)[199]은 여러 부표(浮漂)와 등대들에 각별한 관심을 보였고, 허비(Herbie)[200]는 배가 포트 필립 갑(岬, Heads)을 지나며 좀 흔들리자 매우 불안해했다. 계속 어쩔 줄 몰라 하더니 침대에 누워 곧 잠이 들었고, 일어난

198) 계류삭(繫留索): 선박 따위를 일정한 곳에 붙들어 매는 데 쓰는 밧줄, 계선줄이라고도 한다.

199) 왕길지의 장남 Fred Gelson Nelson. 때로 프레드 혹은 겔손으로 불렸다.

200) 왕길지의 차남 Herbert. Herbie로 불렸다.

뒤에도 돌아다니기가 위험하다고 생각한 것 같았다. 잠깐 나왔다가 곧 침대로 돌아갔고, 결국 저녁도 거기서 먹었다. 도라(Dora)[201]는 처음에는 매우 흥겨워하더니 결국 지쳐서 잠이 들었다. 아내도 너무 지쳤는지 어린 애들만 봐주고 바로 눕겠다고 했다.

시드니까지는 선객은 얼마 되지 않았다. 그 중에 우리와 인사를 나누었던 윌리암스타운(Williamstown) 출신의 장로교인 존스 씨 부부(Mr & Mrs Jones)와 두 살 된 딸은 시드니에서 내린다고 했다. 선장과 1등 항해사는 매우 친절했다. 하스웰(Haswell) 선장은 초저녁부터 나와 함께 많은 대화를 나누었고, 도움이 필요하면 언제든지 요청하라고 했다. 매우 안정된 항해였고 날씨도 맑았다.

1900. 9. 20 (목)

일출과 더불어 맞바람이 시원해지더니 시간이 지나자 점점 바람이 거칠어졌다. 부인들은 다 힘들어 했고, 심지어 어린 도라 마저도 익숙해지기까지는 시간이 걸렸지만 금방 회복하여 바다가 더 거칠어져도 노련한 선원처럼 끄떡하지 않았다. 오후 3시 20분쯤 라보 섬(Labo Island)을 지났는데 비바람 속에 등대가 거의 보이지 않을 정도였다. 그린 케이프(Green Cape)에 도착하니 오후 5시 20분이었다.

1900. 9. 21 (금)

밤새 큰 비가 내리고 자주 번개도 치더니, 아침이 되자 바다가 잔잔해 졌고 아침 햇빛이 해변 언덕을 뒤덮은 안개를 몰아내니 만물이 밝게 보였다. 보타니 만(Botany Bay)을 지나자 해안 풍경이 더 볼만했다. 조금 있으니 사우스 헤드 등대(South Head Lighthouse)가 보였다. 멀리 보이는 웨벌리 공동묘지(Waverly Cemetery)는 마치 꽃이 만발한 과수원처럼 눈에 확 띄는 장관이었다. 이제 도

201) 왕길지의 셋째 아이(女).

선사(pilot)가 승선하면, 잠시 후에 사우스 헤드를 돌아 아름다운 경치와 미로처럼 얽힌 만(灣)들이 있는 시드니, 수목이 우거진 언덕들 사이에 아름다운 빌라들이 들어찬 시드니 항(Sydney Harbour)으로 입항한다. 약간 늦게 승선한 도선사가 그 상황에서도 우리 배를 서큘러 큐이(Circular Quay) 정박장으로 안전하게 인도했다. 특히 밤이 되자 많은 나룻배들이 마치 동화 속의 모습같아 아이들의 관심을 끌었다. 심지어 어린 도라까지도 "야, 저기 좀 보세요!"라고 소리치며 즐거워했다.

오후에는 넬슨을 데리고 조지 가(George Street)에 위치한 뉴질랜드 은행(Bank of New Zealand)에 근무하는 넬슨의 삼촌 해리(Harry)를 찾아갔다. 해리는 퇴근 후 우리 배로 와서 6년 넘게 헤어져 살던 누이와 기쁘게 상봉했다. 저녁에는 뉴트럴 만(Neutral Bay)에 있는 그의 집을 방문하여 그들과 함께 즐거운 한 때를 보냈다.

시드니 항의 세관원들은 매우 깐깐했다. 배가 정박하고 선객들이 시드니 항으로 떠난 지 네 시간이 지나서야 겨우 와서는 우리 선객들, 곧 시드니 항을 통과한 후 다른 항구로 가는 선객들이 혹시 자유무역 정책을 자부하는 자신들의 식민지에 밀수품을 반입하지는 않을까 의심하며 조사하려 들었다. 선교사를 밀수꾼으로 의심하다니, 이것은 익살인가 조롱인가, 아니면 양쪽 모두인가?

1900. 9. 22 (토)

오전에는 두 아들을 데리고 조지 가(街)로 가서 거리를 둘러보았는데, 그 중에 주로 카나리아와 앵무새 등의 새들과 몇 마리의 원숭이들을 전시해 놓고 팔기도 하는 "시드니 노아의 방주"라는 이름의 상점이 보였다. 점심 식사 후에는 모스만 만(Mosman's Bay)을 거쳐 벨모랄 해변(Belmoral Beach)까지 가서 우리의 친척들과 함께 오후 시간을 보냈다. 아이들은 자기들끼리 매우 즐겁게 놀며 허비보다 한 달 먼저 태어난 사촌 레슬리(Leslie)와도 좋은 친구가 되었다. 모스만에서의 뱃놀이는 그 날의 유쾌한 소풍과 꽤 잘 어울리는 마무리 행사였다.

1900. 9. 23 (일)

서큘러 큐이 주변에서는 안식일의 조용한 분위기를 상상할 수 없다. 전차들과 나룻배들이 얼마나 자주 들락거리는지, 오전인데도 평일과 거의 다르지 않았다. 오후가 되자 내 생각에는 교통량이 오히려 평일보다 더 많아졌다. 맨리(Manly) 해변에는 특히 배들이 붐볐다. 그래도 최소한 아침 시간, 첫 예배를 마칠 때까지만이라도 좀 방해를 받지 않았으면 좋겠다는 생각이 들 정도였다. 우리 일행은 퍼거슨 씨(Mr Ferguson)의 설교를 들으려고 성 스데반(St Stephens)교회를 찾았는데, 토요일 신문에 고지된 예배 안내를 꼼꼼히 살피지 않은 죄로, 설교단에 선 이는 회중교회주의자 던스턴 목사(Rev Dunstan)였다. 그래도 설교는 복음적이었고 적절한 예화가 풍부하고 분명했다. 그 교회의 집사들이 우리 방문자들의 편의를 매우 세밀하게 돌봐 주었다. 오후에는 아이들을 돌보는 일 외에 조용히 독서하며 지냈다. 저녁에는 선상 식사시간이 늦어진 바람에, 또 우리가 떠나려면 먼저 아이들을 재워야 했기 때문에, 저녁 경건예배에 참석할 수 없었다. 그래도 우리 나름대로 진정한 안식일을 보냈다.

1900. 9. 24 (월)

비 오는 날. 아침이 되니 마치 정해진 것처럼 소나기가 쏟아졌다. 날이 갠 오후에 넬슨을 데리고 쿡 부인(Mrs Cook)과 체스우드(Chatswood)에 거주했다는 이사웰(Isawell) 출신 크리번 양(Miss Crevan)을 만나러 갔다. 기차에서 보는 풍경이 참 아름다웠다.

1900. 9. 25 (화)

아이들과 함께 조카 레슬리를 데리고 동물원에 갔다. 나의 매제 배쓰 씨 부부(Mr & Mrs Bath)가 와서 배에서 저녁 식사를 함께 했고, 그들을 전송하려 나룻배까지 나갔다가, 결국 시드니의 경관까지 보게 되어 차를 타고 엔모어(Enmore)까지 갔다. 도로가 얼마나 좁고 엉망이었는지 시드니의 고풍스런 모습이 실제보다 더 절실하게 느끼게 했다. 전차비가 겨우 1페니인데 멀리 갈 수는 없다. 일부 거리에는 아직 서너 대의 증기차가 운행을 하고 있었는데, 얼마나 노후 되었는지 기관차와 객차의 소음이 너무 심하고 덜컹거렸다. 특히 그 지저분함은 혐오감이 들 정도였다. 이젠 폐기처분해야 할 시설이다.

1900. 9. 26 (수)

아내는 아이들과 함께 올케 집에 가서 하루를 보내기로 했다. 나는 여행 필수품을 사러 나갔다가 오후에 식물원(Botanical Gardens)에 들렀는데, 그 식물원은 경관이나 과학적 흥미라는 관점에서 볼 만한 곳이었다. 저녁에는 선창에서 매제를 만나, 이미 그 집에 가 있는 아내와 아이들을 데리러 갔는데, 다들 늦은 시간까지 얼마나 신이 났는지, 외출의 즐거움을 만끽하는 것 같았다.

1900. 9. 27 (목)

시드니를 떠난 시간은 낮 12시였다. 고맙게도 버우드(Burwood)에 사는 커클랜드 씨 부부(Mr & Mrs Kirkland)가 앤더슨 부인(Mrs C. B. Anderson)에게서 우리의 출발 일정을 통보 받았다면서 우리를 전송하러 왔다. 그러나 불행히도 커클랜드 부인이 우리 배에서 손지갑을 잃어버렸다. 그 많은 방문객들 가운데서 분실물을 찾겠다는 것은 거의 기대할 수 없는 일이다. 잠깐 찾아보았지만 허사였다. 우리 친척들도 물론 우리를 전송하려고 왔다. 항구를 타고 내려가는 길은 더 없이 즐거웠다. 날씨도 완벽했다. 그러나 갑(岬, the Heads)을 벗어나자마자 태평양의 큰 너울이 밀려와 식사 때마다 받침판을 써야 했다.

아내는 배 멀미용 세니어스 큐어(Seniors Cure)를 먹고 멀미를 피했고, 다른 여성 선객들도 그 약 한 첩으로 큰 효과를 보았다. 선객들의 숫자가 상당히 늘었는데, 그 중에는 젊은 신부를 수행하는 가톨릭 수녀들도도 있었다. 선장이 식사 테이블마다 깔끔하게 인쇄된 선객 명단을 배부했다. 선장은 자기 선객들을 매우 세밀하게 보살폈고, 불편이 없는지 물어보곤 했다.

1900. 9. 28 (금)

아침이 되니 너울이 많이 감소되어 하루 종일 청명하고 유쾌하니 대양을 항해하기에 이상적인 날씨였다. 그러나 일부 선객들, 특히 수녀들은 여전히 배멀미로 고생하고 있었다. 갑판에서 즐겁게 논 아이들은 바다 공기 때문인지 평소보다 일찍 잠이 들었다. 일등항해사 틴달 씨(Mr Tyndall)는 식탁에서 대화할 때 보면 회의주의자인데, 진짜 건전한 회의주의자인지 그저 그런 척하는 것인지 잘 파악이 되지 않는다. 그래도 우리는 그가 지적하는 문제들 대부분에 대해, 그가 생각하지 못했던 방식으로 대답해 줄 수 있었다. 모쪼록 그가 진리를 알게 되기를 바란다.

1900. 9. 29 (토)

오늘 아침 10시 30분, 브리즈번(Brisbane), 조금 더 정확히 말하면 핑켄바 부두(Pinkenba Wharf)에 도착했는데, 입항 전에 모레턴 섬(Moreton Island) 옆에 난 매우 복잡한 해협을 통과하는 항로가 즐겁고 재미있었다. 11시 20분 첫 기차를 타고 여러 선객들과 함께 브리즈번에 가서 몇 가지 물건을 구입한 후, 루터교회(Lutheran Church)의 파스터 나이어(Paster Naier)와 '바울의 집'(St. Paul's House)의 니스벳 목사 부부(Rev & Mrs Nisbet)를 방문했다. 두 집 모두 나를 따뜻하게 맞아주었지만, 그들도 바빴고 나도 늦지 않게 배로 돌아가야 했으므로 오래 머물 수 없었다. 니스벳 부인이 교회와 주일학교를 보여주었다. 바울의 집은 입지 조건이 아주 좋았다. 로마 가톨릭교회도 그 땅을 '즉시' 매입하겠다고 제안했었다는데, 가톨릭교회는 원래 어떤 마을이나 도시이든 최고의 입지를 선택하려 하고 만일 선점된 경우에는 어떻게든 되사려고 탐을 내는 교회이므로, 호주장로교회가 그들만큼이나 좋은 입지조건을 보는 안목을 가졌다고 생각하니 내 마음이 즐거웠다. 우리 배는 오후 11시에 조수를 타고 핑켄바 부두를 떠났다. 등대의 위치를 살피는 것은 흥미로웠는데, 빨간 빛과 그 훨씬 위쪽에 있는 흰 등대를 선으로 연결하면 도선사가 항로와 가깝게 운행하도록 인도하는 지침이 되고, 또 다른 한 쌍의 등대는 항로의 지침이 된다고 한다.

1900. 10. 2 (화)

주일은 아주 조용하게 보냈다. 일부 예배를 원하는 부인들이 있어서 나도 기꺼이 예배를 주관하고자 했지만, 선장은 매사를 주도하는 성격이라 그 건으로 그에게 말하기가 어려웠다. 그래서 나는 선장에게 아무 제안도 하지 않겠다고 생각했고, 선장 자신도 그 일에 아무런 제안이 없었다. 그것도 우리에게는 나름대로 '안식'이었다. 나는 밀러(J.R. Miller)가 쓴 소책자 『예수의 사귐』(*The Friendships of Jesus*)을 기쁘게 읽었다. 주일과 어제 이틀 동안은 날씨가 정말 좋았는데, 한 가지 아쉬운 점은 위도상 더위가 느껴지기 시작한 것이다. 어제의 여행은 몇 개의 섬을 지나며 매우 유쾌했지만, 다만 그 섬들 대부분이 매우 황량해 보여서 안타까웠다. 어제 생일을 맞은 넬슨은 새 옷을 입고 축하를 받았다.

오늘 아침 7시에 타운스빌(Townsville)에 닻을 내렸다. 시드니에서 승선한 신부와 여섯 수녀들은 9시에 내렸다. 나는 더 이상 상륙하고 싶은 마음이 없어 편지만 몇 장 쓰기로 했다. 오후 4시 15분, 배가 닻을 올리고 작은 만을 떠나 전속력으로 항해하여 마그네틱 섬(Magnetic Island)을 통과했다. 저녁에는 런던 데일리 메일(*London Daily Mail*) 신문사 지부장으로 요코하마(Yokohama)에 부임한다는 엘자스 씨(Mr Elzas)와 대화를 나누었다. 그는 언변이 좋았다. 자유(free)

혹은 고(Old) 가톨릭교회 신부 아들인 엘자스 씨는 로마 가톨릭의 교리가 잘못되었다는 확신을 피력하고 성경도 잘 아는 것 같았는데, 스스로는 불가지론자라고 했다. 내가 그리스도를 어떻게 보느냐고 묻자, 위대한 스승으로는 인정하지만 그 이상은 아니라고 대답했다. 내가 다시, 만약 당신이 그리스도를 위대한 스승으로 인정한다면 그의 가르침도 따르는 것이 마땅하지 않느냐, 그의 가르침 중에는 "나로 말미암지 않고는 아버지께로 올 자가 없다"는 말씀이 있다고 지적해 주었다. 그는 아무 대답도 하지 않았다. 그 대신 그는 예수가 가르친 것은 다 구약에 있는 것들이라고 주장했는데, 나는 그에게 그리스도께서 어떻게 구약의 교훈보다 더 깊고 더 실제적이고 영적으로 적용했는지를 설명하고, 그리스도는 참으로 율법과 예언을 완성하려고 오셨다고 말해 주었다. 또 그리스도와의 인격적인 관계의 중요성도 설명했다. 그렇지만 그는 그 이후 화제를 돌리고 싶어 했다. 나는 갈수록 그리스도를 따르는 자들이나 제자들이 참으로 적다는 사실을 깨닫는다.

1900. 10. 3 (수)

많은 선객들은 덥다고 하지만, 날씨는 아직 평온하다. 오전에 '체시샤'(Chasysha)"호가 보였는데 그 배 역시 쿡타운(Cooktown) 정박소를 떠나 써즈데이 섬(Thursday Island), 마닐라(Manila), 홍콩(Hongkong)을 경유하는 배다. 우리보다 일곱 시간 먼저 타운스빌을 떠났으니, 예상대로라면 80마일 정도 우리를 앞서야 했다. 그러나 쿡타운에 기항하는 바람에 6, 7마일의 간격이 줄어들었고, 우리 배는 더 빠른 기선이므로 체시샤 호를 따라잡을 수 있다더니 결국 오후 6시 15분에 그렇게 되었다. 저녁에는 아내와 내가 엘자스 씨와 더불어 다시 종교적인 주제로 즐거운 대화를 나누었다. 엘자스 씨는 자신이 드레퓌스(Dreyfus) 재판 당시 전(前) 시드니 시장이고 가톨릭 신자인 윌리엄 매닝 경(Sir William Manning)과 직접 논쟁을 벌인 적이 있다고 했다. 엘자스 씨가 그 재판의 배후에 로마 교황청의 음모가 있었다고 주장하자, 윌리엄 경이 벌떡

일어나서, "왜 우리 가톨릭교회가 반역죄로 고발된 유대인의 주장을 지지해야 된다고 생각하느냐"고 소리쳤다고 한다. 그 때 자신이 재빨리 이렇게 대답했다고 한다. "윌리엄 경, 당신네 교회의 창설자 역시 옛날에 반역죄로 고발되었던 유대인이셨음을 기억하기 바랍니다!" 다른 몇 가지 이야기를 더 나누었고, 헤어지기 전에 내가 엘자스 씨에게, 성경을 꼼꼼하고 신중하게 읽으면 곧 당신의 불가지론이 사라지게 될 것이라고 한 마디 했다.

1900. 10. 4 (목)

날이 너무 어두워 안전 운행이 어려웠으므로, 새벽 2시 30분에 닻을 내렸다가, 5시 30분에 운항을 재개했다. 오전에 여러 개의 암초와 일부 매우 세련된 환초(環礁)[202]들을 지나며 보았는데, 책에서 보던 것들을 실제로 관찰하니 매우 흥미로웠다. 한 암초 위에 '코리아'(The Corea)라는 이름의 난파선이 있었는데, 그것은 약 2년 전에 발생한 큰 돌풍으로 좌초된 A.V.L.N. 선이었다. 나는 그 배와 같은 이름을 가진 나라가 정치적 풍랑이나 다른 여러 풍파를 잘 헤쳐 나가기를 기도했고, 또 그 나라의 백성들도 우리가 향하고 있는 그 항구에 안전하게 도달하기를 기도했다.

1900. 10. 5 (금)

어제 밤 8시 10분쯤, 다시 닻을 내렸고, 오늘 아침 7시에 써즈데이 섬에 들어섰다. 아침 식사 후에 써즈데이 섬의 도지사(the Resident)인 더글러스 각하(the Honorable John Douglas)를 예방했다. 그는 매우 친절하고 정중했고, 내가 아는 이름들을 말하자 몇 친구들에 대해서, 예를 들어 하디 목사(A. Hardie) 같은 친구들의 소식을 나에게 물었다. 그가 나를 전망대로 데려가 써즈데이 섬과 그 일대의 모든 경관을 보여주었다. 그 섬들은 열대 지방에 위치해 있었

202) 고리 모양으로 발달하는 산호초(珊瑚礁).

지만, 일반적인 열대 식물은 거의 없었고 식물이 무성하지 않았다. 더글러스 씨는 우리 배로 전통문을 보낼 준비를 하느라 다소 바쁜 상황이었음에도 나에게 친절을 베풀어 주어 고마웠다. 내가 떠날 때 그는 영국성공회(Church of England)의 토마스 신부(J. Thomas)를 만나 보라고 소개장을 써 주었다. 토마스 신부는 나를 매우 친절히 맞았고, 우리는 함께 즐거운 대화를 나누었다. 토마스 신부는 나에게 최근에 건축된 퀘타기념교회(Quetta Memorial Church)를 보여주었는데, 그 교회는 난파 시 그 존재가 알려지지 않았던 암초에 걸려 좌초된 영국령 인도(the British India) 기선 퀘타 호를 기념하는 교회였다. 그 배의 구명부표와 깃발이 강대상 뒷벽에 어울리는 배경으로 장식되어 있었다. 또 범선에서 가져온 구명부표와 깃발도 있었고, 두 가지 다른 모양으로 회중석을 만든 나침판 배(compass boat)도 전시되어 있었다. 성가대석 동쪽에 있는 좋은 기념창문은 난파선의 생존자였던 한 부인이, 본인은 무의식 상태에서 계속 헤엄을 쳐서 살았지만, 그 때 잃은 여동생을 기념하여 기증한 것이었다. 또 1899년 3월 5일 하루에 퀸즈랜드 연안에 73척이 좌초했던 그 끔찍한 사건을 기념하는 명패도 있었다.

토마스 씨 부부와 그들의 다섯 살 난 아들 랜슬럿(Lancelot)은 나와 함께 우리 배로 와서 내 아내도 만나고 배도 구경했는데, N.Y.K. 기선이 그 부두에 정박한 일이 없었다고 했다. 나중에 더글러스 씨도 우리를 전송하러 왔다. 더글러스 씨는 직접 만든 써즈데이 섬을 소개하는 팜플렛을 가져왔는데, 그 안에 그 섬의 주민들 사이에서 문명 사역을 이룩한 그 동안의 역사를 보여주는 대표적인 사진들이 실려 있었다. 더글러스 씨는 선교사들의 사역이 큰 도움이 되었고, 아직 상당한 기간 동안 선교사들이 직접 현지인 교회들을 감독해야 한다고 믿고 있는 것이 분명하다. 더글러스 씨는 잠시 선장실에 들러 선장과 대화를 나누고 우리와 작별했다. 저녁에는 선장이 나를 자기 방과 해도실(海圖室)로 데려가, 언제든지 원하면 거기 올라오라고 했는데, 항해에 관심이 많은 나는 그가 준 기회를 반드시 활용하리라 생각했다.

1900. 10. 12 (금)

지난 주간에는 별로 기록할 일이 없었다. 날씨는 항해하기 참 좋았다. 월요일에 암보이나(Amboina)를 지났고, 그 날 오후에 마닐라 해협(Manila Strait)을 통과했다. 화요일 저녁 어두워지기 전에 방카 수로(Banka passage)를 통과했고, 수요일 밤에는 첫 번째 조(組)의 당직 시간에 바질란 해협(Basilan Strait)을 통과했다. 날씨가 계속 너무 뜨겁고 습기도 너무 높아 몸이 거의 녹을 것 같았다. 아이들은 허비를 제외하고는 다들 더위를 잘 견디고 있다. 허비는 온몸에 땀띠가 나서 좋은 구경거리가 되었는데, 얼굴 특히 코가 땀띠로 빨개졌다. 어제 날씨가 변했다. 비가 엄청 쏟아진데다 바람이 강해 갑판은 다 젖었고 대화실(saloon)과 객실들의 문이 닫혀 있어 매우 불편했다. 해가 진 후 첫 두세 시간은 매우 어두웠는데, 달이 뜨자 거의 보이지 않았지만 약간의 산광(散光)이 비쳤다. 게다가 사방에서 수평선 위로 번개가 꽂히는 모습이 자주 보였다. 우리 배는 민도로 섬(Mindoro Island)의 서해안을 통과할 예정이었다. 아침 6시 15분에 좌초한 타이타닉 호(Titanic Maru)를 지나쳤는데 그 배는 두 달 전 깜깜한 밤에 항해하다 거기에 좌초했다. 그래서 케이프 칼라바이트(Cape Calavite)에 무사히 도착했을 때 우리는 그저 기쁘고 감사했다.

아침에 아래 선교(船橋)에 내려가 선장을 보니 밤을 꼬박 새운 모습이었다. 선장은 매우 신중하고 조심스럽고 사려 깊은 사람이었다. 오후 2시에 마닐라 항에 닻을 내렸고, 3시쯤 상륙할 수 있었다. 섬을 한 바퀴 둘러보려고, 먼저 파식 강(Pasig River) 남쪽으로 가서 성벽을 통과하고 서해안을 따라 달렸는데, 비교될 만한 특별한 것들은 없었지만 어쩐지 콜롬비아(Colombia)의 갈레 파세(Galle Face)가 연상되었다. 그 다음에는 대부분 독특하게 짚을 엮어 지붕을 올린 원주민 지역을 지났다. 우리가 통과한 거리에서는 일단의 미군 병사들이 총검술 훈련을 하고 있었다. 5시 정각, 우리 마차가 상업 지역의 주 도로를 통과하여 북쪽으로 강과 평행하게 달리는 중 어쩐지 속도가 너무 느려져서 알고 보니 그 좁은 도로에서 경찰도 통제할 수 없는 교통 혼잡이 발생했다는 것이었다. 맨션 하우스(Mansion House) 앞, 그 비좁은 공간에서 무분별하고 완고하고 부주의한 마부들이 충돌을 일으켰으니 그 정황이 어떠했을지 한 번 상상해 보라! 예정에도 없던 닭싸움을 구경하고 우리 증기선으로 돌아오니 6시 30분이었다.

1900. 10. 13 (토)

12시에 다시 닻을 올렸다. 미국 법에 따라 각 배에는 일종의 통관 수비대 같은 병사들이 배치된다. 일부 비번인 병사들이 어린 도라(Dora)에게 상당한 관심을 보였다. 미군 한 명이 도라를 보고 자유롭게 자기 의견를 피력했다. 그의 표현을 그대로 옮기면, "와, 멜린스 식품(Mellins Food)이나 사파릴라(Safarila) 같은 제품의 광고에 나가면 금메달감이네!" 나는, "도라는 여태까지 태어난 아기들 중에서 가장 사랑스럽고 예쁜 아기지요!"라고 대답했다.

1900. 10. 15 (월)

마닐라 항을 떠날 때 태풍이 접근 중이라는 경보를 듣고 날씨가 매우 좋지 않을 줄 알고 상당히 염려했다. 그렇지만 두려워했던 일은 일어나지 않았다. 그래도 북동 몬순(해륙풍)이 일찍 시작되었으므로 바닷물이 불어났고 거친 풍랑이 일어 우리 배를 아무 규칙도 없이 이리저리 앞뒤와 좌우로 요란하게 흔들렸다. 그나마 배가 워낙 큰 덕분에 큰 흔들림은 없었다. 바람이 들이치는 우현(右舷)의 현창들과 환기구는 어제와 오늘 연 이틀 동안 꼭 닫아 두어야 했다.

어제 아침, 우현 쪽의 일부 선객들이 맑은 공기를 마신다고 무심코 현창을 열었다가 파도가 들이치는 바람에 객실 두 개가 완전히 침수되었다. 그래서 차라리 좀 더워도 안전한 것이 맑은 공기 찾다가 물벼락을 맞는 것보다는 더 나았다.

오늘은 바다가 어제보다 더 조용하다 싶었는데, 12시가 좀 지나자 큰 파도가 갑판을 넘어오며 거대한 굉음을 냈다. 선실 쪽 통로의 환기를 위해 전면 차단벽 문이 열려 있었는데, 그리로 바닷물이 밀려들어와 그 통로뿐 아니라 그 문 바로 뒤에 열려 있던 화물칸까지 물이 들이찼다. 다행히 그것 외에 더 이상의 갑판을 넘는 파도는 없었다.

저녁이 되자 바다가 더 잔잔해졌고, 황혼 무렵에는 22마일 떨어진 홍콩 섬 남쪽의 등대를 볼 수 있었다. 많은 고깃배들이 나와서 바다와 용왕신을 달래는 부적을 태우고 있었다. 인간의 마음 저 깊은 곳에는, 비록 희미하지만 자연과 인간의 운명을 지배하는 큰 존재, 또는 존재들에 대한 지각이 있다! 그러나 인간은 그 존재의 영적인 본성을 또렷이 인식하지 못하고 겨우 추측 하면서 어린아이들이나 좋아하는 형식들이나 기껏해야 인간의 감각적 본성을 충족시키는 잡다한 외적 형식들을 만들어 그 존재를 만족시킬 수 있다고 생각한다. 그러니 인간들이 하나님의 자녀들을 몽매하고 유치하게 대우하고 또 하나님을 유치하게 섬기는 모습을 보시는 우리 하나님께서 자신의 명예를 위해 투기하신다는 말씀이 어찌 나오지 않겠는가! 저녁 8시 30분경, 우리 배가 홍콩 앞 수로에 들어섰다. 여러 섬들과 반도의 아래쪽을 지나는 길은 물살이 빠르기 때문에 거기에 닻을 내리고 홍콩 입항을 위해 날이 밝기를 기다렸다.

1900. 10. 16 (화)

7시 정각에 항구 안쪽의 부표에 우리 배를 정박했다. 우리 눈앞에 홍콩이 있고 그 뒤로 '봉우리'(the Peaks)가 솟아 있었다. 멋진 건물들 중에서 세계적으로 유명한 선박 회사들의 사무실과 선원클럽(the Club)이 입주해 있는 퀸 빌딩(Queen Buildings)이 특히 눈에 띄었다. 항구에서 보는 시가지 풍경은 한 폭의 그림 같았다. 항구 자체는 꽤 컸지만, 이 항구를 오가는 모든 배들, 즉 증기선들과 론치(큰 배, 정크선)들과 삼판선(작은 배)[203]들이 정박하기엔 좀 작아 보였다. 홍콩에 처음 온 사람들은 그렇게나 많은 나라들에서 이렇게나 많은 배들이 몰려오는 것을 보고 다 놀란다. 또 퀸 빌딩의 지붕에는 그 건물에 사무실을 둔 여러 선사들과 회사들의 깃발이 꽂혀 있었다. 근처에는 빅토리아 여왕의 조각상이 있는데, 봄베이(Bombay)에 있는 유려한 고딕식 흰 대리석상에 비하면 이 자매 조각상은 그저 평범해 보인다.

첫 상륙선(launch)으로 홍콩에 상륙하여 인력거 두 대를 빌려 바젤 선교관(Basel Mission House)으로 친구들을 찾아갔다. 상점들이 줄지어 있는 꼬불꼬불한 길을 달리니 매우 즐거웠다. 유럽식으로 건축된 건물 외의 문화는 중국식이었다. 어디에나 걸려 있는 긴 광고 표시들과 상점 간판들 덕분에 엄격한 건축 양식이 약간 부드러워 보였다. 거리의 인파는 중국인들이 압도적으로 많았고, 그 중에 여러 나라 사람들이 섞여 있었다. 페르시아 상인, 힌두족 행상인, 우리가 잘 아는 세포이(sepoy) 복장을 한 파견대 및 순찰대 역을 맡은 시크인들(the Sikh), 말레이인, 일본인, 유럽인, 미국인들이 보였는데, 말들(horses)이 드물게 지나가서 우리의 눈길을 끌었다. 마차는 별로 없고 인력거꾼들이 지시하지 않아도 알아서 빠르게 달려, 마차보다 더 안전하게 사람들을 태워 나른다. 도로가 이렇게 좁으니 말과 마차는 별 소용이 없다. 여기에 마차를 도입한다면, 틀림없이 마닐라에서 경험한 것과 같은 교통 체증만 유발할 것이다. 이곳에는 인력거와 1인용 가마가 마닐라에서 체증을 유발했던 마차들보다 훨씬 많다. 더군다나 교통에서 유발되는 소음이 매우 크지만 그래도 상당히 적은 편이고, 인력거 비용이 마부와 말보다 훨씬 저렴하다.

홍콩의 거리들은 얼마나 깨끗한지! 길을 따라 달리기만 해도 식욕이 돋는

---

203) Sampan은 Sanpan으로도 표기되는데, 중국과 동남아시아의 목조 평저선(flat bottomed Chinese wooden boat)을 의미한다. 중국에서는 舢舨(shānbǎn)으로 표기한다. 삼판이란 말은 三板, 곧 세 개의 널판지라는 말에서 유래했다는데, 해안 인근을 왕래하며 생필품을 전달하거나 고기잡이 배로 활용하기도 한다. 일반적으로 갑판 일부에 덮개를 씌워 쉴 수 있는 공간을 만들기도 한다.

것 같다. 마닐라에서는 있던 식욕마저 사라질 정도였다. 이 도시는 앵글로 색슨 족이 얼마나 식민지를 잘 개발했는지를 보여주는 명백한 사례이자 반박할 수 없는 증거이다. 불과 육십 년도 안 되는 짧은 기간에 홍콩을 동양 제일의 무역 센터로 만들었다. 영국인들은 식민지의 위생 관리와 깨끗한 외관 유지를 동시에 추구했다. 이런 환경에서 어떻게 페스트(the plague)가 발생할 수 있었는지 납득이 되지 않을 정도로 동양에서 가장 깨끗한 도시이다. 또 한 가지, 앵글로 색슨 족은 많은 차량 통행과 열대우(熱帶雨)로 인한 침식 작용에도 끄떡하지 않는 튼튼한 도로를 건설했다. 내가 들으니, 도로 포장재(road metal)로 쓰인 모래와 진흙, 석회가 혼합된 결합체(concrete)가 단단한 시멘트 역할을 했다고 한다. 그렇게 도로를 건설하는 것은, 물론 비싸지만 대신 오래 가고 특히 적절한 포장재가 없는 지역들에 대한 묘안이 된다.

선교관에 가니 선교부의 전 직원이 모여 있었는데, 이는 석 달 전에 중국 북부 지역에서 발생한 (의화단)[204] 사건 때문에 모두 해안 지대로 대피하라는 지시가 있었기 때문이었다. 선교부 건물들만으로 모든 직원을 수용하기에 부족했으므로, 일부 가족들을 더 수용하기 위해 집 한 채를 추가로 빌렸다고 한다. 후자의 가족들은 너무 긴급한 명령을 받고, 대부분 준비할 시간이 부족했거나 또는 소요가 곧 진정되어 선교지로 복귀할 희망에서 짐을 거의 챙기지 못했다고 한다. 그들은 선교지에 남겨둔 막대한 개인 물품들을 홍콩에서 다시 구입해야 했는데, 그보다 더 가슴 아픈 사실은 폭도들이 도서관의 귀중한 자료들을 없앨 것이 분명하다는 것이었다. 현지 신자들의 집 오십 여 채가 습격을 당하고, 교회들은 약탈을 당하고, 교리교육을 받던 몇 명은 폭

---

204) 의화단 사건(義和團事件)은 청나라 말기 1899년 11월 2일부터 1901년 9월 7일까지 산동 지방, 화베이 지역에서 일어난 외세 배척 운동인데, 의화단의 난이라고도 하며 1900년, 즉 경자년(庚子年)에 일어난 교난이라는 의미로 경자교난이라고 부르기도 한다. '扶淸滅洋'을 구호로 내건 본격적인 의화단 운동은 독일 로마 가톨릭 교회의 선교활동이 왕성했던 산둥 성의 북부 지역에서 1898년 4월부터 일어나기 시작했는데, 반 외세운동으로 발전하여 교회당을 파괴하고 많은 선교사들과 기독교도를 학살한 사건이었다.

도들에게 잡혀갔다는 나쁜 소식이 전해졌다. 만일 해안으로 후퇴하라는 선교부의 명령이 그렇게 단호하지 않았다면, 많은 선교사들이 차라리 현지인들과 함께 어떻게든 더 오래 남아 있으려고 했을 것이다. 그래도 많은 선교사들은 더 이상 사람들을 상담해 주기 어렵고 그들에게 많은 도움을 줄 수 없을지라도, 또 비록 당장은 아무런 효과가 없을지라도 장차 생길 더 큰 가치를 믿고 현지 교인들을 위해 목숨까지 내놓을 결심이었다. 그러나 모든 공식 업무가 중단된 그 해안에서는 선교사들이 할 일이 거의 없었다. 홍콩의 중국인들도 매우 흥분해서 복음 설교를 들으러 오지 않았다. 결국 선교사들이 할 수 있는 일은 원서들을 중국어로 번역하거나 기타 문서 사역을 하는 일이었다. 그렇지만 그 사역의 결과는 장차 유용하게 쓰일 것이고, 그 사역은 사실 선교사들이 종종 시간을 할애해서 해 보고 싶었던 일이었다. 그렇게 보면 현재 사역하지 못하고 있는 일은 다른 관점에서 볼 때 결코 소득 없는 일이 아니다.

나도 팔 년 동안 만나지 못한 대학 친구들을 여기서 만났다. 그들은 내가 아직 인도에 있는 줄 알았다가 지금 선교 목적으로 여행한다는 말을 듣고 크게 놀랐다. 몇 시간 동안 즐거운 대화를 나누었다. 또 거기서 자연스럽게 연로한 선교사 몇 분과도 교제를 나누었다. 아내도 런던 선교회관(London Mission House)으로 가서 친구들을 만났는데, 거기에서도 중국 내지에서 더 이상 일하지 못하고 피난을 나왔지만 기회만 된다면 속히 본래의 사역지로 복귀하기를 희망하는 많은 선교사 난민들이 있었다. 바젤 선교사들 중 한 분은 당시 가장 발전하는 지역에 새로운 선교 거점을 구축하는 중이라 더 이상 자신은 피신해 있을 수 없다면서 이 주 전에 내지로 돌아갔고, 그 이후로 소식이 두절되었다고 한다. 스와토우(Swatow, 지금은 샨토우 Shantou)로 간 두 선교사, 레티(Rettich)는 간농양(膿瘍)으로 소천했고, 마이어(Martin Maier)는 그를 간호하기 위해 따라 갔다.

1900. 10. 17 (수)

우리는 약속한 대로 9시 30분에 바젤 선교부의 두 젊은 선교사들과 부두에서 만나 함께 등산을 했다. 이번에는 도라도 데려 갔다. 인력거 네 대를 빌렸다. 아내가 도라를 데리고 탔고, 내가 허비를 데리고, 넬슨 씨(Mr Mille Nelson)와 쉬슬 씨(Mr Schisle)는 각기 혼자 탔다. 오르막은 급경사라 케이블 카를 탔는데, 평평한 곳에 이르기까지 때로 45° 이상 되는 급경사를 지났다. 현기증 나는 언덕들을 넘어서자 홍콩 항의 멋진 전경이 펼쳐졌다. 제일 높은 곳에서 아내와 아이들을 위해 가마 두 대를 빌려 산 정상을 향해 올라가니 항구와 그 입구까지 진정한 홍콩 조망을 할 수 있었다.

거대한 군함들은 작은 보트처럼 보였고, 삼판선들(sampans)은 작은 점에 불과했다. 올라가는 왼쪽 편에서는 진지를 건설하기 위한 토목 작업이 진행 중이었다. 이렇게 높은 데에도 진지들을 세우나 싶은데, 다시 생각하니 병사들(Tommy Atkins)의 건강과 안전을 위해 이보다 좋은 장소도 없을 것 같다. 지금은 강한 북동풍이 불지만, 남서 몬순이 부는 여름에는 이 산맥이 저 아래 도시 거주자들에게 부는 바람을 막아주니, 태평산과 그 일대의 호텔이나 다른 주민들은 그 바람을 매우 고마워한다. 도라가 잠 잘 시간이 이미 지났기 때문에 불가피하게 해피 밸리(the Happy Valley) 방문 계획은 취소했다. 여기 물가가 일본보다 싸다는 말을 듣고 오후 늦게 다시 상륙하여 등나무 의자를 몇 개 구입했다.

1900. 10. 18 (목)

정오에 배의 닻을 올린 줄 알았는데, 사실은 계류삭만 느슨하게 한 것이었다. 아내는 그렇게 바라던 일을 하겠다고 두 아들을 데리고 상륙을 했는데, 돌아올 때 표정을 보니 쇼핑을 좀 과하게 한 것이 분명했다. 동쪽 수로를 통과하는 길은 이틀 전에 본 것과 마찬가지로 여전히 그림 같았다. 또 놀랍게도 바깥 바다에 작은 너울이 하나밖에 없으니 나가사키(Nagasaki)로 가는 여행은 상당히 즐거울 것 같다.

1900. 10. 22 (월)

금요일까지는 날씨가 좋았다. 토요일이 되자 하루 종일 태풍이 가까워지는 느낌이 들었고, 짙은 안개와 가끔씩 쏟아지는 비, 점점 거세지는 바람 등, 비와 물기로 인해 축축해졌고, 갑판에 있기는 더 불편했다. 일요일이 되자 바람과 파도의 위력이 더 강해졌다. 그래도 오늘 아침에 일부 섬들의 아래쪽을 지날 때는 바다가 훨씬 잔잔했다. 2시에 나가사키 항에 도착했는데, 우리에게 지정된 부표에 이르기까지 약간 더 시간이 걸렸다.

나가사키 항은 매우 수려하여 경관이 시드니 항에 필적했다. 사실 두 항 사이의 유일한 차이는, 시드니에서는 "우리 항이 마음에 듭니까?"라고 묻는 이들이 있고, 나가사키에서는 당연히 좋아할 줄 알고 아무도 묻지 않는다는 것뿐이다.

나는 몇 건의 선박회사 관련 업무를 처리하고, 고베(Kobe)에서 출발하는 기선을 확인하고자 상륙을 했다. 사무실을 떠날 때, 언뜻 두 부인이 보였는데, 한 명은 분명히 미국 부인이고, 다른 부인은 그 복장으로 볼 때 선교사 같았다. 저녁에 부두로 갈 때, 우리 N.Y.K. 선착장에서 그 부인들도 탔다. 배에서 내릴 때, 그들의 손을 잡아 줄 사람이 없어 내가 도와주었더니, 그들이 감사하다고 인사하고 잠시 가다가 한 부인이 뒤를 돌아보며 빠르게 "혹시 엥겔 씨 아니냐?"고 물어 내가 그렇다고 대답했다. 그 부인이 자신은 멜튼(Miss Melton)이고, 자기 동료는 호리스(Miss Horris)라고 소개했다. 알고 보니 그들은 멘지스 양(Miss Menzies)[205)]의 부탁을 받고 우리가 나가사키에 머무는 동안 도우려고 온 것이었다. 멜튼 양은 혹시 필요할까 싶어 이미 우리의 호텔 방도 예약해 두었다. 그런데 우리 배의 입항 수속이 늦어져서 계속 문의하느라고

---

205) 부산 주재 호주의 첫 미혼여선교사. 1892년 10월 내한하여 부산진 좌천동을 거점으로 활동했다.

어려움을 겪었다. 결국 그들이 우리 배로 와서 내 아내를 만났고, 돌아가는 길에 잠깐 다시 나와 인사를 나누었다. 우리는 다음 토요일 돌아가는 길에 그 부인들과 점심 식사를 함께 하기로 약속했다. 멘지스 선교사의 환영 편지도 전달 받았다. 우리 배는 자정에 고베로 떠날 예정이었다.

1900. 10. 23 (화)

우리 기선이 새벽 2시쯤 나가사키를 떠났다. 자정 무렵, 우리 배가 일본 내해(內海, Inland Sea of Japan) 입구 쪽인 시모노세키, 즉 '서문'(Western Gate)을 향했다. 바다 곳곳에 암초와 섬들이 박혀 있고 고깃배들도 엄청 많았다. 바른 항로를 찾아 한참을 북쪽으로 올라갔다가 다시 남쪽으로 기수를 돌렸다. 진입로를 찾을 때 오른쪽을 보니, 선원들이 '모기 함대'(mosquito fleet)라고 부르는, 많은 돛단배 무리가 보였다. 선장은 그 배들이 시모노세키 건너편에 있는 모찌(Moji) 석탄 기지로 탄을 운반한다고 알려주었다.

더 가까이 접근하는 동안 우리 선객들이 아래쪽 선교(船橋)로 모였는데, 선장이 그렇게 하라고 시킨 것 같았다. 실제로 선장은 선원들을 시켜 일부 선객들을 불러와 어디가 좋은 경관인지 피곤한 기색도 없이 우리에게 설명해 주었다. 선장은 점심 식사 시간을 1시로 연기하고 선객들이 그 해협의 수로를 충분히 즐길 수 있도록 배려해 주었다.

입구는 과연, 시모노세키와 모찌 항이 위치한 두 해협 사이에 있는 이중 수문으로 되어 있었다. 첫째 수문의 폭은 반 마일이고, 안쪽에 있는 두 번째 수문은 폭이 3분의 1마일 밖에 되지 않는다. 거기서 매우 다양한 풍경들을 볼 수 있었는데, 섬들과 짙은 전나무들이 울창한 반도들, 밝은 단풍나무로 뒤덮인 언덕들, 드러난 바위들과 이쪽 편에는 매끈한 경사지들이 있고, 저쪽 편에는 나무들 사이에 자리 잡은 서너 채의 오두막집들과 파도 끝까지 이어진 어촌마을들이 있었다. 반대편에는 서양 문화의 영향, 즉 우리 배와 함께 달리다가 금방 우리를 초월하는 기찻길, 시멘트 굽는 곳, 석탄 저장기지, 그리고 언덕 위의 진지 등이 그 지방의 나무들 사이에서 언뜻언뜻 모습을 드러내면서 카메라 든 사람을 고생시킨다. 이 모든 자연의 아름다움을 섬세하게 복제하여 여기 와 보지 못한 이들의 눈에 호사를 베풀고 직접 본 이들에게는 그들의 회상 속에 있는 추억보다 더 명확한 그림을 제공하려는 나의 의도는 아무래도 성취되기 어려울 것 같다. 사람들이 이미 이 아름다운 언덕에 차단벽과 진지들을 세웠고, 지금도 혹시라도 이 항구로 들어오는 이방인들이 자기들의 진지를 사진 찍어 외적(外敵)들에게 넘겨주지 않을까 염려하여 시기와 의심의 눈초리로 감시를 하고 있기 때문이다.

그리 크지 않은 항구의 수로를 통과하고 나니 아무 장애 없이 건너가야 할 상당히 넓은 바다가 나온다. 뿐만 아니라 거기는 시모노세키 쪽으로 매우 강한 조류가 흐르기 때문에 정박도 허용되지 않는다. 오후 1시 경, 드디어 우리 배가 일본 내해로 들어섰다. 거기서 처음으로 매우 넓게 개방된 항로를 만났는데, 저녁 무렵에 크고 작은 섬들로 가득한 바다를 지나자 항로가 더 복잡해졌다. 선장이 우리에게 설명하며, 안전한 항로인 줄 알고 들어갔다가 암초에 좌초한 기선들이 어떤 항로들을 선택했는지 일일이 지적해 주었다. 야간 운항은 언제라도 위험한데, 특히 지금처럼 궂은 날씨, 어두운 밤에 운항하는 일은 너무나 큰 모험이라는 것은 그 일대에서 모를 수 없는 일이다. 그러나 밤에 보는 일본 내해의 푸른 불빛이 얼마나 황홀한지, 그 독특한 색조는 홍해(Red Sea)나 인도 양(Indian Ocean)의 그것보다 훨씬 더 아름답게 보였다.

1900. 10. 24 (수)

고베에 도착하자 일본 내해가 얼마나 위험한지를 보여주는 사건이 있었다. 니폰 유센 카이샤(Nippon Yusen Kaisha) 소속 기선이 어제 자정 무렵에 프랑스 군 수송선과 충돌했다는 소식이었다. 장교들과 수병들은 재빨리 일본 배로 올라간 덕에 사망자는 몇 명밖에 없었지만, 프랑스 선은 충돌 후 15분 만에 물 속 깊이 가라앉았다. 현지인들의 상황 설명을 들은 선장은, 비록 그 재난이 발생했다는 표시는 전혀 볼 수 없었지만, 바로 그 사고 지점을 우리 배가 사고 발생 3~4시간 후에 통과했다는 결론을 내렸다. 우리는 다시 한 번 그 좁은 수로들을 안전하게 통과한 데 깊이 감사하며, 만일 우리 배가 예정대로 나가사키에서 두 시간 일찍 출발했다면, 그 재난 현장을 바로 옆은 아니더라도 상당히 가까운 곳에서 지나쳤을 것이라고 생각했다.

배 사무장의 배려로 우리는 다음 날까지 배를 떠나지 않고, 또 우리 짐을 호텔로 옮겨야 하는 불편도 없이 필요한 물건들을 구입할 수 있었다. 아이들도 여승무원들이 돌봐 주었다. 고베는 모든 서양 문명 상품들을 잘 갖추고 있는 도시였다.

저녁에는 우리 짐을 다른 배로 옮겼는데, 부산까지 타고 갈 야마시로 마루(Yamashiro Maru)에 안전하게 선적하느라 내가 고생을 했다. 그 이유는 주로 새 선박의 사무장이 좁은 선실 통로로 옮기기에는 우리 짐의 부피가 너무 크다고 지레짐작했기 때문이었다.

1900. 10. 25 (목)

선장이 나에게 화요일 자 「고베 헤럴드」(*Kobe Herald*)에 실린 한국 남동부 지역, 즉 부산에서 발생한 심각한 사태에 관한 심상치 않는 기사를 알려주었다. 나는 그의 충고를 듣고, 그 기사의 진정한 정치적 의의는 무엇인지 확인하고, 또 아내와 아이들을 함께 데려가도 되는지 조언도 얻고자 영국 공사 홀 씨(Mr Hall)를 방문했다. 홀 씨는 자기가 보기에는 기사에 나온 것처럼 염려하거나 조심할 필요는 전혀 없다고 대답했다. 그와 잠시 친밀한 대화를 나누고 일어설 때, 내가 혹시 당신의 소중한 시간을 방해한 것이 아니었기를 바란다고 인사하자, 그는 그렇지 않다라고 하면서 자신은 선교사들을 만나는 것이 즐겁다며, "여러분 선교사들은 늘 이런저런 방식으로 사람들의 지평을 넓혀 주는 사람들이다"라고 좋게 대답했다.

「고베 헤럴드」 사무실에 가니 그들도 이와 유사한 정보를 알려 주었다. 나는 한국 사람들은 매우 평화를 사랑하는 민족인데, 고베 헤럴드 한국 특파원이 정치 문제를 너무 비관적으로 본 것이 분명하다고 보았다. 우리 가족이 카수가 마루(Kasuga Maru) 호의 승무원들, 특히 선장과 따뜻한 작별인사를 나누었다. 많은 선객들과 남녀 승무원들이 우리 아이들을 특별히 사랑해 준 데 대해서도 감사를 드렸다.

정오가 되자 드디어 우리 여행의 마지막 행로가 시작되었다. 오후와 저녁에는 일본 내해를 지나는 길에 있는 멋진 경치를 보기 위해 여러 차례 항로를 변경했다. 결국 가장 흥미로웠던 항구를 통과한 것은 이번에도 밤이었다.

1900. 10. 26 (금)

오전 10시에 모찌 항(Moji Harbour)에 도착했다. 2시에는 두 아들을 데리고 잠시 시모노세키를 방문하여, 상륙 규정이 허락하는 한도 내에서 최대한 많은 것들을 둘러보았다. 오후 4시에 다시 한 번 닻을 올렸다.

1900. 10. 27 (토)

새벽에 나가사키(Nagasaki) 외항에 도착했고, 7시 30분에는 항구의 부표에 배를 정박했다. 우리 부부는 조반을 먹은 후 아이들을 데리고 감리교 선교부(Methodist Episcopal Mission House)에 가서 하루를 보냈고, 중국에서 온 몇 명의 선교사들과도 만났다. 해당 선교부는 상당히 넓은 부지 위에 지은, 긴 현관과 몇 개의 날개를 가진 이층짜리 건물을 선교관 겸 여학교로 사용하고 있었다. 그 위치도 나가사키에서 최고로 전망이 좋은 '절벽'(the Bluff) 위였다.

상점가가 늘어선 거리를 산책하는 것으로 섬 상륙을 마무리했다. 멜튼 양(Miss Melton)과 미국 영사(領事)의 딸 해리스 양(Miss Harris)이 우리와 함께 배에 왔다가 몇 분 후에 금방 내렸다.

1900. 10. 28 (일)

아내는 영국교회선교회(CMS: Church Missionary Society)에 가서 아침 예배를 드렸는데 주교가 설교했다고 한다. 나는 아이들과 함께 남아 있기로 했다. 배가 오후 5시에 출항 예정이었기 때문에, 4시 30분으로 예정된 연합예배에는 참여할 수 없었다. 세 명의 한국 양반들이 부산에 가려고 우리 배에 탔다. 나는 한국 사진을 워낙 많이 봤기 때문에 그들의 모습이 매우 친숙했지만, 원하는 만큼 그들과 대화를 나눌 수 없어 아쉬웠다. 우리가 지금 부푼 마음으로 내일을 고대한다. 내일이면 한국 해안에 도착하고 곧 우리의 목적지 부산에 도착할 것이다.

2. 부산에서의 정착

1900. 10. 29 (월)

모두 일찍 일어났다. 새벽녘에 대마도(Tsu Shima)를 지났다. 부산항이 저 앞에 있었다. 아침 날씨는 흐렸다. 8시 반, 조반 무렵에 포구에 들어섰다. 우리는 신속하게 아침을 먹었다. 우리 앞에 그 유명한 3마일 해변이 놓여 있었다. 부산 마을(village of Pusan)의 오른쪽으로 안개 속에 드러나 보이는 유럽풍의 하얀 집이 바로 우리가 거주할 집이다. 왼쪽은 일본인 거류지였고, 본항구(port proper)는 좁은 수로로 영도(Deer Island)와 구분되어 있었다. 부산[206]과 일본인 거류지 사이의 중간쯤 되는 초량 마을에 부산 하우스(Pusan house)와 유사한 아담슨 선교사 부부(Mr & Mrs Adamson)가 사는 미션 하우스가 있다. 다시 그 집과 언덕 위 일본인 거류지 중간쯤에 뚜렷하게 보이는 건물들은 미국 장로교 선교부(American Presbyterian Mission)선교사들의 사택이고 세관원(Customs Commissioner)의 저택이다. 내가 앞으로 우리는 부산의 하얀 집에서 살 것이라고 알려주었기 때문에 넬슨과 허비는 그 집에 큰 관심을 보였다.

---

206) 부산진(釜山鎭)을 의미함.

사리 양(Miss Perry)이 작성한 약식 지도(map)를 가지고 지형을 미리 연구한 덕분에, 그 모든 광경들이 매우 친밀하게 보였다.

9시에 배가 닻을 내렸다. 금방 한 부인이 가마를 타고 일본인 거류지역으로 오는 것이 보였다. 알고 보니 그는 미국 선교부의 로스 부인(Mrs Ross) 집에서 전날 철야를 하고 자기 집으로 돌아가던 무어 양(Miss Moore)이었다. 그녀가 곧 배로 올라왔다. 우리는 두 대의 작은 삼판선에 짐을 싣고 뭍으로 갔다. 올라가 보니 화물운송이 가장 큰 문제였다. 한 배에 모든 짐과 우리까지 싣고 부산까지 들어가는 일은 불가능했다. 두 가지 남은 방법은 짐을 세관에 두고 나중에 기선이 바다에 없을 때 짐을 옮기든지, 아니면 짐꾼들을 불러서 짐을 옮기는 방법뿐이었다. 인도에서였다면 두 번째 방법은 불가능했다. 그러나 한국에서는 가능했다. 짐꾼 구하기가 전혀 어렵지 않았다. 우리가 원하는 것보다 더 많은 짐꾼들이 있었다. 짐을 처리하기 전에 먼저 아내와 아이들을 가마 두 대에 태워 부산으로 보냈다. 그 다음, 무어 양과 내가 짐을 나누어 짐꾼들에게 맡기는 일을 시작했다. 어느 정도까지는 일이 빨리 진척되었다. 그러나 마지막에 다섯 개의 큰 책상자와 트렁크 하나, 그리고 23입방피트나 되는 큰 상자가 남았다. 처음에 나는 짐꾼들이 그 일곱 개의 큰 짐들을 꺼리는 줄로 생각했다. 그런데 그들은 책상자 하나를 들어 짐 옮기는 걸이에 척 얹더니, 짚을 꼬아 만든 끈으로 짐을 어깨에다 안전하게 고정시켰다. 아마 한국에 처음 오는 사람은, 인간의 적재 능력이 얼마나 굉장한지, 또 짚으로 만든 끈이 얼마나 질긴지 알고 크게 놀랄 것이다.

차례차례 두 사람이 들어야 할 것 같았던 다른 상자들과 큰 트렁크까지 다 지게 위에 얹었다. 그래도 큰 입방형 상자 하나가 남았다. 다들 그 상자는 너무 크고 무겁고 들기가 어중간하다고 했다. 어떻게 해야 하나? 열 네 살짜리 아이가 자원하더니 상자를 (말 그대로) 절반으로 자르면 자기가 들고 가겠다고 한다. 특별한 배를 빌려서 옮겨야 하나? 그 때 내가 보니, 한 건장한 남자가 그 상자에 특히 관심을 보였다. 내가 무어 양에게 운임을 배로 준다고 제안해 보라고 했다. 네 사람이 상자를 들어 그의 지게에 얹었다. 그는 두 손으로 끈을 움켜쥐고 막대기를 단단히 짚더니, 지게 아래 몸을 굽혔다가 천천히 일어나 3마일이 넘는 거리를 바로 떠나려는 듯 얼굴에 결의를 보였다. 그리고 진짜로 옮겼다. 우리가 먼저 떠나며 짐꾼들을 따라오게 했다. 그 때의 모습은 각자 두어 개씩 상자를 지고 나르는 25명의 작은 대상(隊商, caravan) 행렬과 같았다.

짐꾼들을 출발시켜 놓고, 우리는 우체국에 가서, 무어 양은 편지를 찾았고 또 부산 도착 소식을 전보로 알리고 내 이름과 주소를 등록했다. 그리고 나는 나대로, 무어 양은 또 다른 업무를 보러 헤어졌다. 그 때가 11시 30분이었다. 가마꾼은 내가 너무 무거웠는지, 반마일쯤 가서 금방 나를 내려놓고 5~7분쯤 쉬었다. 결국 3마일을 가는데 한 시간 반이 소요되었다. 그럴 줄 미리 알았다면 내 스스로 걸어왔을 터이지만, 그래도 지나온 길이 내가 익숙하게 걷던 길보다 훨씬 험했으니 그냥 잘 되었다고 생각했다. 내가 도착하자 가마꾼들이 나를 소녀들의 고아원 마당, 즉 바깥뜰에 내려놓았다. 곧 할머니 신자 두 분이 나와 나를 친절하게 맞이했다. 비록 말은 한 마디도 알아듣지 못했지만, 그 표정과 몸짓만으로도 어떤 뜻인지 충분히 알 수 있었다. 아내와 아이들도 따뜻한 환영을 받았다. 선교관(mission house)에서도 역시 친절한 환영을 받았다. 모두가 우리의 안전한 도착을 기뻐했다. 중간에 쉬고 있는 짐꾼들을 내가 지나쳐 왔었는데, 그들이 2시 경에 짐을 가지고 도착했다. 내가 점검해보니 중간에 없어진 물건이 하나도 없었다. 앞에 언급한 우리의 짐꾼 영웅은 자신이 한 일을 매우 자랑스러워했지만, 그래도 많이 힘들었는지 다소 힘이 빠져 보였다.

나는 짐을 들고 온 첫 방문자들의 사진을 찍었다. 짐꾼들이 모든 짐을 베란다로 옮겨 놓은 동안 우리는 안에 들어가 한국 땅에서의 첫 식사이자 우리의 새로운 집에서의 첫 저녁 식사를 했다. 일부 하녀들 중에는 기선 한 척으로 이렇게나 많은 짐을 실을 수 있느냐고 깜짝 놀란 이들이 있었다는 점도 기록해 둔다.

그 날 오후는 짐을 풀고 정리하며 시간을 보냈다. 집을 둘러보니 베란다에서 바라보는 시원한 전경이 매우 훌륭했고, 선교관의 깔끔하고 실제적인 디자인과 설비도 마음에 들었다. 건축 솜씨는 여러 면에서 고국의 기술자들보다 더 뛰어나거나 최소한 동급이라는 생각이 들었다. 매우 아늑하고 참 잘 지어진 목사관이다. 그레스웰 박사(Dr Gresswell)가 보면 아직도 개선의 여지가 많다 하겠지만, 마을 환경도 우리가 염려했던 것처럼 열악하지 않았다. 마을에서 가장 넓은 부산의 중앙로는, 시드니의 조지 가(George Street)처럼 울퉁불퉁하지만 그리 넓지는 않고, 세 사람이 나란히 걸어갈 정도인데, 도로의 끝까지 그렇지는 않았다. 집들도, 콜린스 가(Collins Street)의 집들처럼 화려한 구조는 아니지만, 한국 사람들의 기준에는 충분히 큰 편이라고 생각된다. 지붕들은 주로 짚으로 이었는데, 이렇게 지붕이 낮아 눈높이밖에 안 되니 지붕을 이기에도 편리하고, 집 안을 들여다보기 위해 까치발을 하지 않아도 되는 편리한 점이 있다. 그 결과, 가마나 말을 타면 마을을 지나갈 때에도 시야가 막히는 경우가 없다.

1900. 10. 30 (화)

비가 저녁까지 계속 내렸다. 일몰 후 폭우가 내리는 중, 무어 양이 하디 의사(Dr Hardie)[207]의 네 딸과 함께 한국인 양녀를 데려 왔는데, 박사가 원산(Gensan[208])에 정착하기 전에 부인과 함께 상하이에 다녀올 예정이기 때문이었다.

---

207) Robert A. Hardie, 1865-1949), 한국명 하리영(河鯉泳). 1890년 9월 30일 내한한 그는 1891년 4월 14일 이후 부산에서 활동했으나 1892년 11월 원산으로 이거하였다.

208) 겐산은 원산(元山)의 일본어 표기.

1900. 11. 1 (목)

한국어 공부를 시작했다. 그저 손짓 외에는 사물을 설명할 수 없다는 점이 가장 힘들다.

1900. 11. 4 (일)

한국에서의 첫 주일 예배. 남자 15명, 여자 48명, 총 63명이 아침 예배에 모였는데, 몇 사람은 새로 온 목사(moksa, 선교사)를 보기 위해 초읍(Chob)에서부터 왔다. 그들의 조용한 몸가짐과 높은 집중력, 훌륭한 찬송은 매우 감동적이었다. 그러나 식당은 너무 작았다. 허비는 그 식당을 보고 "교회와 식당"(Church and Dining Room)이라고 부르는데, 그 방을 달리 부를 수가 없을 것 같다.

1900. 11. 15 (목)

나는 지난 주 목요일에 열이 올라 그 영향 때문인지 지독한 감기로 이어져 오늘까지 고생한다. 처음에는 두통 감기(Catarrh), 화요일에는 목과 가슴이 아프더니, 나중에는 등에까지 심한 류머티즘이 느껴졌다. 지금은 거의 회복되었는데, 덕분에 여태까지 아무 일도 못하다가 오늘에서야 겨우 한국어 공부를 다시 시작했다.

오늘 매물로 나온 집 한 채를 알아보았다. 더 이상 우리 집 식당에서 예배하기에는 신자들이 너무 많아졌고, 안식할 날이 오히려 요란한 날(a day of commotion)이 되었기 때문이었다. 뿐만 아니라, 아침 예배 때 주일학교 아동들이 함께 참여할 수 있으면, 예배 찬양에도 상당한 도움이 될 것이라 생각된다. 그 집은 우리 집에서 아주 가까웠다. 물론 그 집 하나로 충분한 시설을 갖추게 되는 것은 아니다. 그래도 별도의 예배 건물이 하나 더 생긴다는 사실이 주는 정신적 효과는 매우 크다.

이런 일 협상에서 우리의 오른팔 역할을 하는 김 서방이 밤 8시에 다시 와서 자기가 그 거래를 마무리할 수 있을 것 같다고 보고했다. 사실 그 협상은 지난 주 내내 지속되었는데, 그 동안 내가 아파 최종 합의에 이르지 못했었다.

1900. 11. 16 (금)

아침 식사 후 김 서방이 완벽하게 작성된 영수증을 가져왔는데, 한국에서 그렇게 신속한 일처리를 기대하지 못했던 나는 크게 놀랐다. 그는 가격도 55,000전에서 현찰 53,000전으로 깎았다. 그가 자기 선에서 모든 일을 끝냈으니 내가 할 일은 돈을 지불하는 일뿐이었다. 그 협상은 아래 설명에서 보듯이 결코 작은 일이 아니었다.

우리는 10시에 일본인 거류지로 출발하여 11시가 조금 넘어 거기에 도착했다. 우선 김 서방이 알아본 그 날의 환율은 일본화 1엔 당 530전이었다. 그래서 내가 필요한 금액을 은행에서 인출했다. 그러나 실망스럽게도 530전이라고 말했던 일본인 환전상은 우리와 거래하기를 원치 않았다. 다른 환전상을 찾아보았지만 다들 525전, 혹자는 500전까지 불렀다. 김 서방은 영어를 모르고 나는 일본어를 전혀 모르고 한국어로도 전체 거래에 필요한 몇 개의 문장도 표현하기 어려웠다. 결국 김 서방이 나를 한 일본인 약사에게 데려가 한국어로 길게 사정을 설명하고 그가 영어로 나에게 재설명해 주기를 바랐지만, 그의 영어 실력은 나의 한국어 실력과 비슷했다. 김 서방에게서 미리 들은 대로라면, 현금을 원할 경우, 525전밖에 못 받지만, 서류에는 530전으로 해야 한다고 한다. 그러나 나는 후자의 경우에 어떻게 아무런 손해가 없다고 말하는지 도무지 이해되지 않았다. 그래서 그냥 약국을 나왔다. 차라리 세관에 가서 유럽 사람이나 우호적인 일본인을 찾아 도움을 구할 생각이었는데, 김 서방이 열심히 이 가게 저 가게로 뛰어다니더니 결국 1엔에 530전을 주겠다는 업자를 찾았다.

지폐를 건네주고 김 서방이 돈을 싣고 갈 짐꾼을 불러오자, 환전상이 비로

소 (짚으로 만든 줄에 100개씩 동전을 꿰어 20줄로 만든) 2,000전짜리 돈 꾸러미를 환전소 밖으로 던지기 시작했다. 짐꾼들은 대충, 주로 100전짜리 줄의 숫자가 맞는지만 확인했다. 돈을 정확하게 셀 시간은 없고, 그저 환전상을 믿을 수밖에 없었다. 짐꾼들이 돈을 지게에 조심스럽게 쌓아 묶었다.

여러 사람이 18,000전을 운반하는데, 3마일 거리를 가면 각각 80전을 받는다. 세 사람이 총 10기니(guineas)[209]정도 되는 한국 돈을 운반하는데, 그 운임이 약 11실링이다. 게다가 거래 과정을 내가 직접 감독하거나 아니면 그 일을 믿을 수 있는 한국 양반에게 맡겨야 한다. 집에 도착하니 2시 30분쯤 되었는데 배가 너무 고프고 또 피곤했다. 그러나 무엇보다 먼저 돈을 현재의 집 주인에게 지불해야 했는데, 집 주인은 돈을 받자마자 즉시 세기 시작했고, 김 서방이 그 옆에 붙어 있었다. 8시에 김 서방이 돌아와, 돈을 다 세어보니 일부 100전짜리 줄에 94전밖에 없는 것이 발견되어 총 585전이 부족하다고 보고했다. 일본인 환전상의 신뢰도는 그 정도였다.

1900. 11. 17 (토)

김 서방과 함께 그 돈 업무로 또 하루를 보냈다. 내가 부족한 돈을 환불하라는 요청서를 영어로 써서 김 서방 편에 환전상에게 보냈다. 김 서방이 저녁에 지친 모습으로 돈을 가져와, 자기가 욕도 많이 듣고 험한 일도 당했다고 했다. 환전상이 외국인의 돈을 바꿀 생각이라면 다시는 자기를 찾지 말라고 했단다. 그것을 보니 환전상들이 한국인들에게 어떤 짓을 하는지를 알 수 있었다.

허비의 목 상태가 매우 악화되어 미국 북장로교 선교부에 사람을 보내 어을빈 의사(Dr Irvin)를 모셔 오라 했다. 지난 목요일부터 오른 열이 도무지 내리질 않는다.

---

209) 기니(guinea)는 옛 영국의 금화인데, 1기니는 21실링(shillings)이며, 현재의 1.05파운드에 해당한다.

1900. 11. 19 (월)

계획한 언어 공부를 다시 시작했다. 브라운 양(Miss Brown)은 지난 주간에 순회 사역을 나갈 예정이었는데, 멘지스 양(Miss Menzies)의 병 때문에 그 계획을 취소하고, 오늘 10마일 떨어진 '유황 온천'을 거점으로 삼아 이번 주간의 사역을 하려고 그리로 떠났다. 허비는 조금씩 차도를 보이는데 아직은 세밀하게 돌 봐야 한다. 넬슨도 오늘 열이 나고 목이 아픈 증세를 보였다. 나는 허비에게 해준 것처럼 넬슨의 목에도 계속 스프레이를 뿌려주어야 했다. 이 글을 쓰는데 어린 도라마저 콜록거리니, 아기들까지 돌보느라 우리 부부의 손이 바쁘다.

1900. 11. 20 (화)

규칙적으로 한국어 공부도 하고 두 아이도 운동을 시키니 조금씩 나아지는 모습이 보이는데, 의사는 급성 인후염으로 진단했다. 어린 도라는 그저 즐겁다. 장 씨[210]를 정식 하인으로 채용했다. 그는 집도 아주 가난하고 또 기독교인 신분이라 일본인 거류지에서 정직한 직업을 얻기가 어렵다고 했다. 그의 아내는 우리 선교관에서 세탁 일을 한다. 그래서 두 사람이 최소한의 돈은 벌고 있다.

오늘 한국식 집의 천장이 얼마나 낮은지를 알려주는 이야기를 들었다. 일단 방 안에 들어서면 가운데는 서 있을 공간이 충분하지만, 신체 운동은 할 수 없다. 그럴 경우 내 몸이 다치거나 집이 부서진다. 북쪽에서 온 선교사 한 사람이 몇 평방 야드 되는 우리 여학교 교실을 둘러볼 때의 일이다. 원래의 건물에는 방이 세 개 있었는데, 벽을 헐고 바닥 위 4피트 높이에 있는 대들보만 지붕 받침용으로 남겨 두었다. 선교사에게 대들보를 조심하라고 미리 주의를 주었건만, 주의하지 않았다가 거의 머리가 깨질 뻔했다. 정신을 차

210) 왕길지는 장(chang)으로 쓰고있으나(1900. 12. 7; 1901. 3. 8 일기 등) 정(Chung), 곧 정덕생(鄭德生)을 의미하는 것으로 보인다.

린 그가 반대쪽 벽에 붙은 종이를 보니 "항상 기뻐하라!"고 쓰여 있었다. 너무나 화가 난 선교사가 결국 이렇게 고백하고 말았다. "아, 저는 아직 그 수준에는 이르지 못했습니다."

1900. 11. 23 (금)

똑같은 일상적인 삶. 그래도 아이들은 점점 회복되고 있다.

1900. 11. 24 (토)

두 아들은 오후 내내 일어나 있어도 좋다는 허락을 받았다. 브라운 양(Miss Brown)이 순회 사역에서 돌아왔다.

1900. 11. 25 (일)

로버트 하퍼 멜버른 씨(Mr Robert Harper Melbourne)와 함께 메서 트와이 앤코(Messor Twai & Co) 사의 업무를 대행하는 야나다 씨(Mr Yanada)가 찾아왔다. 오후 예배 끝에 내가 한국말로 축도했는데, 그것은 내가 공중 앞에서 행한 첫 시도였다. 사람들이 매우 즐거워하며 놀라워했다. 특히 한국어 선생 김서방이 매우 기뻐했다. 모두 이런저런 칭찬하는 말을 해 주며 함께 기뻐했다. 최소한 한 걸음은 나아갔으니 작은 성취는 이룬 샘이다. 어쩐지 이 언어가 특히 나에게 잘 맞는다는 느낌이 든다. 단지 나에게 언어 습득 능력이 있어서가 아니라, 무엇인가 특별한 하나님의 도우심이 있는 것 같다. 루터가 까닭 없이 이런 권면을 한 것은 아닐 것이다. "열심 있는 기도가 공부의 절반이다." 즉 열심히 기도하면 공부의 절반은 먹고 들어간다는 말이다. 나를 부르신 하나님께서 내가 이 사역에 온전히 합당한 자가 되기를 원하신다, 나는 그렇게 확신한다.

1900. 11. 26(月)

김 서방과 김 석사가 만덕으로 가서 전에 불교 신자였다는 할머니를 심방했는데, 그 할머니가 초읍에 와서 예배드리는 동안 그 방에 도둑이 들어 옷을 훔쳐갔다(서한집 8쪽에 실린 편지 참조). 그들이 돌아와 그 일을 보고했고, 그 보고한 사실이 편지의 주제이다.

1900. 12. 1 (토)

지난 주간에는 한국어 수업, 편지 쓰기, 몇 장의 사진 촬영 등으로 대개의 시간을 보냈고, 특별한 일은 없었다.

1900. 12. 3 (월)

11월 6일 자로 집을 판 주인이 어제서야 그 집을 비워 주었고, 이제는 그 집을 당분간 어떻게 사용할지가 문제였다. 처음에는 부인들에게 그 집을 내어주려 했는데, 건물 높이가 너무 낮고 주위 다른 집들과 너무 가깝다 하여 생각이 바뀌었다. 당분간 소년학교로 쓰자는 제안도 있었지만, 현재로서는 심상현[211)]의 사랑방(객실 혹은 응접실)에서 모이는 것을 급하게 바꿀 필요가 없다고 생각되었다. (그 집을 구입하려 했던 원래의 목적대로 예배 처소로 쓰는 것이 가장 좋아보였다. 그러나 당장의 건축공사 가능성은 없다. 건축을 하려면 현재의 필요뿐 아니라 장래의 필요도 고려해야 하는데, 현재 부지는 그 목적에 비하면 너무 좁다).

조사를 해보니, 그 집을 약간 개조하면 예배 처소로 사용할 수 있을 것 같다. 공간에 여유가 없는 줄은 익히 알았지만, 실제로 재어 보니 현재의 필요를 충분히 채우기에도 공간이 부족했다. 그렇지만 더 이상 우리 집 식당에서 예배를 드리는 것은 주일마다 회중들뿐 아니라 우리 집 아이들에게도 너무 큰 번거로움과 혼란과 불편을 줄 것이 분명했다. 그뿐 아니라 내가 이미 예

211) 저자는 Simsangwand로 표기하고 있으나 Simsanghyun의 오기. 심 서방이라고 불린 심상현은 1894년 4월 22일 호주선교부의 첫 수세자가 된다.

배 처소를 따로 마련하겠다고 한 오랜 약속을 지킬 때가 되었다고 교인들에게 말했기 때문에, 약속은 반드시 지켜진다는 사실을 교인들에게 보여 주기 위해서라도 그렇게 해야 했다. 그래서 집을 청소하고, 또 지붕이 지탱될 수 있도록 대들보만 남기고 벽 두 개를 헐어 인접한 방 세 칸을 하나로 만들고, 돌아오는 안식일에 쓸 수 있도록 방 전체를 도배했다.

1900. 12. 4 (화)

오늘은 아담슨 씨(Mr Adamson)[212]와 만나 함께 기도하고 협의하기로 정한 날이었다. 아내가 나와 동행했다. 찬송, 기도, 성경 봉독 후 아담슨 씨가 제기한 문제들을 논의했다. 그는 우리 사역의 모든 세부 사항들도 함께 의논하여 결정해야 한다고 믿는 것 같았는데, 아마 내가 해외선교위원회(Foreign Missions Committee) 실무자를 통해 그에게 전달한 업무지시문의 한 문단에 나오는, "공동사역(Joint action)을 요하는 개 교회의 모든 사업"이라는 표현을 임의로 그렇게 오해한 모양이었다. 그러나 나는, 나의 과거의 경험에 있어서나 P.W.M.U.[213] 지부에 대한 나의 특별한 공식적 관계 및 나에게 주어진 지침 등을 고려하여, 아담슨 씨의 그런 해석에 단호히 반대하고, 내가 충분히 중요하다고 판단한 일이나 본국의 노회에서 취급하는 사업과 유사한 문제는 무엇이든 기꺼이 안건으로 제기하겠다고 그에게 분명하게 선언했다. 우리의 모임이 어떤 회의에 준하는 효력을 갖는다거나 일종의 공식 회의를 구성한다는 생각에는 동의할 수 없었고 그것을 고려하지도 않았다. 그 이유는 그런 생각은 교회의 규칙에 심각하게 어긋날 뿐 아니라 우리의 모임은 그 자체가 노회 같은 권한을 가진 회의가 될 수 없기 때문이었다. 또 우리의 모

212) Andrew Adamson(1860-1915): 호주 빅토리아장로교 청년연합회 파송 선교사로 1894년 내한하여 20년간 봉사하고 1914년 은퇴했다.

213) PWMU 는 Presbyterian Women's Missionary Union의 약자로서 호주빅토리아장로교(PCV) 휘하의 '여전도회 연합회'를 의미한다.

임은 공식 회의가 아니므로, 아담슨 씨가 여태까지 행사해 왔다는 그 의결 권한이 나에게도 주어지는 것이 마땅하다고 선언했다. 따라서 원래 다루었어야 할 사업의 많은 부분들은 그 자리에서 아예 언급도 되지 못했다. 그래도 향후의 불필요한 마찰을 피할 협력의 기본을 확정한 것은 중요한 소득이었다. 축도로 모임을 마친 후, 오후 티 타임에서 잠시 자유롭고 우호적인 대화를 나누었다.

1900. 12. 7 (금)

오후에는 허비의 생일 선물과 기타 몇 가지 물건을 사려고 일본인 거류지에 갔다. 장 씨가 나를 수행했다. 날씨가 춥고 강한 북서풍이 하루 종일 불었다. 돌아와서 어린 도라가 도움 없이 혼자 걸었다는 말을 듣고 깜짝 놀랐다.

1900. 12. 8 (토)

허비가 생일 선물을 받는 모습을 보니 내 마음이 흐뭇했고, 선물 포장을 벗기는 모습을 쳐다보는 넬슨의 눈망울도 볼 만했다. 두 아이가 다 기쁨이 충만했다. 오후에는 아내와 함께 어빈 의사 부부(Dr & Mrs Irvin)와 로스 선교사 내외(Mr & Mrs Ross)의 방문에 대한 답방 차 영선 고개[214]에 갔다. 로스 씨가 구관(Kukuan) 마을 너머까지 우리와 동행했다. 바깥 날씨가 너무 추워 아늑한 집에 돌아온 것만으로도 매우 기뻤다. 날씨가 너무 추우니 대낮에도 욕실에 있는 대야에 얼음이 언다.

1900. 12. 9 (일)

처음으로 별도의 교회 건물에서 예배를 드렸다. 그러나 아직 훌륭한 건물과는 거리가 멀다! (방은 대략 25x8피트이다). 문 같기도 하고 창문 같기도 한 곳

214) 왕길지는 '얀산고개' Yansankoge로 기록했으나 '영선고개'의 오기임이 틀림없다.

으로 들어가니 높이는 3피트에 못 미치고, 벽 근처에서는 천정이 너무 낮아 똑바로 설 수 없고, 가운데 용마루 바로 밑에 서면 머리 위에 1피트 정도 여유가 남는다. 참으로 겸손하고 낮은 처소이지만, 우리 주님이 세상에 계실 때 익숙하게 사셨던 검박한 처소들을 생각하면 참 어울리는 처소라고 생각된다. 오늘 아침, 우리 주님의 함께하심이 깊이 느껴졌다. 교인들도 그 건물을 기뻐했다. 한국 남자 교인 몇 사람이 기도를 인도하며, 큰 기쁨과 더불어 이런 예배 처소를 주신 하나님께 말할 수 없는 감사를 드린다고 기도했다. 교인들은 낮은 문과 낮은 지붕에 익숙하니 그런 것들은 하등 문제가 되지 않는다. 또 한국의 다른 집들처럼 교회 바닥에 온돌을 놓았더니 그것이 교인들에게 큰 도움이 된다. 우리는 유럽식이라 쪼그려 앉는 문화가 아니다보니 식당 바닥에 양탄자를 깔아도 겨울에는 상당히 추웠다. 그런 면에서 한국식 건물은 교인들의 생활 습성에 맞는다. 오전 예배 참석자는 52명이었는데, 추운 날이라 평소보다 약간 출석이 줄었다. (나는 200 평방 피트 밖에 되지 않는 그 좁은 공간에 나와 멘지스 양을 포함해 총 54명이나 앉을 것이라고 상상하지 못했는데, 그래도 한 두 쌍이 더 앉을 공간이 있었다). 다만 교인들이 계속 문을 닫아두었으므로 예배를 마칠 때쯤 되자 실내공기가 상당히 탁해졌다.

우리 선교사들은 언제나 신자들의 기호가 우리와 다르다는 사실을 잊지 말아야 하는데, 한국에서는 특히 그 점을 매우 강조할 필요가 있다. 골목이나 집에서 나는 특이한 냄새가 그들에게는 달콤한 향기인지 아닌지는 모르지만, 그들은 적응이 되어 그들의 코에는 냄새가 전혀 역겹지 않다. 그러나 장미 향수나 라벤더 수(水), 혹은 석탄산 같은 냄새를 맡으면 그들은 즉시 코를 막는다. 그들은 그런 향기에 견디기 어렵고, 그런 지독한 향기를 감상할 만큼 후각신경이 학습되어 있지 않다. 그것이 그들의 방식이다.

찬양 예배 때는 악기를 사용하는 음악의 도움이 필요하다. 그렇지 않으면 찬송 시간이 시끄러운 불협화음으로 끝 날 것이다. 그러나 오르간은 너덧 명의 자리를 차지하니, 우리의 이 작은 예배 처소에는 그런 거룩한 악기를 들여놓을 생각을 할 수 없다. 결국 옛날 학창 시절에 들었던 것처럼, "작은 깽깽이"(wee sinful fiddle)를 가지고 음정을 맞추는 수밖에 없다. 그런 외적인 차이와 예배 처소에 대한 감사 기도만 제외하면, 나머지는 다 일상적인 예배였다.

1900. 12. 11 (화)

두 미국인 신사, 레이놀즈 씨(Mr Reynolds)[215)]와 휫팅 씨(Mr Whiting)가 일본으로 가는 길에 우리를 방문했다. 휫팅 씨는 중국을 널리 여행하는 중, 특히 최근의 소요 발생 지역을 여행했다. 배의 출발 시간 때문에 오래 머물지 못하고 점심 식사만 함께 했다.

1900. 12 13 (목)

오늘 나의 어학선생 고 서방이 2주간이 아니라 5주간의 출타를 마치고 돌아왔다. 그의 행동은 나에게 신뢰를 주기보다 오히려 정반대였다. 그는 너무 예의가 없다. 반면, 김 서방은 매우 충실하니 김 서방을 나의 어학 선생으로 삼는 것은 고 서방을 그 업무에서 면제하는 좋은 사유가 되었다.

지난 금요일에 도착할 예정이었던 "타이넨 마루(the Tainen Maru)"가 몇 번의 지연 끝에 오늘 도착했다. 하디 의사 부부가 그 배를 타고 왔고, 그 부부가 상하이에 다녀오는 동안 우리 집에 머물던 그 집 자녀들도 그 배를 타고 원산의 새 집으로 돌아갔다. 그 일로 하디 의사가 잠시 우리를 방문한 것이다.

1900. 12. 14 (금)

오후에 미국 북장로교 선교부의 사보담 목사 부부(Rev & Mrs Sidebotham)[216)]

---

215) William D. Reynolds(1867-1951), 한국명 이눌서. 미국 남장로교 선교사로 1892년 내한했다.

216) Rev Richard H. Sidebotham(1874-1908), 한국명 사보담(謝普淡). 1899년 9월 미국북장로교 선교사로 내한하여 대구선교부에서 일하던 중 1900년 11월 부산으로 이거하여 활동했다. 1908년 안식년으로 귀국하여 지내던 중 가솔린 폭발사고로 1908년 12월 3일 사망했다.

와 후벤 씨 부부(Mr & Mrs Huben)를 답방하는데 시간을 보냈다.

1900. 12. 15 (토)

아담슨 씨 부부의 점심 초대에 응했다. 그들과 함께 즐겁게 몇 시간을 보냈다. 사교적인 대화를 나누니, 최근에 나눈 몇 가지 입안된 계획들을 불가피하게 폐기해야 했던 업무 관련 대화보다 훨씬 즐거웠다. 그러나 실제로 현재 나는 친교 활동에 너무 많은 시간을 쏟아 소중한 시간이 많이 소요되고 있다. 한국어 공부에 관심을 기울여야 한다는 말은 참으로 맞는 말이다.

1900. 12. 16 (일)

오늘은 예배 참석자가 꽤 많아, 오전에 여자 33명, 남자 16명, 그리고 소년 1명이 참석했고, 오후에는 여자 31명과 남자 15명이 참석했는데, 오후 참석자가 언제나 적다.

1900. 12. 17 (월)

오늘 저녁에 (일종의 비공식적인 운영위원회로) 남자 교인들을 소집하여, 교회 부엌 변경 건과 분리벽을 헐어 그것을 남자들의 예배 공간으로 사용함으로서 현재의 예배실을 확장하는 건 등 교회 시설 추가에 관계된 일들을 논의했다. 또 영구적으로 사용하지 않을 건물에 많은 재정을 들이는 것이 과연 현명한 일인지도 고려해야 했다. 교인들은 후자 쪽을 취하였고 나도 상당히 공감했지만, 그럼에도 불구하고 장소가 협소하여 교인들이 불편해 하는 것은 원치 않는다고 설명했다. 내 어학선생이 교인들을 대표하여, 그리스도께서도 친히 우리를 위해 많은 것을 희생하셨으니 우리도 그리스도를 위해 기꺼이 약간의 안락함을 희생하고 하나님 예배에 적합한 새 교회 건축에 사용할 재정이 더 모아질 때까지 임시적인 불편을 감수하는 것이 좋겠다고 말했다. 이번에도 교인들은 진심을 보여주었다. 그 논의 덕분에 교인들이 독립된 예배 처소를 매우 감사하게 여긴다는 사실을 다시 한 번 확인할 수 있었다.

나는 오늘 모임을 소집하면서, 교인들이 교회 일에 좀 더 관심을 갖게 하려는 의도였는데, 결과가 좋았다. 교인들이 혹시라도, 그런 일은 전적으로 선교사가 담당할 일이라고 생각하지 않을까 걱정했는데, 이제 그런 염려가 다 해소되었다.

교인들이 기독교적 관점에서 크게 진보했다는 사실을 알 수 있었던 것은 남자 교인들이 나서서, 혹시 여자 교인들이 남자들과 별도로 모이는 것을 원할 수도 있으니, 여자 교인들에게도 그 건에 대해 발언권을 주자고 제안한 사실이었다. 그래서 다음 주일에 그 건을 전체 회중 앞에 묻기로 결정했다. 또 한 가지 우리 교인들의 힘찬 맥박을 느낄 수 있었던 일은, 중국인들이나 한국인들에게는 예절의 절대적인 조건이라고 생각되는 남녀 사이의 분리벽을 우리 교회는 처음부터 아무 어려움 없이 제거하고 시작했다는 사실이다. 특히 우리 교인들은 처음부터 남녀 구분벽이 없이 시작했는데, 이북 지역의 교회들이 이제 와서 이것을 제거하기 시작했다는 사실을 고려하면, 이 모든 일들은 매우 고무적인 조짐이 아닐 수 없다. 우리 교인들은 심지어, 이런 일을 그들과 함께 의논하고자 그들을 불러주어 감사하다는 말을 나에게 전달할 때에도, 나의 통역자 멘지스 양을 통하여 전달하는 일을 처음부터 매우 자연스럽게 받아들였다. 그 작은 모임이 길을 열었으니, 머잖은 시기에 운영위원회의 위원 선출이나 집사 선출, 위원회 구성 등의 일도 가능해질 것이다.

1900. 12. 23 (일)

나의 몸 상태가 별로 좋지 않아 아침 예배에 참석하지 않기로 했다. 그런데 오늘 예배 참석자가 꽤 많아 64명이나 왔다고 들었다. 교회 시설 확장을 원하는지, 아니면 남자 예배자들과의 구별을 원하는지에 관한 질문에 대해서, 여자 교인들은 전자에 대해선 부정적이었지만, 현재의 남녀구별 없는 예배에 대해서는 만족을 표했다고 했다. 오후에는 나도 예배에 참석했다.

1900. 12. 25 (화) 성탄절

오늘은 무척 즐거운 날이었다. 아침에는 많은 선물에 특히 우리 아이들이 감격했다. 선교관은 (한국과 영국의) 국기와 중국식 등불, 초록 잎들로 장식되었다. 아침 일찍 날씨가 어떤지 보려고 나갔더니, 놀랍게도 우리의 한국식 교회 건물 위에 태극기 두 개가 나부끼고 있었고, 선교관 앞뜰에는 막대에 달린 초롱들이 한 줄로 늘어서 있었다. 그것을 보고 우리 교인들이 자기들만의 건물을 갖게 된 것을 얼마나 기뻐하는지 새삼 느꼈다.

예배 시간은 열 시 반이었다. 그 날 아침에 모인 회중을 수용하기에는 교회 크기가 아직 충분하지 않다. 그러나 날씨가 매우 따뜻하여 거의 여름 날씨 같아 감사했다. 덕분에 문을 다 열고 사람들을 마루에도 앉힐 수 있었다. 여자 아이들과 젊은 여성들은 다 교회 안에 앉고, 바깥쪽에는 '덜 좋게 보이는'(less good looking) 여자들과 남자 아이들이 앉았다(사진 참조). 여자들의 자리가 그렇게 배치된 것은 우연히 된 일이다. 바깥쪽에 앉은 여자들은 대부분 늦게 온 교인들이었다. 그래서 안쪽에 앉은 남자들에게 시간에 맞춰 왔지만 예배 중에 바깥으로 자리를 좀 옮겨달라고 요청했다. 이렇게 한 것은 호주의 아이들(*Record* 라는 잡지 독자들)에게 사진을 보고 한국인들의 모습이 어떠한가를 보여주기 위한 것이었다.

몇몇 아이들과 젊은 여성들은 빨강, 파랑, 초록, 자홍색 비단옷으로 매우 아름답게 장식된 옷을 입었고, 심지어 청년들 중 몇 명은 긴 자홍색 비단 두루마기를 입고 왔다. 연로한 어른들 다수는, 너무 가난한 경우를 제외하면, 다 흰 비단옷을 입고 왔다. 모두가 가장 멋진 정장과 드레스를 입고 참석했다. 그 모습은 장관이기도 했지만, 또한 우리 교인들이 성탄절을 "그리스도의 탄신일"이라고 부르며 매우 높이 평가하고 있다는 증거였다. 예배는 짧고 멋지고 긴장감이 있었다. 아이들 덕분에 회중 찬송 수준이 실제적으로 크게 향상되었는데, 어른들은 비록 모르는 성탄 찬송들이었지만 그래도 여러 곡을 함께 불렀고, 남녀 아이들이 다 즐거워했다. 한 곡은 소년과 소녀의 번갈아 부르는 노래였는데, 소년들과 소녀들이 각자의 파트를 불렀다.

예배 후, 주일학교에 개근한 아이들에 대한 예배 시상이 있었다. 큰 아이들은 최근에 번역된 한글 신약전서를 받았다. 우리 돈 원가로는 1실링에 불과한 책이지만, 한국 사람들은 지금 너무 가난해서 그들에게는 이 성경이 호주에서 열 배나 비싼 책과 맞먹는 가치가 있다. 어린 아이들은 석판과 색종이로 감싼 석필을 받고 매우 기뻐했다. 그 후 선교사 부인들이 교인들 각 사람에게 땅콩, 일본 사탕, 일본 과자 두 개, 오렌지 한 개가 든 종이 봉지 모양의 선물을 나누어 주었다. 출석한 사람 모두가 그런 선물 봉지를 하나씩 받았고, 몇몇 사람에게 오후에 몸이 약하거나 아파서 오지 못한 사람들에게 주라고 선물봉지를 들려 보냈다. 분배된 종이 봉지는 총 160개였다. 모임 시작 때 계수한 인원은 여자 아이가 30명, 남자 아이가 27명, 여자가 48명, 남자가 12명이었는데, 그런 차이가 난 이유는 어머니나 큰 누나가 데리고 온 어린 아이들이 계수되지 않았기 때문이었다.

저녁이 되자 선교관 앞과 교회 앞마당에 등불을 밝혔다. 남자 아이들이 마당에 모여 교사들과 장년들 몇 사람의 지도에 따라 등불 아래서 여러 가지 게임을 즐겼다. 그 등불이 교인들에게 기독교인의 명절이 무엇인지를 잘 보여주었다. 오늘은 우리가 매우 잘 어울렸던 날, 교인들 각자가 행복하고 다른 이들에게도 행복을 보여준 날이다. 과연 저 옛날 베들레헴 들판에서 선포되었던 천사들의 노래가 여기서도 성취되었다는 생각이 들었다.

1900. 12. 29 (토)

수 년 동안 학습자 명단에 있던 초읍의 여자 교인이, 원래는 보다 일찍 그리스도를 고백하고 세례를 받을 줄 알았는데, 오래 앓다가 드디어 승리한 교회의 반열로 올라갔다. 그 아들은 교인이 아니었지만 어머니가 주님과 함께 거하게 되는 기독교식 장례에 반대하지 않았다. 원래는 금요일이 예정일이었지만, 땅이 너무 질척거렸으므로 부득이 장례를 연기했다.

오늘은 비가 거의 그치고 부슬비만 가끔 내렸다. 나는 아직 장례를 집례할 만큼 언어에 익숙하지 않았지만, 그래도 참석하여 집례하기로 했다. 내가 성경에서 적절한 몇 구절을 뽑아 장례를 돕기 위해 세운 몇 교인들에게 낭독을 시켰다. 그들은 나의 어학선생인 김 서방과 심 서방, 그리고 김 서방의 아들 김 석사였다. 그들이 나를 도왔다. 거기에 두 명이 더 가세했고, 여자 교인들 몇 사람은 우리보다 먼저 장지로 출발했다. 한 2마일 정도는 길이 괜찮더니, 나머지 2마일은 들판을 통과하는 논두렁길이라 돌밭길과 미끄러운 흙길이 번갈아가며 나타났다. 우리 초읍 회중 중 유일한 남자 교인인 청년이 마을 밖 반 마일까지 우리를 맞으러 나왔다.

숲이 매우 우거진 계곡에 위치한 그 마을은 한 폭의 그림 같았다. 더욱이 마을 입구에는 계곡 아래쪽 논에 물을 대는 저수지 역할을 하는 작은 호수 같은 댐이 있어 운치를 더해 주었다. 우리가 도착하니 모든 교인들이 그 집 안과 주위에 모여 있었다. 그래서 즉시 (마루에 앉아) 찬송과 성경을 봉독하고 짧은 기도로 예배를 드렸다. 단순하게 만든 관에 담긴 시신을 내어와 급하게 만든 관가(棺架, bier) 위에 안치했다. 그런데 그 모든 장례는 우리나라에서 하는 것처럼 조용하게 이루어지지 않았다. 이 때 유념할 사실은 한국에는 전문 장의사가 없고 사람들도 기독교식 장례에 대한 경험이 없다는 점이다. 그 결과, 뭘 좀 안다고 자부하는 자들이 서로 나서서 큰 소리로, 때로는 단정적인 어조로 이런저런 조언을 한다. 장례 준비가 되어 내가 시작하자고 신호를 보냈고, 김 서방과 함께 장례 행렬을 인도했다. 그런데 돌아보니 사람들은 아직 준비가 다 되지 않았고, 결국 우리는 묘지 옆에서 꽤 오래 기다려야 했다.

한국에는 공동묘지 제도가 없으므로 저마다 적당하게 여기는 묘지를 고른다. 믿지 않는 사람들은 지관(地官)을 통하는데, 지관이 와서 여러 가지 사항을 고려한 후 어떤 특정 장소가 좋다고 선언한다. 통상 그 장소가 정해지기까지 여러 날 혹은 수 주간이 걸리기도 한다. 최종 매장까지 시신을 산허리에 있는 초막에 임시로 안치한다. 그러나 기독교식 장례는 즉시 매장한다.

무덤이 충분히 깊지 않았으므로 바로 세 명이 나서서 일 피트 가량을 더 팠다. 비가 내릴 위험이 있었으므로, 아직 땅을 파고 있는 동안 그 자리에서 성경을 낭독했다. 관을 무덤에 내리는 것도 매우 시끄러운 과정이었지만 다행히 자제력을 발휘하여 꼭 필요한 정도만 했다. 일부 호기심 많은 아이들은 내 앞으로 나왔다가 뒤로 가라는 꾸중을 들었다. 그 모든 간섭들에도 불구하고 우리는 최대한 감명 깊은 장례 예배를 드렸다. 돕던 이들 중 한 명이 완전한 침묵 중에 기도를 인도했고, 내가 축도를 했다. 그러나 장례는 아직 다 끝난 것이 아니었다.

구경꾼들 중 유학자 관모를 쓴 한 사람이 무덤 장소에 이의를 제기했다. 한 200야드 떨어진 곳에 자기 조상들의 무덤이 있는데, 기독교인 여자의 영혼이 자기 조상들의 평안을 방해할까 염려된다는 것이었다. 우리 교인들 몇 명이 그를 설득하려 했지만 그는 여전히 염려했다. 나는 그들의 말솜씨에 뛰어들 능력이 없어 단순히 그 사람에게 당신의 조상들의 묘가 이 묘보다 더 위에 있지 않느냐고 말했다. 그는 이 말을 좋아한 것 같았다. 나중에 사람들이 나에게, 내가 거기 있었기 때문에 큰 문제를 피할 수 있었다고 칭찬했다. 그러나 후에 다른 상황에서 결국 알게 되었는데, 그 말은 장례식에 참석해 준 것에 대한 동양적인 감사의 표현이었다.

마을로 돌아와 장례식 참석자들이 모이는 집으로 안내를 받았다. 거기 있는 유일한 방은 8평방피트 가량 되었는데 나에게 그 방으로 들어가라고 했다. 문은 사실 작은 창문처럼 보였는데 바닥 위 1.5피트 높이에 있었다. 나의 신발이 너무 더럽고 방바닥에는 깨끗한 장판이 깔려 있었기 때문에 내 신발을 가리키며 방에 들어가지 않겠다고 했다. 그러자 내 선생이 즉시 허리를 굽혀 신발 끈을 풀려 했다. 그래서 더 이상 거절하지 못하고 내가 직접 구두끈을 풀었다. 그리고 그 방으로 기어들어갔다.

내가 미리 준비해 간 샌드위치와 만다린 오렌지를 꺼내어 나누어 주자 그들은 차를 만들어 나를 대접했다. 그러자 우리의 부산 사람들에게 한 끼 식사가 제공될 기회가 왔고, 나에게도 '조선 밥'(Chosen Pap, 한국 쌀밥)을 좀 들겠느냐고 제안하니 나도 좋다고 대답했다. 나는 그때 처음으로 젓가락을 사용해 보았다. 사람마다 높이가 1피트 정도 되는 작은 접시만한 밥상을 받았다. 그 상 위에 놋쇠 밥그릇 한 공기, 아주 맛있게 튀긴 청어 한 마리, 양배추 소금 저림과 비슷한 배추와 해초를 함께 담은 접시, 순무 피클 접시, 매우 짠 소스를 담은 종지가 놓여 있었고, 선교사를 위한 특별식으로 완숙 계란 세 개가 놓여 있었다. 나는 가능한 많이 먹었는데, 이미 샌드위치 등으로 입맛을 채웠기 때문에, '조선' 음식이 그리 나쁘지는 않다고 보았지만, 내 평가를 자신할 수는 없다. 식사 마무리는 놋쇠 밥그릇에 쌀을 뜨겁게 끓인 물을 담아 마시는 것이었다. 그것은 호주 차 같은 한국적 대용품으로 별로 나쁘지 않았다. 한국식 식사를 한 후에는 반드시 다양한 식재료들 사이의 다툼을 예방하고 또 가정교육을 잘 받았음을 과시하는 예절로서 약간의 묵상(트림)이 필요했으므로, 우리도 거기서 약간의 묵상을 하고 귀가를 준비했다. 이 이야기를 마치기 전에, 우리 기독교인들 사이에 존재하는, 아마도 나는 사랑이라고 불러야 할 '단체정신'(esprit de corps)에 대해 한 마디 하지 않을 수 없다. 우리 교인들은 언제든지, 가능할 때마다 어떻게든 서로를 돕고자 한다. 그리고 교회 밖 사람들은 우리의 그런 행위를 볼 때마다 깊은 감명을 받는다.

1900. 12. 31 (월)

또 한 해의 마지막이자 세기의 마지막 날이 돌아왔다. 얼마 전에 우리 부산 지역의 선교사들이 매월 모여 함께 예배하고 덕을 세우자는 말을 했었다. 오늘, 그 적절한 시기에 일본인 거류지에 사는 시더보텀 목사(Rev Sidebotham) 댁에서 그 첫 모임을 가졌다. 미국 장로교 선교부의 로스 목사(Rev Ross)가 예배를 인도했다. 그의 설교 주제는 그리스도의 변모하심이었다.

3. 부산에서의 선교와 목회활동

1901. 1. 1 (화)

어젯밤 11시 30분부터 제야(除夜) 예배를 드렸다. 예배 끝에 새해의 덕담들을 나누는 행사는 매우 감동적이었고, 그 시간에 우리 교회 거의 모든 교인들이 선교사들과 한 사람씩 악수를 나누었다. 오후에는 우리 집에서 부산에 있는 선교사들의 친목 모임이 있었다. 아담슨씨 부부는 두 딸을 데리고 왔는데, 그들은 방학을 맞아 지푸(Chefoo)에서 집에 돌아와 있었다. 멘지스 양, 무어 양, 브라운 양이 오늘 모임을 주선했는데, 말하자면 우리들의 한국 도착을 환영하는 모임이었다. 이런 이유로 볼 때, 우리는 이미 환영을 받았지만 아주 늦은 환영회였다.

1901. 1. 2 (수)

우리 집에서 아담슨 씨와 모임을 가졌다.

1901. 1. 11 (금)

오늘 마을 사람들이 크게 흥분했다. 인근에 강도떼가 횡행하여 부산 40리(12마일)까지 침범했고 곧 여기까지 몰려온다는 말이 있다. 이삼십 명쯤 된다는데, 숫자는 좀 부풀려진 것 같다. 관청에서는 각 집마다 대문 근처에 돌을 준비하고 또 창도 한 자루씩 준비하여 스스로를 지키라는 지침을 내렸다. 그 소식에 다들 크게 놀라 온갖 상상을 하는 것 같았다. 교인들은 특히 외국인들의 재산이 많다는 소문 때문에, 우리 집이 공격 대상이 될까 염려했다. 그러나 우리 집은 문과 창문 외부가 든든한 셔터로 보호되어 염려할 것이 없었지만, 경고를 듣고 다시 자물쇠가 잘 잠겨 있는지 확인했다. 그러나 그것을 넘어 우리에게 필요한 일은 오직 그 날개 아래 안전히 거하게 하시는 하나님을 의지하는 일이다.

샌드위치와 귤을 가지고 가서 나의 어학선생과 같이 나누어 먹었다. 그들은 나에게 차를 대접했다. 부산사람들이 막 식사를 하려는데, 나에게 '조선밥'(한국음식)을 먹어 볼 마음이 있느냐고 물었다. 나는 그들을 기쁘게 해 줄 마음으로 그렇게 하겠다고 했다. 나는 여기서 처음으로 젓가락을 사용해 보았다. 식사는 약 1피트 정도높이의 쟁반만한 크기의 상에 차려져서 각자에게 한 상씩 제공되었다. 밥상 위에는 놋쇠그릇에 담긴 밥, 맛있게 구워진 청어한마리, 절인 양배추 같은 김치, 김, 절인 무, 작은 간장 한 종기, 그리고 잘 삶은 계란 3개가 있었는데, 계란은 선교사인 내게만 제공되었다. 나는 가능한 한 많이 먹었으나, 이미 샌드위치 등을 먹었기 때문에 식욕이 왕성하지 못했고, 지금껏 먹어보지 못한 조선음식의 맛에 합당한 만큼 먹지 못했다. 식사는 밥을 끓어 만든 놋쇠 그릇의 뜨거운 숭늉을 마시는 것으로 끝이 났다.

1901. 1. 24 (목)

오늘 세관 감독관이자 대영제국 여왕의 총독 대리 라포르테 씨(Mr. Laforte)가 일본 신문들이 일제히 22일에 여왕께서 서거하셨다는 뉴스를 실었다는 소식을 나에게 전해 주었다. 자신도 그런 전문을 받았다고 했다. 우리는 여왕이 병환 중이었다는 사실을 전혀 알지 못했다. 그처럼 길고 가장 큰 업적을 남긴 여왕의 통치 시대가 갑자기 막을 내렸다. 하나님께 대영제국을 지켜주시고 그 운명을 인도해 달라고 기도했다.

1901. 1. 28 (월)

오늘 두 번째 연합 예배를 우리 집에서 드렸는데, 지난 이틀간 아팠던 무어 양(Miss Moore)과 로스 부인(Mrs Ross)만 불참했다. 내가 예배를 인도했다. 예배 후 손님들이 일어나기 전에 친교의 시간을 가졌는데 모두 매우 즐거워했다. 이런 모임을 통해 서로 멀리 떨어져 사는 우리 선교사들이 조금 더 가까워질 수 있다. 이런 모임은 우리의 선교 사역에서 가장 바람직한 형태의 휴식이기도 하고 사교 생활이라고는 전무한 이 지역에서 가장 환영 받는 기분 전환 방식이기 때문이다.

1901. 2. 3 (일)

지난 주간에 사고를 당해 목숨을 잃을 뻔했던 젊은 윤서방이 오후 예배에 참석했다. 예배를 마칠 무렵, 자연스럽게 그에게 간증 할 기회가 주어졌다. 누가 그에게 아픈 사람이 그냥 누워 있지 왜 이렇게 일찍 교회에 나왔느냐고 묻자 그가 대답했다. "말씀하신 것처럼, 저는 그 동안 무척 아팠고, 오늘 아침에도 정말 너무 아팠습니다. 그런데 만일 하나님이 나를 어떻게 구원해 주셨는지를 지금 교인들에게 말하지 않으면, 그냥 죽어서 묻히고 말 것 같다는 두려움이 들었어요. 그래서 하나님께 힘을 달라고 기도했더니 좋아져서 이렇게 나왔습니다."

그는 산에 사는 야생 고양이와 들개를 잡는 폭발물을 만드는 일을 했다. 화약에 뇌관과 심지를 붙여 작은 공처럼 만들어 그것을 고기 조각 안에 넣어두면, 짐승이 와서 고기를 무는 순간 폭발하여 그 머리가 날아간다. 물론 폭발물 제조업은 가장 위험한 일이다. 그 폭발물 세 개가 불시에 터져서 몇 사람이 죽는 사고도 있었다. 이번에 윤서방이 겪은 사고는 폭발물 35개를 주문받아 32개를 뜨거운 바닥에 말리고 있을 때 폭발했다. 그 폭발로 작업실 문이 경첩에서 떨어져 나가 형편없이 찌그러졌고, 옆에 둔 천 조각 상자는 내용물이 다 탔고, 집안에서 착용하는 안전모자는 머리에서 벗겨져 문 밖으로 휭 날아갔다 (이것은 그의 표현을 영어로 바꾼 것이다). 폭발로 얼굴은 시커메졌고 머리카락도 그을렸고 눈이 심각하게 손상되고 왼쪽 손도 부러졌다. 옷도 여러 부분이 탔지만 다행히 파편 하나도 몸에 박히지 않았다. 또 아기가 가까운 바닥에서 자고 있었는데, 전혀 다치지 않았다. (윤 서방은 미혼이므로, 이번 사고는 주인집에서 일어난 것이 분명하다).

의사는 그의 몸 전체가, 특히 머리가 그렇게 큰 화상을 입었는데, 왼쪽 손을 제외하고 크게 손상되지 않은 것은 참으로 놀라운 일이라고 했다. 그 놀라운 재난에서 구원 받은 소식을 들은 이웃이나 친지들은 다 크게 놀랐고, 다들 그가 기독교인이었기 때문에 위험을 면하고 목숨을 구했지, 믿는 사람이 아니었다면 재앙을 피하지 못했을 것이라고 말하면서 기독교인이었기 때문에 살아났다고 했다. 나는 부디 그런 감격이 오래 기억되고 많은 사람들이 그리스도께 항복하는 열매를 맺기를 기도했다. 윤 서방 자신은 오직 하나님의 은혜로 자기가 사고에서 살아났다고 확신했다. 우리는 기적의 시대가 아직 끝나지 않았음을 확실히 볼 수 있었다.

1901. 2. 4 (월)

오늘 들으니, 지난 토요일인가 금요일인가 밤에 (그 때 매우 강한 찬바람이 불었는데) 고기잡이 나갔던 한국인 열 세 명이 배가 뒤집혀 익사했다 한다.

1901. 2. 5 (화)

오늘 아담슨 씨 부부와 월례 모임을 가졌다. 업무는 별로 많지 않았다. 그래서 대부분의 시간을 사적인 대화로 보냈는데, 주된 주제는 미국북장로교 선교사들의 사사로운 장로교인 답지 못한 사무처리 방식에 관한 것이었다.

1901. 2. 6 (수)

이번 주일에 세례식을 갖기로 했으므로, 오늘 오후에 여 신자들의 세례문답을 시작했다. 다른 공식적인 당회가 없었으므로 내가 (여자 교인들을 도와주고 필요할 경우 통역도 맡아 달라고) 멘지스 양에게 부탁했다. 또 우리의 신뢰할 수 있는 조사이자 어학선생인 김 서방과 심 서방도 불렀다. 여자 교인들은 각기 왜 자신이 그리스도를 믿는지를 이야기했다. 모두 기독교 교리의 핵심을 잘 알고 있었다. 특히 그들의 대답들 중 어떤 것은 매우 창의적이었다. "당신은 죽은 후에 어디로 가게 될 것입니까?"라고 묻자, 한 여성은, "예수님을 따르는데 내가 천국 외에 어디로 가겠습니까?"라고 대답했다. 다른 여성은, 문답을 끝내고 방을 나가면서 다음 주일에 세례를 받을 것이라는 말을 듣자, "오, 저는 정말 세례 받는 날을 고대했답니다!"라고 감격스러워 했다.

김 서방의 아내는 문답할 때 너무 수줍어하며 남편을 쳐다보지 못해서 할 수 없이 김 서방이 아버지 같은 목소리로 "손가락은 입에서 떼시오."라고 권면해야 했다. 내가 세례 받을 수 없는 어떤 사유가 있느냐고 물으면서 무의식적으로 김 서방을 쳐다보자, 김 서방은 "아내에게 물어 보십시오. 아내가 잘 압니다."라고 대답했다. 또 한 여성은 이렇게 고백했다. "그리스도는 나의 무거운 죄를 위해 죽으셨습니다." 모든 청원자들을 문답하는 데 세 시간이 걸렸다.

저녁에는 남자 교인들을 문답했다. 그들 역시 자신의 신앙을 잘 설명했고, 세 명의 소년들 역시 교리를 이해하기에 충분할 만큼 성장했으므로, 비록 나이가 어려 아직 정식 교인은 될 수 없지만, 나는 그들의 신앙고백으로 충분히 세례를 받을 수 있다고 보았다. (사실 그 소년들은 일부 어른들보다 더 분명하고 확고한 대답을 했다). 문답자들 중 윤 서방의 간증은 가장 분명하고 총명하고 가장 강력한 대답이었다.

"당신은 왜 세례 받기를 원합니까?"

"그리스도께서 나를 죄에서 구원하시기 위해 십자가 위에서 돌아가셨기 때문이며, 그래서 나는 그리스도를 증거하고, 할 수 있는 한 다른 사람들도 가르치고자 합니다."

나는 그가 회심 전에 술고래였다는 말을 들었으므로, 비록 십계명에는 언급되어 있지 않지만, (한국에서 술을 마신다는 말은 취할 정도로 마시는 것을 의미한다) 기독교인으로서 만취하도록 술을 마시는 것이 합당하냐고 물었다.

"아닙니다. 술에 취하면 하나님께 죄를 지을 수 있고 또 내 마음이 더러워져서 성령께서 내 안에 거하지 못하시기 때문에 합당하지 않습니다."

"세례 후에도 죄를 지을 수 있습니까?"

"내가 내 마음대로 행동하면 그렇습니다만, 나는 즉시 하나님께 돌아가 나를 용서하시고 또 붙들어 달라고 간구하겠습니다."

또 다른 사람에게 같은 질문을 하자, 그는 확고하게 "죄를 지을 수 없다"고 대답했다가, 내가 다시, 왜 그가 여전히 주님을 의지해야 하느냐고 묻자, 자신의 실수를 깨닫고, "내가 내 마음대로 행하면 분명히 죄를 범하겠지만, 그리스도를 의뢰하면 그리스도께서 나를 죄에서 지켜주실 것입니다"라고 대답했다.

마지막은 나의 하인 장 서방의 순서였는데, 그 역시 대답을 잘 했지만, 내가 세례명은 무엇으로 선택했느냐고 묻자, 기억을 하지 못하고 잠시 밖에 나갔다가 급히 돌아와서, "이제 생각났습니다. 은덕(恩德, grace favour)이 좋겠습니다"라고 했다. 그래서 그는 "은덕"으로 교인 명부에 등록되었다.

1901. 2. 7 (목)

오늘은 장날이므로 대부분의 초읍 마을 사람들이 올 것이라고 기대했다. 그 마을 사람들은 지적인 문답을 잘 하지 못할 것이라는 말을 들었는데, 놀랍게도 그들 역시 부산의 자매들처럼 대답을 잘했다. "천국에 가면 당신은 무엇을 할 것입니까"라고 질문하자, "하나님 앞에 앉아 영원토록 하나님께 감사할 것이지만, 제가 아무리 감사해도 충분한 감사를 드리지 못할 것입니다"라고 대답했다.

다른 여성에게 "당신은 누구를 사랑합니까?"라고 물으니 그는, "하나님과 예수님"이라고 대답했다. "누구 다른 사람도 사랑합니까?" "아니요, 저는 하나님과 예수님 말고 아무도 사랑하지 않습니다." (그 말은 누구보다 하나님을 사랑한다는 말이었는데), 그랬다가 금방 자신이 사랑하는 다른 사람들의 이름을 언급했다. 여자들은 이하의 대화에서 보듯이, 종종 문답 중에 곁길로 나가기도 했다.

"교회의 머리는 누구입니까?"

"예수 그리스도입니다."

"또 다른 왕이 있습니까?"

"없습니다."

"그러면 한국의 왕은 어떻게 됩니까?"

"한국 왕은 교회와 아무 상관이 없습니다."

"그렇다면 당신은 누구의 뜻을 따라야 합니까?"

"멘지 부인(멘지스 양)의 뜻을 따라야 합니다."

웃음이 터졌지만, 그녀는 별로 놀라지 않고, 잠시 후 바른 대답을 했다. 그것은 교인들이 멘지스 양을 얼마나 존경하는지를 보여주는 사례였다. 사실 겉으로든 마음으로든 개종한 사람들이 선교사의 뜻과 하나님의 뜻을 같은 의미로 이해하는 사례는 많다. 또 다른 여성은 한국의 왕을 이렇게 말했다.

"그는 중요하지 않아요. 나와 아무 상관이 없고, 예수님이 나의 왕이십니다."

"그렇지만 이 세상일에 대해서는 한국 왕의 뜻대로 행해야 합니다."

"아니요. 말씀 드렸지만, 그는 왕도 아니고 정말 무익한 사람이고, 그저 많은 세금을 부과하는 압제자입니다. 왕은 백성을 위하지 않고, 우리의 복지도 전혀 염려하지 않습니다. 예수님 같은 왕은 세상에 없습니다." 그 대답에 대해 뭐라 할 말이 없었다.

1901. 2. 8 (금)

오늘 저녁에는 몇 명의 젊은 여성들과 고아원 소녀들을 문답했다. 브라운 양이 그 반을 지도하였음으로 그가 멘지스 양을 대신했다. 소녀들은 아직 나이가 어렸지만, 나는 아이들의 반응을 보아 구원의 지식이 충분하다고 판단되면 세례를 주겠다고 생각했다. 그런데 아이들의 신앙고백은 어른들처럼 명확했고, 어떤 경우엔 어른들의 고백보다 더 분명하고 확실하여 나를 놀라게 했다. 조금 더 나이든 소녀들 중 기미(Keemy)는 장애자였는데, 가장 총명한 대답을 하여 자신이 하나님의 구원 계획을 매우 명확하게 이해하고 있음을 보여주었다. 전반적으로, 모든 문답자들이 매우 면밀한 교육을 통해 진리를 접하고 생활과 마음이 변화된 모습이 보였다. 보배(Popay)라는 소녀는 어떻게 자신의 죄인 됨을 깨달았느냐는 질문에, 자신의 죄를 깊이 깨달았고 예수 그리스도 안에서 구원을 발견했다고 대답했다. 그들 역시 다른 문답자들과 마찬가지로 사도신경이나 십계명, 혹은 둘 다를 암송해야 했다.

1901. 2. 9 (토)

어제 저녁에 우리에게 왔던 미국장로교선교부의 체이스 양(Miss Chase)으로부터 우리가 이번에 많은 교인들에게 세례를 베풀 것이라는 소식을 듣고 그 선교부의 로스(C. Ross) 목사가 오늘 오후에 와서 우리의 행한 일을 축하했다.

1901. 2. 10 (일)

초읍 사람들 중 목요일에 올 수 없었던 이들이 오늘 아침 예배 전에 와서 문답을 받았다. 그들 역시 모두 만족스러운 신앙을 증거 했다. 혹시 내가 어떤 질문을 했는지를 문답자들이 서로 알려주었나 확인해 보려고 같은 질문을 몇 개 던졌는데, 그들의 대답은 다 달랐다. 한 여성에게, "당신은 천국에서 무슨 일을 할 것입니까?"라고 묻자, 그녀는 손으로 하는 실제적인 일이라는 의미로 생각하고, "아무 일도 하지 않지요, 거기엔 완전한 안식과 평안이 있을 것입니다"라고 대답했다.

부인들을 개별적으로 초대한 그 자리에는 체이스 양도 참석했다. 우리의 작은 교회 건물이 사람들로 차고 넘쳤다. 아이들이 동참한 덕분에 예배에 매우 활기가 있었다. "깨어라, 내 영혼"(Awake, My Soul) 즉 옛 시편 100편을 불렀고, 생키(Sankey)의 찬송곡을 번역한 "나의 죄를 씻기는"(What Can Wash Away My Sins), "예부터 도움 되시고"(O, God our Help in Ages Past) 찬송을 불렀다. 후자는 5음계이므로 '발레르마'(Balerma) 조로 불렀다. 5음계 곡들은 모두 리듬이 좋고 부르기 편하다. 나는 브라운 양의 도움을 받아 핫지 박사(Dr A. A.

Hodge)의 『예식편람 *Manual of Forms*』에 나온 두 편의 세례식 순서를 미리 번역해 두었으므로 전체 예배를 주관할 수 있었다. 먼저 어른들에게 세례를 주었고, 다음에 아이들을 대신하여 문답을 한 부모들에게 아이들을 데리고 나오게 했다.

세례식은 언제나 깊은 감명을 주지만, 한 예배에서 41명의 어른과 27명의 어린이들이 세례를 받으니 두 배나 엄숙하고 중요한 예배가 되었다. 세례자들 중 두 가정은 예닐곱 명 되는 자녀들과 부모가 함께 세례를 받았다. 그들은 모두 깨끗한 옷을 입었는데, 아이들은 빨강, 초록, 파랑, 노랑 혹은 다른 색의 옷을 입었고, 어른들은 점 하나 없는 흰 옷을 입었다. 옷은 세탁하는 순간부터 더러워지기 시작한다는 것을 고려할 때, 자녀들에게 그렇게 깨끗한 옷을 입히려고 어머니들이 큰 수고를 한 것을 알 수 있었다. 교인들은 예배 시간 동안 매우 조용했지만, 그들의 기쁨은 끝날 줄 몰랐다.

오후의 감사 예배는 찬양 모임으로 드렸다. 남녀 교인들이 기도 순서에 참여했는데, 모든 기도가 다 매우 빠르고 진지했고, 중간에 멈추는 일이 없었다.

고아원에서의 저녁 예배도 찬양으로 변했다. 모든 소녀들이 돌아가며 기도했고, 기도하는 소녀마다 무엇보다 자신이 주님의 비할 수 없이 귀한 구원을 받았음을 감사했고, 또 세례를 받음으로써 그 구원이 자신에게 인쳐졌음을 하나님께 감사했다. 제일 어린 종희(Chongy)는 이렇게 기도했다. "하늘에 계신 아버지, 목사님(선교사)이 잘 가르쳐 준 덕분에 오늘 세례를 받아서 아버지께 감사하오니, 부디 저에게서 모든 나쁜 것들을 물리쳐 주세요. 아멘!"

또 다른 서매물(Maymery)이라는 아이는, 하나님께서 선교사에게 한국말을 잘하도록 도와주셔서 감사하다고 말한 후, 이렇게 덧붙였다: "그렇지만 아직 목사님이 모르시는 것이 많으니, 나머지도 빨리 배울 수 있게 도와주세요." 거기 참석한 모두가 큰 감동을 받았고 세례 받은 아이들과 함께 크게 기뻐했다.

선교사들의 가슴에도 교인들과 마찬가지로 큰 기쁨이 있었다는 점을 말하지 않을 수 없다. 예배를 마칠 때, 여러 선교사들의 눈에도 기쁨의 눈물이 보였다. 이 날은 은혜의 보좌에 상달된 그 많은 기도에 대한 응답이 아니었을까? 이 날은 우리 교인들이 오랫동안 고대했던 날이지만, 그들조차도 정작 그렇게 많은 사람들이 세례 받을 줄은 상상하지 못했다. 처음에 대략 어른 25명 정도가 세례를 받을 것 같았는데, 명부를 작성하는 중에 문답자 숫자가 점점 늘어나 어른 41명과 아동 27명에 이르렀다. 브라운 양은 그날 저녁에 "하루 종일 노래가 나온다"고 했다. 우리 집의 가정예배도 찬양으로 변했고, 시편 122편을 찬송하며 예배를 마쳤다. 오늘 우리가 느낀 감격이 찬송가 "햇빛을 받는 곳마다"(Jesus Shall Reign Where'er the Sun)의 3절 가사에 그대로 표현되어 있었다:

"온 천하 만국 백성들,
그 사랑 찬송하도다.
어린이 노래까지도 구주를 찬송하도다."

(People and realms of every tongue,
Dwell on His love with sweetest song;
And infant voices shall proclaim, Their early blessings on His name.)

1901. 2. 21 (목)

오늘 아침에 일어나보니 밤새 눈이 많이 내렸는데, 어제는 날씨가 따뜻해서 눈이 올 줄은 전혀 예상하지 못했다. 우리는 드문 기회를 놓치지 않고 눈싸움을 (물론 진짜 싸움은 아니지만) 했는데, 우리 교인들 몇 사람도 거기 동참했다. 정말 즐거운 놀이였고, 건강에도 도움이 되었다. 허비는 눈이 너무 차갑다면서 여러 개의 눈뭉치를 식당으로 가져와 석탄 난로 위에 올려놓고, 그 눈뭉치들이 녹는다고 엄마를 불렀다. 정오가 되자 눈이 전부 녹아 없어졌다.

1901. 2. 23 (토)

오늘 또 한 번의 장례가 있었다. 오랜 기간동안 신실한 교인이었지만, 중풍 때문에 예배에는 참석하지 못한 할머니의 장례였다. 할머니가 그리스도께 대한 믿음을 공개적으로 고백할 수 있었더라면, 나는 기꺼이 다른 세례자들과 함께 세례를 주었을 것이다. 그러나 상급은 잃지 않았다고 본다. 사실 할머니는 그리스도와 함께 할 날만 고대했다. 그래도 할머니의 죽음은 갑작스러웠다. 할머니는 등잔을 엎질렀고 (이로 인해 밤새 불이 탔는데) 심한 화상을 입었다. 부인들이 가서 돌아보았다.

나는 할머니가 세례식에 참석할 수만 있다면 다른 이들과 함께 세례를 받게 하고 싶었지만, 그럴 경우 혹시 우리 교회의 한국인들이 믿음보다 세례가 더 필요하다는 생각을 할까 싶어 그렇게 하지 않았다. 우리는 할머니가 영광 중에 상급을 받는 자리에 가셨다고 확실히 믿었다.

그런데 그 동안 할머니를 별로 돌보지 않던 딸과 사위가 의외로 기독교식 장례를 반대하지 않았다. 아마 할머니의 제사를 모시는 수고를 덜자는 속셈도 있었던 것 같다. 우리 교인들이 마을 밖 1마일을 가서 적당한 곳, 즉 아무도 문제를 제기하지 않을 만한 묘지를 찾았다. 그래도 문제가 될 소지는 늘 있기 때문에, 그것은 상당히 불편한 해결책이었다. 마을 서쪽 끝에 기독교인 무덤이 몇개 있었지만, 거기에 더 이상의 교인들을 매장할 생각은 하지 못했다.

한국 사람들은 죽은 자의 혼령이 무덤에서도 전망 좋은 곳을 좋아야 한다고 생각하므로, 늘 언덕 쪽에 무덤을 쓰고, 부자들은 가장 좋은 장소에 무덤을 쓴다. 우리 주변 언덕들에도 명당자리가 몇 군데 있었지만 거기는, 마치 우리가 마을에서 좋은 자리를 별장지로 택하는 것처럼, 부자들이 이미 자신들의 묘 자리로 정해 놓았다. 장소가 좋을수록 전망이 더 좋으니, 떠난 자들의 혼령도 더 행복할 것이라고 생각하는 것이다. 물론 부자들은 자기들의 죽은 자들을 위해 그런 명당을 살 여유가 있고, 아무도 그들의 묘지 점유에 대해서나 그 옆에 묻히는 것에 대해서 논쟁하지 않는다. 그들은 한 무덤이 다른 무덤들을 내려다볼 경우, 전자의 혼령이 후자들 위에 상당한 영향력을 행사한다고 본다. 묘지를 살 여유가 없는 가난한 사람들은, 그런 '혼령상의' 불편함을 감내하고 지관이 어떤 장소가 적당하다고 선언하면, 아무나 자유롭게 매장될 수 있는 땅에 묻히는 것을 감수해야 한다.

그러므로 만일 우리가 밭을 살 경우, 그 입지 선정에 매우 큰 관심을 기울여야 하고, 향후의 용도에 대해서 절대 비밀을 유지해야 한다. 우리가 그 땅의 명백한 소유자이므로 부지 전체를 벽으로 두름으로써 거기 묻힌 혼령들이 다른 무덤들을 내다보는 일을 예방하고, 혹시 분쟁이 벌어질 경우에는 그 사실을 적시할 수도 있어야 한다. 그러면 한국 사람들에게 충분한 만족이 될 것이다. 초읍의 우리 교인들이 그 장례에 많이 참석했다. 위에 언급한 두 딸과 사위도 아주 순하게 행동했고 장례식에도 동참했다.

1901. 3. 3 (일)

오늘은 우리 교회의 성찬식이 예정된 날이다. 21개월 전에 (아담슨이 호주에 가서 없는 동안) 미국북장로교 선교부의 로스 목사(Rev C. Ross)가 집례한 후 처음이다. 그 때는 성찬에 참여한 사람이 적었는데, 오늘은 그 숫자가 50명에 이르렀다. 헌금은 세례식 감사 및 첫 성찬식 감사헌금이 같이 드려져서, 계수해보니 20냥(yang)이나 되었다. 그 액수는 평균 헌금액의 석 달분보다 많은 금액이다. 일단 예배를 마치고, 공간이 협소한 관계로 성찬에 참여하지 않는 교인들을 마루로 다 내어보내니, 겨우 수찬자들이 교회 안에 모일 수 있었다. 그래도 혼잡은 감수해야 했다. 회중을 언뜻 보니 대부분이 최근에 교회에 나온 사람들인지라, 내 마음에 불현듯 그리스도의 말씀이 (부분적으로나마) 성취되었다는 생각이 들었다. "동서로부터 많은 사람이 이르러 아브라함과 야곱과 이삭과 함께 천국에 앉으리라"(마8:11). 오늘 아침의 성찬식은, 비록 내가 동양인들과 나눈 첫 번째 성찬식은 아니었지만, 다른 어떤 때보다 더 나에게 훨씬 구체적인 감동으로 다가왔다. 나는 우리 선교부의 많은 친구들이 주님의 만찬에 우리와 함께 앉을 때 매우 감격할 것임을 확신한다.

멀리서 온 사람들을 고려하여 오후에는 우리 교회의 첫 번째 감사예배를 드렸는데, 내가 아직 한국말 설교를 잘하지 못하고 또 성찬식 설교에 더하여 또 하나의 설교를 준비할 능력이 되지 않았으므로 그 예배는 (가장 원초적인 의미의) 기도 모임으로 하고, 가능한 한 여러 사람에게 순서를 맡기는 형식을 취하는 것이 좋다고 생각했다. 기도 모임은 지난번과 마찬가지로 전혀 독려할 필요가 없었다. 세 사람이 한꺼번에 기도를 시작하는 일이 두 번이나 있었다. 그런 기도 모임에 참석하는 것은 즐거운 일이다. 거기에는 대중 앞에서 기꺼이 하나님께 감사드리는 마음들도 있었고, 조용한 가운데 열심과 영적 감흥과 기쁨과 찬양의 물결도 가득했다. "거기 있으니 참 좋았다."

1901. 3. 4 (월)

오늘 저녁 6시 경에 멘지스 양이 내게 와서 해변 가까이 있는 한 무리의 남자들을 가리키며, 그들이 우리 교인들 중 (최근까지 병을 앓고 있는 어부) 한 사람이 공공행사에 참가하지 않았다며 폭행하려 한다고 알려주었다. 나는 즉시 모자와 지팡이를 들고 해변으로 산책하는 듯이 내려갔는데, 단순히 내가 그 자리에 있음으로써 불의한 행동이 방지되기를 바랐기 때문이었다. 그러나 거기 가보니 어떤 행위나 위협이 발생할 조짐은 보이지 않았고, 몇 명만 남아 있었다. 상황이 너무 조용해서 내가 직접 그 교인의 집을 찾아가 확인해 보았다.

가서 보니 그는 이미 구타를 당한 후였고, 멘지스 양에게 이 소식을 알린 것은 이 일에 대해 알려야 되겠다고 생각했기 때문이었다. 사연인즉, 그가 아플 때 그의 형이 그를 대신하여 이웃들을 위한 야간 경비 같은 공공 행사에 참가했는데, 오늘은 그런 소집이 있을 줄 모르고 형이 고기잡이를 나갔던 것이었다. 그런데 뜻밖에 (동래에서 붙잡혀 심하게 매질을 당해) 걷지 못하게 된 강도들을 초량으로 이송하는 일이 생겨 각 마을에서 충분한 수의 짐꾼을 차출하여 다음 마을까지 그들을 옮기게 되었다. 그 순서가 하필 우리 교인에게 왔는데, 시간과 장소에 대한 정확한 공지를 받지 못한 그가, 아니 그의 형이 준비를 하지 못했다. 호송단은 마을에 도착해 짐꾼들이 없는 것을 알고 집집마다 수소문했고, 마침 우리 교인 집에 도착했을 때 아픈 중에도 집 마당을 걷고 있는 그를 발견하고 화가 나 설명도 듣지 않고 그를 무자비하게 때린 것이었다. 전체 과정은 나름 공정해 보였고, 실제로 한국인들도 그 일을 불공정하다고 여기지 않으므로, 나는 그가 아무런 보상도 받지 못할 것을 염려했다. 그 일은 관리들과 그 부하들이 얼마나 오만을 부리는지에 대한 여러 사례 중 하나에 불과하다. 우리가 아는 정의(正義)는 한국에서 찾아보기 어렵다.

저녁에는 (담뱃대 제작자인) 김 서방[217]과 박 석사[218] 두 사람을 대영성서공회(British and Foreign Bible society) 휘하의 권서인(勸書人)으로 일하게 했다. 그들은 그런 일을 하게 될 줄은 전혀 예상치 못했지만, 내 보기에 얼마 전에 공석이 된 그 자리에 신실한 두 사람이 정기적으로 참여케 하는 것이 매우 바람직하다. 또 내 보기에 성서공회의 재정 형편으로는 그런 일을 할 여유가 없지만, 현재로서는 건축기금 부족을 원하지 않는다면 그렇게 하는 도리밖에 없다.

1901. 3. 5 (화)

오늘 오후에 아담슨 씨 부부와 월례 모임을 가졌다. 경건회를 마치고 몇 가지 일을 의논하다가, 지난달에는 70명이 세례를 받았고 (17일에는 두 아이에게 유아세례를 주었다고)고 이야기했다. 아담슨 씨는 특히 남자들의 숫자를 물었다. 내가 알기에는, 아담슨 씨도 24일 울산에서 몇 사람에게 세례를 주었

217) '김서방'은 1902-06년까지 권서였던 김명광(金明光)으로 추측된다.

218) '박석사'는 박성애(朴晟愛)로 추측된다. 『대한성서공회사 2』, 452.

다고 하는데, 그는 그 세례에 대해서 아무 말도 하지 않았다. 내가 잘못 들은 것일 수도 있다.

1901. 3. 6 (목)

심 서방과 함께 특별영어훈련을 시키려고 선택한 김 석사에게 언어 훈련을 시작했다. 현재 병을 앓고 있는 심 서방은 혼자 영어를 배웠다는데, 발음이 얼마나 정확한지, 완전한 독학임을 고려하면 참으로 놀랍다. 심 서방도 전에 김 석사에게 영어를 약간 가르쳐 준 적이 있다. 우선은 그들에게 영어를 어느 정도 가르치고, 나중에 아마 몇 년 후가 되겠지만, 그들이 정규 신학 수업을 받게 된다면 그 전에 그들과 함께 헬라어 공부도 시작할 생각이다. 영어 공부 외에도 지리학, 세계사, 그리고 약간의 자연사도 포함시킬 생각이다. 수학의 필요성은 아직 결정하지 못했는데, 그들의 인문학적 소양을 고려하면, 그 과목은 빼도 좋을 것 같다. 무엇보다 수학을 포함하는 교육과정은 우리 상황에서 너무 시간이 오래 걸린다. 오전에는 심 서방의 강의 시간과 겹치므로 우리의 수업은 오후 시간으로 편성했다. 김 석사는 나중에 남학교 오전반에도 시간을 줄 생각인데, 거기서도 뭔가 얻을 수 있을 것이다.

오늘 고관(Kăkung)[219]에 갔던 브라운 양은 상당히 고무되어 돌아왔다. 그 곳 청중들의 반응이 매우 좋았다고 한다.

1901. 3. 8 (금)

나는 치과의사가 되어가는 중이거나 그런 이름을 얻고 있다. 오늘 아침, 일곱 살짜리 여자 아이가 왔는데 부산 최고 가문의 아이라고 했다. 내가 치아 하나를 뽑아주었더니 그 어머니와 숙모가 진심으로 감사를 표했다. 상한

---

219) Kăkung 혹은 Kăkuny 로 읽을 수 있는 이 지역이 어디인가 불확실하지만, 이 때 브라운이 부산 아닌 타 지역에 가 있지 않았다는 점에서 부산진과 근접한 '고관'이 아닌가 판단하지만 이 역시 정확하지는 않다.

치아는 몸에서 제거하고 싶어 한다. 아마도 무료 치과 시술은 앞으로 선교의 문을 여는 열쇠 중 하나가 될 것이다.

오후에는 항구를 지나 우리 집 맞은편에 있는 갑(岬)으로 갔다. 소풍을 결정하고 배를 빌리던 아침에만 해도 바다가 고요하고 잔잔했는데, 출발할 시간이 되자 파도가 일고 반대되는 방향으로 큰 바람이 일어나 바다가 사뭇 거칠어졌다. 그래서 반대쪽에 도착하기까지 어린 도라만이 고생을 좀 했다. 소풍 장소는 언덕 위 풀밭이었는데 거기는 날씨가 매우 맑았다. 선교사들 몇 사람이 아이들을 데리고 반대편에 있는 해변을 따라 산책하는 동안 우리는 차를 마셨다. 그 기회를 이용하여 내 하인 장씨가 주변에 모인 사람들에게 복음을 전하고 차를 나눠 주었다. 그들에게는 새로운 경험이었을 것이다. 우리 아이들, 특히 도라가 매력을 과시했는데, 어딜 가든 도라의 팬들이 생긴다. 해변의 모래는 매우 부드러웠고, (만조 때) 파도도 최저 수준이었으므로 우리는 해변을 가장 넓게 쓸 수 있었다. 그러나 오후 시간이 늦어 거기에 더 머물 수 없었고, 여름에 더 자주 나오자고 이야기했다. 바람은 이미 약해졌고 조수도 변하여 집으로 돌아오는 길은 훨씬 순조로웠다.

1901. 3. 9 (토)

오늘 아침 8시 30분, 우리 집의 셋째 아들[220)]이 태어나 모두가 기뻐했다. 건강해 보였다. 사실, 미국선교부의 어빈 의사(Dr Irvin)는 며칠 전에 장티푸스에 걸린 존슨 의사(Dr Johnson)[221)]를 치료하기 위해 대구에 갔고 우리 지역에는 의사가 없었다. 그런데 어제 오후에 전날 밤에 어빈 의사가 돌아왔다는 말을 듣고, 비록 필요해서 와 달라고 요청은 했지만 실제로 올 줄은 몰랐다. 우리는 어린 도라를 생각해, 새 아기도 딸이길 바랐지만, 도라는 여전히 고

---

220) Mark 를 의미한다.

221) Woodbridge O. Johnson(1877-1949), 한국명 장인차. 미국북장로교 대구선교부 초대 의사로서 대구동산병원을 설립했다. 왕길지는 Johnson을 Johnstone으로 잘못 기록하였다.

명딸로 남아 더 많은 귀여움을 받을 것이다. 주께서 저 어린 녀석에게 다른 아이들처럼 복을 주시기를 기도했다. 오늘 오후에는 우리 집 요리사의 치아 한 개를 발치했다. 최소한의 연습은 계속 하고 있는 셈이다.

4. 제1차 전도여행 : 울주, 울산지방 전도

1901. 3. 12 (화)

전에 우리 교회의 학습교인이었던 희대(Heday)[222]는 그 모친과 숙모와 함께 울산으로 갔다가 작년부터 거기서 전도를 시작했고, 그 후속 사역을 위해 우리의 여 선교사들을 초청했었는데, 최근에 여기 와서 머물고 있다. 지난 주 예배 때 그를 보았다. 오늘 그가 나를 찾아와 그간의 상황을 설명하면서, 자신은 (자신과 울산의 여러 사람들은) 예전처럼 우리와 관계하기를 매우 희망한다고 했다. 사건의 전말을 설명하면, 위에 언급된 초청이 있었던 지난 5월 어느 날, 브라운 양이 울산을 방문하여 몇 차례의 모임을 가졌다. 그런데 그가 도착한 바로 다음 날, 우리가 확인한 바에 의하면, 울산 교인들이 초청하지 않은 아담슨 선교사가 그 자리에 왔다. 브라운 양은 거기서 아담슨 씨에게 그의 사역을 이제 우리 여선교사들이 맡았다고 분명하게 통보했고, 아담슨 씨도 그 점을 인정했다. 그럼에도 불구하고 그는 여전히 전반적인 책임자처럼 행사했는데, 아마도 브라운 양이 여성이니까 세례지원자 반 형성이나 구도자 회중들에 관한 일을 하지 못할 것이라고 스스로 생각한 것으로 보인다. 아담슨 씨가 이 방문에 관한 (편지 형식의) 보고서에서 무심결에 그 자리에 PWMU 소속 선교사 한 명이 있었다고 기록한 바로 그 사건이다. 우리의 여 선교사들은 그곳에 자신들을 감독할 목사 선교사가 없어 불리한 상황이

---

222) 울산 병영 지역 첫 신자인 이희대(李喜大). 그는 울산과 병영을 왕래하던 멘지스 무어 등 호주선교사들과 접촉하는 중에 신자가 되었고, 처음에는 어머니와 숙모와 함께 부산진까지 왕래하며 신앙생활을 했으나 교통의 불편함 때문에 1895년 병영 서리 372번지 자신의 집에서 어머니, 숙모, 그리고 이웃의 김본혜, 박정아, 이선대와 함께 아담슨의 인도로 예배를 드린 것이 울산지역 첫 교회인 병영교회의 시작이 되었다.

었으므로 일단 조용히 철수했다.

우리가 아담슨 씨와 처음 만났던 1900년 12월 4일, 우연히 울산에 관한 이야기가 나왔는데, 그는 내가 묻지도 않았는데 자신의 일련의 행위를 변명하면서, 자기 밑에 있는 권서인 두 사람이 거기서 일어난 전도운동 소식을 듣고 울산에 갔기 때문에 자기도 그들을 따라간 것이라고 해명했었다. 당시 나는 그 건에 대해 알지 못했으므로 그 주제에 대해 아무런 논의도 하지 않았다. 그런데 오늘 희대가 와서 자신을 다시 받아주기를 원했다. 나는 멘지스 양과 나의 선생 김 서방이 동석한 자리에서 희대에게 분명하게, 당신이 부산으로 이사를 오지 않는 한, 또는 아담슨 씨가 그 사역을 우리에게 양도하지 않는 한, 나는 그런 일을 할 수 없고, 또한 교리상의 차이도 없으므로 아담슨 씨를 반대할 근거도 전혀 없다고 말했다. 멘지스 양 역시 희대에게, 아담슨 씨와 엥겔 씨는 우호적인 관계이므로 자신이 관여할 수 없지만, 만약 아담슨 씨가 다시 그 사역을 우리에게 양도한다면 우리가 기꺼이 그 사역을 재개하겠다고 말했다. 그것은 나의 동의하에 한 말이었다. 내가 그 문제로 아담슨 씨와 상의한 적이 있느냐고 묻자, 희대는 어제 아담슨 씨를 찾아가 우리의 사역과 연관을 맺고 싶다고 말했다고 대답했다. 희대의 진술을 확보하기 위해 그에게 우리와의 관계 요청을 글로 남기라 했다.

희대가 돌아간 후, 앞서 내가 권서인으로 택한 (이제는 담뱃대 제조업을 그만둔) 김 서방과 (같은 일을 하고 있는) 박 석사와 모임을 가졌다. 김 서방은 전에 양 서방네 가게에서 일을 했었는데, 양 서방이 현재 자기 부인이 아프니 조금 더 일해 줄 수 없느냐고 하므로, 우리는 이 달 말까지 그렇게 하도록 허락했다. 박 석사는 여러 서적과 지침을 가지고 우리의 축복을 받고 내일 아침에 출발하겠다며 돌아갔다.

1901. 3. 13 (목)

오늘 아침, 김 서방이 나와 더불어 공부하려고 왔을 때, 의문의 여지없이 깔끔하게 정리된 희대의 (재가입) 요청서를 들고 왔다.

1901. 3. 18 (월)

여기서 약 80마일, 울산에서 30마일 이상 떨어진 창기(Changkey)[223]라는 마을에서 온 한 사람(김 서방)이 몇 주 전에 빚을 받으러 부산에 왔으나 빚 갚아야 할 사람이 없자 이번 기회에 여기 머물며 예수교를 좀 배워보자고 결심했다. 그래서 지난 4주 동안 모든 모임에 참석했고, 심지어 주간 모임에도 참석하여 교인들에게 배울 수 있는 것을 개인적으로 열심히 배웠다. 그는 인물이 좋고 풍채도 좋았다. 오늘 고향으로 돌아가기 전에 인사하러 와서는, 나에게 좀 더 배워 세례를 받고 싶다면서 나를 창기로 초대했다. 나는 그에게 소책자 몇 권을 주고, 장마가 오기 전에 거기 가겠다고 약속했다. 복음은 그런 식으로도 전파된다. 빚을 받으러 온 사람이 자신의 빚이 탕감되는 길을 배운다.

오늘 아담슨 씨에게 울산지역 사역 양도를 요청하는 편지, 즉 지난 토요일 밤에 작성해 둔 편지를 발송했다. 나는 앞으로 일이 어떻게 전개될지를 알기 때문에, 지금이 아담슨 씨에게 그 건과 관련해서 접촉할 시기라고 판단했고, 여태까지 그가 소위 '임시 조정자' 자격으로 맡았던 사역들을 양도하라고 제안했다. 그러나 그는 나의 공식서한(official letter)에 대해 비공식적으로(unofficial note) 답하며, 그런 안건에 대한 처리방법으로는 토의를 하는 것이 바람직하다고만 썼다. 그래서 오늘 또 다른 편지를 작성하고, 거기에 그 건을 우리 월례모임의 주제로 삼으려는 시도가 불가한 이유는 우리 모임은 그런 건을 다루는 모임이 아니기 때문이며, 또 그런 이슈들은 단순한 이슈들로서 아무런 토론도 필요하지 않는다고 강력하게 주장했다. 나는 이 편지를 내일 바로 발송할 생각이다.

---

223) 경상남도 양산군 동면의 '창기' 마을.

1901. 3. 19 (화)

두 번째 편지에 대한 아담슨 씨의 회답 요지는 다음과 같다. 자신은 우리가 회의(conference)에서 만나 그 문제를 논의하기 전에는, 서면으로든 구두로든, 단정적인 대답을 할 수 없다는 것이었다. 그러나 나는 이렇게 윤리적으로 명확한 문제를 논의의 대상으로 삼고 싶지 않다. 게다가 솔직함 외에 아무 것도 필요치 않은 일에 대해서도 아무런 분명한 대답을 할 수 없다는 사람과 다투는 경우, 과정과 무관하게 별 소득이 없다는 사실을 나는 잘 알고 있다. 그러나 문제는 현 상태로 그냥 끊날 것 같지 않다. 아담슨 씨의 대답을 듣고 한 시간쯤 지났을 때, 울산에서 두 여성, 곧 희대의 모친과 거기서 회심한 한 여성이 찾아와서 전과 동일한 내용의 편지를 나에게 주었다. 그들이 전한 정보의 요지는, 거기 사람들 대다수가 (그곳 지역 신자들과 더불어) 지난 (19일) 주일에 모여 여기 우리와 연합하기로 결정했고, 그 결과를 아담슨 씨에게 통보했다는 것이다. 그들은 실제로 그날 아침에 아담슨 씨 밑에서 일하는 권서인을 통해 그에게 그 편지를 전달했다고 한다. 희대의 모친은 우리 여 선교사들을 다시 만날 수 있게 된 것이 너무 기뻐 정신이 없었다고 했다. 전에는 차마 이곳에 올 용기를 내지 못했다면서, 그 동안 너무 죄송했고 전임 선교사였던 우리의 여 선교사들을 만나기를 고대했다고 했다. 그들은 이 문제를 놓고 오래 기도하다가, 마침내 아담슨 씨와 우리 사역 중에서 한쪽을 선택해야 한다는 사실을 깨달았고, 그래서 지난 주일에 후자를 선택했다고 했다. 그로 인해 아담슨 씨의 위치가 완전히 변했다. 이제는 어쩔 수 없이 울산 사역을 내려놓아야 할 처지가 되었다. 그는 그간의 사역을 명예롭게, 심지어 약간의 신뢰를 받으며 정리할 수 있는 기회를 이미 놓쳤다.

1901. 3. 21 (목)

울산에서 온 두 여성은 오늘 멘지스 양을 만나 또 다른 얘기를 해 주었다. 아마 아담슨 씨가 희대와 몇 사람에게 세례를 받으라고 권했던 모양이다. 그렇지만 그들은 부산에서 왔으므로 초량이 아니라 부산에 속한다고 대답했고,[224] 이에 대해 아담슨 씨는, 모든 선교사역은 하나이니 아무런 문제가 되지 않는다고 했다. 그럼에도 그들이 그에게 세례를 받지 않으려 한 이유는, 사역은 하나이지만 우리에게 속하지 못하게 될 수 있고, 또 아담슨 씨가 사역하는 동안에는 그들과 우리는 아무 관계가 없게 된다는 말을 희대가 들었기 때문이었다. 그것이 핵심적인 문제임을 깨달은 그들은 더 이상 아담슨 씨와 관계를 맺지 않기로 결정했다.

1901. 4. 2 (화)

아담슨 씨 부부와의 월례모임이 오늘 그 집에서 있을 예정이었지만, 아내가 아직 출타할 상황이 못 되었으므로, 내가 그들을 우리 집으로 초대했고 그들은 기쁘게 수락했다. 다양한 사업을 논의한 후, 대개는 보고서의 형태였지만, 아담슨 씨가 울산 일에 대해 언급했다. 나는 아무 토론도 하고 싶지 않았지만, 아담슨 씨의 설명에 반대하지 않았다. 그러자 그가 더 자세히, 왜 자기가 거기에 가서 사역했는지, 희대와 그 가족의 행위에 대해서도 언급했다. 나는 분명하게 아담슨 씨에게, 나는 그곳 교인들에게 끌려다니는 것이 아니라고 말했고, 다만 아담슨씨가 그곳 사역과 연관된 목회활동을 삼가야 한다는 그들의 의견에 동의한다고 말했다. 그러자 그는 자신은 울산이나 다른 어느 지역에서도 계속 자유롭게 사역하겠다고 선언했다. 내가 선교지역 관할에 관하여는, 향후에 선교사들이 모여 선교 담당지역을 분담할 때 그 문제가 충분히 공정하게 결정될 것이니, 그때 각자 맡은 권서인들과 함께 자기 지역을 담당하면 된다고 했다. 나는 (선교사들 사이에) 서로 감정을 상하지 않게 하는 것이 절대적으로 필요하다고 믿고 언제나 그 일을 중요하게 여긴다. 이제 울산지역 사역에 대하여, 누가 그들을 관할 할 것인가가 해결되니 기쁘다.

---

224) 여기서 '부산'은 부산진을 지칭하는데 여전도회연합회(PWMU) 선교사들의 사역지였고, '초량'은 청연합회 파송으로 사역하던 아담슨의 거점을 의미한다.

1901. 4. 3 (수)

오늘 멘지스 양이 의료 상담 및 치료를 위해 "야마시로 마루"(Yamashiro Maru) 호를 타고 나가사키로 떠났다. 하루 종일 안개가 자욱했다. 무어 양과 브라운 양과 내가 멘지스 양을 전송했다.

1901. 4. 4 (목)

어제 저녁에 울산 지역에서 박 서방이 도착하여 희대 씨의 편지를 전해 주었다. 그는 매우 괜찮은 사람이다. 한쪽 눈이 보이지 않는 것도 불쌍한데, 이제는 다른 눈도 백내장으로 시력을 잃을지 모른다. 이런 질환은 여기서 매우 흔한 질병이라 숙련된 의사가 온다면 상당히 큰 효과를 볼 수 있을 것이다. 박 서방의 외모는 양반 계급에 들지 않지만, 내 보기에는 천생 양반이다.

1901. 4. 8 (월)

월례 헌신예배를 드렸는데, 이제부터는 오늘 예배를 집례한 아담슨 씨 저택에서 매달 둘째 월요일에 드리기로 날짜가 결정되었다.

1901. 4. 10 (수)

울산을 한 번 방문할 필요가 있다는 생각에 내일 출발하기로 했는데, 지금 가지 않으면 다음 달까지 연기될 가능성이 있기 때문이다. 또 다음 달에 한 번 더 방문하면서 창기까지 가봐야 되겠다는 생각이 들었기 때문이다. 저녁에는 잡담으로 근 한 시간을 보냈다.

얼마 전, 순회여행 시 활용하려는 특별한 목적으로 고용한 하인이 자기가 맡은 과외의 일에 대해 특별한 급료를 받는 것이 마땅하다고 생각했다. 나는 약간의 초과 수당을 지급하면 된다고 생각했으나, 한 달 급여에 맞먹는 과한 요구는 지나치다고 생각했다. 할 수 없이 어학선생에게 그의 의견을 물었다. 그러나 그 역시 그가 요구하는 액수를 지급하든지, 아니면 우리가 순회하는 동안 그의 식대를 지급해야 한다고 생각하는 것 같았다. 하인이 그렇게 요구한 것은 미국선교부의 동료 선교사들의 관습에 근거한 것인데, 어학선생은 한국의 양반들이 여행할 때 늘 자기 하속들의 비용을 지불한다는 사실을 지적하며 그것이 한국 관습이라고 설명했다.

어학선생은 한참 동안 두 경우의 차이점을 이해하지 못했다. 결국 내가 도표를 그려서 그에게 보여주며, 한국 양반들은 집 안팎에서 하인들의 생활을 책임지고 하인들은, 요컨대, 여행 중에서도 집에서 하던 일을 하는 것이므로 추가적인 의류비나 식비를 거의 지급하지 않지만, 나는 내 하인에게 그와 가족의 생계를 유지할 만큼 충분한 급여를 주고 있고 집에 있을 때에도 하인의 음식을 책임지지 않는데 이제 여행을 할 때에는 충분한 급여를 주고 그에 더하여 내 하인의 식비까지 책임져야 하느냐고 그 차이점을 설명했다. 마침내 선생이 차이를 인식했다. 그렇지만 나는 순회여행 시 하인에게 급여 외 별도의 수당을 주기로 했다. 우리는 어학선생에게 하인을 설득하여 문제를 해결하게 했다. 일단 어떤 문제에 대해 상대방의 관점을 수용하면, 다른 한국인들을 설득하는 문제는 그에게 맡겨 두는 것이 한국적 관습이고 매우 효과적인 방법이기 때문이다.

1901. 4. 11 (목)

아침에 하인이 자신의 요구를 들어주지 않으면 나오지 않겠다고 했다. 그것은 지나친 요구였으므로 내가 어학선생에게 가서 사정을 알리고, 하인이 자기가 하고 싶은 대로 하고 주인은 하인이 하자는 대로 하는 것이 한국적 관습이냐고 물었다. 그래서 우리가 아침을 먹는 동안 그들이 다시 협의를 하게 했다. 하인은 요지부동인 것 같았다. 마침내 내가 기독교인의 양심에 호소하며, 골로새서 3장 22절을 그에게 인용했고, 어학선생은 그 구절을 한국식으로 자세하고 자연스럽게 풀어서 현재의 상황에 맞추어 설명했다. 그 때 사람들이 와서 마부들이 말을 이끌고 왔다고 했다. 선생과 하인 사이의 협의가 되었는지 하인이 나가서 내 짐을 말에 실었고, 나는 그것으로 문제가 해결된 줄 알고 다시 그 일을 꺼내지 않았다.

잘 걷지 못하는 어학선생과 나와 내 짐을 싣고 울산까지 왕복할 조랑말 두 마리를 빌렸는데, 마부들 중 경주에 사는 이는 부산으로 돌아오지 않을 것이라 하니 (부산에서 20리 떨어진) 동래에서 말을 한 필 더 빌려야 했다. 많은 협상이 오간 후, 결국 짐을 실었다. 안장 위에는 담요를 깔아 안장을 보다 편하게 만들었다. 여행하는 짐승들이 얼마나 많은 짐을 옮기는지, 참으로 놀랍다. 제법 많은 사람들이 몰려와 일이 제대로 되었는지 확인하고 우리가 떠날 때 환송했다.

많은 사람들의 축복 인사를 받으며 출발하여 처음에는 말들 옆에서 걸어서 마을을 통과했다. 마을 끝에서 우리가 말에 올라타기로 했다. 그런데 내가 말 옆을 지나치려 하자 말이 슬쩍 내 정강이를 치면서 올라타라고 자기 마음을 표현했다. 나는 그 말이 급작스런 트릭보다 시의적절한 경고를 더 좋아하는 우호적인 동물이라는 사실을 알았다. 그 일을 통해 말의 암시를 받아드리고 불필요한 자극으로 말의 몸에 해를 끼치는 일이 없도록 해야겠다는 생각이 들었다. 그렇지만 마부는 오히려 그런 행동은 외국 사람에 대한 존경이 아니라고 야단하였다.

그런데 안장에 등자(鐙子)가 없어서 말을 타려면 낮은 벽이나 길 가의 큰 돌을 이용해야 했다. 중심을 잡으려면 매우 조심스럽게 앉아야 했는데, 그러면 말의 목 양 옆으로 양 다리가 나와 짐 앞에서 대롱거리는 모습이 된다. 마치 사진 찍을 때처럼 자세도 최대한 우아하게 잡아야 한다. 붙잡을 고삐가 없으니 길이 평평할 때는 팔짱을 끼고 갈 수도 있지만, 가파른 언덕길을 오를 때에는 안장을 꼭 붙들어야 한다. 한 가지 위안이 되는 것은 마부가 항상 옆에서 오른손에 고삐를 쥐고 말을 인도한다는 점이다. 또 특이한 점은 말의 재갈이 쇠가 아니라 삼끈으로 되어 있다는 점이다. 이것은 특히 늙은 말에게는 아무 문제가 없다.

어학선생이 탄 말은 내 말처럼 순한 말이 아니었는지, 여섯 리쯤 갔을 때, 느닷없이 뛰는 바람에 어학선생을 떨어뜨렸다. 그것은 함부로 날뛰는 행동이었다. 선생은 그래도 다시 말에 올라탔고, 우리는 계속 길을 갔다. 결국 한 시간 반 만에 동래에 도착했다. 부산을 떠날 때 동래까지 가는 마부를 만난 것은 다행이었다. 그래서 그를 고용했다. 이제 말 한 마리의 짐을 풀고 먹이를 먹여야 했는데, 내 말의 마부는 자기 말들과 함께 자신도 먹는 것을 최선이라고 생각했던 것 같다. 마부들의 심사숙고한 제안에 반대하는 것은 지혜가 아니다. 그래서 내가, 오늘 밤에 숙박할 여관에 도착하기까지 이렇게 쉬는 일은 다시 없을 것이라는 다짐을 받고, 그 요구를 수용했다. 잠시 후, 선생과 하인도 거기서 좀 먹어두는 것이 시간을 아끼는 방법이라고 생각하고, 나에게 와서 한국 밥, 즉 정식을 먹을지, 아니면 나만의 식사를 할 것인지를 물었다. 나는 작은 점심을 준비했지만, 오늘 저녁에 언제 우리가 정한 숙박지에 도착할지 몰랐으므로, 식사가 준비될 때마다 그들과 함께 먹는 것이 좋겠다고 생각했다.

거의 두 시간 가까이 멈췄다가 다시 장도에 올랐다. 차가운 북동풍이 정면으로 불어왔다. 길 옆에는 최대한의 한도까지 경작된 골짜기들이 늘어서 있었다. 지나가며 본 언덕들 가운데 어떤 것은 수목이 하나도 없고, 어떤 것은 순 바위산이고, 어떤 것은 풀이 무성하고, 어떤 것들은 소나무 숲이 울창했다. 지층은 화강암(granite)과 흩어진 현무암(stray basalt rocks)으로 구성되어 있었다. 지난 몇 달 동안 비가 오지 않아 강이 거의 말라 이리저리 얕은 여울을 찾아 건넜다. 다리도 두어 개는 있었지만, 개천 위쪽에만 있었고, 넓은 강을 건널 다리는 아직 건설할 시도도 보이지 않았다. 유일하게 이쪽에서 저쪽까지 일렬로 놓인 큰 돌들이 있어서 마부들은 그 돌을 밟고 갔고, 다른 곳에서는 얕은 여울이 강을 가로지르는 임시 통로 같은 역할을 했다. 그런 부실한 시설들을 보니 우기(雨期)나 그 이후에 여행은 불가능하다는 점은 의심의 여지가 없다.

어떤 길은 마차도 다닐 수 있을 정도로 넓었지만, 대부분 울퉁불퉁했고, 곳곳에 자연 수로나 관개 목적으로 만든 작은 물길들이 보였다. 골짜기를 따라 더 올라가니 거친 승마용 도로처럼 상당히 거칠었다. 그런데도 한국 조랑말들은 걸음걸이가 매우 확실해서 우리가 불안해 할 이유가 없었다. 딱 두 번, 짐승들도 쉬고 우리의 뻣뻣해진 다리도 좀 펴고자 짧은 휴식시간을 가졌다. 단번에 수마일 거리를 걸은 셈이다. 5시 경에 그 산길의 정상에 도착하니 또 다른 계곡이 이어졌다. 여기서도 길은 거친 들판 길과 다르지 않았다. 지층은 역시 화강암이었고, 몇 군데에서는 흩어진 철광석(haematites)이 보였고, 강바닥에선 화강암 옆에 회색 편암(grey schist)이 보였다. 또 놀랍게도 아름다운 동백꽃이 모여 있는 군락지도 발견했다.

6시 20분, 드디어 쉬기로 예정했던 서창(Se Chang)에 도착했다. 마부들이 그 길을 잘 알아서, 어딘지 알아보기도 전에 말에서 내리고보니, 마치 주변에는 다른 여관이 없다는 듯이 어느새 서창 '대동양호텔'(Grand Oriental Hotel) 앞뜰이었고, 어학선생이 주인에게 외국인이 묵을 수 있는 방이 있느냐고 묻는 소리가 들렸다. 문의에 긍정적인 대답을 듣자 마부들은 재빨리 짐을 풀어 베란다에 내려놓았다. 나 역시 자리를 잡고 앉아서 뒤쳐져 따라오고 있던 하인이 도착하기를 기다렸다. 그가 도착하자 곧 내 짐을 방으로 옮겼는데, 방은 크기가 7피트 곱하기 7피트쯤 되었고 집주인의 장롱도 두어 개 있어 공간이 더 좁았다. 부족한 점이 있었지만 주변의 아름다운 경관까지 고려한다면, 여관 이름이 너무 거창한 것은 아니었다.

이번에는 저녁 식사가 외국식으로 곧 준비되었기에 금방 먹었고, 나는 너무 피곤해서 저녁 기도회를 마치는 대로 바로 쉬겠다고 생각했다. 그런데 뼈마디가 아팠기 때문인지, 저녁 식사가 너무 자극적이었는지, 혹은 방바닥이 너무 뜨거워서 그랬는지, 그것도 한국 사람들 기준으로는 적당히 따뜻한 것이겠지만. 혹은 머리에 방울을 단 말이 계속 소리를 내기 때문이었는지, 어쨌든 중요한 것은 내가 그 모든 소음을 밤새 들었다는 사실이다. 2시쯤에 달이 떠 있어 나는 벌써 날이 밝은 줄 알았다. 그 와중에 여관 주인이 일꾼들에게 말 먹이를 준비하라고 외치는 소리를 듣고 더 그렇다고 확신했던 것 같다. 그러나 창문을 열고 하늘을 보니, 달의 크기나 위치가 내가 생각한 것과 전혀 달랐다. 결국 몸이 너무 피곤하니까, 그런 모든 소음과 훼방꾼들에도 불구하고 잠이 들었고, 한 네 시쯤에 깊은 잠에 빠졌는데, 바로 5시 15분에 하인이 와서 출발준비가 다 되었다고 나를 깨웠다. 물론 아침 식사도 해결해야 했고, 그 식사가 준비된 것이 새벽 6시였다. 6시 40분쯤 우리의 준마에 올라 또 하루의 행군을 시작했다.

오늘은 햇빛만 따뜻했고 바람은 없었다. 그러나 아침의 신선함이 (이 나라의 국호 '조선'이 바로 이런 의미이다) 지나가자 금방 열기가 우리를 괴롭혔다. 그래도 2시쯤 되자 어제 저녁부터 따라오던 골짜기를 벗어날 수 있었다. 마지막 굽이를 도는데, 짐승을 잡고 있는 사람이 보였다. 어떤 동물의 가죽을 벗기는 것 같았는데, 크기가 작은 양이나 염소같았고 다리가 짧았다. 좀 더 자세히 그 동물의 머리를 확인하니, 자기가 키우던 개들 중 한 마리를 잡아 별미 잔치를 준비하고 있었다.

길은 거기서부터 풍성한 소나무 숲 언덕들 사이로 이리저리 휘어졌고, 일부 언덕들의 경치와 어두운 색조에 밝은 빛깔의 진달래(azalea)가 지천으로 피어 있는 광경은 참으로 아름다웠다. 계속 올라가서 그 길의 정상에 도착하니, 우리 발치에 숲이 우거진 언덕들과 계곡들이 빽빽하게 들어찬 절경이 펼쳐져 있었다. 하산하여 10시 15분에 지동골(Che Tong Kol)[225] 여관에 도착했고, 거기서 쉬면서 음식을 좀 먹기로 했다. 수고를 덜기 위해 나도 한국음식을 먹기로 했는데, 이번에는 그 맛이 여태까지 듣고 예상한 것보다 훨씬 괜찮다는 사실을 발견했다. 식후에는 언제나 끓인 물을 주는데, 그것은 전염병에 대한 염려 없이 갈증을 해소하는 안전한 방법이다.

---

225) 현재의 경남 울주군 청량면 율리.

11시 45분, 다시 길을 나섰다. 거기서부터 태화강[226]이라는 큰 강에 이를 때까지 논둑길만 걸었다. 강에는 다리나 징검다리가 없고 나룻배도 없어서 걸어서 건너야 했다. 다행히 말 등에 탄 우리와는 무관했지만, 강을 건너게 해주는 짐꾼이 있었다. 그래서 우리 마부들은 신발과 양말을 벗을 때까지 우리를 기다리게 하지 않고, 그 짐꾼에게 그대로 강 건너까지 옮겨달라고 부탁했다. 마부들은 짐꾼의 등에 업혀 우리 말고삐를 붙잡고 있었고, 나는 물론 계속 말 등에 앉아 강을 건넜다. 거기서도 등에 커다란 짐을 짊어지고 가는 짐꾼을 보았다. 더 자세히 살펴보니, 여러 개의 한국식 찬장으로 구성된 큰 짐을 수송에 편리하도록 하나의 틀에 묶어 한 세트로 만들었다. 그는 대구에서 왔고, 그 화물을 230리 즉 약 80마일 떨어진 울산까지 옮긴다고 했다. 1시 30분에 울산시를 지났고, 2시 30분에는 병영(Pyung Yung, '피영' Pee Yung이라고 발음한다)[227]에 도착했다. 거기서 다시, 울산과 그 일대의 친구들에게 참된 복음을 전하는 일에 중요한 역할을 한 가족들이 사는 곳으로 갔다. 환대를 받았고, 호기심 많은 구경꾼들이 물러간 후, 우리 숙소에 자리를 잡았다.

1901. 4. 13 (토)

오전에 마을을 둘러보러 나갔다. 거기 주둔하고 있는 일단의 한국군 병사들의 훈련모습이 보였다. 독일식 군사훈련 같은데, 야전에선 별 소용이 없는 옛날 프러시아 식 제식훈련을 하고 있었다. 모든 동작을 착검한 총을 메고 했다. 한 병사는 자기 총에 확실히 문제가 있다고 광고하듯이 총검을 총

---

226) 태화강(太和江)은 울산의 동서를 가로질러 흐르는 강. 울산 서부지역 산지에서 발원하여 동쪽으로 흘러 울산만을 거쳐 동해로 이어진다. 태화강은 울산을 상징하는 강이다. 왕길지 선교사 일행이 울주군 청량면에서 접근했을 경우 현재의 태화강역 주변으로 통과한 것으로 보인다.

227) 울산시 중구 서동 일원. 이곳에는 경상좌도병영성(蔚山 慶尙左道兵營城)이 있다. 조선시대의 성으로, 1417년부터 1894년까지 경상좌도 병마절도사가 지휘하던 성이었다. 1987년 7월 18일 대한민국의 사적 제320호 울산병영성로 지정되었고, 2011년 7월 28일에는 울산 경상좌도병영성으로 문화재 명칭이 변경되었다.

대에 끈으로 묶어 놓았다. 그런데 좀 더 보니 그것은 독일식 제도와도 달랐다. 어쩌다 병사의 제식이 틀리면, 하사관 한 사람이 즉시 대열로 달려가, 어깨에 놓인 단단한 대나무 작대기로 정한 시간 동안 체벌을 가했다. 그러나 훈련을 따라오지 못하는 병사의 경우, 그를 대열 밖으로 불러내 특별훈련을 시켰다. 그것 역시 분명히 훈련의 일부이고, 최소한 인내심을 배양하는 훈련이겠고, 실제로 한국 병사들은 고대의 스파르타 군인들처럼 고통을 표하지 않고 훈련을 받았다. 한국식 군사훈련은 어떤 면에서 분명히 그들이 본받으려는 독일군만큼 엄격해 보였는데, 유일한 차이점은 좀 더 동양인의 심성에 맞추어 개조한 것 같았다. 그러나 다른 면에서는, 예컨대 내가 사진을 찍으니까 한 병사가 계속 나를 주시했는데, 군기가 좀 약해지는 듯하여 하사관 한 명이 나에게 오더니 빨리 찍으라고 하는 듯 했다. 저녁 무렵부터 비가 내리기 시작했는데, 아마 며칠 동안 계속 내릴 것 같다. 이 비가 메마른 땅에 활력을 줄 것이다.

1901. 4. 14 (일)

비 때문에 병영 지역의 주민들만 예배에 참석했다. 나는 주일 아침예배 전에 한글 수업 시간을 배정했다. 그렇게 계속 가르치면, 아주 늙은 사람들이 아니라면 모든 교인들이 글을 읽을 수 있게 될 것이라고 생각했다. 교인들이 한글학습에 보이는 열정은 대단하다. 한 여성은, 평균적인 한국인들보다 훨씬 지적인 수준이 높은 여성이었는데, 찬송가의 가사를 따라 읽으면서 혼자 글자를 깨쳤다. 예배 후 오후에는 세례 청원자들을 문답했고, 세례 공부반을 만들었다. 그 결과, 15명이 세례준비반에 들어왔고, 4명은 날씨 때문에 나중에 교육을 받아야 했다. 여기의 한 가지 어려움은 세례 준비반의 교사 역시 세례 청원자라는 점이었다. 그래도 그는 다른 신자들보다 탁월한 지식이 있음으로 학생들이 필요로 하는 가르침을 잘 전달할 수 있을 것이라 생각되었다. 그러므로 우리는 가급적 자주 이곳을 방문할 계획이다. 내가 보니 그들은 이 진리를 이해하는 만큼 모두 건전한 신앙을 갖고 있었다. 실제로 핵심교리들에 대한 이들의 고백은 매우 긍정적이었다. 저녁에 기도모임을 가졌다. 우리는 매일 아침과 저녁에 가족예배를 드리는데, 거기에 일부 교인들도 동참한다.

1901. 4. 15 (월)

계속 비가 내리고 있다. 비로 인해 내가 세운 여행계획은 완전히 어긋났지만, 주님의 계획은 그렇지 않을 것이다. 하루 종일 집안에서 지내다보니, 비오는 날 한국 집에서 사는 것이 얼마나 불편한가를 생각하게 되었고, 우리 집의 안락함이 감사했다. 한국 사람들도 그런 문제점을 다 안다. 한국 사람들은 한 두 칸의 작은 방에 여러 사람들이 함께 지내고, 운동할 기회도 없고, 하루 종일 온돌바닥에 앉아 있다 가끔 일어나 기지개를 켠다.

오늘은 읽고 쓰고 (내가 읽을 영어책을 가져오지 못했다) 또 이야기하며 하루를 보냈다. 오늘에서야 어학선생이 탁월한 이야기꾼임을 알았다. 선생은 멋진 구절들을 말했지만, 나는 그것을 알아들을 수준이 못 되었을 뿐이다.

오후에 내가 교인들에게 몇 가지 인도 사람들의 풍습을 알려 주자 교인들은 한국 풍습과 매우 일치한다며 놀라워했다. 그런 일치점들 때문에, 흔히 한국인들은 원래 선사시대에 인도에서 기원했고, 아리안 족의 침입 때 그 곳을 떠나 점차 한국으로 오는 인도인들이 많아졌다는 가설이 가능한 것이다.

1901. 4. 16 (화)

간밤에 비가 그쳤다. 그러나 땅이 아직 젖어 있어, 겨우 오후 1시쯤 되어서야 야외활동이 가능할 만큼 땅이 말랐다. 창기의 김 서방이 오전 과정에 참석했는데, 내가 우리보다 하루 먼저 이곳에 도착한 권서인들에게 미리 일러, 내일 그들 중 한 명의 고향인 경주로 가라고 했더니, 그들이 김 서방과 함께 창기에 갔다가 창기에서 경주로 가자고 제안했다. 우리가 그들이 건널 강나

루까지 가서 그들을 전송하니, 강물은 그들의 허벅지까지 불어 있었다. 우리는 그들이 건너편에 안전하게 도착하는 것을 보고 돌아왔다.

내일 우리는 몇 명의 신자들이 있는 목섬(Mok Soom)[228]에 가보려고 한다. 그래서 우리의 여행 계획을 수정하여, 부산으로 가다가 약간 돌아서 목섬에 들렀다가 원래 계획한 토요일이 아니라 금요일에 집에 도착하는 것으로 바꾸었다.

1901. 4. 17 (수)

7시 20분에 병영을 떠났다. 비 온 후라 길이 무척 질척거렸다. 여기저기 일꾼들이 논에서 쟁기질하고 씨 뿌리는 모습이 보였다. 목섬에 도착하니 12시. 일본해(Japan Sea) 해안의 어촌이다. 여기 오니 사람들의 호기심이 무엇인지 확실히 알겠다. 우리의 진행 방향으로 7분 정도 떨어진 이웃 마을이 장날인데 수많은 사람들이 이 집으로 몰려와 내가 하는 동작들을 일일이 지켜보았다. 특히 어딜 가나 남자 아이들이 있다. 그 중에 한 명이 나를 매우 흥미로운 외국산 동물이라고 보았는지, 내 옆에 와서 주위를 돌며 특히 내 안경을 유심히 관찰했다. 그러다가 호기심이 다 충족되었는지 달아났다. 그런 줄 알고 있었는데 잠시 후 자기 동료들까지 데려와서, 이번에는 더 자세히 나를 관찰했다. 마루에 앉은 내 주위를 어슬렁거리더니 외투 뒷자락을 만지려고 했고, 급기야 내가 감각이 있는지 없는지 확인하는 것처럼 내 머리카락을 잡아당겼다. 그건 너무 지나친 행동이었으므로, 내가 갑자기 뒤로 돌아 그 손을 붙들었다. 그런데도 아이는 소리도 지르지 않았고, 그렇게 하지 말라고 타이르자 기쁜 듯이 웃었고, 놓아주자 더 즐거워했다. 그것으로 아이들을 위한 오늘의 동물 쇼는 막을 내렸다.

그러나 어른들은 흔치 않은 기회를 충분히 활용하기로 결심한 것 같았다.

---

228) 현재의 울산시 울주군 온산읍 방도리 '목도'마을. 이것을 '목섬'(項島)이라고도 하는데, 이 마을 앞 289m 거리에 있는 4,500평의 작은 섬도 '목도'라고 부른다.

나 역시 그것은 우리에게 드문 기회라 여기고, 어학선생에게 복음을 전하게 했다. 나는 그 어른들이 메시지에 집중할 수 있도록 옆방에 들어가 문을 닫고 거기서 어학선생의 설교를 들었다. 약 반 시간이 지난 후, 선생이 잠깐 멈추었을 때, 밖을 내다보니 놀랍게도 청중들 구성이 바뀌어 여자들만 앉아 있었다. 그러나 잠시 후에는 그 여자들도 다 가버렸다.

저녁 기도회 시간에 짧게 기도모임을 가졌다. 병영의 이 부인(Ei Pueen)[229] 가족의 친척 되는 한 가족 외에는 꽤 먼 곳에서 온 할머니 한 사람만 모임에 참석했다. 다른 사람들은 우리 소식을 듣지 못했거나 참석할만한 시간을 내지 못한 것 같다. 집주인은 어부였는데, 술집에서 오래 있다 왔는지, 취한 상태에서 쓸데없이 말을 너무 많이 하여 김 서방이 하는 설명이 자주 끊어졌다. 그의 식구들은 가장의 행동에 부끄러워하는 모습이 역력했다. 나도 그가 신자라는 말을 들으니 마음이 불편했다. 그가 나의 권위를 인식하지 못한 것인지, 옛 습관의 유혹에 빠진 것인지 잘 모르겠다. 그렇지만 현재는 그의 신앙이 단지 머리에서 나온 신앙이고 아직 진리가 그의 가슴에 닿지 않았기 때문이라고 생각한다. 그래서 후자가 속히 이루어지길 바라고 기도한다. 자러 가기 전에 김 서방과 함께 여행 계획을 수정했다. 아침에 일찍 일어나면 하루 만에도 부산에 도착할 수 있다고 판단했고, 마부들에게 새벽 4시까지 준비하도록 일러주었다.

1901. 4. 18 (목)

3시 40분쯤 일어나 4시 정각에 출발 준비를 마쳤다. 그런데 마부들이 오지 않았다. 김 서방이 가서 무슨 일인지 알아보았다. 나중에 '늦잠을 잤다'는 말을 듣고 그럴 수 있다고 생각했다. 결국 그들이 나타난 것은 5시였다. 조반도 먹지 않고 5시 10분에 출발했다. 집 주인은 그제야 술이 깼는지, 떠나기 전

229) 원문이 Ei Pueen으로 보이지만 Pueen 앞에 Yg와 Ry를 지우고 Ei를 썼는데 Ri, 혹은 Pi로 보이기도 하므로 Ei가 아닐 수 도 있음.

에 와서 인사하며, 김 서방에게 자신의 행동을 사과했다. 두 개의 산을 넘고 강 하나를 건너 남창(Nam Chang)[230]에 도착하니 7시 10분, 거기서 아침을 먹었다. 거기서도 구경꾼들이 우리를 에워쌌다. 걸어서 마을 외곽에 있는 강을 건넜고, 이어서 산 위로 올라가 그 능선을 타고 상당한 시간 동안 말을 몰았다. 오른쪽에는 높고 험한 언덕이 하나 있고, 왼쪽에도 역시 더 낮은 언덕이 있는데, 길은 거기서부터 보이지 않는 바다까지 연결되어 있었다. 그런데 한 굽이를 돌자마자 갑자기 아름다운 바다가 눈앞에 펼쳐졌다. 거기가 그래도 꽤 높은 지대였는지 저 멀리 일본 산들이 보였다. 좌천(Cho Chan)[231]에서 점심을 먹고 기장(Kee Chang)[232]을 지나 계속 진행했다. 그때부터 한 동안 우리가 가는 길 주위 사방에는 돌들만 가득한 산의 모습(mountain scenery)이 펼쳐졌다.

어둠이 내릴 무렵 부산에서 10리 떨어진 곳에 도착했는데, 놀랍게도 집에 도착해보니 저녁 7시 45분이었다. 허리를 숙이지 않고 집에 들어가, 세면대에서 손을 씻고, 잘 차려진 식탁 앞에 앉을 수 있다는 것이 특별한 느낌을 주었다. 집 나갔던 탕자가 돌아왔을 때 어떤 느낌이었을까, 아버지 집에서 따뜻한 환대를 받았을 때 그가 어떤 느낌을 받았을지를 상상할 수 있었다. 비록 김 서방은 마지막 20리를 남기고 두 번이나 말에서 떨어져 큰 사고를 당할 뻔했지만, 별 사고 없이 집에 돌아왔다는 사실이 참 감사했다. 그래도 김 서방이 손목을 삐는 정도로 그쳤으니 천만다행이다.

1901. 4. 19 (금)

밤에 다시 비가 내리기 시작해 하루 종일 비가 왔다. 그래서 더 빨리 돌아왔다는 사실이 감사했다. 안 그랬으면 기장 근처에서 날씨에 묶여 있었

---

230) 경상남도 울주군 온양면.

231) 경상남도 기장군 장안읍 좌천리. 이곳을 왕길지는 'Cho Chan'으로 표기하였는데, 좌천은 '좌촌' '자천' '자촌'으로 불리기도 했다.

232) 현재의 부산시 기장구.

을 것이다.

5. 제2차 전도여행: 경남 동부 지방에서의 전도

1901. 5. 6 (월)

브라운 양이 오늘 우리를 떠나 고베를 거쳐 호주로 돌아간다. '이세마루'(Isemaru) 호는 어제 오후에 입항했는데, 우리는 그 배가 언제 출항할지 정확히 몰라 일찌감치 환송을 나가기로 했다. 배가 오후 5시나 되어야 떠난다고 하므로 일본인 거류지에 가서 업무를 볼 여유가 있었다. 내가 브라운 양의 짐을 배 안으로 옮겼고, 넬슨과 허비와 나의 어학선생이 동행했다. 저녁에는 강풍이 불었으므로, 브라운 양이 안전하게 승선한 것을 본 우리(무어 양과 나)는 육로로 돌아가기로 했다. 이제 당분간 유능한 동료 한 사람이 부족한 채로 지내다보면 그녀의 귀환을 애타게 기다리게 될 것 같다.

1901. 5. 14 (화)

초읍의 여자 교인이 어제 저녁 마을에 와서 어떤 남자가 문제를 일으킨 일을 알려주었는데, 그가 마을 사람들을 학대하고 나무를 베어 넘어뜨리는 등 말썽을 부린다는 것이었다. 우리는 그 여성에게, 그리스도의 교훈에 따라 그것을 그리스도를 위해 받는 박해로 알고 기쁘게 여기라고 말했지만, 한편으로는 지금까지 많은 박해를 받아온 교인들의 운명이 참 가혹하다는 느낌을 지울 수 없었다. 내가 김 서방과 함께 그 문제를 의논했다. 내 계획은, 그것이 얼마나 효과적일지는 자신할 수 없지만, 오늘 아침에 내가 김 서방과 함께 가서 그를 개인적으로 만나보자는 것이었다. 그런데 김 서방은 그보다 더 대담한 계획을 제안했다.

거기 있는 우리 여자 교인들 중 한 명이 그의 친척이니, 그 여성을 보내어 그를 우리 앞에 불러내자는 것이었다. 김 서방은 대체로 나서는 성격이 아니고 한국 사람들의 생리도 잘 아는 사람이므로 나는 그 제안의 타당성을 따지지 않고, 그가 제안한 이른바 "두고 보면 안다"는 그 한국적 계획을 허락했다. 그러자 그 남자가 진짜 우리 앞에 나타났고, 우리는 그를 준비된 지도자들과 만나게 했다. 김 서방과 심 생원이 (임명이 아니라 나이로 추대된) 마을의 원로들과 함께 모인 엄숙한 자리에서 그를 부드럽게 책망했다. 그러자 놀랍게도 그가 잘못했다고 자백하고, 또 "다시는 그렇게 하지 않겠다"고 약속했다. 그 일련의 과정을 보는 나는 마치 계시를 보는 것 같았다. 이제 그 유효성이 이렇게 '입증'되었으니(probatio est), 앞으로는 아무도 이 방법을 '의문스런 방법'(doubtful method)이라고 폄하할 수 없으리라.

1901. 5. 23 (목)

지금 서창의 '그랜드 오리엔탈 호텔'에 와서 6주 전에 썼던 방에 다시 묵고 있다. 달리 빈 방이 없었다. 우리는 예정했던 날짜보다 하루를 더 부산에 잡혀 있었다. 한국에서 일정을 잡을 때는, 인도를 제외한 다른 어떤 나라들에서보다 더 비(雨)를 고려해야 한다. 동래에서 짐 싣는 말이 뒷다리를 저는 것을 보고 말을 교체하기로 했다.

한 곳에서는 말의 편자를 교체하려고 멈췄는데, 다행히 마부가 모든 채비를 갖추고 있었다. 방식은 다른 데서 하는 것과 거의 같았지만, 여기서는 특이하게 말이 등을 대고 누운 상태에서 편자를 갈았다. 조랑말이라 편자도 크기가 훨씬 작았고, 못 박는 구멍은 여덟 개였다. 편자를 가는 동안에 다른 말은 짐을 등에 실은 채로 바닥에 누워 뒹굴려고 했다. 그렇게 되면 안 되니까, 마부가 하던 일을 멈추고 얼른 와서 옆으로 누운 말의 짐을 풀어주었다.

1901. 5. 24 (금)

새벽 4시 30분에 일어나니 모두가 기상하여 준비를 마쳤고, 아침식사 후 6시 20분에 출발했다. 길은 여기저기 질퍽거렸고, 강의 수심이 깊었다. 그래도 날씨는 청명했고 경치도 환상적이었다. 10시 30분에 지동골 여관에 도착해 점심을 먹기까지 1시간 30분을 지체한 덕분에 병영에 도착하니 오후 2시가 15분이나 지났다. 도착해서 15분도 안 되어 병영에 거주하는 거의 모든 교인이 몰려와 우리를 환영했다.

1901. 5. 25 (토)

'새 장터'(New Market)에서 브라운 양의 선생이었던 고 서방을 만났다. 그는 쌀가게에 고용된 일꾼이었다. 우리는 그와 함께 걸으며, 그가 병영의 교인들과 잘 만나려하지 않았기 때문에 주일에 와서 우리를 만나도록 그를 초청하였다. 길은 온통 논둑길이어서 걷기 힘들었다. 돌아올 때는 누가 알려준 더 편한 길을 따라, 거리는 좀 멀었지만 목적지에는 더 빨리 도착했다.

1901. 5. 26 (일)

오늘 예배에는 참석자가 매우 많았다. 날씨가 좋아 모든 외부 사람들도 올 수 있었다. 교인들은 모두 열심히 배웠다. 그럼에도 세례 문답자 반에 들어가 결국 세례까지 받겠다는 소망을 드러내기는 다들 꺼려했다. 지난 번 모임에 참석하지 못한 두 여성이 문답자 반에 들어오는 것이 허락되었다. 이미 이름을 제출한 사람들 중 몇 명은 좀 더 생각해보겠다면서 문답 신청을 철회했다. 지동(Chitong)[233]에 사는 박 서방의 동생은 오늘 처음으로 예배에 참석했다. 정작 박 서방은 대구에 갔으므로 예배에 참석하지 못했다. 그런데 실은 그가 어제 저녁에 대구 인근까지 갔다가 바로 돌아온 것 같다. 선교사가 울산에 왔다는 소식을 듣고, 그 날 저녁에 박 서방이 바로 우리에게 왔다. 박 서방이 너무 행복해하니 그 기쁨이 다른 교인들에게도 영향을 끼쳤다.

233) 1901년 4월 11일과 5월 24일자 일기에서 언급한 '지동골'을 의미하는 것으로 보인다.

1901. 6. 1 (토)

월요일 아침 7시 30분, 병영지역의 모든 신자들이 참석한 새벽예배를 인도한 후 병영을 떠났다. 우리의 다음 목적지는 창기 또는 그 인근 마을이었다. 좀 더 편한 길이라고 택한 길이 산을 넘어 동해안을 따라 북상하는 길이었다. 산길에 들어서니 통로가 어찌나 거칠고 가파른지, 우리가 거의 말에서 떨어질 뻔했다. 그러나 통로의 다른 편에 이르니 길이 아주 좋아졌으므로 말에서 내려서 걸어 갔다. 동해안에는 몇 군데 경치 좋기로 유명한 곳이 있는데, 바위들과 해변길이 어울려 매우 눈을 즐겁게 했고, 대체로 깨끗한 모래사장이 1~2마일 나오면 이어서 풍우에 침식된 울퉁불퉁한 작은 곶들(promontories)이 등장하는 장면이 반복되었다. 나는 내가 그런 처녀지 절경을 발견했다는 생각에 가슴이 뛰었다. 다양한 색조의 야생 장미들이 어우러져 만든 울타리 자체도 너무 아름다웠지만, 야생 장미들에서 맡으리라곤 기대하지 못하고 오직 고국의 들장미에서나 맡을 수 있을 달콤한 꽃향기가 우리를 기쁘게 맞았다. 한국의 야생화들, 예컨대 가장 아름다운 바이올렛은 향기가 없다는 말을 들었는데, 여기서 전혀 그렇지 않다는 사실을 알게 되어 매우 기뻤다. 어떤 흑장미 계열의 꽃은 어찌나 향기가 좋은지, 나도 모르게 몇 송이를 꺾었는데, 시들고 한참이 지난 때까지도 여전히 내 손에 기분 좋은 향기가 강하게 남아 있었다.

정오에는 한국식 점심을 먹으려고 도로 변에 있는 여관에 들어갔는데, 음식이 준비되는 동안 사람들에게 우리가 오게 된 이유와 예수 그리스도 안에 있는 구원에 관하여 설명할 기회를 얻었다. 다행히 열심히 듣는 사람들이 있었고, 더 많은 정보를 원한다면 이 쪽복음서를 사라고 우리가 권하자 기꺼이 구매했다. 2시 30분에 그 지역 이름을 딴 '하시 여관'(Hash Inn)을 떠나, 감포(Kampo)에 도착하니 6시 30분이었다. 감포는 상당히 중요한 낚시터이고, 감포 만(bay)을 따라 아름다운 해변이 펼쳐져 있는 마을이다. 고생해서 여관을 찾아가니, 그 집 큰 주인이 가족상을 당해 영업을 중지했다고 했다. 결국 알려주는 말을 듣고 찾아가니, 거기는 한 5분 떨어진 곳에 있는 별도의 작은 마을인데, 실제로 그 작은 마을과 다른 작은 마을이 합하여 하나의 큰 마을을 이룬다고 했다. 그렇지만 거기서도 방은 하나뿐이라, 다른 방도가 없으면 선생과 마부들과 내가 모두 그 방에서 자야 했다. 집 주인이 나에게 창문이 없고 가족의 사랑방을 통과해서 들어가는 좀 답답한 골방이라도 쓰겠느냐고 물었다. 그래서 그냥 마루에서 자기로 했는데, 그렇게 잤어도 다들 아무렇지 않았다.

화요일에는 일찍 일어나 6시에 감포를 떠나, 9시 30분에 창기에 도착했다. 창기는 언덕 위에 있는 마을로 마치 옛날 요새처럼 보였다. 그 언덕 아래서 마침 창기 장이 열렸다. 그러나 우리는 머리 띠 업자 김 서방의 거처를 찾는 것이 무엇보다 급했으므로, 그것만 묻고 바로 장터를 떠났다. 그런 외지에 외국인이 나타난 일은 분명히 신기한 사건이라 금방 사람들이 주위에 모여, 내가 어느 나라 사람인지, 미국 사람이다, 소련 사람이다, 아니다 영국 사람이다 운운하며 자기들끼리 추측을 했다. 결국 그들은 내가 분명히 영국에 속한다고 결론을 내렸다.

안타깝게도 어학선생은 우리 친구가 사는 그 마을 이름(village)을 묻는 것을 깜빡 잊었다. 한국 사람들은 대개 어느 지역(district)에 산다는 식으로 말하기 때문이었다. 나는 그의 말을 듣고, 그가 사는 마을은 창기에서 서쪽 약 20리쯤 있다고 생각했는데, 선생은 우리가 금방 지나온 경로에 해당되는 남동쪽이라고 믿었다. 그 일 덕분에 나는 나침반의 방향이 문제될 때에는 반드시 한국 사람의 말을 믿어야 한다는 사실을 배웠다. 길을 물어보느라 상당한 시간을 허비했는데, 그 동안 내 마부가 우리의 대기 시간을 더 재밌게 만들려고 그랬는지, 말이 도망칠 기회를 제공했다. 드디어 원하는 길에 대한 정보를 얻어 거기(Chat Tey)에 도착하니 11시 30분. 우리 친구는 집에서 우리를 반가이 맞아 주었다.

어김없이 호기심 많은 구경꾼들이 다시 떼로 몰려왔다. 우리 아니 나는 오히려 진기한 구경거리가 되는 일에 익숙해졌다. 조금 지나니 우리만 남게 되었고, 우리를 청한 사람과 좀 더 개인적인 대화를 나눌 수 있었다. 그런데 알고 보니 그의 집에는 우리가 사용할 방이 많지 않고 마을에는 여관도 없으므로, 우리는 계속해서 여행을 하기로 했다. 성경 한 두 구절을 읽고 선생이 교리의 핵심을 설명하고, 그가 제기한 질문들에 대답해 주고 잠시 함께 기도하는 시간을 가졌다. 내가 좀 더 오래 머물면 좋았겠다고 생각하는 이유는 그가 혼자였고 신앙에 있어서 아직 너무 어리고 기독교인 간의 교제가 중요하다고 보았기 때문이다. 그렇지만 사정상 어찌할 수 없었으므로 우리는 그 짧은 시간 동안에 할 수 있었던 일들로 만족할 수밖에 없었다.

정확히 오후 3시 10분에 거기를 떠났다. 그는 집에서 1마일 되는 곳까지 우리를 배웅했다. 그가 오랫동안 서서 우리를 바라보고 있는 동안, 내 가슴에는 언덕 위에 홀로 흰 옷을 입고 서 있는 그 키 큰 인물에 대한 동정심이 솟아났다. 나는 또한 그를 위해서 죽으신 주님보다 더 그를 동정해 줄 사람은 없다고 생각하면서 스스로를 위로하였다. 주께서 그를 주님 가까이 붙드시고, 성령께서 그 풍성한 자비로 그의 교사와 위로자가 되기를 기도했다.

오후 6시 50분, 매우 얕은 만(Unkoffsky Bay)에 위치한 다수(Tasu)에 도착했다. 우리가 지나온 지역은 유난히 언덕들이 많았다. 길에서 한 굽이를 돌아드니 우리 앞에 벌거벗은 거친 언덕들로 둘러싸인 아름다운 호수가 보였고, 그 언덕들 뒤로 태양이 지고 있었는데, 나는 왜 그 호수가 여러 지도에 표기되어 있는지 그것이 궁금했다. 계속 나아가면서 보니, 분명히 호수 같았던 것이 위에 언급한 만으로 넓어지는 모습이 보였기 때문이다. 그것은 창기 마을을 너무 남쪽에 그려 넣은 지도때문에 생긴 착각(delusion)이었다. 만 주변 지역은 내륙으로 수 마일에 걸쳐 온통 모래밭뿐이어서, 어떤 곳에서는 말들도 무척 걷기 힘들어 했다. 다수 사람들은 성격이 매우 거칠어 우리의 피곤함과 무관하게 그들에게 그리스도의 구원의 고상한 진리를 자유롭게 선포해야 되겠다는 생각이 들지 않았다.

수요일, 6시에 다시 출발했다. 화산(fire mount, 火山)에서 소위 최고라고 추천을 받은 여관에서 점심식사를 했는데, 음식이 어찌나 짠지, 다른 맛은 하나도 느껴지지 않았고, 만약 나더러 여기서 먹은 식사를 다시 먹으라고 한다면, 차라리 한국 음식을 포기하고 말겠다는 생각이 들었다.

2시쯤 신라의 옛 수도 경주에 들어갔다. 거대한 원뿔형 둔덕들이 특이했는데, 그에 대해서는 아무런 정보도 얻지 못했다. 지나다가 거대한 (서울에 있는 것보다 더 큰) 종 가까이에 잠시 멈췄다. 많은 사람들이 그 종 밑으로 기어 들어 갔는데, 열두 명에서 스무 명까지 들어갈 만했다. 이 흥미로운 도시에 하루나 이틀쯤 머물 수 있으면 참 좋겠지만, 매우 중요한 이유 때문에 한 시간쯤 쉬었다가, 한자로는 '각젼'이라 부르고 고대 한국어(어쩌면 신라어)로는 "메억닉"라 부르는 마을에 위치한 편안한 여관에 가서 밤을 보내려고 다시 출발하여, 6시에 거기 도착했다. 가까이에 작은 강이 있어서, 항상 외국 음식으로 만드는 나의 저녁식사가 준비되는 동안 (차나 코코아를 위해 물을 끓이는 동안) 나는 잠깐 그 강에 들어가 몸을 식혔다. 여관은 새로 건축한 건물인데, 그 규모가 우리가 올라온 비옥한 골짜기를 통과하는 남쪽 길(the South Road)에서 흔히 본 여관들보다 훨씬 크고 좋았다.

목요일에는 다시 5시에 조반을 먹고 6시에 장도에 올랐다. 곧 산을 넘어 남쪽으로 뻗은 골짜기에 들어섰다. 언양(Un Yung)에서 점심을 먹었다. 마부들이 말에 짐을 싣는 동안 우리가 먼저 길을 나섰다. 이제는 작은 강이 된 강의 바닥을 딛고 걸어서 건넌 후, 잠시 멈춰 서서 말들이 오기를 기다렸다. 그런데 예상했던 것보다 훨씬 오랜 시간이 지나자 비로소 그들이 오는 모습이 보였다.

마치 우리의 인내심을 시험하려는 것처럼, 다른 말들이 내 말 옆을 지나자 마부의 손에서 벗어나 또 다시 재빨리 줄행랑을 쳤다. 그 조랑말은 내 사진기가 자기 짐 속에 들어 있다는 사실을 전혀 개의치 않고, 마을의 오솔길을 전속력으로 되돌아 달려갔다. 저렇게 거칠게 달렸으니 분명히 카메라가 벽에 부딪혀 박살이 났을 것이라 각오를 단단히 했는데, 다행히 없어진 것은 스프링 하나뿐이었다. 마부도 각오를 했는지, 아주 공손한 자세로 꾸중을 들었다. 정직한 한국 사람은 자신의 잘못을 인정하면, 공손한 태도로 "저가 잘못했습니다"라고 사과의 표현을 한다.

우리의 목적지는 통도사였다. 소나무 숲 한가운데 매우 아름답게 자리하고 있었고, 그 숲 사이로는 맑은 계곡물이 흐르고, 계곡 바닥에는 커다란 둥근 바위들이 박혀 있었다. 그렇게 그림 같은 자연에 선원(禪院, monastery)를 세웠다는 것은 불교인들이 탁월한 안목을 보여준다. 그 점에 있어서 불교의 승려들은, 역시 평지보다 아름다운 산속 풍경을 선호했던 중세 유럽의 기독교 수도사들을 닮았다.

승려 중 한 명이 그 밤을 지내라고 자신의 승방을 우리에게 내어 주었다. 방의 크기는 보통 한국식 방만한 8×8피트 정도였지만, 천장이 훨씬 높고 방문도 큰 사람이 허리를 굽히지 않고 들어갈 수 있을 만큼 높았다. 깨끗이 정리된 모습은 불교 승려들의 청결함을 보는 것 같았다. 그들은 동물을, 파리나 벼룩이나 심지어 바퀴벌레도 죽이지 않는다. 하지만 그 방을 보니 어떤 해충도 우리를 괴롭히지 않겠다는 확신이 들었다.

저녁식사를 하기 전에 개울에 가서 몸을 씻었는데, 어떤 곳은 수심이 꽤 깊었다. 물고기도 꽤 많았는데 아쉽게도 통도사 경내에서 낚시는 금지였다. 우리는 물론 공개된 건물을 다 구경했다. 한 승려의 안내로 여러 법당을 둘러보았는데, 각 법당마다 안치된 불상들의 그룹이 달랐다.

우리 일행 중 한 명이 처음에 그 절의 주지와 논쟁을 벌이는 심각한 실수를 저질렀고, 절에서는 우리의 숙박과 말 먹이와 사람들의 음식까지 무료로 제공해 주었으므로, 내가 선생과 함께 우리의 감사를 어떻게 표현할지 그 방법을 의논했다. 결국 주지에게 육류를 대접할 수 없으니 차와 케이크와 비스켓을 대접하자고 결정했다. 주지는 흔쾌히 나의 초청에 응했다. 케이크를 내어 놓으니, 그는 먼저 혹시 계란이나 동물성 지방으로 만든 것이 아니냐고 물었다. 선생은 매우 단호하게, "아니요"라고 대답했다. 어쩌면 그 자신도 몰랐을지 모른다. 무지가 축복일 때는 어리석음이 지혜이므로, 나는 아무 말도 하지 않았다. 헤어지기 전에 내가 주지에게 쪽 복음서를 선물로 주었다.

승방 안의 공기가 밤에도 상당히 더웠으므로 우리는 잠깐씩 선잠을 자는 것으로 만족해야 했다. 새벽 2시가 되자 온 절간의 종들이 울리기 시작해 근 30분이나 계속되었고, 이어서 승려들의 예불 소리가 들렸는데, 중간에 종 두드리는 소리, 심지어 종을 때리는 소리도 들렸다. 5시가 되자 모두 기상했다. 절에 속한 나무꾼과 석수들을 위한 아침 식사는 6시까지 준비되어야 했다. 아, 정말 어찌나 시끄러웠는지! 그러나 어젯밤 7시와 10시 사이의 소음도 그와 다르지 않았다.

떠날 준비가 되자 주지가 나와서 우리를 자신의 작은 왕국의 경계까지 배웅했다. 그는 다시 방문해 달라고 하며, 우리의 여행이 편안하기를 기원했다. 덧붙여 말할 것은, 주지 자리는 왕이 내리는 직분이라는 사실이다. 다시 말하면, 불교는 '한국의 국교'(the Established Church of Korea)인 셈이다.

1902. 3. 20 (목)

오늘 아침에 울산을 향해 출발했다. 지난 삼일 동안, 마치 남서풍 태풍이 부는 6월처럼 무더웠으니, 이번 여행에도 무척 더울 것이라고 예상했다. 그런데 지난 밤 동안 날씨가 변하더니, 차가운 동풍이 불기 시작했다. 그래서 여름옷 위에 겨울옷을 덧입어야 했다. 눈을 뜰 수 없을 정도로 강한 바람이 불었으므로 자주 숙박하는 동래여관에 머물러 있어야 했다. 쌀도 떨어졌으므로 한국식 저녁은 포기하고 육류 통조림과 보리 빵, 차로 식사를 대신했다. 떠나기 전에 내가 그 집의 네 자녀에게 예방접종을 해 주었더니, 부모가 약값을 주며 진심으로 감사했다.

20리를 더 가서 안평(안식과 평화)에 잠깐 머물며 박 생원(박 씨의 부친)을 찾았는데, 그는 자기 아들 집에 가고 없었다. 박 생원의 아들은 이 곳 여관의 이전 주인이었고 우리도 잘 아는 사람이다. 수 년 동안의 홀아비 생활을 청산하고 재혼하여 그가 가진 두 집 중 다른 집에서 살고 있는데, 그는 지역에서 가장 부유한 네 사람 중 한 사람이다.

제법 오래 (주로 교리에 관한) 대화를 나눈 후, 아들이 우리를 자기 아버지 집으로 인도했다. 높다란 대나무 숲이 울타리처럼 둘러쳐 있는 토속 마을의 미로 같은 골목길을 지났다. 박 생원의 집에 가서도 우리들의 대화는 금방 하나님의 진리에 관한 것으로 바뀌었고, 집 주인은 미리 준비한 여러 질문을 했다.

저녁식사 시간이 다 될 무렵, 기도모임과 성경공부를 그 아들 집에서 모이는 것으로 의견을 모았다. 그때까지는 그 두 부자가 그 지역 신약성경반의 유일한 학생들이었다. 우리가 아들 집에 도착한 후에도 그 '영감'(한국에서는 경칭이다)이 아직 돌아오지 않았으므로, 우리는 상당한 시간 동안 그를 기다렸다. 기다리는 시간을 이용하여 우리의 젊은 주인에게 다양한 주제들을 설명했고, 찬송 "나의 죄를 씻기는"도 가르쳤다. 우리는 언제나 한국 사람들에게 외적 형식과 반대되는 내적인 영적 의미를 강조하는데, 그 이유는 한국 사람들의 종교가, 유교든 불교든 혹은 샤머니즘이든, 그들에게는 절차만 복잡한 죽은 의식이고 외적 준수에 불과하기 때문이다. 특히 한국에서 학자라는 이름을 가진 계층은 더 그렇게 생각할 위험이 크기 때문에, 우리는 내적 회개의 필요성과 마음의 변화에 대한 필요성을 강조함으로써 그들을 감화시켜야 한다. 왜냐하면 그것이 없이는 새로운 종교라도 한국 사람들에게 낡은 옛 제도보다 더 큰 영적 유익을 주지 못하기 때문이다.

약 한 시간쯤 지나자 그 '영감'이 수감되어 있었던 모습이 역력한 한 친구를 데리고 집에 왔다. 나의 조사가 기회를 놓치지 않고 기독교의 주요 진리를 개괄적으로 설명하며 그 신입자에게 첫 학습을 시켰고, 이미 늦은 시간이었음으로 정규 성경공부는 하지 않았으나 그들의 도착으로 중단된 우리의 대화를 계속했다. '영감'은 세례문답교본(Manual for Catechumen)을 들고 자신과 거기 있는 사람들을 위해 큰 소리로 낭독했는데, 나중에 기도 시간이 되어 그 영감의 낭독을 중단시키는데 어려움을 겪었다. 나중에 조사가 와서 그 영감은 기도를 많이 하는 것은 원치 않는다고 말하는 바람에 우리가 그 (초신자들의) 어려움을 이해하고 같이 웃었다. 그들도 차츰 진리를 깨닫고 특히 자기들보다 더 오래 신앙생활을 한 형제들을 만나면, 그들 역시 영적 훈련을 즐거워하게 될 것이다. (나는 여기서 고국의 동지들에게 이처럼 고립되어 있는 이들을 기억하고 그들의 신앙이 굳건해지도록 기도해 달라고 부탁하는 것이 시의적절한 요청이라고 믿는다).

[박 생원의 친구는 좌천 출신 강 씨인데, 좌천은 기장 지역에 있는 장터로 초전에서 20리, 즉 초전과 남창 중간에 있다.]

1902. 3. 21 (금)

그 유명한 춘분(春分)의 강풍이 올해도 제 때에 찾아왔다. 밤새 바람이 심하게 불었다. 하늘은 잔뜩 흐렸지만 우리는 강행을 결정했다. 북풍이, 아니 북북동풍이 불었으니 비는 거의 오지 않을 것이라고 예상했다. 출발 전, 박 씨의 4개월 된 아들을 예방 접종했다. 출발 준비를 마칠 때 가랑비가 내리기 시작했다. 그러나 조금 더 높이 올라가니 비가 그쳤고, 큰 산 뒤쪽 바람을 피한 곳에서는 여느 날처럼 평화로워 보였는데, 다만 여러 산 틈새로 폭풍이 몰아치는 바다가 보였다. 사방이 트인 들판으로 들어서니 거센 바람이 맹렬히 불었고, 기장(Ki Chang)을 지나자 비가 그냥 내리는 것이 아니라 어찌나 거세게 얼굴을 때리는지 나의 조사는 우박이 내리는 줄 알았다고 했다. 30분쯤 지나 전에 머물렀던 좌천 오두막에 도착했다. 거기에 머물 수밖에 없었다. 비 오는 날 한국의 산길을 걷는 것은 너무 위험해 아무도 걷기를 원치 않는다.

1902. 3. 22 (토)

아직까지 날씨 때문에 묶여 있다. 새벽녘에 비가 그쳤다. 그러나 오래 갈 것 같지 않았다. 저녁 식사 후, 날씨가 개었으니 우리는 부산으로 돌아가자고 했지만, 마부들이 말을 듣지 않았다. 오후에는 수수께끼를 하며 놀았다. 그러다가 놀라운 재치를 보여준 이야기들을 들었다. 두 가지 사례를 기록해 둔다.

1. 아내의 지혜

어느 나라에 전쟁이 일어나 남편과 그의 지혜롭고 아름다운 아내가 피난처를 찾아 떠났다. 여행 하던 중 어느 날 오후에 강도떼를 만났는데, 강도들은 돈과 물건을 마다하고 오직 그의 아름다운 아내를 포로로 삼겠다고 했다. 아내를 주면 남편은 자유로이 살려 보내겠다는 말이었다. 남편은 달리 방법이 없다고 생각했다. 만약 아내를 강도들의 손에 넘겨주길 거부하면, 자기가 죽거나 강제로 아내를 빼앗길 것이라 생각했다. 남편은 불가피한 운명이라 여기고 체념했다. 그러나 아내는 그렇지 않았다. 사랑하는 남편과 헤어지고 싶지 않았다. 여자는 매우 아름답고 매우 총명했다. 재빨리 강도들의 수를 세어보니 정확히 삼십 명이었다. 여자가 그들과 담판을 지었다.

여자가 말했다. "여러분은 모두 삼십 명인데, 내가 여러분 모두의 아내가 될 수는 없겠지요? 그런 삶은 불가능해요. 그렇지만 여러분 중 한 명이라면 나는 기꺼이 그 분의 아내가 되겠어요."

강도들이 그 말에 동의했다. 여자가 계속 제안했다. "여러분 중 어느 한 분도 다른 분보다 더 아름답거나 더 나은 점이 없어 보이니, 내가 선택하기가 어렵네요. 그렇지만 나는 이 일을 아무렇게나 하고 싶지 않아요. 그래서 만일 여러분이 원한다면, 나는 하늘이 내게 점지해 주신 올바른 사람을 고르는 방법을 사용해 보고 싶어요."

"여러분이 둥글게 둘러앉으면 내가 그 주위를 돌겠습니다. 돌면서 숫자를 세어서 열에 해당되는 사람은 내보내고, 마지막에 남은 한 사람이 내 남편이 되는 것입니다." 그러자 모두가 그 말에 동의했다. 그래서 여자가 돌기 시작하자, 각자는 자신에게도 행운이 올 수 있다는 기대를 품었다.

"그렇지만 혹시 여러분이 너무 편파적이라고 보일 수도 있으니, 내 남편도 여러분과 함께 자리에 넣어 여러분과 같은 기회를 줍시다." 공평한 선택이라는 생각에 마음이 팔린 강도들은 그 조건도 아무 의혹 없이 수용했다. 그러자 여자가 자기 남편으로부터 숫자를 세기 시작했다.

하나, 둘, 셋, 넷, 다섯, 여섯, 일곱. 거기까지 센 여자가 갑자기 당황스런 표정을 짓더니, 자기가 실수를 했다고 선언하고는, 잠시 멈췄다가 원래 시작한 반대 방향으로 돌아서 다시 숫자를 세기 시작했다. 그렇게 여자가 한 바퀴를 돌 때마다 열 번째 사람이 탈락되었다.

삼십 바퀴를 돌자, 남은 것은 여자의 남편과 다른 한 강도뿐이었다. 그 둘 중 하나에게 선택이 돌아간다. 그러나 세는 순서에 따라 홀수면 전자가, 짝수면 후자에게 해당되게 되므로, 마지막 "열"을 세었을 때, 마지막 강도가 탈락했다. 강도들은 다 깜짝 놀라 소리를 질렀다. "이것은 하늘의 선택이니 받아들일 수밖에 없다!" 그리고 강도들은 그 남편과 아름다운 아내를 제 갈 길로 보내주었다.

2. 수사관은 가장 영리한 도둑이어야 한다.

한국의 선왕(현 국왕의 부친)은 선하고 지혜로운 왕이었다. 왕은 사헌부 관리들의 노력이 만족스럽지 않고, 녹봉(祿俸)이 허비되는 것이 아닌지 염려했다. 그래서 관리들을 시험하기로 했다. 왕은 작은 비단 주머니에 금가루, 즉 사금(砂金)을 절반쯤 채우고, 접견실 천정에 달아 놓고 대사헌에게 고위 관리들을 소집하게 하고, 그들의 능력이 만족스럽지 않으나 그들의 능력을 증명할 기회를 주겠다고 설명했다.

"너희들 중 누구라도 (천정에 달려 있는 주머니를 가리키며) 금가루를 담은 저 주머니를 훔쳐낸다면, 너희를 감원하거나 감봉하지 않을 것이나, 만약 이 일을 성취하지 못할 시, 곧 정리할 것이다. 단, 사흘 내에 이 일을 마무리 할 것이니라."

관리들은 무거운 마음으로 동료들에게 왕의 결정을 알려 주었다. 아무도 그런 일을 해낼 수 없다고 생각했다. 왜냐하면 왕이 그 귀중한 주머니를 지킬 파수꾼을 (주야로) 두고, 만일 지키지 못하면 그들의 목숨을 취한다고 명했기 때문이었다. 사흘째 되는 날, 한 젊은 사헌부 관원이 동료들에게 자기가 그 일을 하겠다고 했다. 동료들은 기꺼이 수용했고, 그가 왕에게 알현을 요청하자 왕도 허락했다.

그는 여러 각도에서 그 주머니를 면밀히 살펴보고, 모든 세부사항을 점검한 후, 자기가 보기에는 이 과제는 불가능하다고 거짓으로 왕에게 고했다. 그렇지만 이틀의 여유를 더 준다면 자기가 해결해 보겠다고 했다. 왕은 그 관원의 제안을 허락했다. 왕은 자신했다. "한 달의 시간을 더 주어도 너는 그것을 훔치지 못할 것이다."

그는 집에 돌아가 모든 면에서 금주머니와 똑같은 모방품을 만들고 거기에 모래를 반쯤 채웠다. 이틀째 되는 날, 헐렁한 관복의 오른쪽 소매 안에 모래주머니를 숨기고, 다시 왕 앞에 나아갔다. 그는 그 일의 어려움에 대해 장황하게 설명하며 금주머니를 천정에서 벗겨 들었다.

"소신이 이것을 오른쪽 소매에 넣으면 왕께서 그것을 보십니다." 그렇게 말하면서 오른쪽 소매에 넣었다. 또 소신이 그것을 꺼내 이렇게 왼쪽 소매에 숨기면, 그것도 왕께서 아십니다." 그리고 다시 주머니를 제자리에 놓으면서 말을 계속했다. "이 과제는 아무래도 불가능할 것 같습니다. 하오나 왕이시여, 하루만 더 시간을 주시겠습니까?"

왕이 웃으며 허락했다. 다음 날 자정에 왕이 사람을 보내 사헌부 관리들을 모두 소집했다. 그들이 도착하자 왕은 은혜의 시간은 끝났고, 그들이 일을 처리하지 못했으니 그들 모두를 해고한다고 선언했다.

그들이 대답했다. "왕이여, 지금 소신들이 보는 주머니가 원래 주머니라고 왕은 확신하십니까?"

"확신한다. 그대들도 아는 대로, 내가 주야로 경비를 세웠느니라."

"그렇다면 왕께서 친히 그 주머니에 든 금을 확인해 주소서."

왕이 주머니를 내려 열어보니, 놀랍게도 금이 아닌 모래가 들어 있었다. 왕은 처음에는 주머니가 도둑맞은 사실을 믿지 못하고, 그들이 속임수를 썼다고 주장했다.

"이런 일은 귀신들밖에 할 수 없다." 왕이 소리쳤다. 그러나 왕은 곧 관리들 중 한 명이 훔친 것을 인정하고, 그를 데려오라 명한 후, 그가 과연 어떻게 훔쳤는지 이야기하지 않으면 믿지 않겠노라고 말했다.

이때 그가 와서, 자신이 지난 번 알현 때, 소매에 모방품을 가져와 시연하면서 바꾸었다고 설명하자, 왕이 기뻐하며 소리쳤다: "과연 네가 나보다 영리하구나. 사헌부 관리들은 계속 임무를 수행토록 하여라."

1902. 3. 23 (일)

어제 이곳을 떠나지 못하고 주일 하루를 여관에서 보냈다. 아침에는 날씨가 상당히 괜찮아 보이더니 오후가 되자 다시 비가 내렸다. 따라서 내일의 여행 전망은 솔직히 높지 않다. 아침과 저녁 두 차례, 찬양과 성경강해, 기도로 정규 예배를 드렸다. 주께서 우리를 이곳에 붙들어 두시는 목적이 무엇일까? 언젠가는 알게 되리라. 어쨌든 주님의 뜻은, 다른 제자들과 함께 모이는 일의 가치를 우리에게 가르치려 하심이든, 혹은 부산의 우리 기독교인들에게 매 안식일마다 누리는 특권을 전혀 누리지 못하는 신자들의 고독감을 우리에게 가르치려 하심이든, 그 교훈은 상당히 소중한 교훈이 될 것이다. 주님의 길은 아마 그보다 훨씬 높을 것이다. 혹시 이런 방식이 아니고는 만날 수 없는 진리 탐구자가 아직도 여기에 있기 때문일까?

1902. 3. 24 (월)

아침에 소나기가 가끔 내렸지만, 우리는 저녁식사 후에 부산으로 출발하기로 결심했다. 오전에 물새(어리새) 한 마리를 쏴서 잡았다. 2시를 약간 넘겨 출발하여 쉬지 않고 여행한 결과 7시에 부산에 도착했는데, 날씨가 너무 추워 안락한 난로가에 온 것만으로도 크게 감사했다. 사람들은 우리가 다음 날 도착할 줄 알았다가 우리가 온 것을 보고 상당히 놀라워했다.

1902. 3. 28 (금)

어제 아침에는 날씨가 맑아졌으므로 우리는 아침 식사 후에 출발했다. 보리 빵 한 묶음을 잘 구워둔 아내가 나를 위해 부드러운 빵을 충분히 넣어 주었다. 동래에 도착할 무렵 (20리), 전에 탄 말보다 상당히 힘이 떨어지는 내 말이 한쪽 뒷다리를 절었다. 우리는 즉시 건장한 말을 확보하여 기찰(30리)까지 갔고 거기서 잠시 길을 멈추고 점심을 먹었다. 서울 출신 강 석사라는 사람과 대화를 나누었는데, 그는 창기로 가는 중이라 했다. 자기 어머니는 6년 가까이신자였다고 했다. 그의 말에 따라 짐작컨대 그 어머니는 "미드기념교회"(Mead Memorial Church Congregation)의 교인이라 생각된다. 나는 그가 관심을 보인 소책자 두 권을 그에게 주었다. 그는 창기에서 돌아오는 대로 우리를 방문하기로 약속했다.

오후에 비둘기 두 마리(와 까치 두 마리)를 쏘아 잡았다. 6시 15분, 전에 묵었던 서창 여관에 도착하니 주인이 바뀌어선지 여러 면에서 아직 고객을 끌기에 부족해 보였다. 마부들도 다른 여관으로 가고 싶어 했지만 내가 고집을 부려 거기에 머물기로 했다. 나는 전에 썼던 방을 다시 썼는데, 장롱을 빼내니 방이 훨씬 넓었다.

아침에 출발해 11시쯤 지동골 여관에 도착했다. 저녁 식사를 기다리는 동안 (뜰에 있는 사람들에게 쪽 복음을) 소개했다. 한 명은 슬며시 사라졌고, 다른 사람은 인내심에서인지 호기심에서인지 한 권을 다 읽을 때까지 들었다. 한 권에 5전이면 싸다고 권했지만 아무도 사지 않았다. 아마 시골 막걸리 한 사발에 6전이라면 아무도 개의치 않고 샀을 것이다. 이것은 통상 남자들이 자기 영혼에 유익한 것보다 자기 몸에 유익하다고 상상하는 것을 얼마나 더 선호하는지를 여실히 보여주는 전형적인 사례였다. 만약 그 소책자들이 한문으로 인쇄되어 있었다면, 비록 한자를 몇 글자밖에 못 읽는 사람들도 기꺼이 사려고 했으리라.

울산 근처에서 야생 거위 한 마리를 쏘았다. 천일염전이 있는 실리방(Silibang)[234]에 도착했다. 연로한 장 서방이 거기서 5리 떨어진 곳에 새 집을 지었다 하여, 아직 거기 살고 있는 동생의 인도로 장 서방의 집을 방문했다. 잠시 머물며 그들과 함께 기도한 후, 계속 진행하여 병영에 도착하니 6시였다.

거기 사람들이 우리를 보고 무척 기뻐했다. 우리가 왔다는 소식이 전해지자, 교인들이 줄지어 와서 우리에게 인사하며, 웬 복이 있어 이곳까지 왔느냐고 야단이었다. 지난번에 이곳을 다녀간 것이 다섯 달 전인데, 여러 가지 장애물 때문에 더 빨리 방문하지 못했다. 세례 청원자들은 세례 받기를 갈망하고 있었다.

1902. 3. 29 (토)

출석자 명부를 살피고, 여러 가지 업무도 돌아보며 하루를 보냈고, 오후에는 매물로 나온 집을 보러 갔다. 그 집은 남부 지방에서 여태까지 내가 본 집들 중 가장 상태가 좋았고, 심지어 외국인들도 편하게 거주할 수 있는 집이었다. 내일 주일의 업무를 줄이기 위해, 내가 조사와 함께 세례 청원자들에 대한 문답을 시작했다. 지원자들, 심지어 할머니들까지 주기도문과 십계명, 사도신경을 다 외우고 있었고, 구원에 관한 지식이나 성례의 의미, 간단한 교회 정치도 잘 알고 있었다. 다만 한 여성은 구원의 섭리를 충분히 이해하지 못하여 문답을 통과하지 못했다. 또 한 청년은 그 어머니와 다툼을 한

234) 현재 울주군 청량면. '신리'라고 불리기도 했는데, 현제 이곳에는 석유화학단지가 조성되어 있다.

사실이 알려져 역시 퇴짜를 맞았다. 그 어머니도 세례 청원자였는데, 자기 마음에 은총의 수단에 참여할 수 있을 정도의 평화가 없으니 자신은 이번 세례식에 참석할 수 없겠노라고 스스로 철회를 요청했다. 우리 당회 업무를 다 마치니 11시였다. 밖에는 이미 많은 비가 내리고 있었다.

1902. 3. 30 부활주일

밤새 많은 비가 내렸고, 아침에도 계속 비가 내렸다. 우리는 사람들이 도착하는 대로 세례 대상자와 학습 대상자를 문답했다. 날씨가 개는 것을 보고 성례식을 오후 예배로 연기하기로 결정했다. 아침 예배 때는 요한복음 20:1~10을 설교했다. 오전 예배를 마치고 오후 예배를 기다리는 동안, 더 많은 사람들이 도착했고, 그들도 문답을 받았다.

3시에 오후 예배를 시작했다. 먼저 성인 12명에게 세례를 주었고, 이어 부모가 대신 문답을 받은 4명의 유아들에게도 세례를 주었다. 이어서 새로운 수세자들에게 성찬을 집례했고, 마지막으로 9명의 학습교인을 공식적으로 받았다. 이제 우리 교회에는 13명의 세례교인이 있는데, 그 중 장 서방의 아내는 전에 군산(Koonsan)에서 미국남장로교선교부 소속 선교사에게 세례를 받았다. 또 14명의 학습교인, 그 중 두 명은 날씨 때문에 불참하여 오늘 세례를 받지 못했다. 그리고 5명의 유아세례 교인이 있다. 이중 하나인 장 서방의 아들은 군산에서 유아세례를 받았다. 그 외에 상당히 많은 수의 신입교인들(adherents) 또는 탐문자들(enquirers)이 있다. 교인들의 집은 여덟 구역으로 나누었다. 다음 방문 때는 오늘 참석하지 못한 더 많은 사람들을 세례 청원자를 받아드리게 될 것이다.

예배 후, 아동 5명에게 예방 접종을 했다. 부모들이 매우 먼 곳에서 아이들을 데리고 예배에 참석했는데, 예방 주사를 맞히려고 내일 또 다시 아이들을 데려 오기 어렵기 때문이었다. 저녁 때 병영에 사는 사람들이 감사 예배에 동참했다.

1902. 3. 31 (월)

토요일에 보았던 집 주인이 그 집을 팔 의사가 없다는 말을 아침에 들었다. 그러나 좀 더 작은 부지의 건물이 (하나는 4평방 피트, 다른 것은 3평방 피트짜리 건물) 매물로 나왔다는 말을 들었다. 그래서 그 집들을 보러 갔는데, 먼저의 집보다 조금 높은 곳, 즉 훨씬 높은 지대에 있었다. 곧 가격을 흥정하여, 250냥(4파운드보다 조금 적은 금액)으로 결정을 보았다. 부산에서라면 그 정도의 부지에 그 여덟 배는 지불해야 된다.

정식으로 영수증을 작성한 후, 떠날 채비를 했다. 모든 교인들이 와서 작별 인사를 했다. 그러나 강 수위를 보니, 비록 지난 토요일 밤에 내린 비 이후 3피트나 내려갔지만, 그래도 여전히 수위가 높았다.

정오에 한 남자가 여관에 들어오더니 내 총을 좀 보고 싶다고 했다. 나는 그 대신 내가 주는 소책자는 보라고 했다. 그와 그의 친구가 곧 흥미를 보였고, 우리는 그들에게 복음을 전하고 최소한 세 권의 소책자(성경과 신앙문답서)를 팔았다. 통상적인 여관 단골 고객들의 복음에 대한 무관심을 고려하면, 그것은 대단한 일이었다. 말을 타고 가는 마지막 두 시간 동안 얼마나 찬바람을 많이 맞았는지, 서창의 단골 여관에 도착하니 추워서 몸이 덜덜 떨렸다.

1902. 4. 1 (화)

오늘 여행 중, 많은 인원이 달라붙어 통나무를 운반하는 장면을 보았다. 짐 끄는 말 대신 한 오십 명이나 되는 인부들이 동원되었다. 또 그 숫자와 비슷한 숫자의 남자들이 있었는데 이들 중에는 중인 계급 사람들도 더러 있었는데, 인부들을 독려하고 있었다. 마을의 농악대가 징과 장구와 꽹과리를 들고 나타나 다양한 악기들의 자극적인 리듬으로 음악을 시작하니 전체 부대가 움직이기 시작했고 인부들이 당기고 중인들이 규칙적인 간격으로 소리를 지르는 동안 그 큰 통나무도 움직이기 시작했다. 얼마나 놀라운 결과인가! 얼마나 굉장한 광경인가! 그걸 보니, 태산명동 서일필, 곧 "산이 우르르

떨리더니, 쥐가 한 마리 나왔다"(parturient montes, nascetur ridiculus mus)는 속담이 생각났다. 한국 사람들이 자기들의 방식에 만족한다면 무슨 상관이랴! 들으니, 그 대들보는 공공건물에 사용될 예정이고, 모든 시민이 반드시 그 작업에 동참해야 하기 때문에 그런 방식으로 쉽게 일을 한다고 한다. 그렇게 하면 확실히 개개인의 어깨는 가볍게 느껴질 것이다. 최소한의 수고와 최대한의 야단법석으로 공공의 복리가 효과적으로 보장된다면, 거기에는 상당한 장점이 있음이 틀림없다.

부산으로 돌아와 보니, 고아원에서 봉순(Pongsuny)과 보배(Popay) 두 소녀가 도망을 쳤고, (여기서 일본인 거류민 지역 쪽으로 2마일 떨어진) 영선고개에 있는 봉순의 숙모 집에 숨어 있었는데, 멘지스 양이 경찰서에 두 실종 소녀의 탐색을 요청했다 했다. 그런데 그 경찰서 수사관이 봉순의 숙모와 친척간이라 어쩐지 사건이 좀 수상해 보인다.

6. 제3차 전도여행: 기장, 울주, 울산지방 전도

1902. 4. 3 (목)

경찰이 아직 아무 일도 하지 않았다는 말을 듣고, 내가 경찰서장에게 편지를 보냈다. 서장이 그 사건에 관심을 갖겠다고 회답했다.

1902. 4. 5 (토)

경찰에게서 소녀들에 관한 소식이 없어 내가 직접 심 서방의 관공서를 찾아갔다. 서장이 그 날 자리에 없다 하여 내가 수사관을 만나게 해 줄 것을 요구했다. 수사관에게 이 사건 지연과 연관된 그의 가정사로 인해 그에게 심각한 의혹이 제기될 수 있으며, 만일 이 건이 속히 해결되지 않을 경우, 내가 서울에 있는 영국 공사에게 이 건을 의뢰할 수밖에 없다고 분명히 통보했다. 만일 월요일까지 아무런 해결책이 나오지 않는다면, 반드시 그렇게 하겠다고 분명히 통보했다.

1902. 4. 6 (일)

경찰 수사관이 말을 전하며, 소녀들이 발견되었고 저녁에 돌려 보내겠다고 했다. 그러나 비가 왔으므로, 우리는 그가 하루를 지체할 것이라고 생각했다.

1902. 4. 7 (월)

수사관이 전언을 보내, 소녀들의 몸이 별로 좋지 않고 옷도 깨끗하지 못하니 이삼일 더 머무르게 하는 것이 어떻겠느냐 묻길래, 우리는 오늘 저녁까지 반드시 돌아와야 한다고 회답했다.

1902. 4. 8 (화)

지난밤까지 기다린 것은 헛수고였지만, 오늘 아침까지 기다린 덕분에 일찍 아이들을 만날 수 있었다. 사실 그들은 어젯밤에 늦게 왔는데, 고아원 문이 잠겨 있고 우리를 볼 면목이 없어서 이웃 교인 집에서 밤을 보냈다고 한다.

오늘은 세탁일이라 아이들에게 맡은 일을 하라고 했더니 아이들이 말을 듣지 않았다. 그러나 내가 잠시 타이르니, 각자 맡은 일을 하러 갔다.

1903. 11. 29 (일)

오늘은 우리가 분기별로 시행하는 성찬주일이다. 지난 주간에 한 여성을 문답했다. 그런데 아침 예배 후, 아직 세례 받을 준비가 덜 되었다고 생각했던 3명의 여성이 급히 세례를 받고 싶다고 요청 했다. 자세히 문답해보니 우리의 과거 판단이 착오였고, 그들은 세례 받기에 아무런 문제가 없었다. 그래서 이번 주일에 1명이 아니라 4명에게 성례를 베풀 수 있었다. 성찬식에는 우리 교인 52명이 참여했다. 예배를 마칠 때, 안평의 박 씨 영감이 사람을 보내, 자기가 낙마했는데 왕진을 올 수 있느냐고 물었다. 우리는 내일 그리로 가겠다고 약속했다.

1903. 11. 30 (월)

커렐 의사(Dr Currell)와 내가 오늘 아침에 안평으로 출발하여 세 시간 반 만에 거기 도착했다. 우리가 보니 박 생원은 염려했던 것보다 상태가 좋았는데, 타박상은 많았지만 최소한 내상은 없었다. 커렐 의사가 바르는 연고를 한 개 주었고, 다른 약을 더 보내기 위해 그 집의 심부름꾼 한 명을 대동하고 돌아왔다.

1903. 12. 10 (목)

우리가 울산 지역을 마지막으로 방문한 것이 벌써 일 년 전이라, 오늘 그리로 출발했다. 밤이 되기 전에 임계 마을에 도착했다. 알고 보니, 여관 하인이 기독교에 관심이 많았고, 그 마을에 진리 추구에 관심을 가진 사람들이 몇 명 더 있었다. 저녁 식사 후, 주도로에서 약간 떨어진 마을에 가서 그들을 가르치고 함께 기도했다. 그들 중에는 아직 세례 준비자 반에 들어갈 사람이 없었다.

1903. 12. 11 (금)

아직 먼 길이 남아 있었다. 그러므로 촛불을 켜서 아침 식사를 하고, 아직 들판에 서리가 두껍게 깔려 있고 태양이 언덕 위로 내비칠 무렵 여관을 출발했다. 정오 전에 권서인 김 씨를 보냈는데, 그는 일찍 부산으로 떠났고, 또 우리의 인도자(leader) 박 씨를 울산에서 보냈는데, 그는 부산으로 내려가는 길이었지만 바로 집 쪽으로 방향을 돌렸다. 해가 짧은지라 해 떨어지기 전에 울산시에 도착하기에는 아직 거리가 상당히 멀었고, 우리 센터가 있는 병영까지 가려면 아직 3마일은 더 가야 했다. 밤은 칠흑같이 어둡고 별빛도 약해 목적지까지 가려면 한 시간 이상을 더 가야 했다. 그러나 우리는 한국 여관에서 자는 것보다는 차라리 그냥 가는 편을 택했다. 저녁 9시가 되어서야 겨우 사람과 말들이 먹을 수 있었는데, 2시 이후로 아무 것도 먹지 못했었다.

1903. 12. 12 (토)

여러 가지 행정적인 일과 주일 준비로 하루를 보냈다.

1903. 12. 13 (일)

아침 예배에는 비록 적은 성도들이 모였지만 불성실한 교인이 나오지 않았다는 점을 고려해 볼 때 참석율이 좋은 편이다. 오전과 오후 예배 사이에 학습과 세례 후보자들의 문답을 받았고, 그 결과 성찬상에는 목사와 함께 13명의 수찬자들이 둘러앉았다. 면밀한 조사 끝에 두어 명의 학습교인들을 명부에서 삭제했는데, 그 이유는 그들이 예배에 참석하지 않았기 때문이었다.

1903. 12. 14 (월)

일찍이 금천(Kumchan)에서 온 한 청년이 예수의 교리를 배우려고 병영에 왔다가 선교사에게 부디 자기 집을 방문하여 자신을 만나주면 좋겠다는 말을 남긴 적이 있었다. 김 씨는 발이 붓고 심한 열 감기에 걸려서 못 가고, 인도자 박 씨가 자원해서 나를 수행했다.

그 마을로 가는 길은 병영 골짜기와 동해안 지역을 나누는 산맥을 통과하는 높은 산길을 너머 동쪽으로 뻗어 있었다. 나는 지난 1901년 5월에 그 길을 한 번 지났었다. 한 시간 반 후, 사람들의 왕래가 많은 산길을 떠나 아주 협소한 개천 길을 따라 갔는데, 아마도 그 개천의 이름을 따서 마을 이름을 금천(金川)이라고 지은 것 같았다. 그렇지만 내 눈에는 금의 흔적이 전혀 보이지 않았다. 한 곳에 이르자 길이 거친 협곡으로 들어갔다. 세 시간을 걸은 끝에 일본해(Japan sea) 연안에 가까이 붙은 마을에 도착했고, 두어 시간 동안 그 마을에 머물며 청년과 마을 사람들에게 중요한 교리들과 몇 곡의 찬송가를 가르쳤다. 또 청년과 함께 기도하고, 그의 간절한 소원에 따라 그를 세례 청원자로 받아 주었다.

알고 보니 그는 상당히 많은 소책자들과 쪽복음을 이미 구입해 놓았는데,

그래도 우리에게서 찬송가 한 권을 포함하여 두어 권을 더 구입했다. 우리는 청년과 아직 냉담한 그의 부모 사이가 어려워지는 것을 원치 않았으므로, 비록 한국의 풍습에는 맞지 않지만, 그 가족이 우리와 말들에게 제공한 식사의 대금을 꼭 치르겠다고 고집을 부렸다. 예상치 못한 일은 아니지만, 마침 우리의 식비와 청년이 구입한 책들의 가격이 정확히 일치했으므로, 우리는 그들에게 돈을 더 지불하지 않았다.

청년이 우리를 배웅하러 와서 함께 잠시 걷다가 그 마을에, 로마 가톨릭 신자들이 꽤 있고 로마 가톨릭 신부의 영적 관리는 거의 받지 못했다는 사실을 알았다. 우리의 젊은 친구는 자신이 마을 사람들에게 반대나 박해를 받지 않을까 매우 염려했다. 밤이 된 후 우리가 병영으로 돌아왔다.

1903. 12. 15 (화)

비 오는 날이라 오늘은 집 안에 있어야 했다. 마구간이 충분치 않아 말들은 그대로 비를 맞았다. 내가 리더에게 작은 초막을 세워서 마구간으로 쓰자고 제안했다.

1903. 12. 16 (수)

아직 길이 너무 미끄러워 아침에 일찍 출발하는 것은 불가능했다. 거센 북풍이 불기 시작했는데, 우리는 병영에 하루를 더 머물 만큼 여유가 없었으므로, 아침 식사를 미리 먹고 떠나기로 했다. 바람이 칼날 같았다. 짐 실은 말을 끄는 내 하인은 따뜻하게 입을 옷이 별로 없었다. (울산 시 아래의 강을 나룻배로 건널 준비를 하다가, 바람이 얼마나 센지 갓끈이 끊어져 그의 갓이 바람에 날아갔다). 한 번은 내가 탄 말이 미끄러지면서 나도 함께 넘어졌는데, 다행히 아무도 다치지 않았다. 산 사이에 들어서니 바람의 위력이 감소되었다. 저녁 무렵에는 넓은 강 어구를 건너야 했다. 쓸만한 배가 나룻배가 아니라 일반 고깃배뿐이라 높은 판 위에 올라가지 않으려는 말들을 고깃배에 올리고 또 내리는 일이 고생이었다. 황혼 무렵에 학동(Crane-village)에 도착했다. 이곳은 목섬에서 가까워 한국인들은 "담배 한 모금 피울 수 있는 거리"라고 말한다. (한국 담뱃대는 담배 담는 곳이 작아서 담배 한 대 피우는데 약 10분이 걸린다). 나는 이 목섬을 1901년 4월에 방문한 바 있다.

아마 지난 일기에서 내가 목섬 만(Bay of Moksum)에 대해 기술한 것 같은데, 그곳은 지리적으로 대한해협이라는 해협이 있는 남해안에 인접한 섬이고, 그 섬에서 한 명의 세례 청원자를 얻었다. (목섬은 여태까지 4~5시간 거리 떨어진 병영 구역에 속해 있었다). 김승길(Kim Sengkil)이라는 연로한 분이 나를 학동으로 초대한 적이 있었는데, 그는 예전에 부산 건너 편 사슴섬(Deer island)[235]에 살 때 미국 선교사들 밑에서 세례 청원자가 되었다가 다시 고향 마을인 목섬에 영구히 정착하려고 돌아왔다는데, 알고 보니 그가 자기 모든 가족 즉 아내와 두 딸과 사위와 손자를 가르쳐 그들 모두가 세례 청원자가 될 충분한 준비가 되어 있었다. 그래서 그날 저녁에 우리를 만났던 세례 청원자를 포함하여 학동의 세례 청원자는 총 7명이 되었고, 내가 그 그룹의 지도자로 김 씨를 지명했다.

1903. 12. 17 (목)

날씨가 여전히 춥다. 모든 시냇물이 얼어붙었다. 다행히 바람은 멈췄다. 아침 기도회 후, 학동을 떠나 내덕(Naytuk)에 가기 위해 정오까지 서생(West life)에 도착한다는 계획을 세웠다. 서생에 도착하려면 다시 한 번 일반 고깃배로 강 입구를 건너야 했다. 거기서 저녁 식사가 준비되는 동안, 우리는 옛날에 병영에 살 때 군졸 생활을 하며 세례 청원자였다는 사람과 더불어 한 시간 가량 이야기를 나눴다. 그는 현재 전에 하던 담뱃대 만드는 일을 다시 하고 있다고 했다.

235) 부산시 '영도.' 선교사들은 '영도'를 사슴섬 곧 록도(鹿島)라고 불렀다. 후에 그림자섬(影島)로 불렸는데, 이것은 절영도(絶影島)의 줄임말이다.

오후에는 권서인 김 씨가 먼저 떠나면서 다음 날 개천 시(Kaychen city)에서 우리와 만나기로 했다. 우리는 내덕 구역에 속한 몇 명의 세례 청원자들을 만나려고 개천으로 갔다. 그러나 그들이 집에 없어 헛되이 우회한 결과가 되었다. 해는 벌써 서쪽 언덕 뒤로 사라졌고, 아직도 두 시간은 더 걸어야 했다. 그 말은 어둠을 뚫고 지난 여름에 한 것처럼 내덕으로 가는 산길을 올라야 한다는 말이었다. 우리는 너무나 피곤했지만, 권서인 박 씨가 내덕에서 우리를 기다리겠다고 했고, 예기치 못한 개천으로의 여행과 비로 인해 벌써 이틀이나 일정이 늘어졌으므로 어떻게든 내덕까지 가야 했다.

늦은 시간에 도착했지만 사람들이 우리를 따뜻하게 맞아주었다. 내가 저녁 식사를 하는 동안, 몇 사람들이 내 주위에 앉아 다양한 물건들을 보며 관심을 보였다. 그 후에 찬송을 부르고 기도도 했다. 다 마치고보니 밤 열 시였는데, 두어 사람이 더 들어와 찬송을 몇 곡 부르자고 제안했다. 그들의 요구를 조금 더 받아준 후, 나는 기쁘게 내 카우치, 즉 여행용 침대를 찾아 들어갔다.

1903. 12. 18 (금)

아침 식사 후, 교회 사무를 처리한 후, 만족할만한 심사를 한 후, 두 사람을 더 세례 청원자로 받아드렸다. 그 후 교인들에게 작별을 고했다. 날씨는 매우 추웠고, 한국 사람들이 특별히 '칼바람'이라고 부르는 서풍이 계속 불었다. 오늘 아침 같으면 내 친구가 옆을 지나가도 나를 알아보지 못할 것이다. 옷을 단단히 껴입고 위장 패션처럼 모자창을 내려 쓰니 겨우 안경밖에 보이지 않는다. 그래도 상당히 편안했다. 오후 1시에 기장에 도착하여 그 여관에서 저녁 식사까지 주문했다. 식사를 기다리는 동안, 기독교신앙에 대한 탐문자인 김성진(Kim Sengchin)[236]을 문답했고, 그를 세례 청원자 반에 받아드

---

236) 동래구 기장면 죽성리에 거주하던 김성진(金聖進, 1888-1956)는 기장지역 초기 신자로서 기장 및 철마지역 기독교형성에 기여하였다. 1904년 세례를 받았고, 고 박순천의 선친 박

렸다. 저녁 식사 후, 병환 중에 있는 또 다른 탐문자를 만나러 갔다. 가서 보니 그는 수종환자(dropsy)였는데, 치료 받을 단계는 이미 지난 상태였다. 그와 함께 기도하고 성경 몇 구절을 읽고 설명해 주었다.

저녁에는 우리에게 익숙한 안평에 도착했다. 늙은 박 생원은 여전히 낙상으로 고생했지만, 그래도 앉을 수는 있었다. 저녁에는 평상시와 같은 모임을 가졌다.

1903. 12. 19 (토)

저녁 식사 시간에 집에 돌아오니 모든 식구가 감기로 고생 중이었다. 그렇지만 다들 반가운 빛을 보였고, 그 중에서 어린 노만이 가장 반기며 거친 여행자처럼 보이는 아버지를 알아보고 기뻐했다. 이번 전도 여행에서는 9개의 구역을 방문했고, 12명의 세례 청원자를 받아드렸고, 또 새로운 신자 그룹(학동)을 설립한 일이 기록할 만한 일이었다.

재형(朴在衡), 최상림(崔尙林)과 더불어 1911년 향리에 월전교회를 설립했다. 최상림은 후일 목사가 되었고, 신사참배 거부로 순교자의 길을 갔다. 이상규, "찬송가 연구가 김이호" 「부경교회사연구」 64(2016. 11), 63,64,65.

2. 브라운(Miss Agnes Brown)의 선교일기 (1900. 5. 12 - 1906. 5. 7)

아그네스 브라운(Agnes Brown, 1869-1954)은 호주 장로교 여전도회연합회(PWMU) 파송 선교사로 1895년 12월 3일 부산에 도착하여 활동하던 중 1900년 10월 말 내한한 왕길지 선교사와 1907년 7월 3일 혼인하였다. 브라운은 남편과 함께 1919년까지 부산에서 활동했다. 그 이후 남편을 따라 평양으로 이거하여 봉사하였고 1937년 3월 한국에서 은퇴하였다.

브라운은 1900년 5월 12일부터 1906년 5월 7일까지 짧은 일기를 썼는데, 이때는 왕길지 선교사와 결혼하기 이전이었다. 브라운의 기록은 사실상 일기라기보다는 그날 있었던 일에 대한 간단한 메모라고 할 수 있는데, 그것도 매일 쓴 기록이 아니고 기록하지 않는 기간도 있었고, 한 달에 한번 기록한 경우도 있다. 그래서 7년 간의 기록이라고 하지만 기록을 남긴 날은 223일에 지나지 않는다. 그럼에도 불구하고 이 간단한 기록은 부산경남지방에서의 기독교운동과 왕길지 선교사 등 동료들의 활동에 대한 중요한 자료가 된다.

범례

1. 원문에서 인명(人名)은 이니셜이나 약자, 혹은 약어로 표기하였으나 독자들의 편의를 위해 해당인물을 각주로 설명하였다.
2. 일기의 인명, 지명 등 모든 각주는 역자가 첨가하였다.
3. 일기 원문에는 주일 등 특정한 경우에만 요일이 표시되었으나 이 편집본에는 요일을 첨기하였다.

1. 1900년

5. 12 (토)

지난 10일 부산을 떠나 울산으로 향했다. 어제 도착했다. 여기서는 내가 상당한 구경거리이다. 많은 여자들과 아이들이 매일 나를 구경하려고 몰려왔다. 어제 주일에는 어느 때보다 많은 군중이 하루 종일 모였다.

5. 19 (토)

울산에서 돌아왔다.

5. 24 (목)

저녁에 클라크(Clark) 박사[237] 부부를 손님으로 맞았다.

5. 25 (금)

소년 청년면려회(Junior C.E.)를 조직했다.

5. 26 (토)

클라크 박사 부부와 벤자민(Benjamin) 양이 블라디보스톡으로 떠났다.

5. 29 (화)

베어드(Baird) 목사[238] 부부 안식년 마치고 돌아왔다.

7. 3 (화)

벨(Belle)[239]이 멜톤(Melton) 양과 함께 일본에서 돌아왔다.

7. 12 (목)

해리스(Harris) 양이 야마시라 마루 호로 도착했는데 다음 날 아침에 그 배로 멜톤 양과 함께 블라디보스톡으로 떠난다.

---

237) Francis Edward Clark. 그는 미국 포틀랜드의 웨링스톤교회(회중교회) 목사였는데, 1881년 2월 2일 청년면려운동(CE: Christian Endeavor)을 조직했다. 이 운동이 1887년 영국에 소개되었고, 일본에 소개된 때는 1893년이었다. 그는 이 일을 위해 한국과 부산을 방문하였다. 한국에서 청년면려회가 공식적으로 조직된 것은 1921년 2월 5일 경북 안동에서였다.

238) William A. Baird(1862-1931). 1891년 내한한 그는 부산(1891-5), 대구(1985-6), 서울(1896-7)을 거쳐 평양(1897-1931)에서 사역하였고, 평양숭실학교를 설립했다. 1900년 당시 부산 주재 선교사였다.

239) 호주 장로교 여전도회연합회 선교사 Belle Menzies.

7. 14 (토)

그토록 기다리던 비가 오늘 내렸다.

7. 23 (월)

멜톤 양과 해리스 양이 블라디보스톡에서 돌아왔다.

7. 31 (화)

벨[240]의 생일이라 우리 세 사람[241]이 K 부인 댁에서 함께 저녁을 먹었다.

8. 21 (화)

이서방과 순복이가 우리를 떠나 원산으로 갔다. 이 서방을 보내는 것은 아쉬웠지만, 지난달 손 목사[242]와 좋지 않은 일을 겪은 이 서방은 부산에 머물 생각이 전혀 없었다.

9. 4 (화)

베시(Bessie)[243]와 C 양[244]이 제물포로 떠났다.

9. 8 (토)

J 의사와 부인[245]이 대구에서 도착했다.

10. 5 (금)

사흘간의 거제 및 만덕(Kusay & Mandekey) 여행을 마치고 어제 돌아왔다.

10. 12 (금)

B[246]가 북쪽에서 돌아왔다.

10. 29 (월)

엥겔(Engel) 씨 부부와 세 자녀가 호주에서 도착했다.

---

240) Belle Menzies. 그는 1856년 7월 30일 호주 빅토리아주 발라랏에서 출생했다.

241) 호주의 3 미혼 선교사 Menzies, Moore, Brown.

242) 호주 청년연합회(YFU) 파송 선교사 Andrew Adamson.

243) Elizabeth의 약칭으로 호주여선교사 Elizabeth Moore.

244) Miss M. Louise Chase. 미국 북장로교 부산 주재 선교사. 1896-1901년 부산에 체류했다.

245) Woodbridge O. Johnson(1877-1949). 대구 주재 미국북장로교선교사.

246) Elizabeth Moore.

10. 30 (화)

하디(Hardie)[247] 씨의 딸들이 왔다.

11. 20 (화)

집을 떠나 유황 온천에 갔다.

11. 21 (수)

오늘 온천에서 십 리 떨어진 션도(션초)에 갔다.

11. 22 (목)

십 리 거리에 있는 시내(신에)[248]를 방문했다.

11. 23 (금)

저녁 전에 손치(손치) 위 마을과 아래 마을을 방문했다. 오후에는 금산(군산)[249]에 갔는데, 여자들이 모두 잘 들었지만 안색이 검었고 무지했다.

12. 4 (화)

오늘 오전에 여산(yusan) 즉 아래 금산(군산)을 방문했다가 황혼 무렵에 집에 도착했다.

2. 1901년

1. 1 (화)

어제 밤에 제야 예배를 드렸는데 상당히 많은 여자들과 남자들이 참석했다. 엥겔 씨가 신년 표어를 요엘 2:18로 정했다.

1. 2 (수)

오늘 오후에 모든 다른 선교사들이 여기서 우리와 저녁식사를 같이 했다.

---

247) Robert A. Hardie(1865-1949). 한국명 하리영(河鯉泳).

248) '시내'(市內)를 '신에'로 잘못 표기한 것으로 보인다. 즉 동래(東萊) '시내'를 의미하는 것으로 보인다.

249) '금산'(錦山)을 '군산'으로 잘못 표기한 것으로 보인다.

1. 10 (목)

갑수의 어머니와 내가 십 리 떨어진 모곳에 가서 매우 즐거운 날을 보냈다.

1. 24 (목)

갑수의 어머니와 내가 삼 개월 전에 방문했었던 김해(Kayme)를 다시 방문했는데 어디서나 따뜻한 환영을 받았다. 집에 돌아오는 길에 빅토리아 여왕의 서거 소식을 들었다.

1. 31 (목)

오늘 오후에 연합기도모임을 가졌다. 엥겔 씨가 이사야 55:8을 본문으로 설교했다.

2. 6 (수)

여자 18명, 남자 6명, 소년 3명이 세례 문답을 받았다.

2. 7 (목)

초읍 여성 6명, 거제의 1명이 세례문답을 받았다.

2. 8 (금)

고아원의 젊은 여성과 소녀들이 세례문답을 받았다.

2. 10 (주일)

매우 즐거운 날. 성인 41명과 아동 27명이 삼위 하나님의 이름으로 세례를 받았다. 예배는 매우 인상적이었다. C 양[250]이 우리와 함께 했다. 오후에는 찬양예배로 드렸다.

2. 17 (주일)

초읍에 갔는데, 순남[251]이가 나와 동행했다.

2. 25 (월)

코세(Kosse) 씨의 집에서 기도모임을 가졌다. 시드보탐(Sidebotham)[252] 씨가

---

250) Miss M. Louise Chase. 부산 주재 미북장로교 선교사.

251) 호주여선교사들이 주관하던 미오라고아원 소녀였다.

252) Richard H. Sidebotham. 부산 주재 북장로교 선교사, 1900년부터 1909년까지 부산에서

히브리서 7장 20을 본문으로 설교했다.

3. 3 (일)

성찬식. 엥겔 씨가 집례 했고, 성인 수찬자는 50명이었다.

3. 9 (토)

엥겔 씨 가정에 아들이 태어났다(마크 Mark).

4. 4 (목)

벨[253]이 우리를 떠나 나가사키로 갔다.

5. 2 (목)

C 양[254]과 H 씨 부부와 나는 마산포로 내려가 하루를 보냈다. 나는 H 씨 부부와 함께 다음날 저녁에 돌아왔고, C 양은 순회여행을 하려고 그 곳에 남았다.

5. 8 (수)

지난 6일 안식년 차 부산을 떠났고, 오늘 오후에 고베에 도착했다.

5. 10 (금)

오늘 정오에 고베에서 배가 떠난다.

5. 12 (주일)

나가사키에서 벨[255]과 거기 친구들과 작별했다.

6. 17 (월)

매우 즐거운 항해를 마치고 멜버른에 도착했다.

6. 18 (화)

특급열차로 발라랏(Ballarat)에 도착했다.

활동했다.

253) Belle Menzies.

254) Miss M. Louise Chase.

255) Belle Menzies.

9. 29 (일)

스타웰에서 오후와 저녁 두 번의 모임을 시작으로 대표로서의 역할을 시작했다.

10. 3 (목)

윈 노회(Win. Presby.)[256] 방문 후 발라랏으로 돌아왔다.

10. 5 (토)

뷰포트(Beaufort) 모임.

10. 8- 9 (화- 수)

스미튼(Smeaton)과 마운틴 프로스펙트(Mt. Prospect) 방문.

10. 11 (금)

에벤에셀(Ebenezer)교회[257]에서 장로교 여전도연합회(PWMU) 큰 집회.

10. 15 (화)

굴번 밸리(Goulburn Valley) 장로교회로 출발.

11. 12 (화)

멜버른으로 돌아오다. 총회 주간, 수요일 오후 여성 컨퍼런스에서 연설했다.

12. 21 (토)

오보스트(Orbost)를 포함한 깁슬랜드(Gippsland)노회에서 5주간의 여행을 마치고 발라랏으로 돌아왔다.

3. 1902년

1. 3 (금)

한 두 주간을 프레다(Freda)와 함께 보내려고 '루메아'(Lumeah)에 왔다.

---

256) 발라랏 남쪽 크레시(Cressy) 인근의 Wingeel 혹은 발라랏에서 좀 먼 기리에 있는 와라라남볼(Warranambool) 근처의 Winslow 지역을 의미하는 것으로 보인다.

257) 발라랏의 에벤에셀장로교회. Belle Menzies 와 Agnes Brown의 모교회이다.

1. 13 (월)

프레다는 오늘 시내(town)로 돌아갔다.

1. 14 (화)

지난밤에 여기 작은 교회에서 집회.

1. 26 (일)

'다리윌'(Darriwill)에서 집회.

1. 27 (월)

오늘 메리딧(Meridith)에 왔다.

1. 31 (금)

메리딧 장로교회에서 집회.

2. 1 (토)

발라랏으로 돌아왔다.

2. 7 (금)

질롱(Geelong)의 키리에 가(Kyrie St.) 교회에서 연합 집회.

2. 8 (토)

기차로 질롱을 떠나 캠퍼다운(Camperdown)에 갔다가 거기서 버스로 달링톤(Darlington)으로 갔다. D 양과 밀라(Millar) 부인이 나를 맞았다.

2. 9 (주일)

오전에 달링톤 교회에서 집회, 오후에 던도넬(Dundonnell)에서 또 한 번 집회.

2. 10 (월)

달링톤교회 여전도회 회원들 앞에서 설교.

2. 12 (수)

비가 너무 내려 게랑(Gerang)에 갈 수 없었다.

2. 13 (목)

애치슨(Atcheson) 양이 D양과 나를 게랑까지 태워주었다. 그날 저녁 누랏(Noorat)교회에서 집회.

2. 14 (금)

계랑교회 여전도회 회원들 앞에서 설교했다. 오후예배는 교회목사 사무실에서 모였다. 주일 저녁에는 주일학교 어린이들에게 설교했는데, 한국 사람들 이야기를 매우 흥미 있게 들어주었다.

2. 18 (화)

콥덴(Cobden). 저녁 집회.

2. 20 (목)

워남볼(Worrnambool), 완굼(Wangoom), 프램링햄(Framlingham), 엘러슬리(Ellerslie), 연합 모임 (23일은 우드포드 Woodford).

2. 23 (주일)

포트 풰어리(Port Fairy). 저녁 집회.

2. 24 (월)

캠퍼다운에 지부[258]를 구성하다.

3. 2 (주일)

비액(Beeac). 저녁 예배 때 설교했고, 오후에는 주일학교 어린이들에게 설교했다.

3. 3 (월)

비액. 월요일 저녁 비액 집회.

3. 4 (화)

콜락(Colac). 저녁 집회.

3. 5 (수)

윈첼시(Winchelsea). 오후에 지부를 구성했다.

3. 6 (목)

멜담(Meltham, Barrabool)에 지부를 구성했다.

---

258) 여전도회(PWMU) 지부 조직을 의미한다.

3. 12 (수)

위리비(Weerribee)에서 오후 집회.

3. 13 (목)

발라랏으로 귀가. 15일 주일학교 소풍.

3. 19 (수)

멜버른. 지난 밤에 C. 의사[259]가 한국선교사로서 안수를 받았다.

3. 22 (토)

퀸즈클립프 호를 타고 멜버른을 떠나 발라랏으로 왔다. 소렌토(Sorrento)에서 M 부인과 D 부인과 줄리아(Julia L)를 만났다.

4. 3 (목)

북 멜버른. 발라랏에서 오늘 도착하여 E. D.와 함께 머물다.

4. 4 (금)

투락(Toorak) 교회에서 집회.

4. 12 (토)

필립 아일랜드(Philip Island)에서 금요일 밤 모임을 마치고 돌아왔다.

4. 13 (주일)

싱트 미션(Sinkt Mission)의 시작. 토레이(Torrey) 박사가 콜린스 가(Collins St.) 침례교회에서 설교했다. 오늘 오후에 토레이 박사의 설교를 들으려 투락에 갔는데, 게일(Geil) 씨가 성경 봉독을 인도했다. 매우 유익했다. 주제는 하나님의 사랑이었다.

4월과 5월 초

여러 도시를 방문했다: 호손(Hawthorn), 멘톤(Mentone), 브룬스윅(Brunswick), 에센돈(Essendon), 콜링우드(Collingwood), 이스트 멜번(E. Melb.), 노스 멜번(N. Melb.), 푸츠크레이(Footscray), 코벅(Coburg), 세인트 킬다 웨스트(St. Kilda W.),

---

259) Dr Hugh Currell. 그는 1902년 내한하여 1915년 은퇴할 때까지 부산(1902-1905)과 진주(1905-1915)에서 활동했다.

세인트 킬다 이스트(St. Kilda E.), 아마데일(Armadale).

5. 19(월)

오늘 저녁에 멜버른을 떠나 벤디고에 도착했다. D 양 등과 함께 머물고 있다.

5. 21(수)

어제 오후에 주일학교 어린이들에게 설교하고, 이어서 오늘 저녁은 세인트 앤드류스(St. Andrews)에서 설교했다. 그리고 벤디고(Bendigo) 장로교회와 잉글우드(Inglewood), 찰톤(Charlton), 위체프루프(Wycheproof), 케랑(Kerang), 이글호크(Eaglehawk), 골든 스퀘어(Golden Square), 카슬마인(Castlemaine), 에추카(Echuca)까지, 그리고 로체스터(Rochester)도 방문했다.

6. 5 (목)

8월에 시작되는 부산에서의 사역을 위해 한국으로 떠나기 전에 집에서 쉬었다.

6. 9 (월)

알프레드 홀(Alfred Hall)에서 남아공(SA)에서의 종전에 대한 감사예배.

6. 20 (금)

아나키(Anakie). 이곳 사람들에게 작별 인사를 하기 위해 하루나 이틀 머문다.

6. 27 (금)

'평화' 시위. 시장이 발라랏 초등학교 어린이들에게 시청 건너편에서 연설했다.

6. 29 (주일)

어머니가 아팠다. 늑막염이다.

7. 15 (화)

에벤에셀교회[260]에서 환송 모임. 발라랏을 떠나 질롱을 지날 때, 이스트

260) Agnes Brown의 모교회이자 주 후원교회였다.

세인트 킬다(East St. Killa)의 여학생 저녁 반 모임에서 설교했다.

8. 5 (화)

멜버른에서 특급열차를 타고 시드니로 향했다.

8. 7 (목)

시드니에서 오늘 정오에 '쿠마노 마루'(Kumano Maru) 호 승선. 승객은 나 외에 여성 선객 한 명, 2등실 남자 선객 세 명뿐이었다.

8. 9 (토)

브리즈번(Brisbane)에서 B와 모우드 K(Maud K)가 친절하게 나를 만나러 내려왔다. 미국에서 온 S 씨가 함께 왔다. G 씨는 여기 배에까지 왔다.

8. 11 (월)

타운즈빌(Townsville).

8. 13 (수)

더스데이 아일랜드(Thursday Island)에서 화이트(White) 양, 부캐넌(Buchanan) 양을 만났다. M 부인과 아이는 마닐라(Manila)에서 하선했다. 아직까지는 항해가 평온하다.

8. 20 (수)

홍콩(Hong Kong)을 떠났다. 낮에 도쿄(Tokio)까지 가는 W 양이 1등 실에서 나를 보러 왔다.

9. 7 (주일) 부산

홍콩에서 나가사키를 지날 때는 항로가 거칠었는데, 여기로 건너오니 잔잔했다. 삼 일 전에 도착해서 보니 모두 무사했다. 날씨가 매우 덥고 마을에 콜레라가 매우 심했다. 붕름리에서 (15명이) 죽어 오늘 저녁 달빛 아래에서 매장되었다.

10. 8 (수)

집을 떠나 유실(Eusuril)[261]과 함께 거제로 가서 제수의 어머니와 함께 머물다. 거기 있는 동안 유실과 함께 오륜대, 석은듬, 새마을, 모대, 장, 짐과 다른 곳을 방문했다. 11일에 부산으로 돌아왔다.

10. 12 (주일)

성찬 및 세례 예배. 오후에 기차 엔진 시운전[262]을 하여 약 십 리를 달렸다.

10. 22 (수)

벨[263]이 안식년으로 우리를 떠났다. 오늘 아침에 봉남이가 고 석사와 결혼 했다.

10. 29 (수) 울산

부산에서 희대 어머니와 함께 어제 울산에 도착했다. 교인들에게 따뜻한 환영을 받았다.

11. 13 (목)

오후에 유실과 박 석사가 부산에서 왔다.

11. 14 (금)

오늘 울산 읍내를 방문했다. 그곳 여성들과 좋은 시간을 보냈다.

11. 17 (월)

오늘 저녁에 상당히 많은 '새색시'(saseayes)들이 왔다. 여자들은 하루 종일 떡을 만드느라 분주했다.

---

261) 전유실(田有實, 1861-1942). 부산지방 초기 전도부인 전유실은 1892년부터 멘지스 무어, 브라운과 함께 전도부인으로 활동했다. 이상규, 『부산지방기독교 전래사』(글마당, 2001), 350-1.

262) 부산 초량발 경부선 철도의 시운전을 의미하는 것으로 보인다. 경부선 부설은 1901년 8월 20일 영등포에서, 9월 21일 부산에서 일본 자본인 경부철도주식회사에 의해 기공되어 1904년 12월 27일 완공되었고, 1905년 1월 1일 개통되었다.

263) Belle Menzies.

11. 20 (목)

유실과 내가 서장대에 있을 때 E 씨(Mr E)[264]와 심 석사가 도착했다.

11. 23 (주일)

상거로운 날(샹거라은 day), 목사에겐 매우 힘드는 날. 저녁에는 더 좋은 기분이었다.

11. 26 (수)

부산으로 안전하게 돌아왔다.

12. 1 (월)

초량에서의 기도 모임을 C 의사[265]가 인도했다. 미국 선교부에서 새 선교사들이 왔다.

12. 2 (화)

손 목사[266] 집에서 많이 모이는 헌신 예배, 분위기가 상거로웠다('샹거랍소').

12. 7 (주일)

여기서 세례 성찬 예배를 드렸다. 3 여성과 한 남자가 세례를 받고 교인이 되었다.

12. 8 (월)

허비[267]의 생일. B[268] 와 나는 식사에 초대 받았다.

12. 23 (화)

허비와 겔손이 홍역을 앓고 있다. 허비의 집에서 저녁을 먹고 크리스마스 트리를 만들었다.

---

264) Engel (왕길지).

265) Dr Hugh Currell.

266) Andrew Adamson.

267) 왕길지의 둘째 아들.

268) Elizabeth Moore.

4. 1903년

2. 3 (수)

진순이가 우리에게 왔다.

2. 7 (토)

H 씨 부부가 이 주간의 부산 방문을 마치고 나가사키로 갔다.

3. 8 (주일)

엥겔 씨 부부 가정에 아들이 태어났다(노만 Norman).[269)]

3. 10 (화)

사 목사[270)] 댁에서 연합기도 모임. 아담스(Adams)[271)] 씨가 설교했다.

8. 8 (토)

새 집으로 이사했다. 한국식 집에서 살다가 이곳으로 옮기니 너무도 멋진 변화이다!

8. 15 (토)

C 부인이 그 남편 C 의사[272)]가 지역순회 하는 동안 하루 이틀 우리와 함께 지내려고 왔다.

9. 2 (수)

첫 연례회의가 어제 초량 '편소'[273)]에서 개최되었다.

9. 14 (월)

엥겔 씨와 심 씨[274)]가 평양으로 떠났다.

---

269) 왕길지의 4째 아들.

270) Richard H. Sidebotham.

271) James Adams(1867-1929). William Baird의 처남으로 1895년 내한하여 부산선교부에서 활동하던 중 1897년 대구선교부로 전임했다.

272) Dr Hugh Currell.

273) 원문에 한글로 '편소'로 기록되어 있다.

274) 심취명(沈就命, 1875-1958).

10. 3 (토)

오늘 아침 일찍 취주[275]가 죽었다. 나중에 엥겔 씨가 북쪽에서 돌아와서 오늘 저녁에 취주를 매장했다.

10. 5 (월)

심 목사[276] 댁에서 기도 모임. 거기서 대구 친구들과 만났다. B 씨 부부[277]와 S 씨가 하루 정도 우리와 함께 지내려고 왔다.

10. 7(수)

대구 사람들이 오늘 우리를 떠났다. B[278]와 C 부인[279]이 기차로 구포까지 그들을 따라가 배웅했다.

10. 15 (목)

I 의사[280]와 H 씨가 방문했다.

10. 20 (화)

B[281]가 2 주간의 울산 방문차 떠났다.

10. 21 (수)

C 의사와 피콕(Peacock) 씨가 방문했다.

10. 18 (주일)

읍내(Eumnay)[282]에서 주간 학습 모임을 시작하려는 희망을 가지고 읍내 방문을 시작했다.

---

275) 한글로 '취주'로 표기했으나 '귀주'이다. 선교사들은 Kwi Choo, 혹은 Qui Cho로 표기했다. 귀주는 1894년 4월 22일 세례를 받았던 부산지방 첫 수세자 3사람 중 한 여성이었다.

276) Richard H. Sidebotham.

277) William Baird 부부를 의미하는 것으로 보인다.

278) Elizabeth Moore.

279) Currell 부인.

280) Dr Charles Irvin.

281) Elizabeth Moore.

282) 동래부의 동래 읍내를 칭하는 것으로 보임.

10. 24 (토)

오늘 오후에 S 회(Order)를 조직했다.

10. 26 (월)

어제 읍내에 갔지만 잘 받아드리지 않았다.

11. 2 (월)

도성 안 (읍내)에 주중에 거할 방을 하나 얻었고, 거기서 어제부터 여성들과 집회를 시작했다. 밤을 새웠는데, 몇 명의 여성들과 여자 아이가 같이 있었다.

5. 1904년

4. 4 (월)

늘 하던 대로 읍내에서 한 주간을 머물 생각으로 오늘 나왔다. 오늘은 비가 너무 많이 와서 밖에 나갈 수도 없었고, 방문하는 사람도 없었다.

4. 5 (화)

오늘 오전에 동문 밖(outside east gate)을 방문했고, 저녁 후에 성안을 돌았다.

4. 6 (수)

동문 안쪽과 이곳 주변을 방문했다. 16 가정 총 50명을 만났다. 5일에는 10 가정, 45명의 여자들을 만났다.

4. 7 (목)

오늘은 "장날"이라 오전에만 방문했다. 10 가정, 20명. 여자 4명이 우리를 보러 집에 왔다. 여기 여자들과 일상적인 저녁 모임을 가졌다.

4. 8 (금)

11 가정, 24 여성을 만났다.

4. 9 (토)

29 가정, 67 여성을 만났다.

4. 10 (주일)

거제를 방문하여 거기서 기독교인들을 만났다.

4. 11 (월)

부산으로 돌아왔다. 오는 길에 다리를 저는 여자를 만나기 위해 초읍에 들렀다.

5. 3 (화)

S 부인[283] 댁에서 연합기도 모임이 있었다.

5. 27 (금)

새 예배당에서 심 석사[284] 장로장립식. S 목사[285]와 A 목사,[286] 그리고

초기 호주 여선교사와 전도부인
왼쪽부터 백차영(전도부인), 무어(Moore), 전유실(전도부인), 성명미상(전도부인), 브라운

283) Sidebotham 부인.

284) 심취명(沈就命, 1875-1958)을 의미함. 심은택의 차남이자 부산지방 첫 수세자인 심상현의 동생으로 부산지방 초기 신자였다. 1904년 5월 27일 장로장립을 받음으로 경남 지방 첫 장로가 되어 부산진교회 장로로 봉사했고, 1912년에는 이 지방 첫 목사가 된다. 이상규, 『부산지방 기독교전래사』, 354.

285) Sidebotham 목사.

286) Adamson 목사.

C[287]가 참석했고, G. 엥겔 목사가 예식을 인도했다.

5. 29 (주일)

세례 및 성찬 예배. 남자 2명과 여자 2명이 세례를 받음으로 교회 회원이 되었다. 28일 토요일에 읍내를 방문했다. 그곳의 3 여성이 세례를 요청했다.

5. 30 (월)

오늘 나는 B[288]와 함께 기차로 밀양에 갔다.

6. 7 (화)

A 목사[289] 댁에서 연합 예배를 드렸다.

6. 11 (토)

오후에 우리 모두가 '인드라마요'(Indramayo)호에 초대되었다.

9. 11 (일)

어제 부산에서 미국북장로교 친구들과 함게 오하이오(S. S. Ohio)를 타고 서울로 향했다. 무료하고 비가 와서 축축했지만, 항해는 순조로웠다.

9. 12 (월)

엠벌리 호텔(Emberly's Hotel). 오늘 오후부터 시작하는 컨퍼런스에 참석했다.

9. 21 (수)

어제 저녁 P 양의 결혼식 피로연에 참석했다가 B 부인과 함께 머물렀다.

9. 23 (금)

기차로 서울을 떠나 (인천) 제물포로 갔다. 호텔에 방이 없어, 목사와 두 소년과 함께 배 안에서 지냈다.

9. 25 (일)

부산으로 가기로 정했다. 동승한 선객은 M 의사와 M이었다.

---

287) Currell 의사.

288) Elizabeth Moore.

289) Adamson 목사.

9. 26 (월)

귀가했다.

10. 6 (목)

어린 진순이가 죽었다. B는 일본으로 떠났다. A 씨[290] 부부와 자녀들은 밤새 머물다가 다음 날 일찍 기차로 대구로 떠났다.

10. 12 (수)

C[291]를 방문했다. 애니(Annie)[292]가 태어나는 바람에 엡(Eb)의 생일기념으로 구포로 가려했던 우리의 구포 계획이 취소되었다.

10 13 (목)

E 씨가 와서 수남이와 범곡 사람 정서방의 결혼식을 준비했다.

10. 14 (금)

E 씨와 일본 짐꾼들과 일이 얽혀버렸다.

10. 26 (수)

집에 돌아왔다.

11. 7 (월)

E 부인(Mrs E)[293]의 생일. H 목사 댁에서 가진 기도 모임에 내가 E 부인과 함께 갔다.

11. 14 (월)

벨[294]이 안식년을 마치고 돌아왔다.

---

290) James Adams 목사.

291) Currell 의사 부부.

292) Currell 의사 가정의 차녀. 커를 의사는 1902년 조 Ethel Anstey(1881-1969)와 결혼한 후 한국에 왔는데, 첫 딸 Sarah Ethel은 1903년 2월 9일 출생했고, 둘째 딸 Annie (Frances) 또한 부산에서 출생했다.

293) Engel(왕길지)의 부인 클라라 바스(Clara Emily Bath).

294) Belle Menzies.

11. 21 (월)

순남이[295]의 결혼식.

12. 22 (수)

보배[296]의 결혼식.

12. 28 (수) 대구

A 부인[297]의 여성들을 위한 겨울성경반을 돕기 위해 대구로 갔다.

6. 1905년

1. 11 (수)

부산에 돌아와 보니 모두 무사하다.

2월

베시(Bessie)[298]와 함께 읍내에서 십 일을 머물렀고, 범곡도 방문했고, 순남이를 데려와 며칠 동안 함께 지냈다.

4월

베시는 이달 말엽, 안식년 차 우리를 떠났다.

5월

울산과 내덕 지역에서 삼 주간을 보냈다.

8월

원산으로 갔다. 꼭 필요하던 휴가였다.

10월

C 의사[299] 부부가 진주로 가기 전에 준비하느라 우리와 함께 삼 주간을

295) 부산진의 호주선교부가 운영하던 미오라 고아원에서 성장한 여성.

296) 미오라 고아원에서 성장한 여성.

297) Adams 부인.

298) Bessie는 Elizabeth의 약칭. 호주 여선교사 Elizabeth Moore를 지칭함.

299) Dr Currell. 1902년 부산으로 온 커렐 의사는 1905년 10월 진주로 이동하여 진주지부를 개척했다.

지냈다.

10. 26 (목)

니벤(Niven)[300] 양과 켈리(Kelly)[301] 양이 호주에서 도착했다. 우리 사역자가 추가되어 참 기쁘다.

11. 3 (금)

백명(Paikmyung)[302]을 데리고 집을 떠나 울산 지구를 방문했다. 첫 날은 서창까지 여행했다. 우리가 황혼 무렵에 항타리에 도착해서 보니 짐꾼들은 화를 냈고, 마부는 이미 가고 없었다.

11. 4 (토)

지독하게 추웠다. 아침 7시에 출발하여 울산 읍내에서 점심을 먹기 위해 잠시 쉬고 다시 떠나 오후 4시 무렵에 병영에 도착하였다.

11. 5 (주일)

여전히 추웠다. 그런 날씨에도 불구하고 찾아온 기독교인들과 함께 좋은 시간을 보냈다.

11. 6 (월)

백명[303]과 희대의 숙모가 송진(Songchin)으로 내려와 우리가 사나흘 묵을 방을 잡아 주었다.

11. 7 (화)

오늘 송진에 도착했으나 어찌된 일인지 여기 집주인 마음이 변해 우리가

---

300) Miss Alice G. Niven(1881-1927). 1905년 내한하여 부산(1905-1912), 마산(1913-1924), 진주(1924-1917)에서 일하고 1927년 부산에서 순직했다. 1913년 Albert Wright(예원배)와 혼인했다.

301) Miss Mary J. Kelly(1880-1964). 1905년 내한하여 부산(1905-1907), 진주(1907-1911), 부산(1912-1939)에서 사역하고 한국에서 은퇴했다. 1912년 J. N. Mackenzie(매견시)와 혼인했다.

302) 부산의 초기 전도부인 백차영을 지칭한다. 부산진교회 출석했고, 선교사 Brown, Moore 등과 동역했다.

303) 부산의 초기 전도부인 백차영.

하루 밤 이상 머물 수 없다고 했다.

11. 8 (수)

어쩔 수 없이 박 서방 집으로 물러가 아주 작은 방을 함께 써야 했다. 움직일 때마다 동굴을 기어들어가고 나가는 것 같았다.

11. 9 (목)

'소임 쟈일' 지역을 방문했다. 사람들은 자기의 본래 생각과는 달리 믿게 되면 어쩌나 싶어서인지 소책자를 받지 않으려고 했다. 한 남자 아이는 우리를 보자 바로 등을 돌리고 책값이 얼마냐고 묻지도 않고 도망을 쳤다.

11. 10 (금)

자동, 고불 개, 하동, 하산, 세성 방문.

11. 11 (토)

상방과 장터를 거쳐 병영으로 돌아왔다. 어떤 곳에서는 우리가 탁발 승려인 줄 알고 우리에게 줄 것이 하나도 없다고 했다. (대소가소[304]) 백 씨의 아내는 남편이 기독교인 되는 것을 반대하다가 지금은 자신이 더 열심히 믿게 되었다. 그 아내는 아이의 병으로 인해 믿기로 결심했다.

11. 12 (주일) 읍내

기독교인들과 함께 좋은 시간을 보냈다. 아주 맑은 날이었다. 권서인 김 씨가 부산에서 편지를 가지고 왔다.

11. 14 (화)

울산 읍내에 내려가 김 씨 부인과 함께 머물렀는데, 그가 모시는 눈 먼 어머니에게 내가 주기도문과 성경 한 구절을 가르쳐 주었다.

11. 17 (금) 학동

어제 울산에서 걸어 왔다가 비 때문에 발이 묶였다. 오늘은 밝고 날씨가 좋아 젖는 것도 아랑곳하지 않고 십 마일을 걸었다.

---

304) 大笑可笑: 크게 웃고 웃을 만함.

11. 18 (토) 내덕(Nayduk)
이곳에 오늘 오후 도착했다. 신자들이 따뜻이 맞아주었다. 어제 그들과 집회를 가졌다.
11. 19 (주일)
어제 밤 기도회 때 새로운 찬송 몇 곡을 연습했다. 여기서 조용한 시간에 편지를 몇 통 작성할 수 있었다. 내일 신월로 갈 예정이다.
11. 23 (목) 부산
심 석사가 신월에서 내덕으로 왔다. 그가 거기를 방문할 것이라는 소식을 듣고 나는 바로 집으로 가기로 결심했다.
11. 24 (금)
오늘 도착한 백명[305]이 자기 말을 잘 다루지 못하는 양반 마부와 다투느라 고생이 많았다.
12. 26 (주일)
시드보탐[306] 씨가 열흘 동안 지속되는 여자성경공부반을 개설했다.

7. 1906년

1. 3 (수)
I 의사[307]가 엥겔 부인에게 호주로 돌아가라는 진단을 내렸다.
1. 5 (금)
오늘 (한글) 읽기 반에서는 여자들이 다 얼굴을 방구석으로 돌리고 글자를 배우는데 있어서 은총을 내려달라고 간구하는 진풍경이 벌어졌다.

---

305) 부산의 초기 전도부인 백차영.

306) Sidebotham 목사.

307) Dr Charles Irvin.

1. 12 (금)

스미스(Smith)[308] 씨가 성경공부반을 폐쇄했다.

1. 14 (주일)

E 씨[309]가 E 부인의 배를 마련하러 기선으로 시모노세키로 떠났다.

1. 17 (수)

어제 밤에 벨[310]과 E 부인이 철도 기선을 타고 시모노세키로 갔다. 우리와 아이들은 배에 가서 그들을 전송했다.

1. 18 (목)

벨[311]은 오늘 오전에 돌아왔다.

1. 22 (월)

엥겔 부인은 시모노세키에서 "엠파이어"(Empire) 호를 타지 못하고, 오늘 고베에서 티아유안(Tiayuan) 호를 타고 갔다.

1. 23 (화)

엥겔 씨가 오늘 집에 왔다.

3. 12 (월)

백명[312]과 나는 순회여행을 떠났다. 오늘은 읍내에서 밤을 보낸다.

3. 13 (화)

거제(Kusee). 낮에 도착하여 이곳 여자들의 따뜻한 환영을 받았다.

3. 14 (수)

방문.

---

308) 미국북장로교 부산주재 선교사 Rev Walter E. Smith (심익순).

309) Engel 목사.

310) Belle Menzies.

311) Belle Menzies.

312) 부산의 초기 전도부인 백차영.

3. 15 (목)

3. 16 (금)

오륜대와 딘골(Orunday & Dinghol)을 방문했다.

3. 17 (토)

3. 18 (주일)

오늘은 여자 18명이 모여 예배했다. 그 후 백명과 나는 두구동 여자들과 같이 집까지 가는 일부 거리를 걸었다.

3. 20 (화) 신월(Sinwul)

어제 두구동에서 여기로 왔다. 도착하자마자 비가 쏟아졌다. 비가 옴에도 불구하고 많은 여자들과 소녀들이 우리를 보러 왔다. "그것이 필요한가"가 등잔대 역할을 했다. 방 여러 구석에서 말씀에 대한 요구가 많았다.

3. 21 (수)

오늘 오후 문 밖에 의자에 앉아 있는 동안 많은 방문객을 맞았다. 바느질을 좀 하고 있으니 한 여자가 뜰에 들어와 감탄했다. "아! 당신도 바느질을 할 줄 아네요! 나는 당신 머리 색깔을 보고 당신 눈이 너무 어둡다고 생각했었어요." 그리고는 내가 레이스에 쓴 천을 가리키며, "저렇게 생긴 광목 천처럼 보이는 천은 무엇인가요!"라고 물었다. 오늘 60명의 여자들을 만났고, 30권의 책을 팔았다. 내일은 내덕으로 떠날 예정이다.

3. 23 (금)

어제 신월에서부터 여기(내덕)까지 걸어왔는데, 아주 좋았다. 채 석사의 어머니가 우리가 산언덕을 넘어오는 것을 보고 자기 누이들을 불렀다. "우리 주빈(主賓, Juwen)이 오신다." 그리고는 우리를 맞으러 달려왔는데, 그 때 손에는 급히 만들고 있던 된장이 잔뜩 묻어 있었다. 거기서 오후에 결혼식을 보았다. 한 쌍의 살아 있는 닭을 금상 위에 올려놓았다. 물을 뿌리고 술을 마신다. 신부와 신랑이 서로 절을 한다. 신부의 얼굴은 면사포로 가려져 있었다.

3. 26 (월)

오늘 범곡(Pemkok)으로 떠났어야 했는데, 백명[313]이 아팠다.

3. 28 (수) 범곡

오늘 저녁에 이곳에 도착했다. 백명은 의자에 앉아서, 나는 채 석사의 어머니와 함께 걸어서. 40 리나 되는 먼 길이었다. 오는 길에 정 석사[314]를 만났는데, 그가 심 석사[315]와 목사[316]가 평양에 갔다고 소식을 전했다.

3. 29 (목)

비가 많이 왔다. 오늘 오후에 안평에 내려갔다. 거기서 두 여성 교인을 만났다.

3. 30 (금) 읍내

전도부인은 부산으로 갔고, 나는 주일까지 머물렀다.

4. 1 (주일)

어제 집에 돌아왔다. 앨리스(Alice)[317]와 메리(Mary)[318]가 한 주간 동안 읍내 방문차 떠났다.

4. 9 (월)

어제는 벨[319] 대신 그녀의 반을 다 내가 맡았다. 오늘 오후, 앨리스와 메리가 돌아왔다.

---

313) 부산의 초기 전도부인 백차영.

314) 정덕생(鄭德生, 1881-1949)을 의미하는 것으로 보인다. 경상남도 동래군 기장면 철마면 안평(安平) 출신인 정덕생은 호주선교사를 통해 기독교 신자가 되었고, 1901년부터 왕길지 선교사의 어학선생이자 동역자였다. 1911년 12월 안평교회 장로가 되었고, 1915년에는 장로교 목사가 된다.

315) 심취명을 의미함.

316) 왕길지 목사.

317) Alice G. Niven을 의미함.

318) Mary J. Kelly를 의미함.

319) Belle Menzies.

4. 12 (목)

오늘 울산으로 떠났어야 했는데, 마부가 약속을 지키지 않았다.

4. 18 (수)

비 때문에 어제까지 미루어졌다. 메리[320]와 함께 서창까지 즐거운 여행을 했다. 나는 너무 시끄러워서 많이 잘 수 없었다. 오늘 오후 5시에 병영(Puyung)에 도착했다.

4. 21 (토)

매우 비가 많이 왔다. 내 주 날씨가 어떨지 의문이다.

4. 23 (월)

모든 기독교인들이 예배 보려고 모이기 좋은 맑은 날씨였다.

4. 24 (화)

오늘 새 장터를 방문했다. 그리고 나의 이전 한국어 선생 고 생원을 보았다.

4. 25 (수)과 26 (목)

유실(Eusil)[321]과 함께 (병영, Puyung) 성내를 방문했다.

4. 28 (토요일)

어제 학동까지 걸어갔다가 오늘 돌아왔는데, 어제는 길을 잘못 들어 예정보다 십 리나 벗어나 오후 3시가 되기까지 학동에 도착하지 못했었다. 나중에 M[322]과 함께 해변으로 가서 물장구를 치며 피로한 발의 피곤을 풀었다.

4. 30 (월)

어제 병영(Puyung)의 기독교인들과 함께 좋은 시간을 보냈다. 오늘 오전에 여기 울산 읍내로 내려왔다. 김 부인 집(Mrs Kim' house)에 숙박했는데, 오후

---

320) Mary J. Kelly.

321) 부산지방 초기 전도부인 전유실.

322) Mary J. Kelly.

가 되자 상당히 많은 여자들이 우리를 보려고 찾아왔다. 나를 다 구경하고는 서로, "이제는 젊은 사람을 보러가자"고 했다. 김 부인의 딸이 급히 나에게 오더니 잔뜩 겁 먹은 얼굴로, 아버지가 집에 오고 있으니 빨리 내려가 마당 건너편에 있는 M이 공부하던 방으로 가라고 했다. 그는 들어오자마자 크게 호통을 쳤다. 메리와 나는 환기를 위해 종이문에 뚫어 놓은 구멍으로 지켜보았다. 나중에 그 부인이 와서 새로 난 환기 구멍을 보고, 만일 남편이 그 구멍을 보면 더 화를 낼까 겁난다면서 새 종이로 구멍을 봉했다. 남편이 나가자 그 부인은 자기 집 대신 친척 집에 우리를 위해 방을 마련해 두었으니 그리고 가라고 했다. 우리는 새 집이 더 좋고 모양도 훨씬 쾌적해 보였으므로 차라리 변화가 생긴 것이 더 기뻤다. 다만 그 집을 나올 때, 그 이웃 집 할머니가 너무 배우고자 했으므로 그것은 좀 아쉬웠다. 김 석사가 오늘 저녁에 와서 자기 아버지의 행동을 대신 사과하며, 자기 집으로 다시 가자고 권했지만, 우리는 여기가 더 편안하니 그냥 머물겠다고 했다. 그런데 김 석사가 우리에게 그런 식으로 온 것은 큰 변화였다. 지난 11월에만 해도 그는 내가 자기 집에 머무는 것도 좋아하지 않았었다. 여기 머무는 동안 매일 아침에 기독교인 여성들을 만나 공부하고 저녁 후에는 성내를 집집마다 방문하기로 결심했다.

5. 1 (화)

오늘은 비가 매우 많이 왔다. 할머니 때문에 김 부인의 집에 갔다가 거기서 공부하고 싶다는 여성 열 명을 만났다. 오늘은 할머니의 사위가 나타날 염려가 없었다.

5. 2 (수)

역시 비. 이틀간 오후시간에 사람들을 방문할 수 없었다.

5. 3 (목)

오늘 오후에 소박동네(쇼박동ᄂᆡ)를 방문했다.

5. 4(금)과 5(토)

울산시를 방문했는데 이번 여행에서 50명의 여성을 보았다.

5. 7 (월)

어제 오전에 메리와 나는 이곳 여성들과 함께 병영까지 걸어갔다. 그리고 그곳 교인들과 함께 매우 즐거운 시간을 가졌다. 헤어질 때 작별 인사하기가 힘들었다. 오늘 집으로 떠날 예정이었는데, 날씨 때문에 연기되었다. 오늘 오후에 다시 여성들을 만나 공부하였다. 그들은 우리가 지체된 것을 기뻐했다.

Ⅲ부

왕길지 선교사의 논문 및 논설

1. 성(聖) 어거스틴[323)]

내력(來歷)

어구스듸노(이하 어거스틴으로 표기함)는 354년 11월 13일 북아프리카 누미디아 도(道) 다가스데 성(城)에서 출생하였다. 그의 부친 바드리기오는 연로하고 성품은 급하고 행동은 난잡하고 심정은 세상을 좋아하는 마음이 많으셨다. 그의 부인이 전도하였으나 오랫동안 믿지 않다가 세상을 떠날 때가 얼마 남지 않았을 때 비로소 학습인이 되었다. 그 모친 모니카는 22세에 어거스틴을 낳았으며 독실한 신자였으나 지식이 부족하여 그 세대의 미신에 얼마든지 빠질 수 있었으나 본성이 반듯하여 그 아들을 믿음으로 감동시킬 수 있었다.

그 부모가 경제적으로 넉넉하지 못해 어거스틴은 어떤 친구의 도움으로 문학과 수사학을 가르타고 성(城)에서 배우게 되었는데, 어거스틴은 그 악한 성(城)에서 친구에게 미혹당하여 방탕하였을 뿐만 아니라 젊은 여인과 혼례도 치르지 않고 여러 해를 살며 아들을 얻었는데 이름이 '아데오다도'였다. 번역하면 "하나님이 주신 자"이다.

이렇게 생활한 것은 그 시대의 불신자들이 그것을 불의한 행동으로 여기지 않았기 때문이다. 그 후 그의 모친이 어거스틴을 그 여인에게서 분리하게 하고 다른 곳으로 장가보내었다. 어거스틴은 많은 불만을 품고 있었으나 위로를 받지 못하고 19세 되던 해 기계로의 『호르텐시오』라는 책을 읽고부터 많은 지혜를 얻어 불멸(不滅)함을 간절히 사모하게 되었다. 진리를 찾던 어거스틴은 374년 마니캐오교(이하 마니교로 표기함)의 학습인이 되었고 그 교도들

---

323) 이 글은 「신학지남」 재1권 1호(1918.1), 55-73쪽에 "聖어구스듸노"라는 제목으로 게재되었다. 원문의 형태를 최대한 유지하되, 독자들의 편의를 위해 한자어 등을 현대어로 고쳤고, 원문에는 각주가 없으나 독자들의 이해를 돕기위하여 첨가하였다.

과 같이 성경을 경(輕)히 여기며 기게로의 이론(文理)과 비교하여 그보다 못한 것으로 알고 성경을 보지 아니하고 마니교에서 진리를 구하였으나 얻지 못하였다. 후에 어거스틴은 "저희가 항상 진리라 말하고 또 진리라고 말하지만 진리는 마니교도 중에는 없었다."고 했다. 또 "내가 9년 동안(20-29세) 미혹한 자도 되고 미혹케 하는 자도 되고, 내 마음이 소란한 가운데 마니교 교인들의 연설을 많이 들었으나 그 중에 유명한 자 파으스도의 도착함을 기다렸다. 대게 그 신도들이 나의 어려운 질문들을 답할 수가 없어 항상 말하기를 파으스도라는 사람이 올 때까지 기다리라 하고 그가 답할 수 있으리라 하였으나 그 사람이 온 후에도 나의 목마른 것에 대하여 나에게 무엇을 줄 수 있었는가"라고 하였다.

진리를 알 수(認知) 있는가에 대해 어거스틴은 얼마동안 많은 의심을 하였고, 철학자(아가데미고)들 중에서도 사람이 진리를 알 수 없으므로 모든 것을 회의할 수밖에 없다고 하는 이들이 옳다고 하였다. 383년 어거스틴은 로마로 이주하였는데, 이곳에서도 마니교 문도들로부터 연설을 많이 들었으나 공교회(公教會) 안에서 진리를 얻을 수 없음을 알고 의심이 더욱 깊어졌다. 그때 사망과 그 후의 심판을 두려워하는 마음 때문에 소용돌이치는(渦盪水)[324] 육신의 정욕으로 인한 멸망을 피할 수 있었다. 또 악의 근원을 깨달으려고 하였으나 너무 어려워 그만 둘 수밖에 없었으나, 하나님께서 계신 것과 불변하는 것과 인생을 위해 생각하시는 것과 저희를 심판하시는 것과 자기 아들 우리 주 그리스도와 성경으로 말미암아 죽음 후 생명(後生命)을 얻는 구원의 길을 알게 하신 것을 믿게 되었다. 그러나 이런 믿음은 마음의 지혜(心智力)로 믿는 것뿐이었다. 383-384년에는 로마에서 수사학을 가르쳤는데, 그때의 내력을 자기 자복서(自服書)[325]에 의하면 다음과 같이 기록하고 있다. 어

324) 소용돌이 와(渦) 물돌 반(盪) 물 수(水): 소용돌이치는 물

325) 고백록 혹은 참회록(Confession).

거스틴은 말하기를,

"밀라노성(城) 관원들이 수사학 교사를 보내주기를 로마성(城) 부윤(府尹)에게 요청하였다. 나는 그때 부윤 숨마코 앞에서 시험적으로 연설을 한 후 나를 밀라노로 보내주도록 요청하였다. 부윤이 나의 요청을 수락하여 나는 밀라노 감독 암브로시오(천하에 가장 선한 인물 중 일인)에게 가게 되었는데, 그 사람으로 말미암아 하나님을 깨닫게 하기 위하여 하나님께서 나를 그에게로 인도하신 것이다. 하나님의 사람이 아버지가 아들을 접대하는 것 같이 나를 접대하고 나의 밀라노 이주는 감독의 마음에도 즐거움이었다. 내가 그를 사랑하기 시작하였으나 진리의 선생으로 사랑한 것이 아니라 도리어 진리의 선생을 하나님의 교회 안에서 얻기를 포기하였으나 나에게 대하여 인자한 사람으로 알고 나를 사랑하였다. 암브로시오가 백성들 앞에서 연설하는 것을 열심히 들었으나 내가 마땅히 행할 의도로 들은 것이 아니라 그의 구변(口辯)을 시험할 의도로 들었을 뿐이다. 암브로시오가 영혼의 병을 치료할 방법인 구원의 교리를 분명히 가르쳤다. 그러나 그때 내가 그런 죄인임에도 불구하고 구원을 얻지 못하였다. 그러나 내가 부지중에 점점 구원에 더 가까이 나아가게 되었다. 암브로스의 가슴속에서 우러나는(심중소발) 이야기를 들을 기회가 없었으나 그가 매 일요일에 교회 앞에서 진리를 명백히 선언하는 것을 들었으니 나를 미혹케 하던 자들이 속일 마음(詭心)[326]으로 성서에 대하여 의심하게 하려 했던 여러 어려운 문제들을 다 풀 수 있다는 점을 점점 깨닫게 되었다. 율법과 선지자들의 옛 책을 전에 들었던 해석대로 아주 어리석은 것으로(愚蠢)[327] 생각할 필요가 없는 고로 내가 기뻐하였고, 또 암브로시오가 특별한 열심히 규칙을 만들어 말하되, '문자는 죽이는 것이지만 성신(聖神)은 살리는 것이라' 하여 내가 자주 즐거이 그의 연설을 들었다.

---

326) 속일 궤(詭) 마음 심(心): 속이려는 마음.

327) 어리석을 우(愚), 꿈뜰거릴 준(蠢): 어리석은 말이나 행동.

대게 글자대로 해석함으로 말미암아 번복된다는 뜻으로 나타낸 말을 그가 이처럼 해석하여 오묘한 뜻을 휘장(幃帳)[328]과 같이 드러내어 신령한 뜻으로 깨닫게 하였으니 나로 하여금 그 설교에 대하여 다른 생각을 않게 갖지 되었다. 하나님께서 교만한 자들을 대적하시고 겸손한자들에게 은혜를 베푸시는 것을 보이시려고 나를 블라돈 신문도들[329]의 라듸노[330] 방언으로 번역된 여러 문서를 얻게 하셨다. 내가 그런 문서를 통해 배워 오관으로 느낄 수 있는 것 이외에 존재하는 진리를 찾으라는 권면을 받아 눈으로 볼 수 없는 당신의 존재하심을 피조물을 통해 바로 보게 하셨으니 당신이 계신 것과 무궁하심을 견고히 알게 되었다. 또 당신께서 항상 동일하신(如前 如一)하신 자이심과 변하는 법(變法)에 속하지 않는 분임을 내가 믿고, 다른 실체는 당신으로부터 나오심을 믿는 것은 그것들이 존재하고 있다는 아주 분명한 증거를 의지하기 때문이다. 또 지식을 완전히 얻은 채로 이런 사실들을 변론하였으나 우리 구주 그리스도로 말미암아 하나님께로 나아가는 길을 구하지 아니하였더면 완전한 지식을 얻은 자가 못되어 아주 멸망하는 자가 되었을 것이다. 당신의 성신으로 말이암은 존귀한 책(尊書)과 그 중에 특별히 바울노(이하 바울로 표기함) 사도의 책을 내가 큰 희망으로 읽으니(내가 열람한) 모든 것이 내 마음에 기이한 경외심으로 충만케 되었다. 내가 당신께서 지으신 만물들을 바라볼 때 전율하지 않을 수 없었다.

하루는 우리 동족인 아프리카인 본듸듸아노라는 사람이 무슨 일이 있어 내 친구 알누비오와 나를 심방했는데, 우리와 이야기를 나눌 때 그가 내 책상에서 책 한권을 보고 바울 사도의 책인 줄 알고 웃으면서 나를 보며 축하하고 '이런 책을 그대가 읽은 책 중에서 발견하게 될 줄 생각하지 못했다'고 이상하게 여기고 놀라며 말했다. 나는 '이런 책을 요즘 많이 읽고 있다'고 대답했다.

328) 휘장 위(幃) 휘장 장(帳): 휘장.

329) 블나돈은 플라톤(Platon)을, 블나돈 신문도(新門徒)는 신플라톤주의자들을 가리킨다.

330) 라틴어(Latin).

그가, 하나님의 종들 중에 유명한 애굽 수도사 안도니오[331]의 사적(事跡)을 우리에게 이야기하였는데 우리는 처음 들었다. 그는 수도원들이 많고 그 중에 하나님을 기쁘시게 하는 행위와 우리가 알지 못하는 사막 중에 기름진 땅을 말하였다. 밀라노 성 외에도 암브로시오의 보호 하에 수도원이 하나 있었는데, 그 안에 좋은 형제가 많이 있어도 우리가 알지 못했다. 또 본듸듸아노가 대화 중에 드레웨리 성에 있었던 이야기를 하였는데, 어느날 가이사가 원형극장에서 구경하는 동안 그는 동행한 세 사람과 함께 성에서 가까운 동산으로 산보를 하였는데, 우연히 서로 헤어져 자기와 동행한 두 사람이 한 길로 갔고 다른 두 사람은 또 다른 길로 나누어가게 되었다. 어떤 집에 다다르자 그 집사람들은 하나님의 종들로 마음이 가난한 자이며 하늘을 기업으로 얻을 사람이었다. 일행 중 한 명이 그곳에서 안도니오의 전기를 얻어 읽고 놀라며 기이하게 여기고 감동을 받음으로 지체 없이 정성을 드리고, 세상의 생업을 버리고 (그 두 사람이 정부에서 일하는 관원들이었다) 하나님만 섬기기로 작정하였다는 것이다. 이 말을 듣고 내가 영혼깊이 이 사건을 묵상 할 때 나의 눈앞에 나의 천한 것이 나타났으니 나의 심장이 크게 뛰기 시작하여 큰 폭풍우 같은 눈물이 흘렀다. 눈물 흐르는 것을 중지하지 않으려고 내가 일어나 알누비오를 떠났다. 한적한 곳이 눈물 흘리기에 적당한 곳으로 생각했기 때문이다.

내 친구가 이러한 나의 행동을 막지 못하게 하려고 내가 아주 한적한 곳으로 갔다. 내가 그런 형편에 처한 줄을 친구가 짐작하고(대개 용서하라는 뜻으로 내가 무엇을 말하였는데 무슨 말인지 이제 내가 알지 못하고, 통곡함으로 내 음성이 목이 메여 내가 무엇을 머뭇거리고 일어났다) 그가 크게 놀라 있던 곳에 머물러 있고 나는 무화과나무 아래의 땅에 엎드려 눈물을 흘리니 눈물이 물결과 같이 나와서 하나님께 기쁘시게 드리는 제사가 되었다.

또 내가 하나님께 여러 가지 말씀을 드렸으니 '주여 언제까지, 노(怒)하시겠

---

331) 이집트 출신의 수도사 안토니우스(Antonius, 251~356).

나이까 내가 전에 지은 죄악을 기억하지 마옵소서.'하며 나의 죄에 결박되었음을 내가 분명히 알고 대성통곡 하였다. '언제까지, 언제까지, 내일이라.' 또 내일이란 대답이 왜 나는지, 무슨 이유로 나의 망측한 수치(부끄러움)가 즉시 멈추지 못하였는지 알고자 하였다. 이와 같이 내가 말하며 마음으로 지극히 통회하는 중에 통곡하는데 홀연히 이웃집에서 어떤 남자아이와 여자아이가 말하기를 '가지고 읽어라, 가지고 읽어라'하는 말을 듣고 나의 얼굴빛이 변하고, 아이들의 놀 때 이런 말을 하는 경우가 있는지 아무리 깊이 생각하여도 그런 말을 전에 들은 기억이 없었다. 눈물을 그치고 일어나 이 말은 하늘에서 내려온 명령으로 생각하고 성경을 펼쳐 눈에 들어오는 첫 장을 낭독하였는데 그것은 안도니오가 낭독하는 중에 우연히 본 말씀이 자기에게 직접 관계되는 권면으로 생각하였다는 이야기를 들었기 때문이다.

내가 크게 소동하는 중에 알누비오가 있는 곳으로 돌아가서 거기에 두었던 사도의 책을 펼쳐 소리 없이 눈에 보이니 첫 장을 보니 '탐식과 술 취하지 말며 음란과 방탕하지 말며 쟁투와 시기하지 말고 오직 주 예수 그리스도로 옷 입고 육신의 일을 예비함으로 정욕을 행치 말찌니라.'(롬13:13~14)하신 말씀이니 더 읽을 마음도 없고 더 볼 필요도 없었다. 그 말씀을 볼 때에 빛과 안위함이 나의 영혼에 물을 붓는듯하니 모든 암담함과 의심이 사라졌다."

고 했다. 세례 받을 때까지 준비할 의향으로 어거스틴은 그 어머니와 여러 친구와 함께 어떤 친구의 농가(農家)로 가서 머물렀다. 철학도 공부하며 친구들과 함께 철학과 성경의 이치가 화합(和合)하는 것에 대하여 토론도 하고 기도도 많이 하며 준비한 후에 387년 부활주일에 자기의 사생자(私生子) 데오다도와 함께 암브로시오에게 세례를 받았다.

그 후에 어거스틴은 아프리카로 돌아가기로 작정하고, 가는 길에 로마성에서 가까운 오스듸아 성에서 그의 어머니가 병들어 같은 해 말에 별세하였다. 어거스틴이 한 해 동안 로마 성에 머물며 마니교 신도들을 대적하여 그 거짓 교리를 반박하다가 다가슈데로 388년에 돌아가서 자기의 기업인 농가에 거하며 철학과 성경의 이치를 공부하였다.

어거스틴이 391년에 잠깐 히포에 체류하러 갔을 때 그곳의 감독 왈네리오가 어거스틴의 허락 없이 억지로 그를 장로로 택하여 장립하였다. 또 395년에 그 감독이 연로하고 육신이 연약하여 동사(同事)감독으로 장립하고, 이듬해 별세하여 396년부터는 어거스틴이 단독으로 감독이 되었다. 그때부터 풍성한 저술활동(記書)이 시작되는데, 교회의 기둥이 되고 모든 서방교회와 신학의 중심이 되었다. 400년에 도나도교파(이하 도나티스트, Donatist)를 대적하기 시작하였고, 411년 도나티스트들과의 대토론회에(도나티스트 교회 감독은 279명, 공교회 감독은 286명이 참석함)에서 호노리오 대 황제의 중재 관 앞에 베딜니아노와 브리미아노 두명이 도나도교파를 보호하고 어거스틴과 어렐리아노가 공교회를 보호하는 토론에서 어거스틴 쪽이 승리하였다. 그러나 즉시 벨나기오(이후 펠라기우스파)의 이단에서 새 변론이 일어나 어거스틴이 평생토록 인론(人學)과 구원론(救學)에 대하여 크게 변호하였다. 완달(반달)족들이 히포성을 포위하는 동안에 어거스틴은 열병으로 430년 8월 28일에 별세하였다.

어거스틴의 저서

1) 참회록(自服書)이란 저서는 어거스틴의 내력(來歷)인데 무소부재하신 하나님을 향하여 아주 겸손하고 지극히 간절한 기도로 자기의 죄과를 핑계 없이 고하고 하나님의 은혜롭게 인도하심과 보호하심을 칭송한 것이다.
2) 철학적 논문은 장립 받기 전에 저술한 것이다.
   ① 아카데미고(學士) 적서삼권(敵書三卷)에서는 어거스틴이 견고한 지식을 얻을 수가 없다는 이론을 변증하고,

② 복된 생명이란 책에서는 하나님을 아는 것에 참된 복이 있음을 가르치고,

③ 질서란 책 두 권에서는 우주에서 하나님께서 설립하신 질서에 선악의 상관을 논설하며,

④ 독화(獨話)란 두 권에서는 우주에 진리를 인지하는 방법과 조건을 드러내고 부록에서는 영혼의 불멸함을 가르치고 있다.

3) 교리적 논문 중에 제일 중요한 것은 다음과 같다.

① 삼위일체론이라는 15권의 책에서는 그 교리를 제시하고 논의하여 교리 발전의 역사에서 아주 중대한 책이다.

② 그리스도 교회의 교리라는 4권 중 첫 3권에서는 믿음의 종류에 대해 성경을 주석하고 제4권에서는 이와 같이 얻은 진리를 어떻게 사용하는지 가르치고(주석학 註解學, 강도법 講道法, 설교법 說教法),

③ 철회서(綴回書)라는 2권을 말년에 기록하여 초기 저서들에 대해 논박하며, 그 중에 많은 이전의 이론을 개혁하거나 철회하거나 교정하였다.

4) 도덕적인 저술

① 혼인(嫁娶)의 유익이라는 책에서는 혼인하지 아니함이 무공(無功)하다는 요위니아노의 주장을 대답하고, 그리스도인들의 혼인이 귀함을 허락하였으나 혼인하지 않기로 한 자는 거룩함을 얻는 방법을 사용하였으므로 믿는 자의 생명이 더 높은 반열에 이르렀음을 설명하였고,

② 간음과 같은 혼인이란 책에서는 재혼(再娶)하는 것을 중혼(倍娶, 곧 아내가 있는 사람이 다시 아내를 취함 有妻娶妻)하는 것으로 옳지 않은 것으로 여겨 금지하고,

③ 거짓 말(謊言)에 대한 책과 곤센디오에게 보낸 거짓말을 대적하는 책에서는 이중적인 말(兩義之言)을 사용하는 것을 무조건 거절하였다.

5) 논쟁문

① 마니교를 대적하는 11편의 논문 중에 파으스도를 대적하는 책 33권이 중요한데, 마니교의 교리를 옹호하는 파으스도의 논의를 인용하여 그 이론을 논파하고,

② 도나티스트를 대적하는 논문 10권을 기록했고,

③ 벨나기오파(Pelagian을 의미함)와 교정한 벨나기오교파(Semi-Pelagian을 의미함)를 대적하는 논문 14권을 기록하였고,

④ 아리오 문도(門徒)와 브리스길리아 문도, 오리게네 문도와 마르키온 문도를 특별한 논문으로 논박하였고,

⑤ 이단이란 책에서는 각종 이단을 개괄적으로 소개하고 논파하였다.

6) 변증논문

유대인과 이방인들을 대적하는 여러 기록서 중에 『상제지국』(上帝之國, 신의 도성)이라는 22권의 책이 있으니 고대교회의 모든 변증논문 중에 제일 중대한 책이다. 로마제국이 야만인들에게(특별히 고트와 반달 민족) 압제를 받은 것은 이방인들의 생각과 말대로 교회의 백성을 연약하고 쇠망케 한 과실이라고 한 것을 어거스틴이 이 첫 네 권에서 대적하여 로마에 만연된 탐욕과 경건치 아니함과 도덕의 부족함과 부패함이 확산되어 멸망할 씨앗이 본래부터 있음을 가르쳐 그 책임을 거절했다. 그 다음 다섯 권에 이방종교들의 부패와 이방철학의 부족함을 가르치고 나머지 몇 권에는 하나님의 나라와 세상의 나라 사이의 기원과 목적과 발달과 마지막 날의 심판에 당할 경정에 대한 서로 어긋남을 지시하였다.

7) 해석기서(解釋記書, 주해서)

그중에 완전하고 요긴한 책은 창세기의 첫 3장을 13권으로 해석하였고, 또 시편 해석 6권, 요한복음 해석 2권, 사복음서와 산상 강도(설교) 해석을 합쳐 1권, 요한복음과 요한 1서 강도 2권, 강도서 4백권이 있고 또 편지 270장이 남아 있다.

어거스틴의 제자

1) 바울니노는 밀라노 성의 집사인데 어거스틴의 청원을 의지하여 암브로시오의 내력과 행적을 기록하고 411년에 벨나기오(펠라기오) 이단과 논쟁을 일으켜 417년에 조시모 교황에서 골네스듸오를 대적하는 작은 책자를 드렸다.

2) 바을노, 오로시오는 스바니아 장로인데 415년에 아프리카로 가서 어거스틴을 심방하며 어거스틴으로 하여금 브리스길니아노교파와 대적하도록 감동시키고 또 벨나기오교파를 대적하였다. 그의 책들은 브리스길니아노 문도와 오리게네문도들의 잘못된 해석에 대한 책을 어거스틴에게 드리고 벨나기오를 대적하여 자유의지를 변호하는 책을 기록하고 어거스틴의 청원을 의지하여 이방의 불신자들을 대적함으로 일곱 권 되는 역사책을 기록하였는데 어거스틴의 『신의 도성』이란 책과 같은 제목을 역사를 기록하는 방법으로 기록했다.

3) 마리오, 메르가도르는 교회직원은 아니로되 학자였다. 본래 서방사람인데 노년에 콘스탄티 노블에 거한 자였다. 동방에서도 벨나기오교파를 이기라고 도와주고 특별히 안디옥학파들 네스도리오와 몹쉐스듸아 데오도로를 대적하는 책을 기록하였다.

4) 브로스버, 아귀다니고는 갈니아 교회 내의 평신도인데 논문과 시문(詩文)으로 자기 동족이된 교정(校正)한 벨나기오 문도들을 대적하였다(460년경 별세)

5) 가이사리오는 갈니아, 알레나데(지금 아를너) 감독인데 본래 레리노 수도원에 우거한 수도사요 그때 사람들 중에 유명하고 권세 많고 교회 안에 아주 유익한 자이다. 갈니아에서 529 년에 어거스틴학파가 교정한 벨나기오문에게 승리한 것은 가이사리오 때문이었다. 그의 은혜와 자유의지란 책은 없어졌지만 자기가 작문한 수도사 규칙과 여수도사 규칙과 많은 강도서(설교문)이 있다(543년에 별세).

6) 폴겐문듸오는 루스베의 감독인데 공교회의 교리를 위하여 열심이었던

연고로 아리오교파가 된 반달족의 왕 트라시문에게 귀양을 당했다가 왕이 523년에 별세한 후에 돌아왔다. 어거스틴의 교리를 견고하게 보호하고 특별히 아리보교파와 교정한 벨나기오교파들을 대적하였다(555년에 별세).

7) 가르타고의 집사 풀겐듸오, 페란도는 루스베 풀겐듸오의 제자들로 그 내력를 기록하였다(547년경).

8) 헤르미아 감독 파군도와

9) 가르타고 집사장 리베리우스도 있다.

10) 개신교회의 루터 선생과 칼빈 선생이 어거스틴의 교리에 많이 의지하였다.

2. 하나님의 자녀됨[332)]

"대접(待接)하는 자는 그 이름을 믿는 자라. 권세를 베푸사 하나님의 자녀가 되게 하시나니 이는 혈기(血氣)로 난 것도 아니요 정욕(情慾)으로 난 것도 아니요 인간의 의지(人意)로 난 것도 아니요 하나님께로서 난 것이라."(요한 1:12, 13).

이 말씀은 그리스도께서 세상에 강림하사 육신이 되셨을 때에 자신의 소유지(ta idia)에 오셨어도 자신의 특별한 백성(출19:5; 신7:6; 마21:33)된 유대인들이(hoi idioi) 자기를 영접하지 아니하였다는 말씀은 있지만 그 중에 환영한 자도 있었다. 가령, 시므온, 안나, 열두 제자, 문도된 여인들이었고, 또한 오순절에 모인 제자들의 명수를 생각하면, 일백이십 인인데, 그 사람들에게 주께서 미증유(未曾有)의 존귀를 붙여 주셨고 특별한 권세를 주셨다는 말씀이 있다. 저희는 그리스도를 영접하지 아니한 자들보다 도덕상으로 우월한 자가 아니요 죄악이 덜한 죄인도 아니지만, 다만 분간되는 것은 저희들이 구세주를 환영하여 믿은 것이다. 그런 이유 외에는 받은 이유가 없었으니, 만유의 주재 되신 하나님의 광대하신 은혜로만 받은 것이다. 이 말씀에는 네 가지 의의(意義)가 있는데, 1. 존귀(尊貴), 2. 수여주(受與主), 3. 얻는 방법, 4. 얻는 자의 변경됨이다.

1. 존귀

이 권세는 원문에 엑수시아(exousia)라 하는데, 뒤나미스(dynamis)라는 마음 속의 권능(행1:8)과 같은 것이 아니요, 오직 하나님의 자녀 되는 일에 대하여

---

332) 이 글은 「신학지남」 제2권 1호 (1919. 4), 3-11쪽에 "하ᄂᆞ님의 子女됨"이라는 제목으로 게재된 글인데, 원문의 형태를 유지하되 독자들의 편의를 위해 난해한 문장은 현대어로 수정하였다.

모든 허락과 권리와 자격과 권위를 맡겨 주신 것이요, 또한 자녀 되게 하셨다는 말씀은 없고 다만 자녀 되는 권세를 주셨다는 말씀뿐이니, 그런즉 하나님의 자녀 되는 확실한 권세를 주셨다 함이라. 그 의의가 매우 깊은 고로 요한 일서 삼장 이절에, 지금 하나님의 자녀가 되었다는 조건에 대하여 말씀하기를, "장래에 어떻게 될 것은 아직 나타나지 아니하였으나, 오직 그가 나타나시면 우리가 그와 같을 줄 앎이니라"하였느니라. 또 자녀란 단어는 텍나(tekna)라 하니, 양자가 됨으로 자녀의 명칭을 받을 것만 아니요 다만 생산(生產)함으로 됨이니 즉 하나님의 소생(所生)이니라. 바울 사도가 이런 문자를 흔히 사용하지 아니하였으나 로마서 8:16에만 이렇게 기재하였고, 다른 편지에는 아들 자(子)자만 사용하였으니, 요한과 바울의 문자 사용하는 법뿐 아니라 그들의 논증하는 방법도 비교하면, 바울은 법률상으로 양자(養子)되는 것을 많이 생각하므로 소생이란 말을 흔히 사용하지 아니하였고, 요한은 하나님께 영생 받은 문제를 의지하므로 자기의 기술한 일서에도 자녀 되는 것을 생산하는 법대로 깨닫고 생각하여 자녀라고 하는 대신에 소생(원문대로)이라고 하였느니라.

하나님의 소생된 것은 조물된 것보다 백배나 존귀하고 친근하고 복스러우니, 영화로운 천사나 아직 죄를 범치 아니한 사람이 혹 아들이라는 명칭을 받는 일이 있으나 오직 자녀된 것은 다른 기초에 있어서 하나님과 더 친근케 되고 그리스도를 얻음으로 하나님의 성품을 얻음과 하나님의 유일한 아들 예수 그리스도와 그 성품, 존귀, 위엄, 특권에 대하여 같음이라. 하나님의 진노 아래 있던 우리를 하나님께서 부르사 이 비상한 존귀를 얻게 하신 것을 생각한즉 그런 사랑이 어디 있으리요!

2. 주시는 이

주시는 이는 곧 예수 그리스도이신데, 다른 성경에는 아버지께서 자녀 되는 권세를 주신다고 하였어도, 여기는 하나님의 독생자가 이 권세를 주신다는 말씀이니, 이는 독생자가 다른 사람들을 하나님의 자녀가 되게 하신다는 말씀이며, 또 대가 없이 그저 은혜로 주시느니라. 그러므로 다른 데 말씀하시기를 내가 저희에게 영생을 주노라 하시고, 생명수를 주노라고도 하시며, 자기의 육신 된 생명떡을 준다고도 하셨으니, 이는 하나님의 소생 되는 권리를 주신다는 말씀이라. 자녀 되게 하신 것만 아니요, 자녀 되는 권리를 주신다 함이니, 이는 소유권(所有權)과 같은 것이라. 자녀 소유권이 있는 자는 부득불 예수 그리스도와 같이 기업(基業)을 얻어 후사(後嗣)가 되리라.

예수께서 본래 이 권리가 없던 자들을 위하여 자기의 보혈로 구속하셨으니, 주신 값이 만족한 고로 그 권리는 법률상에 의당한 권리가 되어 영원토록 견고한 것이라. 주께서 이 권리장을 우리 앞에 펴 두시고 받으라 하시며 받으면 하나님의 자녀가 될 수 있다고 하시듯 하니 이는 듣는 자에게 복음의 기쁜 소식이 되느니라. 내게 오라 내가 너희를 편히 쉬게 하리라 하신 말씀 외에 내게 와서 하나님의 자녀가 되어라 하시듯 하느니라.

3. 얻는 방법

매매하는 약조(約條)도 없고 값도 없고 조건도 없으나 오직 작정(作定)하신 방법이 있으니 그로 말미암지 아니하면 하나님의 자녀가 될 수 없는데, 이 방법은 예수를 영접하는 것이요 또 영접하는 것이 무엇이냐고 물을 것 같으면 예수의 이름을 믿는 것이니라.

(1) 예수를 영접함

이스라엘 백성은 예수께서 강림하셨을 때에 그를 기각(棄却, 배척)하였는데, 영접하는 것은 그 일에 반대되는 행동이니, 예수께 대하여 그는 말씀이시고 빛이시고 생명이시고 독생자와 그리스도 즉 하나님의 보내신 자로 받아 믿고, 하나님과 그가 자기를 대하여 친히 하신 모든 증거도 받아 믿으며, 시몬 베드로와 같이 말하기를, "주는 그리스도시요 살아계신 하나님의 아들이시니이다" 할 것이요, 또 도마와 같이, "나의 주시며 나의 하나님이시니이다" 하는 것이 가하니라.

(2) 그 이름을 믿는 것

이것은 예수라는 이름을 해석적으로 그가 우리의 구주가 되셨다는 말씀을 믿을 뿐만 아니니, 사람의 이름은 그 사람의 전 인격과 위인(爲人)과 성품과 행한 일을 가리키는 것이니, 예수라는 이름을 우리가 풀이하면 구주, 하나님의 독생자, 무죄한 자, 지혜가 많으신 선생, 모든 일을 아시는 선지자, 대(신하여 구하는) 대제사장, 부활하사 영광에 거하시는 만왕의 왕, 만주의 주로 알고 믿는 것이 가하니라. 우리가 예수께 대한 모든 증거를 받고 또 우리에게 주신 허락(許諾)을 받으면, 위에 말한 권리(權利)를 얻어 하나님의 자녀가 되느니라. 예수의 이름을 믿는 것으로 우리가 세상 사람들과 하나님의 자녀를 구분하는 경계(境界)를 건너 자녀의 수(數)에 들어가고 그때로부터 우리가 세상에 있을지라도 다른 세계(世界)의 백성이 된 것이라. 무릇 예수가 그리스도 되신 줄을 믿는 자는 이에 하나님께로서 난 자이니라 (요일 5:1).

4. 변경됨

우리가 중생(重生)한 사람이요, 원문대로 위에서 난 자요, 그러므로 이렇게 번역하든지 저렇게 번역하든지, 새로 난 사람이라. 그런즉 소생 즉 하나님의 소생이요, 산 소망을 잇게 된 소생이니라.

이 일은 양자 되는 것만 아니라 다만 생산(生産)하는 일이라. 이 생산하는 일을 더 해석하기 위하여 사도는 먼저, 그 생산하는 것이 무엇이 아닌지를 말한 후에 무엇인지를 말하였으니

(1) 혈기로 난 것이 아니요. 원문에는 '혈기'라는 단어 대신 '혈들'이라 하니, 그 단어는 부친과 모친 편의 많은 대(代, 계대)를 가리킴이니, 그런즉 혈통이 아니요, 아브라함 자손된 연고도 아니요, 할례 받은 사람들 중에서 태어난 연고도 아니니, 조상들이 믿은 사람들이었기 때문에 그 자손도 믿는 사람

이 될 줄로 생각하지 말 것이라. 이 신령한 생산하는 일에는 사람의 피가 상관이 없느니라. 하나님의 소생은 부모의 피를 인하여 된 것이 아니니, 물체(物體)의 피의 바탕은 하나님의 소생들을 나게 할 수 없느니라.

(2) 정욕으로 난 것이 아니요. 이 말은 원문에 '육신의 뜻으로'라는 단어이니, 육신의 생산하는 것을 가리킴인데, 육신으로 난 것은 육신이라 (요3:6). 육신의 부모는 아무리 원하여도 우리로 하여금 하나님의 자녀가 되게 할 수 없느니라.

(3) 인간의 의지(人意)로 난 것도 아니요. 이 말은 원문에 '남자의 뜻으로'라는 단어이니, 육신적 생산하는 일에는 남자 쪽의 의지가 주장(主掌)되는 것을 인함이라. 남자의 의지가 여인의 의지보다 강하여 주장되기 쉬우나, 그러나 한 가지 일은 할 수 없으니, 즉 자기의 소생으로 하나님의 자녀 되게 할 수 없느니라.

사도가 이 세 가지 말씀으로 육신의 생산하는 법으로는 하나님의 소생이 될 수 없음을 분명히 가르친 후에 오직 하나님께로서 난 것이라 하였으니, 육신의 혈(血)로 아니요 다만 신령(神靈)한 일이며, 육신의 의지나 남자의 의지로 아니요 다만 하나님의 의지로만 우리가 하나님의 소생이 될 수 있고, 야고보 1:18 말씀대로 하나님께서 자기의 뜻을 좇아 진리의 말씀으로 우리를 낳으셨다 하였으니, 그 독생자가 그 권세를 주시되 아버지께서 우리를 낳으셨느니라. 요한일서에 흔히 하나님께 속(屬)함이라고 번역된 단어는 헬라어 방언의 법으로 원문에 하나님께로서 난 것을 가리킴이니, 독자 여러분은 이 원인(原因)을 알고 그대로 해석하시면 좋을 것이외다. 또 요한일서 3:2 말씀은 "우리가 지금은 하나님의 자녀라. 장래에 어떻게 될 것은 아직 나타나지 아니하였으나, 오직 그가 (예수) 나타나시면 우리가 그와 같을 줄 아는 것은 그 참 형상(形像)을 볼 것을 인함이라." 이와 같은 것을 가리킴이니, 신자된 우리가 장래에 하나님의 자녀가 된다는 말이 아니라 예수 그리스도를 믿었으니 이미 된 것이로되 아직은 하나님의 완전한 형상을 완전히 이루었다고 할 수가 없고 다만 그 일은 성신(聖神)께 관계됨으로 성신께서 하나님의 자녀 된 우리를 가지시고 주의 형상을 우리 속에 이루사 우리로 하여금 하나님의 독생자와 같은 자가 되게 하려 하시나니, 우리는 하나님의 자녀가 되었은즉, 이 일에 대하여 성신의 처분대로 하시도록 허락하면, 우리가 우리 주와 같이 되리라.

3. 영국 감독교회 조직[333)]

직원

직원은 3품으로 구별하는데, 집사, 장로, 감독이라. 규율상 연령은 이렇게 정하니, 집사는 23세 이상, 장로는 24세 이상, 감독은 30세 이상이라야 그 직급(직분의 계급)에 들 수 있느니라.

(1) 집사는 목사의 직분인데, 그 직책은 예배식과 목회사업에 장로를 보좌할 것이니, 장로의 명령을 의지하여 공동예배식에 기도문이나 성서를 낭독하고 설교도 하고 세례도 주고 혹 성찬식에 떡이나 포도주를 분배할 수 있는 반열이며, 장립을 받을 때, 39개조 신경(信經)과 감독교회의 헌법을 하나님의 말씀에 적당한 것으로 인정하느니라.

(2) 장로도 (혹 '제사장'이나 '신부'로 번역) 목사적 직분인데, 예배식을 '제단'(祭壇)이란 상(床) 앞에서 주장하고, 특별히 성찬을 시행하는 반열이라. 감독이 장로를 장립할 때에 말씀하기를 "하나님이 교회 안에서 장로의 직분과 사무를 시무하기 위하여 성령을 받으라." 하는데, 이는 두 가지 의미로 번역할 수 있으니, 일, 성령을 충만히 받기 위하여 구하는 기도요, 이, 감독의 안수함으로 신령한 은사를 전달하는 것이라. (저교회는 전자를 믿고, 고교회파는 후자를 믿음).

(3) 감독은 (혹은 주교라 칭하고 장로와 집사를 감찰하는 직분인데, 성찬 참여자를 승인하며, 안수함으로 장립식(將立式)과 견진례(堅振禮)를 행하며, 예배당 헌당예식을 주장하며, 집사와 장로를 필요한 곳에 따라 지교회(支教會)에 임명하는 권리가 있느니라.

감독 직분이 허락될 때에는 고등예배당(감독좌석회당)의 고등목사(규율적 목

---

333) 이 글은 「신학지남」 제5권 4호(1923. 10), 81-87쪽에 게재되었다. 원문을 유지하되 독자들의 편의를 위해 난해한 문장은 현대어로 수정하였다.

사, canon) 등에게 선정(選定)하는 권리가 있으나 이는 형식일 뿐이니, 왕실에서 발표하는 선정 허가장(許可狀)에 그 직분을 맡은 자의 이름을 공천 방식으로 임의 기재(記載)하여 주는 것이니, 국왕(혹은 대 총리대신)이 공천도 하고 임명도 하느니라. 또 어떤 감독도 자기 지방 (관구) 외에는 감독의 직무권(직권)이 없고, 본 지방에서는 혹 부감독을 명하여 보조케 하는 일도 있느니라.

앞에 기록된 직분 외에 존귀한 교직(教職)도 있으니, 이는 수석목사(Dean)와 집사장(Archdeacon)이라. 수석목사는 감독좌석회당을 주장하며, 6명 이내로 정한 고등목사 등에게 조급(助給, 후원)을 받아 그 예식을 행하느니라.

집사장은 장로인데, 감독이 관할지방 내에서 그 직책에 조급자가 되나니, 지방회를 주장하며 교직 위임식에 부탁을 설명하며 목사 관구를 시찰하느니라. 집사장이 유고로 집무를 보조할 수 없을 경우에는 지방 수석목사(Vuval Dean)가 그를 조급하느니라. 집사장과 수석목사는 그 직분으로 인하여 대집회(Convocation, 승관회의)에 참석할 권리가 있느니라.

대감독 관구는 두 곳이 있으니, 그 하나는 간더버리(Canterbury)요, 다른 하나는 요륵(York)이니, 간더버리 관구에는 23 감독지방이 있고, 요륵 관구에는 7 곳, 그 외에 이를난(Ireland)에 12 곳, 스코틀난(Scotland)에 7 곳, 식민지에 36 곳이 있고, 해외에 선교사 지방은 10 곳이 있느니라.

영국에 감독좌석회당이 30개소나 되어 그 수석목사도 30인이 있으니, 그 중에 웨슷민스터(Westminster)와 윈소르(Windsor) 수석목사는 감독 관할 아래 있지 않고 직접 국왕 관할 아래 있느니라.

집사장의 수는 82인이요 지방 수석목사가 613명이요, 그 외에 장로목사와 집사목사가 2만3천 명인데, 그 중 맡은 시무를 구별하면, 교구장(Rector)과 대리 목사(代理牧師, 본시 교구장의 대리로 목사 시무를 하던 자이나 최근에는 무의미한 명칭만 남았음)와 목사보(Curate)니라.

녹(祿)을 받는 교구(教區)는 1만3천5백이니, 그 중에 국록(國祿)을 받는 교구가 1천1백50 곳이요 감독이 녹을 지배하는 교구가 770이며, 나머지 사록(私

祿)으로 분배를 받는 교구가 6천2백 곳인데, 교구에 녹을 분배하는 자를 은주(恩主)라 부르니 그는 자격이 있는 장로목사를 임의로 선정(選定)하는 권리를 가진 자요, 그 선정된 자에게 위임식을 행하기 전에 먼저 지방감독의 허가를 받을 필요가 있으니, 만일 허가를 받지 못한 경우에는 교회재판을 처리하는 법원에 공소(控所)하여 결의하느니라. 평민은 그와 같은 목사 선정하는 사건에 대하여 아무런 권리가 없고, 교구장은 한 번 위임(一次委任)을 받은 후에는 그 교회사건을 처리함에 스스로 결정할 권리가 있으므로 지방감독이라도 교구장의 허가가 없이는 그 예배당에 들어갈 수 없느니라.

교구 중 다수는 토지 재산이 있고, 기타는 전부 혹은 부분적으로 그 교구록(教區祿)을 안나(Anne) 여왕의 은사금(보조기금)으로 충당하느니라.

은주제도의 폐해가 예전에 많았으므로 국회를 경유하여 법령으로 개혁되었으니, 특히 인원이 많은 교구를 감찰하던 전례를 감축(減縮)하여 지금은 한 사람이 두 곳의 감독좌석 예배당의 직무를 얻을 수 없게 하였고, 고등목사이면 그 한 사람이 그 직분 외에 반드시 한 교구만 얻을 수 있고, 그와 같이 한 장로목사가 두 교구를 맡을 수는 있으나 그 중 한 교구에 3천 명이 있으면 타 교구에는 5백명을 초과함을 허락하지 아니하며, 교구 내에서 매년 수삭식(數朔式, 인원 감축의식)을 주재할 의무가 있느니라.

영국교회에 일년 수입이 8천만 원인데, 간더버리 대감독의 연봉은 15만 원이요, 요륵 대감독의 연봉이 10만 원이며, 론돈(London) 감독도 10만 원이요, 더르함(Durham) 감독이 8만 원이니, 최소 연봉을 받는 감독은 2만 원을 받고, 또 수석목사의 평균연봉도 1만 원 이상이며, 보통목사의 연봉도 1천5백 원이나 되느니라.

정치

영국에서 교회는 정부의 입법부(立法部) 중에 하나요, 국왕은 교회의 최고 주재자며, 구회는 교회의 최고법원이라. 간더버리 대감독은 왕국 내 최고 귀족이니, 왕의 대관식을 주장하며, 왕의 얼굴과 가슴과 손바닥에 기름을 바르고 왕에게 관을 씌우는 자니라. 감독은 국회 상의원의 투표권이 있고, 교회에 관한 제반 법률은 국회에서 결의하므로 교회에는 입법권이 없느니라.

교회 내에서는 간더버리와 요륵의 대집회(Convocation, 승관회의)가 최고 처리회인데, 이는 왕 에드왈드(Edward) 1세의 설립한 바요, 본래 자체 입법권이 있었으나 1532년부터 그 권한을 상실하여 왕권 아래 있게 된 후로 다시 얻지 못하니라. 또 간더버리 대집회는 1717년에 왕 조르지(George) 1세에게 폐지를 당하였다가 1852년에야 다시 세움을 얻었고, 1861년부터는 왕의 인가(認可)로 시무하는 권리를 다시 얻느니라. 그 대집회에는 상하양의원이 있으니, 상의원에는 대감독이 회장이요, 감독 등은 회원이며, 하의원에는 장로목사 등의 대표와 각 집사장과 각 수석목사가 회원이요, 평신도의 대표로 회원된 자는 없으며, 감독은 각 의안(議案)에 대한 거부권을 갖느니라.

교회 재판에 관한 사무는 삼등(三等) 법원에서 처리하나니, 1. 감독 지방법원의 원장은 감독의 서기관이 되며, 2. 공소사건은 정치법원에서 재판하는데, 그 원장은 정치장(政治長)이라 하느니라. 3. 극상공소소(極上控訴所, 최고재판소)인 추밀원(樞密院)의 수석은 왕이니, 왕은 고문(顧問)위원 등의 의견을 청취한 후에 결정하느니라.

목사의 책벌에는 3등이 있으니, 정직(停職)과 해직(解職)과 탈위(脫位, 면직)이라. 목사가 교구 시무에 태만하면 정직을 당하고, 보통기도주문을 사용치 아니하거나 39개조의 신경에 반대하는 설교를 하거나 직관매매를 하였거나 보통법원에서 정죄를 당한 경우에는 해직이나 탈위의 처분을 당하되, 해직을 결정할 권한은 정치법원에만 있느니라.

4. 안드레 멜윌 Andrew Melville의 전기[334)]

스코틀난에서 장로교회를 설립하고 조직하는 사업에 요한 녹스(John Knox) 다음으로 위대한 인물은 안드레 멜윌[335)]이다. 그는 스코틀란 몬드로스(Montrose) 지방 발도위(Baldovy)에서 1545년 8월 1일에 출생한 자로, 처음에는 신체가 허약하였더라. 라몬드로소에서 라틴 및 헬라어와 법률어(法語)를 수학하고, 1559년에 성 안드루스(St. Andrews) 대학교 내 성 마리아 학원(學院)에 입학하여 1564년에 졸업하고, 전국 내에서 우수한 철학자 및 시인과 헬라어 문학자라는 호칭을 얻으니라. 그 후에 바리(Paris)로 가서 해당 대학교에서 라틴 및 헬라 문학과 철학 외 특히 히브리 문학을 연구하고, 2년 후에 봐듸에(Poitiers)로 가서 법학(法學)을 수학하고, 성 말세온(St. Marceon) 학원에서 학생 지도자가 되니라. 후에 제네와(Geneva)로 가서 인문학 교수로 5년간 시무하였고, 그 사이에 베사(Beza)의 문하에서 신학을 연구하였는데, 후에 귀국할 즈음에 베사가 추천서를 써주었으니 이르기를, 이 멜윌은 제네와에서 최고 사랑하는 자니 이에 이같은 수재(秀才)를 귀국(貴國)으로 보내게 되나 슬퍼하지 않음은, 귀국에 큰 이익을 도모함이라 하였느니라.

1574년에 귀국하여 글나스고(Glasgow) 대학교장으로 취임하여 다대(多大)한 포부와 열심과 근면으로 가르치니, 이전에 영락(零落)하던 학교가 부흥되어 사방에서 스승을 좇아 유학하는 자가 많았느니라.

멜윌이 귀국하기 전 즉 1572년에 추밀원에서 스코틀난 교회 내에 감독을 택(擇)하여 들이매, 1575년 8월 총회석상에서 요한 드우리(John Dury)가 감독

---

334) 이 글은 "안드레 멜윌 Andrew Melville의 전기"라는 제목으로 「신학지남」 7권 1호(1925. 1), 49-57쪽에 게재되었다. 원문의 형태를 유지하되 독자들의 편의를 위해 난해한 문장은 현대어로 수정하였다.

335) '스코틀란'은 '스코틀랜드'를, 멜윌은 멜빌을, '바리'는 '파리'를, '제네와'는 '제네바'를, '엣인보로 '는 '에딘버러'를 의미한다.

직의 불법성(不法性)을 논하니, 멜윌 역시 그를 도와 해당 직분은 성경에 위반되는 것이니 직분 폐지를 요구하고 교회 내에 그와 동등한 권한을 가진 목사를 설치함이 가하다고 논하였다. 또한 권징조례 제2판을 교정하는 편집위원 중 주요 업무를 맡아 그 교정한 제2판을 채용한 총회장의 임무를 맡으니 그 회는 1578년의 일이라. 1580년에 총회가 감독직을 폐지하기로 전수가결(全數可決)하니라. 이는 1580년 12월에 출신 학원(學院), 즉 성 마리아 학원이 신학원으로 변개될 때에 성 안두르스 대학의 소명을 입어 해당 신학원장이 되었는데, 초기에는 다소 반대를 받았으나, 2년이 불과하여 그 근면과 열심이 학생에게 환영을 받았을 뿐 아니라 학생 수가 연속 증가하여 종교적 사업이 시내에서 불같이 일어나니라. 그러나 안타깝게도 그 종교적 사업은 전국교회의 정치와 자유에 관한 전쟁으로 인하여 정지하게 되었으니, 그 사단(事端)의 원인은 추밀원이 얼마 전 1581년에 채용한 조약을 위반하고 1572년에 행사하던 감독제를 부활케 하며 왕의 총신 네녹스(Lennox)가 몬고머리(Montgomery)를 글나스고 대감독직에 등용한 고로 교회가 그러한 고압적 수단에 반대하여 몬고머리를 출교하매 추밀원은 그 출교선고를 무효라고 반대 선언하고 대감독에게 징세치 않는 자를 투옥하기로 정(定)하며 글나스고 대학교에 임시폐교를 명하니라.

그로 인하여 총회가 비상소집으로 개회되니, 멜윌이 개회 시에 스코틀난 내에서 감히 그런 절대적 권리를 세우고 군왕처럼 교회 내에서 교황적인 권위를 행사함을 허락한 자들에 대한 일장 설교를 하고, 그 총회가 항론서(抗論書)를 결의하여 멜윌과 그 외 여러 명이 왕에게 봉정(奉呈)하였더니, 1584년 2월에 추밀원으로 호출을 당하여 국사범(國事犯)과 동란죄(動亂罪)로 피고가 되매, 자기의 무죄함을 발명하는 증거로 과거의 설교에 대해 일일이 진술하였으나, 추밀원은 재판에 붙이기로 정하되, 멜윌이 먼저 교회치리회의 재판을 받음이 필요하다는 권면과 공갈에 불복하니, 추밀원의 재판을 불복하는 죄로 왕의 처분을 받기까지 블낙넷스(Blackness) 요새에 구류한다는 선고를 받았으나 즉시 영국으로 도피하니라.

왕 야고보(James) 6세의 신하들이 모든 일을 추밀원의 재가에 일임하여 왕으로 전제군주를 삼고자 하매 먼저 교회치리회의 권리를 제한할 필요를 느끼고, 1584년에 국회가 노회의 권리를 폐지하고 감독에게 위임하여 감독정치를 비판하거나 불복하는 자는 국사범으로 결정하며 왕의 면허 없이는 노회나 총회 소집을 못하게 하고, 감독 등으로 독자적으로 목사를 택하여 취임을 주장하게 하고, 목사가 설교나 교회치리회에서 왕의 태도나 추밀원의 결의에 감히 비난하는 언사를 불허(不許)하니라. 그 법령에 불복(不服)함으로써 고난당하는 목사와 국사범이 되지 않고자 영국으로 달아난 자가 많으니라. 멜윌도 피하여 20개월을 지낸 후 1585년에 귀국하였고, 전에 피했던 귀족 다수가 돌아와 그들이 솔선하여 백성과 목사 등이 교회의 자유를 회복하기로 선언하니, 전에 왕과 추밀원을 독단하던 아란(Arran) 백작은 도망하고, 왕은 그 환귀한 자들을 관정에서 은총(恩寵)으로 우대(優待)하니라. 총회가 1587년 6월에 회집할 때, 멜윌이 다시 회장이 되어 타 위원과 함께 국회 앞에 나아가 노회의 권리를 명백히 증거하니라. 멜윌은 왕의 권위를 반대한 자가 아니라, 1590년 5월 왕후의 대관식에 라틴 시문을 2일 동안 준비하여 봉정한 일도 있었으며, 또한 자기를 반대하던 대감독 아담손(Adamson) 씨가 군색(窘塞)한 중에 처하였을 때, 그를 도운 일이 있느니라. 1592년 6월에 이르러는 멜윌의 근면성이 결과를 내어 국회가 드디어 법령으로 교회의 치리회, 즉 총회 및 대회와 노회 및 당회에서 그 권리를 보유함을 채용하고 왕의 승인을 얻었다고 선언한 고로, 그 법령은 스코틀난 국가교회의 자유장정(自由章程)이 되니라. 그러나 왕이 그 채용한 조약을 머지않아 저버리고, 로마교에 속한 귀족을 복귀하고, 목사가 설교 시에 국가사정을 비평하면 재판에 붙일 것이요, 총회가 자기의 명령을 기다리지 않고 회집하는 것을 허락하지 않는다 하며, 총회의 결의가 왕의 채용을 경유하지 아니하면 무법한 것이라 하고, 교인이나 교직 중에서 교회 권징을 위반한 자는 교회치리회에서 재판할 것이 아니요 국가법원에서 판결을 받음이 가하다 하니라. 왕이 또한 시범적으로 한 목사를 재판하기로 정하매, 멜윌과 그 동지들이 그 일의 불법함을 상주하였으나, 추밀원이 결정하여 이르기를, 추밀원이나 혹 왕이나 왕의 자손에게 비평을 가하는 자는 사형(死刑)에 처할 것으로 하고, 목사는 각기 봉급을 받기 전에 엄격한 조약에 조인할 필요가 있으니, 설교 시에 동란을 일으키는 교리나 국사범에 저촉된 때에는 추밀원과 왕에게 재판을 받음이 가하다는 조건을 붙이니라.

왕이 멜윌과 총회의 부원(部員)을 엣인보로(Edinburgh)에서 축출하고, 총회장과 부원의 권한을 행사함은 무법(無法)하다 하니라. 그들에게 총회 참석을 하지 못하게 하는 동시에 왕이 총회를 압박하고 왕의 의지를 따르게 하려 하였으나 성취하지 못하였고, 이듬해에 총회가 왕의 고문목사 몇 사람을 정하여 왕과 함께 교회사항을 상의하게 하니, 그 고문되는 위원은 감독정치의 기준을 유인(誘引, 꾀)하는 침자(針子, 바늘)와 같은 자들이라.

멜윌이 성 안드루스 대학교장으로 7년간 시무하다가 1597년에 퇴직을 당하였고, 또한 왕이 멜윌의 권리 즉 교회치리회에서 행사하는 세력을 제거하기 위하여 철학 교수 및 신학 교수나 학생지도자 등은 당회, 노회, 대회, 총회원의 자격이 없다 하니, 그들은 목사직이 아님을 핑계로 내세움이라. 총회의 개회 시에 왕이 멜윌의 참석함을 보고, 총회에서 그를 용납할 시 사무처리를 얻지 못하리라 하니, 부득이 그를 총회석에서 물러나게 하고 또 그 성에서 이주하여 나가게 하니라.

왕이 더 나아가 스코틀난 국회 내에서 교직 등은 제3품의 지위로 결정한다고 선언하매, 총회가 반대한즉, 왕이 말하기를, 이는 감독직을 회복하려 함이 아니요, 목사 중 제일 예민한 자를 총회 총대로 하여 추밀원과 동 총회에서 교회의 사항을 결의케 함이라 하니, 총회는 그 해석에 의존하여 빈약한 과반수로 그 법을 채용하니라.

1600년 총회에서 왕이 멜윌의 참석을 불허하고, 총회 중에서 각양 반대의제를 억지로 유도함으로써 착실하게 왕의 의지(意志)를 따라 이루니라. 야고보 왕이 1603년에 엘니사벳(Elisabeth) 여왕에 이어 영국 왕위에 오르니라.

스코틀난 국회가 개혁 전에 향유하였던 감독직의 특권을 1606년에 회복하니, 멜윌이 성 안드루스 노회 대표로 총회석에 출석하여 반항을 선언하매, 그 감독 등은 정치상 권리를 보유할 뿐이요 종교상에는 아무런 권리가 없음을 인하여, 왕이 멜윌과 기타 목사 7인을 론돈(London)으로 소집하라 명하니, 이는 스코틀난 교회의 사정을 의논한다는 구실로 본국에 있는 교회의 수령(首領)을 호출하여 지방 동지들과 의논하지 못하게 하려는 음모라. 영국 귀족은 멜윌의 재능과 담대함을 알므로 크게 놀라고 탄식하니라. 전에 멜윌이 어쩔 수 없이 궁궐 내 예배 최고의식에 (로마교 의식과 유사) 참석하고 그 의식에 반대하여 라틴어로 풍자시(諷刺詩) 지은 것을 궁내 탐정(探偵)이 왕에게 고발한 연고로 11월 30일에 영국 추밀원의 재판을 당할 때 저작위반에 해당된 바 없지만 귀인 모욕죄로 결정되니, 멜윌이 그 풍자시를 베껴 배부한 일이 없다 답변했음에도 불구하고 이듬해 4월에 "론돈탑"(Tower of London)에 수인으로 10 개월간 혹독한 고초를 받으니, 지필묵을 빼앗고 식사 제공 외에 타인의 면회를 엄금하였으나, 그 백절불굴하는 정신은 빼앗지 못하였으니, 감옥 사방 벽에 라틴 시문을 연필로 교묘하게 새긴 것이 있느니라. 멜윌과 그 동지들을 총회에 불참하게 하는 동시에 왕이 총대를 매수(買受)하여 파송하고 자기 심복을 총대로 출석케 하여 감독정치를 회복케 하니라. 로마국 라로셀(La Rochelle)에 있는 개혁교도 등이 멜윌을 신학교수로 청빙하였으나, 야고보 왕이 불허하고, 수인된 지 4년 후에 로마국 공사(公司)의 청구로 로마국 세단(Sedan) 대학교 신학교수직 취득함을 왕이 허락하니라. 1611년부터 11년 동안 죽을 때까지 그 교수로 시무하니, 본국 학생과 교수 등에게 많은 사랑을 받으니라.

멜윌이 솔선하여 왕과 논쟁한 점은 정치에 관한 것뿐 아니요, 국민의 자유 및 종교상 자유에 관한 것이라. 그 조카 야고보 멜윌이 이르기를, 스코틀난 국가가 멜윌을 낳아 기른 것은 신에게 받은 복 중에 가장 큰 행복이라 하니라. 막그리(M. Crie) 박사가 두 권의 대저(大著)로 멜윌의 전기(傳記)를 기술하였는데, 그 중에 이르기를, "순결한 종교와 도리(道理)의 자유와 문학을 즐김이 국민의 도덕과 행복의 기초라면, 요한 녹스 다음으로 안드레 멜윌만큼 스코틀난 국민에게 이익을 남긴 자가 없고, 국민의 감사와 존귀를 그보다 초월하게 받을 자가 없는 줄 아노라" 하니라.

그는 정신이 총민(聰敏, 총명)하여 판단력과 담대함이 많은 자요, 성질이 조급하나 온유를 겸(兼)하였으며, 학식이 해박한 자니, 교회의 설교자보다 참으로 학자적이요, 대학과 교회치리회에 세력을 가진 자라. 그러므로 교회정치를 하는 자들 중에 능한 자니, 귀족과 평민 중에서 요한 녹스와 같이 세력을 얻지 못하였으나 그 고상함을 잊지 못할지니라. 야고보 왕이 그를 혹독히 핍박함은 그 재위 중 중대한 결점이라. 멜윌의 약전을 이것으로 마치노라.

5. 로마 교회의 변천[336)]

요한 베인[337)] (왕길지 역)

총론

로마교회가 시종(始終)이 여일(如一)하다는 것은 자랑할 만하니, 나라들은 흥하였다 쇠하나 이 교회는 흔들리지 않고 남아 있으며, 사람의 사상은 변하나 이 교회의 교리는 누백년간(累百年間) 인간사상의 전변무상(轉變無常)을 통하여서도 변치 않고 남아 있으매, 요란한 중에도 인생이 확호(確乎)한 신앙을 품어 교회가 조금도 부족하지 아니하여 이에 고착할 만한 바로 아는지라. 이런 방면으로 봇싀에(1627-1704, 프랑스 모 지방의 주교요 유명한 설교가)[338)] 같은 논쟁자들은 로마교회를 변호하며 개혁교회 중에는 자주 변역하는 것이 있다 하여 로마교 신경의 항구성과 불변성과 대조하기를 좋아하니라.

이런 주장이 불행하게 된 이유는, 역사적 탐구의 힘겨운 노력이 있어야 하고, 역사적 증거로 그 주장을 세워가야 하는데 이전까지의 역사가 기분간(幾分間) 상상적 문학의 일부분이 된 동안에는 이런 주장을 할 수 있었을지 모르나, 역사는 사실을 의존하는 과학의 성질을 있으므로 그 결론은 증거로 말미암아 성립하게 되고, 탐구자의 소원이나 감정으로 되는 것이 아니므로 이 주장은 실패한 것이라. 사도들과 신약의 입장보다 로마교 현시(現時)의 입장이 매우 다른 것이 확실히 나타낫으며, 그뿐 아니라 로마교회의 특수한 교리의 보태(步態)는 거의 다 예로부터 우리에게 전래한 역사적 증거서류에서

---

336) 이 글은 「신학지남」 제13권 6호 (1931. 11), 27-31쪽에 게재되었다. 원문을 그대로 수록하되 이해를 돕기 위해 일부를 풀어쓰고 한자어는 한글로 옮겼으나 필요한 경우 한자를 병기하였다. 원문에는 각주가 없으나 독자들의 이해를 위해 각주를 첨가하였다.

337) 비록 역문의 원전을 밝히고 있지 않으나 John A. Bain, *The Developments of Roman Catholicism* (Edinburgh and London, 1908)을 번안한 것이다.

338) Jacques Benigne Bossuet(1627-1704).

찾을 수 있은즉, 로마교인이 예수교인과 더불어 논쟁할 때, 자기의 입장에서 흔들리지 않으려면, 신 방어선을 찾을 수밖에 없느니라. 그러나 어느 교회를 물론하고 그 교회의 전반 정치를 변하고 기본적인 논쟁에 대하여 신 태도를 채용함은 용이치 않은 일인데, 누백년간 조금도 태도를 변치 않고 항상 동일한 것을 자랑한 그 교회가 용이하게 변할 수 있을까? 오래 동안에 필연히 돌이킴을 일으킬 만한 담력과 천재를 가진 사람이 없더니, 존 헤느리 뉴만[339] 씨가 종교신앙의 결실성에 대하여 필요하다고 생각한 착오 없는 세력을 구할 때에, 그는 이것을 로마교회에서 발견하였다고 사유하니라. 그러나 뉴만 씨가 그리스도 교회사를 잘 알아서 현재 로마교회가 초대교회의 점령한 기초 위에 세운다는 선언을 믿지 아니하니라. 그리하여 그는 그리스도교의 교리발전에 대한 논문이라는 유명한 책을 발행하였는데, 그 책에 말하기를, 그리스도께서는 자기교회에 대하여 항상 동일한 것을 가르쳐야 하겠다는 의향이 도무지 없고 다만 성신의 인도 아래 있는 교회로 유지하여 발달할 신앙의 배종(胚種)을 교회에 부탁하신 것뿐이라 하니, 이 의견은 뉴만 씨가 주장하기 전에 벌써 다른 사람들이 시험적으로 말한 바 있었으나, 옥스퐛의 이 유명한 인도자가 자기의 수재(秀才)로 이를 공개하기 전에는 근거를 취치 못하였고, 현금에는 이 의견이 로마교회의 논쟁적 무기 중에 제일이 되니라. 이를 보건대, 신학 상 논쟁 중에 이런 전회전(全廻轉)보다 더 완전하고 혁명적인 것을 상상하기 어려운즉, 우리는 지금 '시종여일'이라고 자랑함을 더 토의할 필요가 없고, 이 교회는 인습적이 아니요 다만 초대교회로부터 발달된 것으로 여길지니라.

교회가 가연적(可然的) 필연적으로 교회역사상에서 어느 정도 발달한 사실은 부인할 필요가 없으니, 우리가 자연계를 연구하여 그 사실을 숙지할 필요가 있는 것 같이, 성경에 나타내어 우리의 구원을 위하여 기재(記載)된 진

339) John Henry Newman(1801-1890).

리의 요소를 연구할 의무가 있고, 또 과학상 사실의 응용은 지식이 발달되는 대로 전진함 같이, 신성한 진리에 대한 우리의 지식도 전진하여야 하겠으며, 이 진리의 요소를 인간생활의 자주 변경하여 복잡하게 된 형편에 응용할 재능도 부단히 더욱 발달시켜야 할지니라. 동일한 자연계에서 한 시대의 완전히 건설된 사실이 다른 시대의 발견으로 인하여 모순될 수 없으며, 1세기에 구원의 기초가 되던 것이 합법적 발달로 인하여 20세기에 영원한 벌의 기초가 될 수 없느니라. 그런 고로 이상에 서술한 발달을 성경의 교리와 비교하여 이런 발달은 합법적으로 될 수 없음을 나타냄이 본 토의의 최선의 방침일까 하노라.

로마교회와 그 신학이 초대교회와 그 교리에서 발달하였던 단순한 사실로는 그 발달의 유효함을 증거할 수 없으며, 세력으로 이런 발달을 승인할 의무를 우리에게 부담케 할 수도 없음은 이것이 우리로 하여금 모든 상식에서 벗어난 발달이라도 승인할 처지에 있게 함이라. 뉴만 씨가 “진정한 발달의 시험”에 대하여 어떤 원리를 정하였으나, 이 원리는 로마교회이 발달은 승인하고 다른 것은 배척하기 위해 전횡적으로(자의대로) 택한 바니라. 여하튼 그가 시험한 표준에도 로마교회와 그 교리는 미치지 못할 터이니 우리가 자세히 연구할 터이면 이것이 더 분명히 나타날지라. 그의 첫째 원리는 ‘관념(觀念)의 보장(保藏)’인데, 제사의 관념이 절대 없던 단체에서 제사의 제도가 나왔으니 관념의 보장이 교회 안에서 어디 있느냐 함이며, 둘째 원리는 ‘원리의 계속’인데, 제일 되는 민주정치조직 중에서 세상이 전에 알지 못하던 제일 되는 전제군주정치를 내었으니, 그런 발달 중에 원리의 계속이 어찌 있다고 하겠으며, 셋째 원리는 ‘동화력’(同化力)인데, 로마 교회는 비상한 동화력을 나타내었으나, 그 동화가 교회와 그 교훈의 원래 기초를 전복시키는 다른 원리를 밖에서 흡수함이 합법적이냐 물을 수밖에 없느니라.

로마교회 변증론 중에 압베 로이시 (로이시 신부) 씨의 저서로 인하여 발달의 원리가 근년에 현저히 공개되었으니, 로이시 씨는 신약에 대하여 부정적

비평의 견해를 용인하며 또 이런 견해의 보유와 로마교 신학자 된 자기 지위를 일치케 하려 하여 신약과 초대교회의 문장에서 자기가 발견하였다는 교리의 배종(胚種)을 교회가 발달케 할 권리가 있다고 선언하였지만, 지금 교황청에서 이런 변증론에 위험성이 있음을 알고 그의 서적을 금지함으로 그 입을 막은지라.

신앙의 법칙

실제적으로 종교상 논쟁 중에 최후 결정을 얻고자 하면 성경을 의지할 것인지 유전을 의지할 것인지, 그렇지 않으면 어떤 다른 표준을 의지할 것인지를 먼저 작정할 필요가 있으니, 이 점에 대하여 갱정교회(更正教會)[340] 제 교파 중에서도 다르지 않고, 저희 여러 신경이 이 교리를 분명히 설명하여 일반적으로 동일한 입장에 처함을 표시하니라. 웨스트민스터 신앙고백문(신도게요서)은 전 세계 예수교회 중에서 가장 신도수가 많은 교파의 표준이 되니, 그 점에 대하여 이를 인용함이 족한지라. "하나님의 정하신 온전한 뜻 곧 자기의 영화와 사람의 구원과 신앙과 및 행위에 필요한 모든 일에 상관되는 뜻은 혹 임의의 성경에 분명히 기록된 것도 있고 혹 성경으로 말미암아 옳고 합당한 이치를 스스로 미루어 알 것도 있으니... 성경에 있는 말씀은 한결같이 알기 쉽지 못하고 또 각 사람의 마음에도 한결같이 밝지 못하나, 그러나 사람이 반드시 알고 믿고 좇아 구원 얻기에 유익한 것은 성경 중에 여기저기 밝히 기록하여 뵈였으니, 유식한 사람만 알뿐 아니요 무식한 사람이라도 마음을 다하여 그 통상법을 부지런히 쓰면 족히 성경의 뜻을 알지니라."

이것은 성경에 가르친 바로서 의심할 수 없을지라. 사도 바울이 디모데에게 편지하여 말하기를, "네가 어려서부터 성경을 밝히 알았나니, 성경은 능히 너로 하여금 그리스도 예수 안에 있는 믿음을 인하여 구원함을 얻는 지

---

340) 이 글에서 '갱정교'는 '개신교회'를, '교왕'은 '교황'을, '성모무구회태(聖母無垢懷胎)'는 '마리아무죄인태설'을, '교왕의 무류(無謬)'는 '교회의 무오설'을 의미한다.

혜가 있게 하느니라. 모든 성경은 하나님의 묵시하신 바니, 교훈과 책망과 바르게 함과 의로 교육하기에 유익하여 하나님의 사람으로 온전케 하며 모든 착한 일을 행하기에 더욱 온전케 하느니라."(딤후3:15-17). 성신의 감동을 받은 사도들의 교훈을 음미하기 위하여 성경을 친히 연구함으로 인하여 칭찬을 받은 사람들도 있으니, "베뢰아 사람은 데살로니가 사람보다 더 귀한지라. 간절한 마음으로 말씀을 받아 날마다 성경을 상고하여 이것이 그러한지 않으냐 하는 고로"(행17:11) 하니라. 저희가 이같은 귀한 칭찬을 받음은 사도의 말을 받아 믿음이 아니요, 성경으로 말미암아 그의 말을 음미함이라. 사도 바울이 자기에 대하여 이런 음미를 좋아한 것은 데살로니가 교회에게 보낸 권면 중에 나타났으니, "마땅히 범사를 살펴 좋은 것을 취하라"(살전5:21), "내가 주를 힘입어 너희를 명하노니 모든 형제에게 이 편지를 읽어 들리라"(살전5:27) 하여 로마교회가 저주하여 금하는 것을 너희로 하여금 하라고 명하니라. 복음서 저자 누가는 자기 복음의 목적을 설명하는 중에, 그 글을 받는 사람으로 하여금 배운 바 여러 가지를 알게 하려고 이 글을 썼다고 말하였으며, 요한이 자기 복음에 대하여 말하기를, "오직 기록한 이것은 너희로 하여금 예수께서 그리스도이시며 하나님의 아들이심을 믿게 하려 함이요 또 너희가 믿고 그 이름을 힘입어 생명을 얻게 함이니라."(요20:31) 하였은즉, 성서는 구원을 얻는 일에 이해하기 쉽고 풍족한 것을 성경이 분명히 가르쳤느니라.

이것이 초대교회의 신앙이었다는 것은 여러 사실을 보아 확실히 알지라. 신약이 기재된 헬라어를 알지 못하는 어느 국민이든지 복음을 받을 때에는 각 사람이 읽고 깨달을 수 있도록 자국어로 쉽게 번역할 수 있게 되었으니, 예컨대 현재 로마교회에서 사용하는 라틴역 불가타라는 성경은 일찍이 복음이 이탈리아와 북 아프리카에 전파될 때에 지은 역문의 개역일 뿐으로서 로마어(라틴)를 사용하는 평민들로 하여금 자국어로 성경을 읽게 하였느니라.

전 시대에는 서적을 붓으로 쓰게 되매 결국 책값이 너무 높은 까닭에 각 교회당에 자국어로 쓴 성경을 두어 성경을 살 능력이 없는 자들로 읽게 한 사실에서 이와 같은 증거가 나타나니라. 이 교리가 교회 내에 오랫동안 활동한 것은 여러 교부의 저서의 인용문에서 나타나나니, 예컨대 이레내오는 "우리가 아는 대로 성서는 하나님의 말씀과 성신으로 말씀하신 바로서 완전한 것이라." 하였으며, 또 "우리가 구원의 배제(配劑, 은혜)를 받았으나 다른 이로 말미암아 받은 것이 아니오 우리에게 복음을 전한 자들로 말미암아 받았나니, 이를 저희가 공포하고 후에 하나님의 뜻을 좇아 성서로 말미암아 우리에게 전하여 우리 신앙의 기둥과 기초가 되게 하였다" 하니라.

아타나시오가 말하기를, "거룩하고 신성하게 감동된 성서는 진리를 진술하기에 족하다" 하였으며, 또 "성서는 구원의 원천이 되어 목마른 자들이 그 가운데 포함된 말씀으로 기갈을 면할 수 있다. 구원의 도리가 성서중에만 포함되었다. 누구든지 성경에 무엇을 가하거나 감하지 말 것이라" 하니라. 오구스듸노는 말하기를, "성서에 분명히 기재된 것 중에 신앙과 도덕을 포함한 모든 것이 나타났다" 하니라. 그런 고로 성서의 교훈과 초대교회에서 기백년 간 가르친 바는 성서는 보통 사람이 이해할 수 있고 또 구원을 얻기에 족한 것이라 하니라.

이제 이 문제에 대하여 로마교회의 태도를 봅시다. 생각건대 저희 대 신학자 벨아르민(1542-1621)[341]의 말보다 더 분명한 말이 없을 줄 아노라. 말하기를, "우리와 이단자 간에 되는 논쟁은 이조(二條)로 구성된 중, 첫째, 우리가 확언하는 바는 성경에는 신앙이나 도덕에 관하여 모든 필요한 도리를 명백히 포함치 아니하였은즉, 하나님의 기록한 말씀 외에 기록지 아니한 말 곧 하나님과 사도의 유전이 더 있어야 쓰겠다. 그러나 그들의 가르친 바 신앙이나 도덕에 필요한 모든 것은 성경에 포함되었으니 고로 기록지 아니한 말은 소용이 없다"고 말하니라.

---

341) Robert Bellarmine(1542-1621).

이와 같은 도리는 두 가지 목적을 이루는 듯하니, 로마 교회로 하여금 회개하고 개조하는 대신에 실행과 교훈 안에 가만히 들어간 부패를 보전하는 방침을 얻게 하였으며, 또한 이보다 더 요긴한 것은 교직의 불가결을 더욱 확실케 하였느니라. 하나님의 말씀을 의지하는 동안에는 진술된 교리의 진리를 음미하기가 비교적 쉬웠으나, 유전은 입장이 달랐으니 불분명하여 밝히 이해하기가 어려운지라. 학식이 있고 교도(敎導)를 받은 자만 이를 음미할 수 있으매, 교회의 유전의 창고와 같은 신부들은 요긴한 단체가 되어 저희가 달리 가질 수 없는 권세를 취득하였으니, 무엇이든지 하나님의 말씀을 망치고 신부들을 고귀하게 한다면 그것을 의심하는 것이 지혜 있는 방침이니라.

이 태도가 위에 설명한 대로 성경의 교훈과 요구에 완전히 반대됨을 표명함에 있어서 변론한 것이 없으나, 조만간 다른 결함이 나타날 수밖에 없어 이런 문제가 일어날 터이니 누가 유전의 해설자가 될 수 있을까? 어떤 독특한 제목에 대하여 어떤 유전이 있었는지 없었는지 작정할 자 누구며, 설사 유전이 있었다고 하면 그 유전이 무엇을 포함하였는가? 유전이 성경의 권위를 찬탈함 같이 어떤 다른 권위가 결국 유전의 권위를 반드시 찬탈할 것이 명확한지라. 유전은 너무 불분명하고 밝히 이해하기 어려워 신앙에 대하여 종극적 권위를 점유할 수 없으므로 19세기에 새 발달이 생겼으니 교왕(敎王)이 자기 권위로 성모무구회태(聖母無垢懷胎)의 교리를 정한 때이며, 또 그 후에 교왕의 무류(無謬)가 법정(法定)될 때에 이렇게 유전을 인하여 하나님 말씀의 권위를 기각하는 과정이 논리적 결말에 도착한지라. 우리가 로마교회에서 되어 가는 것을 본 중에 우리 구주께서 바리새 교인들을 향하여 하나님 말씀에 대한 이 비슷한 범죄를 적발하신 열렬(熱烈)한 본의를 잘 이해할 수 있으니, "그 때에 바리새 교인과 서기관들이 예루살렘으로부터 예수께 나아와 가로되, 선생님의 제자들이 ... 장로의 유전한 말을 어찌 범하느뇨 하거늘 대답하여 가라사대 너희는 어찌 너희 유전한 말을 인하여 하나님의 계명을 범하느냐 ... 너희 유전한 말로 하나님의 말씀을 폐함이니라"(마15:1, 2, 3, 6). 이 논제에 따라 다음 장에서는 “교왕의 무류”를 논하겠노라.

교왕의 무류(無謬)[342]

주후 1854년 전에 로마교회 교리 중에는 유전(遺傳)으로 보충된 성경이 교회 내에 거룩한 진리를 아는 근원이 되며 진리를 그릇 해석하는 데서 교회가 하나님의 보호를 입는다는 두 가지 문제점이 있었으나, 1854년 12월 8일에 교왕 비오 9세가 앞에 언급한 성모(聖母) 무구회임(無垢懷姙)을 모든 신자가 믿어야 할 교리로 정하였는데, 그가 이를 자기 책임을 가지고 정하였고 어떤 회의에 의뢰치 아니하니라. 영적 무류(無謬)의 자리가 교회 안에 있는가? 누백년간 격렬한 토론이 있었으니, 로마국 내 교회와 타처 로마교 신학자들은 공의회 외에는 무류의 기관이 없다고 주장하며, 이탈리아 신학자들은 교왕권(教王權)을 가지고 선언하는 교왕은 무류하다고 주장하니라. 그러다가 전자 로마국 혁명과 또한 나폴레온 1세와 교왕 간의 협약으로 말미암아 로마국 교회 내에서 선언한 교리가 세력을 상실한 뿐더러, 타처 교회 내에서 이 교리가 본래 세력이 없었으므로, 교왕이 이탈리아 신학자들의 이론을 의지하여 무구회임을 공의회 결정이 없이 선언하니라.

사건을 논쟁 외에 두기 위하여 1870년에 교왕의 무류를 의논할 일로 교왕청 회의를 소집하니, 가장 재능과 학식 있는 의원들은 제출된 교리에 반대하였으나, 감독의 다수는 본래 교왕에게 직분을 받았고, 또 순종하는 자가 상으로 받을 만한 홍의주교(추기경)의 빈자리가 적지 아니하니라. 이같은 수단과 활동으로 교왕의 무류교리가 다수가결 되었으나 구천주교당은 분리되었고, 또 그 때부터 경건한 로마교인이 꼭 믿기를 로마의 감독은 공공연히 말할 때 오류가 없으며 모든 그릇된 데서 하나님의 보호를 입는 줄 알 것이니 그렇지 않으면 영벌의 위험을 당할 것이라 하니라. 장구한 과정의 역사로

---

342) 「신학지남」 14권 3호(1932. 4), 20-24쪽에 게재된 것임. 이글에서 ‘교왕’은 ‘교황’을 의미함.

말미암아 이상한 결과를 맺었는데, 이것이 교회사에서 가장 취미 있고 교훈이 되는 동시에 가장 비감(悲感)을 일으키는 것이라. 그러나 간단한 장절 내에 이 운동의 자취를 따라가기 어려우므로, 그저 지나가면서 무류에 대한 이 권리 주장이 어떤 중요한 역사적 사실에 관하여 견실(堅實)한 것인지 간단히 심문할 것뿐이니라.

이 권리 주장에 대한 제일 반대점은 무류라는 것이 하나님의 말씀 중에 없음이니, 성경에 로마교회에서 주장하는 무류 같은 것을 교회에게나 교회정치기관에게나 입법기관에게나 어디든지 허락한 것이 없느니라. 그리스도께서 성령을 교회에 주마 언약하사 교회를 모든 진리 가운데로 인도하시매 성령께서 모든 세월 동안에 성경에 포함된 바, 하나님의 계시의 풍성함을 충만히 아는 데로 교회를 인도하시는 줄 우리가 믿느니라. 그리스도께서 음부의 문이 교회를 이기지 못하리라고 약조하신 대로 그 약조를 이행하셨으니, 교회의 원수들이 승전한 것처럼 되었을 때에 그가 교회를 멸망에서 구원하여 그리스도 교회가 (로마교회가 아니라) 그 모든 원수를 이기리라고 예정하는 일이 더욱 명백하게 되었느니라. 그러나 교리상 무류는 그리스도께서 결코 약조하지 아니하셨느니라.

비록 사도들이라도 무류히 실수하는 데서 보전하심을 입지 못한 것을 신약이 우리로 하여금 깨닫게 하였으니, 사도 베드로로 말미암아 이 무류가 로마의 감독에게까지 전승되었다 하나 이 베드로도 한 때에 오류 중에 빠졌으므로 바울에게 엄한 책망을 받을 수밖에 없었느니라. 또한 베드로가 바울과 요한과 같이 그리스도교 교리를 밝히 이해하였다거나 하나님의 진리를 깊이 통찰하였다거나 그리스도교 진리상 발전에 대하여 세력이 있었다고 감히 말할 자는 아무도 없느니라.

"너는 베드로라. 내가 내 교회를 이 반석 위에 세우리라." 하신 말이 로마교왕직으로서 요구하는 바 수위와 권위를 베드로에게 주셨다고 주장하나, 다른 의미로는 로마의 요구에 대한 가장 맹렬한 반대자라도 교회는 베드로

위에 건설되었다고 곧 승인할 수 있느니라. 토론이 많이 일어나는 예수의 이 말씀을 하게 한 베드로의 고백은 그리스도의 메시야 된 것에 대한 첫 고백인데, 이 말을 한 자가 그리스도께서 와서 건설하실 것이라는 신령한 성전에 첫돌이 되었느니라. 그의 품성의 세력은 그로 하여금 처음부터 교회의 인도자로 타고나게 하였으니, 비록 그의 담력은 한때 그를 실패케 하였으나, 오순절에는 여러 천 명의 사람들을 그리스도께 인도함과 이방 사람에게 복음의 문을 열어 주는 데 성령의 제일되는 도구가 된다는 칭호를 받았느니라. 이와 같은 의미로 사도 바울은 처음 교회건설 당시에 기구 노릇하던 모든 사람에게 "터"라는 말을 사용하였으니, "너희는 사도들과 선지자들의 터 위에 세우신 바니 그리스도 예수께서 친히 모퉁이돌이 되신지라"(엡2:20) 하니라.

의지와 심령에 풍부한 능력을 받은 사람, 곧 다소의 바울이 나타날 때에, 교회를 인도하는 세력이 베드로에게서 떠나매, 이 일을 더 잘할 만한 바울이 그의 자리를 차지하였는데, 베드로는 그 길을 준비한 후에 한동안 이름이 없는 자가 되니라. 베드로는 사도들 중에서 조금도 우선권이나 다른 권리를 취하지 아니하였고, 예루살렘 공의회(행15장)를 주장한 사람은 야고보요 베드로가 아니니라. 예수께서 베드로를 대하여 하신 말씀이 로마교의 주장대로 지위와 권세를 그에게 준다는 의미이면, 오해함이 없도록 명백히 해석하셨을 것이 의심할 수 없는 사실이지만, 헬라와 라틴 교부들은 예수의 말씀에 대한 저희의 해석에 결코 합의치 아니하며, "이 반석"이란 말을 그리스도로 해석하는 자가 많고, 또 베드로가 아니요, 베드로의 고백이라 하는 자는 더욱 많으니, 진실한 로마교도들이라도 이 사실을 승인하니라.

로마교회의 수위(首位)가 사도 베드로에게서 유래하였다는 교리가 초대교회에 없었으며, 베드로가 로마 성내 첫 교회를 직접 설립하거나 치리하였다고 어떤 신실한 사람이든지 다시 주장할 수 없느니라. 베드로가 별세하기 전에 잠간이라도 로마에 왔으리라는 개연성(蓋然性)이 없으며, 비록 그가 로마에서 순교하였다는 강한 추정이 있기는 하나, 그것에 대하여도 또한 확실한 증거가 없느니라. 제3세기 중엽에 로마 감독 스데파노[343]가 베드로에게서 계위(繼位)하였다고 주장한 첫 사람인데, 그의 주장은 온 동방과 아프리카에서도 심한 반대를 당하니라. 로마 감독은 제국 수도의 감독이라는 영예의 자리를 받았으나 고대 여러 세기를 통하여 교리상이나 치리 권위를 타처 교회가 결코 인정치 아니하니라. 정계의 중앙에 있을뿐더러 대(大) 자본(資本)을 사용할 수 있음으로 막대한 세력을 얻고 또한 어떤 감독은 큰 재능과 천재로 말미암아 로마 감독의 자리가 점점 교회에서 비할 수 없는 지위를 차지하게 되니, 카를로스 대제[344]가 건설한 신성 로마제국이 결국 그 같은 목적을 성취하니라.

그러나 이시도르 교령집이라는 위(僞) 문서[345]가 현대 로마교 주장을 세움에 중요한 요소가 되었으니, 이같은 유명한 문서가 850년 경에 처음 나타났는데, 제7세기에 유명한 저술가 설교가인 이시도르가 편찬하였다 하며 메인즈의 대감독 리굴포가 스바니아에서 가져왔다고도 말하니라. 이 교령집에 포함된 바는 로마 글네멘 시대부터 듸오누시오, 엑시규오가 만든 교령집이 시작되던 해, 즉 제6세기 상반기에 로마 교왕들이 있었다는데, 역사상 소위 사실에 결함이 없이 완전한 계열로 되었으며 또한 로마 감독에게 항소(抗訴)하는 일에 대하여는 전에 보통교회에게 반대를 많이 받았으려니와 지금은

343) St. Stephanus, 재위기간 254-257).

344) Carolus Magnus, 재위기간 740년, 742년 또는 747년 ~ 814년 1월 28일).

345) 9세기에 나타난 이 교령집은 스페인 사람 이시도르 (Isidore, c. 560~636)가 편찬한 문서인데, 실베스터 1세(314-335)로부터 그레고리 2세(715-731)까지 33명의 교황서신, 교회규칙, 특히 콘스탄티누스 대제의 기부서, Donatio Constantini ad Sylvestrum, 등을 포함하고 있는데, 교황의 권위를 높이려는 목적으로 편찬되었다. 이 문서는 에라스무스와 로마 가톨릭의 교회법학자인 몰랑(charlio du Moulin)에 의해 처음 위조문서로 증명되어, '위이시도르 문서'라고 불린다. 교황 니콜라스 1세(858-867)는 이 문서를 이용하고자 했다. 이 문서는 시대착오적인 내용들 때문에 위조문서로 판명되었다. 2~3세기 로마 주교들의 진술이 9세기 프랑스 라틴어로 작성되었고, 성경 인용도 샤를마뉴 시대에 개정된 번역본이 사용되었다. 이 문서는 9세기의 것을 2~3세기의 것으로 소개하고 그것에 고대성의 권위를 부여하려고 한 것이다. 1580년 발간된 로마교의 공식교령집 Corpus Juris에서는 이 문서를 진본이라고 주장했다.

그것을 무시하고 항소하는 전례가 많이 기재된지라. 교령집의 순수함에 대하여 의심하는 자가 생길 때에 교왕 니콜나 1세는 그 원문이 아득한 옛날부터 로마 문고 중에 있어 왔다는 것을 확증하며, 교왕들이 이런 위 문서들을 기초로 하여 그 동안에 된 변경을 국가와 보편교회 내에 이루었으니, 이제 우리 시대에 이르러서는 그 발달이 전진할 수도 없고 과거에 된 모든 일을 허망한 것이라 하지 않고는 잘못 가르친 교리를 취소할 수 없느니라.

그러나 지금은 이런 교령집이 뻔뻔한 위문서(僞文書)임을 일반적으로 알게 되었은즉, 이렇게 교인들을 속여 그리스도께서 주신 자유를 도적질하였어도 잘못하였노라 자복하지 아니하니라.

이런 주장들은 큰 착오에서 로마교회를 구원하지 못하였고, 그리스도교 교리를 작성함에 솔선한 것이 로마교가 아니었으며, 교회가 교리의 중요한 사건에 대하여 여러 가지 토론으로 요동케 될 때에 교왕은 가만히 양편 사이에서 방관하고 있다가 어느 한 편이 논쟁으로 우승하는 동시에 교회 내에 탈퇴하는 운동이 생기지 아니할 듯하여 안전한 형편이 되는 때에, 교왕이 정책으로 우승하는 편에 넘어가서 그 편이 주장하던 교리를 거룩하게 계시된 유전이라고 선언하니라.

이지적(理智的)으로 게을러서 무엇이든 깊이 생각하기를 좋아하지 않는 자들과 하나님께서 주신 바 난제 해결하기를 피하고자 하는 자들과 의심의 불구덩이를 지나 이 시험을 면할 수 있는 줄로 꿈꾸는 자들에게 로마교회의 무류 교리 즉 로마의 감독을 중심한 무류교리는 어떤 때는 정신상, 신령상(神靈上)의 안정을 주는 현저한 능력이 되지만, 그 안정은 기만적인 안정이니라. 책임 있는 도덕적 인물이라 하여 우리 지위의 곤란을 면하기 위하여 하나님께서 기성의 계획으로 우리를 섭리하지 아니하셨고, 생활의 각 부분 중에서 하나님은 우리가 당하는 바 난제를 해결하기 바라시고 또한 자체를 우리에게 표시하는 모든 요소를 생각한 후에 책임상 우리의 본분이 무엇인지 작정하라고 명하시니라. 누구도 우리가 정해야 할 도덕적 결정과 우리 사이에 간섭할 자가 없고, 또한 우리와 그런 도덕적 결정의 결과 사이에 마땅히 있을 자가 없느니라. 우리가 내려야 할 결정을 위하여 하나님께서 우리 생활의 각 부분 중에 충분한 재료를 주셨는데, 논리학자는 이런 결정들은 '개연성'에 지나지 못한다고 할 듯하나, 수학적으로 표명할 만한 확실성을 갖지 못한 의미에서는 그 말이 정당하다 할지니라. 비록 우리의 이 생활에는 개연성에 지나지 못하는 결정이 많으나 자주 도덕상의 확실성에 달하니, 로마교회라도 신앙상 사건에 대하여 더 큰 확실성을 우리에게 끼칠 수 없느니라. 결국 그 교회가 주려 하는 무류는 최후로 우리 개인의 무류를 포함하니, 우리가 로마교회를 우리의 무오(無誤)한 목표로 용인하기 전에 먼저 그 교회의 주장이 과연 무류한가 검사하여야 하겠으며, 그 교회는 신앙 사건이 비상하게 부정확하므로 신뢰할 수 없은즉, 이런 주장들을 검사할 때에 우리는 반드시 내적(內的) 판단에 의존할지니라. 만일 우리가 로마교회를 무류한 것으로 결정하면, 이는 부정확한 마음으로 하는 것이요, 또한 우리가 하려는 판단에는 부정확한 마음으로 이미 판단한 것 이상의 믿을 만한 것이 있을 수 없으니, 그런즉 이 방법으로 판단한 확실성에서 될 안정이 어디 있겠느냐?

유전이 하나님의 말씀을 부족하다는 암시로 욕되게 함 같이, 교회무류의 교리와 교회의 대표자 교왕도 예수 그리스도께서 마지막에 자기 제자들과 같이 계실 때에 우리에게 주마 하신 성령을 경외치 아니함이니, 이는 크게 교회나 혹은 로마감독에게만 약조하신 것이 아니요, 성령의 인도를 따라 그가 주시는 빛 가운데서 행하는 각 신자의 마음에도 약조하신 것이니라.

"내가 아버지께 구하겠으니, 아버지께서 또 다른 보혜사를 너희에게 보내어 영원토록 같이 있게 하시리니, 이는 진리의 신이라. 세상이 능히 받지 못하는 것은 보지도 못하고 알지도 못함이나, 너희가 아는 것은 너희와 같이 계시고 또 너희 속에 계실 연고라… 내가 아직 너희와 한가지로 있어 이 말로 너희에게 이르노니 보혜사(保惠師)가 곧 성신이라. 아버지께서 내 이름으로 보내시리니, 모든 것으로 너희를 가르쳐 내가 너희에게 이른 말을 다 기억나게 하시리라. 평안함을 너희에게 끼치노니 나의 평안함을 너희에게 주는 것은 이 세상이 주는 것 같이 내가 너희에게 주는 것이 아니라. 너희는 마음에 근심도 말고 두려워하지도 말라" (요14:16, 17, 25, 26, 27).

신부직(祭祀職)[346)]

로마교의 가장 놀랄 만한 발달과 그 교회의 제반 영적 학정(虐政)이며 하나님의 진리가 부패하게 된 원인은 실로 신부(神父)들에 대한 교리이라. 거기 하는 말이 "모든 인생들은 자유로 하나님께 올 수 없고 다만 하나님이 자기 교회에 특수급의 직원을 택하사 자기와 인간 사이에 중보(仲保)로 행케 하시며, 또한 복된 소식을 사람들에게 운반(運搬)하는 하천(河川)을 삼으신다." 하느니라. 로마교회는 기호(記號)를 사용함에 퇴축(退縮)하지 않으며 유명한 신학자들 중에 제사직의 특권을 말할 때에 가장 참람한 말로 꺼림 없이 사용하느니라. 트렌도 의회가 출판한 문답에 신부의 위치에 대하여 말하기를,

1. "감독과 신부는 하나님의 통역자(通譯者)로서 하나님의 이름을 가지고 하나님의 율법과 생명의 교훈을 가르치며 하나님이 세상에서 스스로 하실 책임을 신부가 돌아보는 고로 이보다 더 요긴한 직무를 상상하기 어렵다. 그러므로 마땅히 저희가 영생하신 하나님의 권능을 우리 중에 얻었으니 저희는 천사만 아니요 신(神)들이라는 이름을 받기에 합당하니라."
2. 비록 제사장들이 항상 최고위를 차지하였으나 신약의 제사장들은 이보다 매우 탁월한 존귀를 얻었으니, 그 이유는 저희가 우리 주님의 몸과 피를 만들어 제사로 드리고 죄를 사하는 권리는 인생의 이성과 총명을 초월하여 지상에 있는 것은 무엇이든 족히 비교할 만한 것이 대단히 적음이라 하니라.

---

346) 이 글은 「신학지남」 18권 1호(1936. 1), 26-29쪽에 게재된 것임.

이와 같은 구절을 읽는 자는 사도 바울이 죄악의 사람을 대하여 하는 말이 반항할 수 없이 마음에 기억되나니, "저는 대적(對敵)하고 자존(自尊)하는 자라. 모든 일컫는 신과 숭배함을 받는 자 위에 뛰어나 하나님의 성전에 앉아 자기를 보여 하나님이라 하리라"(살후2:4).

로마교회가 신부를 하나님 대신으로 높일 뿐 아니라 하나님 위에 두는 일은 신뢰할 만한 신학자들이 신부에 대하여 사용한 언사(言辭) 중에 나타난지라. 가장 유명한 선생 중에 한 명인 성 알혼서스, 리그오리의 말을 예로 들면, 그가 성찬식에 갔을 때에 말하기를, "성 바울이 그는 죽기까지 복종하셨다(빌2장) 말하여 예수 그리스도께서 영생하신 아버지께 죽기까지 복종하신 것을 상찬(賞讚)하셨다. 그러나 이 성례에서 그의 복종이 그보다 더 이상한 것은 그가 영생하신 아버지께만 복종하기를 기뻐하시지 않고 인생에게까지라도... 그렇습니다. 하늘 임금이 인생의 음성에게 복종하심으로 그의 보좌에서 강림하사 신부의 원하는 바대로 우리의 제단 위에 놓였으니, 그는 변통이나 거짓 의지가 없이 여기저기 끌리어 친히 고난을 당하시다가 나중에 공의와 죄인을 위하여 성찬에 희생이 되신지라. 그런즉 그가 세상에 계실 때에는 성모 마리아와 성 요셉에게 복종하셨으니, 이 성례에 신부의 숫자대로 인생에게 복종하신다." 하니라. 이 주장의 다른 부분에 대하여는 다음 장에 자세히 이야기함이 필요하겠고, 이 장에서는 로마교회의 신부는 하나님과 사람 사이에 중개자뿐이라는 일반적 주장을 말하여, 이 주장으로 인한 폐해(弊害)가 성경과 모순됨을 보이면 족하니라.

신약을 정직하게 읽는 자는 그 구절 중에서 그와 같은 교리를 아무 데서도 발견할 수 없나니, 그리스도로 말미암은 새 법규 중에서 제사직의 모든 제한이 성취되었다는 것이 신약의 교리니라. 그 교회는 모든 직무를 유효 적당하게 이행하도록 조직 되었으나, 직원들은 가르치고 치리하라고 임명한 것인즉, 교회의 평신도 이상의 권리와 직무가 없느니라. 제사의 직무가 있다고도 할 것이 아니니, 신약 저자의 대부분이 유대인이므로 유아기 때부터 제사의 관념이 깊이 물들었고 제사제도의 교육을 받았다는 것을 우리가 생각할 때에는 매우 놀랄 만하나 저희가 복음을 쓸 때에는 제사주의가 조금도 보이지 아니한 점에서 다 일치하니라.

로마교의 신부에 대한 교리는 현저히 구약의 의식(儀式)을 따라가느니라. 그러나 우리가 제사장에 대하여 성경이 가르친 것을 연구할 때에는 이스라엘 종교의 원인(原因)과 참 요소가 아니었다는 것을 알 수 있느니라. 그러나 시내산에서 율법을 받을 때에 저희를 부르시던 거룩한 하나님과 교제하기를 무서워 모세에게 이르되, "원컨대 당신은 우리더러 말씀하소서. 우리가 들으리니 오직 하나님이 우리더러 말씀하지 말게 하소서. 우리가 죽을까 두려워하나이다." 하니라. 저희가 하나님께 자유롭게 접근할 영광스러운 특권을 준비하지 못하였으므로 하나님께서는 저희의 불완전한 때까지 내려 가사 저희에게 구약의 제사장단을 임명하여 주셨느니라. 그러나 이것은 성서에서 준비적 또는 일시적 제도로 여기니라. 아론의 제사장직은 거룩히 구별되어 하나님을 봉사하며 정한 제물을 드리는데 저희가 대표로 백성의 죄사함을 위하여 기도하는 것이라. 그러나 구약에라도 거룩함의 관념에 대한 이 특수한 생각은 다만 준비적인 것임이 나타났고, 또 신약에서 말의 목에 달린 방울은 제사장의 에봇에 있는 방울과 같이 거룩하고 예루살렘 성내 각 집에 있는 기구는 성전 내에 있는 기명과 같이 거룩할 것이라는 것이 나타났으며, 또 제사장으로 말미암아 드린 제사는 하나님께서 우리 모든 사람의 죄를 감당케 할 하나님의 종이 드릴 제사의 기호(記號)와 준비(準備)가 되는 것뿐이요 하나님으로 더불어 하는 친밀한 교통은 모든 사람으로 말미암아 실현될 것도 나타났느니라.

구약의 제사제도 아래에서도 회개하는 마음으로 하느님과 교제하거나 하느님을 사랑하는 자들의 마음으로 하느님과 직접 접촉함에 장벽이 없었으니, 시편에 경건한 마음으로 하느님과 사귀는 것을 드러냈고, 제사의 간여(干與)에 대하여 암시한 것이 별로 없느니라. 하느님께서 자기 백성에게 말씀하셨으니 선지자의 사업에 일부분은 특별히 제사장으로 반드시 표준에 도달하고 또 의식을 과도히 지킴으로 백성의 신령한 생활을 해치는 것을 면케 하느니라.

우리가 신약을 상고할 때 히브리서는 구약의 제사장직과 제사가 그리스도로 말미암아 실현되고 그로 말미암아 폐지된 것을 나타내는 일에만 거의 진력한 것을 알 수 있느니라. 히브리서는 제사장 직분에 가르치는 로마교회의 교리의 기초인 각 가정을 분쇄하니, 그 교리는 제사장은 신약교회에 필요한 중보라는 것을 가르치니라. 히브리서에 "그리스도께서 더욱 좋은 새 언약에 중보가 되셨다"(8:6). "그런 고로 우리에게 큰 대제사장이 있으니 곧 승천하신 자 하나님의 아들 예수시라. 우리가 마땅히 믿는 도리를 굳게 잡을지어다. 대개 우리에게 있는 대제사장은 우리 연약함을 긍휼하지 아니하는 자가 아니시요, 오직 모든 일에 우리와 한결같이 시험을 받은 자로되 죄는 없으시니라. 그런 고로 우리가 은혜의 보좌 앞에 담대하게 나아가 긍휼하심을 받고 때를 따라 돕는 은혜를 얻을지어다."(4:14-16). 로마교회는 제단 위에서 드리는 그리스도의 간단(間斷)없는 제사로 말미암아 죄사함을 얻으려면 제사제도가 요구된다고 주장하니라. 히브리서는 그러한 교리를 가지고 그리스도의 제사장직을 대조하니, "이 뜻을 좇아 예수 그리스도의 몸을 단번에 드림으로 우리가 거룩함을 얻었노라. 무릇 제사장이 매일 서서 섬기며 여러 번 같은 제사를 드리되 이 제사는 도무지 죄를 없게 하지 못하거니와, 오직 그리스도는 죄를 위하여 영원히 한 제사를 드리시고 하느님 우편에 앉으사 그 후에 원수들로 그 발등상이 되게 하시기를 기다리시나니 대개 한번 드리심으로 거룩하게 된 자들을 영원히 온전케 하셨느니라. 또한 성신이 우리에게 증거하사 일렀으되, '주께서 가라사대 그날 후로는 저희와 언약을 세울 것이 이러하니, 내 율법을 그 마음에 두고 그 뜻에 새기리라' 하신 후에 또 일렀으되, '저희 죄와 불법함을 내가 다시 기억치 아니하리라 하셨으니' 이것을 사유하셨은즉 다시 속죄하는 제사를 드릴 것이 없느니라(히10:10-18).

우리가 알거니와 로마교회가 유전의 교리로써 성경을 오손(汚損) 케 하며 교왕 무류의 교리로써 성신의 사업을 욕되게 하였고, 그리스도의 제사장 직분과 예수께서 드리는 제사를 이 로마교회가 오손케 한 것을 우리가 지금 보느니라. 만일 히브리서는 그리스도의 제사직과 제사에 대하여 완전하고 충족한 것이라 확신할 만한 것이면, 어떤 인간적인 설치로써 저것들을 보충할 필요가 없느니라. "대개 한 하나님이 계시고 또 하나님과 사람 사이에 한 중보가 계시니 이는 사람이 되신 그리스도 예수시라"(딤전2:5) 하였고, "이와 같이 그리스도도 한번 자기를 드려 뭇 사람의 죄를 담당하셨다"(히9:28) 하니라. 아일란드 가톨릭 대주교와 감독이라는 권위자가 발행저자인 두에(Douay) 성경[347]이라는 역문에 "담당"하다(흠정역대로) 대신 쓰는 말인 "공허케 하다"라는 말에 대하여 주석하기를, 풍성한 구속으로 말미암아 맨 밑까지 아무 죄가 없도록 공허케 하셨다 하니라. 만일 우리 대제사장이신 예수 그리스도께서 드리신 제사로 말미암아 우리의 죄가 그만치 없어졌으면 로마교회의 제사직은 무슨 쓸 데가 있느뇨?

또 이 문제에 대한 로마교회의 교리는 우리 대제사장 그리스도의 품격을 낮추는 것만 아니라 그리스도께서 주신 교회의 특권을 강탈하는 것이라. 신약교회의 제사장직이 있으니 곧 신자의 보편적 제사장직이라. 사도 베드로가 그 전서(前書)에 말하기를 "오직 너희는 택하신 족속이요, 왕 같은 제사장들이요, 거룩한 나라요, 그의 얻으신 백성이니, 이는 너희를 불러 어두운 데서 나와서 기이한 영광에 들어가게 하신 자의 아름다운 것을 드러나게 하려 하심이라"(2:9) 하였고, 사도 요한이 묵시록 처음에 그리스도께서 "우리를 사랑하사 그 피로 우리를 씻어 죄를 없이 하시고 우리로 나라를 세우시고 제사장들을 삼아 그 아버지 하나님을 섬기게 하셨다"(1:5-6) 하니라. 신약에 신자에게 주시는 큰 특권이 있으니 그리스도로 말미암아 제사장직이 완전히 실

---

347) Douai-Reims Bible을 의미하는데, 라틴어 불가타(Vulgate) 성서의 영어 번역본을 뜻한다. Reims-Douai Bible이라고도 하며, Rheims-Douay라고도 쓴다.

현되었고, 그 외에는 죄를 없이할 만한 제사를 드릴 자가 없었느니라. 그러나 제사장된 참된 신자마다 다른 지위나 특권을 그리스도께 받되 사람이 그 직분을 감당할 만큼 받느니라.

참된 그리스도 신자마다 거룩하니 '성도'라는 이름은 바울이 그리스도인으로서 얻은 귀한 이름 중 하나이니라. 우리는 다 하나님께 접근할 자유가 있으니 어느 인간적 중보의 제한이 없이 상한 심령과 참회하는 마음과 찬송과 감사의 제물로 하나님께 드릴 수 있으며, 우리의 몸으로 거룩하고 받으실 만한 산제사를 드릴 수 있으니, 이는 우리의 당연한 봉사니라. 로마교회의 특별한 제사장직이라는 교리는 두 가지 윤리적 표준으로 결과를 내었으니, 제사장이 드리는 고상한 제사와 평인이 드리는 비천한 제사요, 따라서 교회의 도덕상의 기품을 저하(低下)케 하니라. 참된 신자마다 동참하는 보편적 제사장직, 즉 그리스도 개신교의 기본교리가 되는 이 제사장직에 대한 신약교리는 그리스도 신자마다 제사장이 되고 또 그가 하는 일은 무슨 일이든지 하나님께 제사장적 봉사가 된다고 교훈함으로써 인간생활의 각 부분을 고귀케 하며 거룩하게 하니라. 이것이 거룩한 것과 속된 것 사이에 성경에 부합한 차이를 폐(廢)하고 모든 생활을 거룩하게 하며 또한 인생 중에 제일 되는 모든 것을 불러, 각 사람으로 하여금 하나님과 대면하여 자기 영혼을 그 창조자 앞에 노출시킬 권세를 가진 자로 정하여, 직접 하나님께로서 그 죄사유와 은혜를 받게 하며 복음 선포와 세상을 개조하는 일에 속죄함을 받은 각 사람으로 하나님의 직접 명한 일군과 대표자를 만드는 것이니라.

화체론(化體論)[348)]

주의 성찬은 아주 단순한 것인데 로마교회에서 주의 만찬 양식이 미사 제도로 변한 것보다 더 이상 놀랄 만한 발전이 없었으나, 이 문제는 너무 커서

348) 이 글은 「신학지남」 18권 2호(1936. 3), 34-37쪽에 게재되었음.

간단히 설명키 곤란한즉, 이 장에서는 단순히 그 일부분인 화체론(化體論)에 대하여서만 논할 수밖에 없느니라. 그 교리는 이러하니 합당한 법으로 임명된 제사(祭司, 신부)가 요소(떡과 포도주) 위에 봉납(奉納)하는 말씀들을 마땅한 모양과 마땅한 주의로 선언하는 경우에는 그 물질의 요소가 본질을 잃고 주 예수 그리스도의 참 몸과 영혼과 신성이 되며 또는 몸과 영혼과 신성이 떡과 포도주의 각 입자 중에 있으며 우리가 떡과 포도주로 인정하는 외형질(外形質)이 남아 있을 때 봉납 전에 있던 실질(實質)이 없어지고 그 자리는 그리스도의 몸과 영혼과 신성이 점령하였다 하니라.

신약에 주의 만찬제도에 대하여 네 가지 기사(記事)가 있으니 지금 사도 바울의 기재한 바를 가지고 로마교인의 화체론과 대조하여 봅시다. 고전11:23을 인용하건대, "내가 너희에게 전한 것은 주께 받았노니, 곧 주 예수께서 잡히시던 밤에 떡을 가지사 축사하시고 떼어 가라사대 이것은 너희를 위하는 내 몸이니 이것을 행하여 나를 기념하라 하시고, 식후에 또한 이와 같이 잔을 가지시고 가라사대, 이 잔은 내 피로 세운 새 언약이니 이것을 행하여 마실 때마다 나를 기념하라 하셨느니라."

로마교회는 이 교리를 보존하기 위하여 이르기를, 그리스도께서 "이는 내 몸이라" 하신 말씀을 문자대로 이해할 것을 원하셨다 하니라. 그러나 "이라" 동사는 항상 어느 어학(語學)에서든지 "대표하다"와 동일한 의미로 사용하나니, 우리 성서에 자주 그렇게 사용된지라. 예를 들면, 예수께서 친히 말씀하시기를 "그는 포도나무요," "나는 문이라"(등등)고 말씀하셨고, 바울 사도가 말씀하신 중에, 이스라엘 백성에게 쳐서 물을 나오게 한 반석은 그리스도시라 하였고, 그뿐 아니라 만일 "이라"는 말이 성찬식 기사의 일부분에서 문자 그대로 적용될 것이면, 어떤 점에서든지 다 문자 그대로 적용되어야 할 것이니라. "이 잔은 내 피로 세운 새 언약이니" 하는 말씀도 구주께서 자기 제자들에게 주신 잔은 곧 변하여 비물질적 사물이 되어야 할 것을 의미함이니, 즉 그가 성취하신 옛 언약 대신 자기 피로 세우시려는 새 언약이니라. 만일 물질이 변하여 비물질이 될 수 있겠다고 하면 그런 변질설의 황당무계함을 스스로 증명하는 것이니, 그 말을 양편 다 문자대로 취하든지 그렇지 않으면 양편 다 문자대로 취하지 못하든지 할 것이니, 결국 자의대로 (비유적으로) 사용함이 꼭 그 절의 의미를 나타내는 것이니라.

로마교인들이 또 예수께서 가버나움에서 설교하신 구절을 수단으로 채용하나니, 거기 우리 주님께서 자기 살을 먹고 그 피를 마실 필요를 "예수께서 이르시되 내가 진실로 진실로 너희에게 이르노니 인자의 살을 먹지 아니하고 인자의 피를 마시지 아니하면 너희 속에 생명이 없느니라.(요6:53). 그러나 이 말씀은 후에 귀중한 시대를 위하여 시작한 것이 아닌 주님의 만찬과 관계될 수 없고, 또 그뿐 아니라 로마교에서라도 성만찬이 구원 얻는 일에 필요하다고 주창(主唱)한 것이 아니니, 만일 이 구절이 이와 관계되었으면, 성찬이 꼭 구원과 관계되어야 할지니라. 예수께서 이 먹고 마시는 일에 대하여 무엇을 의미하셨는지 친히 해석하셨나니, "예수께서 가라사대 내가 곧 생명의 양식(糧食)이니 내게 오는 사람은 배고프지 아니할 터이요, 나를 믿는 사람은 영원히 목마르지 아니하리라"(요6:35)는 그를 씹어 먹으므로 하는 것이 아니요 다만 신앙으로 우리가 그를 받는 것이니라. 트렌도 의회에서 이 교리를 공식으로 발표할 때에 명백히 나타났나니 거기는 속죄자의 활체(活體)를 먹는다는 개념은 구역질날 만한 것인즉, 본질이 변할 때에 떡과 포도주의 특유성은 변치 않고 그대로 있다고 해석할 필요가 있음을 주창하느니라. "대개 인류의 보통 성질로 말하면, 인류의 살을 먹거나 피를 마시는 일은 특히 서로 용납하지 못하는데, 예수께서 가장 지혜로운 방책을 베푸사 가장 거룩한 몸과 피를 떡과 포도주의 형식으로 우리에게 맡겨 매일 또는 보통 식량을 삼게 하셨으니 특별히 감사하노라. 그뿐 아니라 이렇게 하므로 연락(連絡)된 두 가지 유익이 있으니, 첫째는 우리가 우리 주님의 눈 아래서 그를 먹으면 용이하게 피할 수 없는 불신자의 비방을 면할 것이요, 둘째는 이렇게 우리 주님의 몸과 피를 우리가 나눌 때, 비록 본성으로 이것을 납득하기 어려우나, 우리 영혼의 신앙을 승진케 함에는 막대한 도움이 될찌니라."(트렌도 의회 2.4.46). 그러나 먹은 것이 참으로 떡과 포도주가 아니요, 속죄자 예수의 참 몸과 영과 신성함이라고 불신자들에게 공개적으로 밝히면 어떻게 불신자의 비방을 이 방법으로 면하겠느뇨? 그 교리가 신자들의 배리적(背理的) 경신(輕信)을 크게 요구하나 그것이 우리 신앙을 증진케 하는 방법이라는 것은 전혀 다른 사건이니라. 우리 주님께서 자기 살을 먹고 자기 피를 마셔야 할 것을 말씀하신 것은 자기 말씀을 듣는 자들에게 진리를 힘 있게 나타내려 하심이니, 저희의 요구하던 신앙은 곧 화신(化身)의 사실과 속죄함을 믿는 것이며, 또 이러한 큰 진리들을 저희의 신령한 양식(糧食)으로 소유가 되게 하느니라.

그 교리는 철학적으로 허망하니라. 근본 되는 본체가 변하고 그 본체에 속한 우유성(偶有性)이 불변한다는 것은 믿을 수 없으며, 그리스도의 온 몸과 피가 봉사한 떡과 포도주의 각 미립자 중에 있다는 것은 믿을 수 없느니라. 신령하고 무소부재하신 존재가 자기의 신성(神聖)한 권능으로 어디든지 계실 수 있다는 것은 우리가 알지만, 예수의 인신(人身)이 무소부재 할 뿐 아니라 봉공한 물질 각 미립자 속 어디든지 존재한다는 것은 상상할 수 없느니라.

또 화체론은 우리 오관(五官)의 표현과 반대 되니라. 오관의 망상과 같은 것도 있으나, 조사(調査)와 비교(比較)로 말미암아 이런 망상을 시험하는 방법이 많으니, 정확하고 신임할 만한 오관의 작용은 허망하여질 수 없느니라. 하나님께서 우리에게 오관을 주심은 가능한 범위 내에서 모든 사물에 접촉하여 지식을 얻게 할 수단으로 사용하기 위하여 주었으되, 이론이나 철학적 연구나 배리적 경신이 내는 애처로운 호소(哀訴)는 우리 오관의 증거를 반대할 수 없느니라. 우리가 응용할 만한 각 시험으로 우리의 오관이 그 요소가 봉공 후(後)나 전(前)이나 항상 떡이요 포도주라고 증거하니 그로써 하나님께서 주신 이성에 항복치 않고는 이 증거를 피할 수 없을 줄 알지니라. 만일 우리의 오관은 믿을 만한 것이 아니면, 로마교인들이 저희 선생들에게 이런 교리 설명을 들을 때에는 어찌하리요? 저희의 눈과 다른 기관은 불신하고 귀만 믿을 것이냐? 만일 오관의 표현은 의뢰할 것이 아니라 한다면, 우리는 보편적 불가사의론(회의론)에 빠진 것이니라.

화체론은 초대교회나 옛교회의 교리가 아니니, 그 내력은 최근 수세기에 전래된 것이 분명하니라. 유명한 신학자들이 상이한 의견을 가져 상이한 입장에서 그 문제를 토의하다가 결국 현재의 의견이 채용되어 구원의 한 조건이 되기까지 이르렀으나, 이것은 주후 1215년에 개최되었던 제4회 라테라노 공의회에서 신앙의 일개조로 정해진 것이니라. 이 교리에 대하여 아무 위험 없이 배척할 수 있었으나 영벌의 위험을 면하려고 부득이 채용한 것이니라.

그 교리의 허망함은 허탄함과 어떤 때 구역질날 만한 토론 중에서도 나타나니, 거기 대하여 이런 문제가 야기(惹起)되느니라. 어떤 의미로 그리스도의 몸이 실제적으로 떡과 함께 떼어진다 말할 수 있느냐? 생쥐들이라도 봉공한 성찬을 먹게 되면 그리스도의 몸에 참여하는 것이냐? 만일 파리 한 마리가 봉공하기 전의 포도주에 빠지면 어떻게 되며, 봉공한 후에 빠지면 어떻게 되겠느냐? 그리스도의 몸이 성찬 참여자의 소화 진행 중에 부패할 것인지, 혹 그렇지 않으면 언제 그 요소가 그리스도의 몸 되기를 그치고 원물질(原物質)로 변경되겠느냐 하는 것들이라. 이런 토론을 야기한 교리는 자책하므로 존속하느니라.

만일 이런 교리가 참이면, 성경은 우리로 하여금 구원을 얻는 지혜가 되게 하는 것이 아니요, 우리를 속이려는 것이니, 대단히 필요한 중에 있던 이 교리가 단 한 구절에 나타났고 단 한 마디 힘 있는 번역으로 말미암아 취한 바 되니라. 하나님은 인생을 자기 말씀 중에서 그렇게 취급하지 아니하시느니라. 이 교리가 공고될 때에도 영국 왕의 선서에 대하여 지금 일어나는 논쟁으로 말미암아 현저히 나타났는데, 우연히 개혁교인과 로마교인 사이에 일어나는 논쟁으로 원안이 분명히 해결되었을 것인데, 우리가 어떤 사람을 보아 개혁교인인지 아닌지 아는 확실한 시험 방법이 여기 있나니, 만일 화체론의 교리가 참이면 제사(祭司, 신부)가 봉공한 거룩한 떡은 곧 우리를 구속하신 잔의 참 몸과 피와 영혼과 신성함이고 예배를 받을 것이며 이 교리를 반대하는 것이요 참람한 것이니라. 로마교인들이 개혁교인을 가리켜 교리를 부인하는 참람한 자라고 주저하지 않고 부르고, 달리 말한즉 이 교리가 거짓 되면 그 요소는 봉공하였든지 아니하였든지 불문하고 다만 떡과 포도주인 것이 분명하고 따라서 이런 것에게 예배함은 우상숭배 하는 것이요, 또한 이 문제에 대하여 아무런 깨달음이라도 가진 개혁교인마다 로마교인들은 거룩한 떡을 예배하는 우상숭배자라 할 것이 분명하니라. '참람한 자'라거나 '우상숭배자'라 하는 과도한 말을 늘 쓸 필요가 없으나, 신앙에 대하여 분명한 진술을 구하는 경우가 있을 때에는 이런 논점을 무시하는 것이 양편에서 아무 것도 취할 것이 없느니라. 로마교인은 개혁교의 기본적 신앙을 말할 때에 아무리 과도한 언사 사용하기를 즐기지 아니하나, 저희 자신이 과도한 언사에서 후퇴하지 아니하니라. 영리한 이방인들은, 자기 손으로 만든 물건에게 예배하는 것은 우상숭배 하는 것이라는 말을 들을 때, 그리스도 교회의 대부분이 자기보다 더 심한 우상숭배자라고 자주 반박하니, 그 이유는 저희는 우상을 단지 신을 대표하는 한 표시로만 생각하여 그 형상 뒤에 있는 신께 예배하는데, 로마교도는 자기가 구운 떡과 자기가 만든 그 포도주를 공경한다 하니 이런 반박을 답변하기 곤란하니라.

미살제(彌撒祭, 미사)[349]

로마교회의 교의(教義) 발달은 제2장에 서술된 제사장직과 화체론에 대한 교리에서 표현되었는데, 지금은 미살제가 주의를 요하니라. 로마교회에서는 오래 전부터 주의 만찬을 예수 그리스도의 속죄하신 제사를 유일의 기념적 성례로 삼지 않고, 주(主)의 속죄제의 반복과 계속을 가르치며, 미사제에서 제사장은 산 자와 죽은 자를 위하여 제사 드리며 그리스도의 속죄제는 교

349) 이 글은 「신학지남」 18권 3호(1936. 5), 24-27쪽에 게재되었음.

회가 예배하는 중에 매일 새롭게 되고 계속된다고 가르치니라.

이런 놀랄 만한 변화를 초래한 그 발달의 경로가 교회사의 상고시대부터 분명히 우리에게 문서로 전래하니라. 우리는 신약에서 예수께서 세상 죄를 위하여 자기의 몸을 하나님께 단번에 제사드려 구약의 제반 속죄 의식을 전폐하였다 함을 배운지라. 어느 종교에든지 있는 바와 같이 제사장된 관념은 신약에도 있으나, 제사장직은 제한이 없이 각 그리스도인이 제사장의 권리가 있고, 그 드리는 제사는 속죄제가 아니라 "그 제사는 곧 신령한 제사요"(벧전2:5) "선행과 구제요"(히13:16), "몸으로 산제사를 드림은 당연한 예법이요"(롬12:1), "과부와 고아를 돌아보고 또 스스로 삼가 지켜 세속에 물들지 아니하는 것이요"(약1:27), "복음전도자의 공급이요"(빌4:18), "신앙이니라"(빌2:17). 신약 중에 속죄적 행위를 신자의 보편적 제사장직에 돌린 일이 도무지 없느니라.

상고(上古)시대 교부들은 레위인의 제사장 제도에서 인민의 노예 성질을 신령한 자유사상으로 훈련한 임시 법률상 배치만 보았을 뿐이요 종교사상에 응용될 수 없었은즉, 거룩한 마음과 생활과 신앙과 순종과 의로움이 저희에게 참된 제사였느니라.

이 제사적 관념이 들어와 극히 단순한 방법으로 주의 만찬과 연락되었고, 또 사도시대에 주의 만찬은 여러 가지 이유로 후에 폐하게 된 애찬(愛餐)과 연결되니라. 이 두 회합에서 회원들은 저희 재산에 비례하여 떡과 포도주를 의연(義捐)하였는데, 애찬이 만찬식과 분별된 후에도 이런 의연이 계속되어 이 자발적 예물을 얼마는 만찬식에 사용하고, 얼마는 빈민구제에 사용하니라. 하나님께서 인생의 영양(營養)을 위하여 주시는 선물의 대표적 표현으로 헌물하라 명한 헌물을 기도하는 중에 하나님께 바쳐 육신의 복과 또한 주의 만찬으로 나타난 그리스도의 고난에서 말미암는 구제의 신령한 복을 위하여 하나님께 감사하느니라. 이 성찬 헌물과 로마교 미사제의 분간은 분명한데, 그리스도의 몸과 피가 아니요, 떡과 포도주는 헌물의 재료이요 속죄제가 아니니라. 초대 그리스도 신자와 주의 만찬과 관련된 헌물과 제물의 대조는 그 의미 가운데서 찾을 수 있느니라.

감독과 장로들이 특별한 승직(僧職)을 맡았을 때 요긴한 변화가 생겼으니 이 높은 지위와 그 관능(官能, 공적인 능력)들을 신약에서 인출(引出)할 수 없느니라. 이것은 모세의 제도로 유래하여 이 관념이 신약교회에 전래되었으며, 또한 모세의 승직을 그리스도 교회의 직원들에게 부여(付與)하였을 때, 제사법도 저희에게 주기 시작하였을지라. 그러나 또한 속죄제의 관념이 주의 만찬과 결합되었을 때에 얼마동안 사용한 제사적 언사로 말미암아 된 모든 것은 공물(供物)의 요소로서 그리스도의 몸과 피의 상징이 되니라. 하여간 그릇된 방면으로 발을 들여 놓아 교회가 미사제라는 모든 불경스런 말을 토하게 되고 우상숭배에 얽매이게 되기까지 그 방면에서 주저하니라. 그리스도의 제사를 모방함으로써 반복하던 제사가 없어졌으며, 제사의 표상(表象)으로 드림에서 떠나 그리스도의 친 몸과 피를 드리는 것으로 전진하였으며, 표상된 요소를 봉헌함에서 화체(化體)로까지 전진하였으며, 회중의 감독은 평민의 대표자로서 경건케 하는 예배의 행동을 인도함에서 그리스도의 몸과 영혼과 거룩함을 하늘에서 내려오게 하고 또 마음대로 제단 위에 있게 할 신령한 권리가 있다함으로 전진하였으며, 회중이 함께 모여 주의 죽으심을 오실 때까지 전하라 하신 기념잔치에서 맡은 자의 인격은 관계없는 것이 되었고 만찬은 속죄하는 제사가 되어 거기서 사제는 불가결(不可缺)할 것이요 회의 출석은 전혀 불필요한 것이 되었으며, 그리스도와 새 언약의 이익이 나타나고 신앙으로 신자에게 응용되는 교리가 되는 데서 이것이 이상하게 처리가 되어 그 방법으로 죽은 자의 사함 받지 못한 죄가 갚아지고 없어질 수 있게 되었다 하느니라. 여러 사람들이 이 내려가는 경향을 막으려고 힘써 보았으나 그 교회는 하나님의 말씀에 지시함을 버린 고로 막을 수가 없었느니라. 이 문제에 대하여 로마교회가 저희의 사려 없는 신자들에게 강제로 시행함 같은 그런 교훈과 신약의 교훈 사이에 전혀 부조화된 것을 상세히 지적함은 공연히 시간을 허비하는 것이 될 뿐이라.

로마교회가 히브리서를 정경으로 채용하였으나 지금은 로마교회의 제도가 원리상 히브리서를 다 분쇄하는 모양이니, 그런 연고로 인생의 마음의 이상스런 모순이 드러나게 되니 놀랄 수밖에 없느니라. 반복할 필요가 있는 제사는 효력이 없으며 그리스도 제사의 우월성은 자체를 단번에 드림에 있다고 히브리서에 가르치신 바가 있으나, 로마교회의 교훈은 십자가상에서 드린 제사와 미사제는 동일한 것이라 하니라. 그러나 이 두 제사를 비교하면, 실질적 차이를 식별할 수 있으니, "피를 흘림이 없이는 죄를 속하지 못한다" 함 같이, 하나는 피를 드리는 제사요 하나는 피 없는 제사니라. 하나는 그리스도께서 자체를 드리심이요, 하나는 제사장이 그리스도를 대표하는 것이며, 하나는 그리스도께서 친히 드리셨고 하나는 떡과 술을 임시로 드리는 것이니, 로마교회 교리대로 그 목적을 위하여 변질되었다 하니라. 만일 두 제사가 다같은 속죄의 효력이 있다고 하면, 세상의 죄가 어느 것으로 말미암아 사유함을 얻겠는가? 또는 전자와 후자의 관계가 어떠하냐? 하는 문제가 일어날 것인데, 이 난제가 트렌도 의회에 제출되어 몇 회원들은 그리스도께서 성만찬으로 제사를 지정하였다는 법령 중에 삽입된 말을 막기 원하니라. 벡리아(Veglia)의 감독은 그리스도께서 만일 성만찬 후에 십자가상에서 죽지 않으셨다면 세상에 속죄함을 받았으리라고 믿을 자가 아무도 없으며, 또한 완성된 제사만 참된 제사인즉, 속죄제는 성만찬 중에 시작하여 십자가상에서 완성될 수 없다고 힘 있게 말하니라. 그러나 예수 종교[350]의 총장 라이네(Lainez)는 성만찬의 제도를 실제적 제사행동이라 정의하여 법령으로 시행하니라.

'트렌도'의회의 법령으로 가르치기를, 매일 드릴 미사제는 우리가 매일 범하는 죄들을 속하기 위하여 하는 것이라 하였으나, 우리에게 응용할 제사가

---

350) 예수회(Jesuit)를 의미함.

다른 제사의 효험(効驗)이 된다고 명하는 의미가 어디 있느냐? 그리스도께서 십자가상에서 성취하신 속죄가 쓸 만한 효험이 있게 하기 위하여 보충할 필요가 있다고 표시한 바가 성경에 도무지 없느니라. "하나님의 아들 예수 그리스도의 피가 우리 모든 죄를 깨끗하게 씻어 버릴 것이라"(요일1:7) 하였으며, "만일 우리가 우리의 죄를 고하면 그는 미쁘시고 의로우사 죄를 사하시고 우리의 모든 불의한 것을 깨끗하게 씻어 버릴 것이라"(요일1:9)고 사도 요한이 말 하니라. "내게는 오직 우리 주 예수 그리스도의 십자가 외에 자랑할 것이 결단코 없으니 그리스도로 말미암아 세상이 나를 향하여 십자가에 못 박히고, 내가 세상을 향하여 또한 그러하니라."(갈6:14)고 사도 바울이 외쳤으며, "너희 조상의 유전한 망령된 행실을 버리고, 구속함을 얻은 것은 없어질 은이나 금으로 한 것이 아니요, 오직 보배로운 피로 한 것이니, 흠도 없고 점도 없는 어린 양 같은 그리스도의 피로 한 것이니라."(벧전1:18, 19)고 사도 베드로가 기록하였으니, 이런 말씀들은 그렇게 안전한 결과가 있는 제사의 효과를 성취케 하기 위하여 어떤 보조적 제사를 요구할 여지와 필요가 없게 하니라. 그런 고로 미사제의 전 교리는 구속자 우리 주님의 만족한 제사에 참람한 모욕이 되니라.

미사제의 교리가 발달함에 따라 주의 만찬의 교리가 부패하게 되는 것을 상론할 필요가 없는지라. 주의 만찬이 처음 정하는 대로는, 사회적 의식(儀式)으로서 그 중에서 회중이 함께 모여 그리스도의 죽으심을 기념하였고, 예식을 주장하는 이가 누구라고 절대적으로 가르친 바가 없으니, 주장하는 사람은 실질적으로 아무 중요한 것이 될 수 없음이라. 로마교회에서는 이 의식을 행하는 중에 사제(司祭)하는 신부 이상은 없으며, 회중은 필요치 않으며, 미사제를 드릴 시는 신부만 출석하는데, 신약이나 혹 초대교회의 어떤 문서 중에든지 그런 법으로 하라는 근본 예시(預示)가 어디 있느냐?

평인(平人)에게는 성찬배(聖餐杯)를 주지 않기로 결정한 것인데, 그 금지하는 공연(空然)한 이유가 약간 있으니 대체로 화체론 교리가 성경과 불합(不合)

한 까닭으로 인하여 잔 마시기를 불허하느니라. 아일란드 로마 카톨릭 교직 정체(教職正體)의 인허로 "두에"(Douay) 신약서에 고전11장 28절 "사람이 스스로 살피고 그 후에야 이 떡을 먹고 이 잔을 마실지니"를 해석하기를, "잔을 마실지니" 이것은 명령한 것이 아니요 허락일 뿐인데 즉 그 장소와 시간이 교회의 실행(實行)과 종규(宗規)에 일치하여야 한다는 말이라고 하니라. 이것은 진리대로 분명히 함이 아니요, 진리에 반대되는 말이라. 만일 "이 잔을 마실지니"가 명령이 아니라고 하면, "이 떡을 먹고"도 명령이 아닐지니, 주의 만찬에 참여할 의무가 없어지므로 미사제의 전 교리도 기각되는 것과 같으니라. 인생의 구원은 단지 허락의 방법으로 결정된 의식(儀式)과는 아무런 관계도 있을 수 없느니라.

재론컨대, 이런 미사제는 신자의 죄를 속하는 데 유효하다 하니 내가 연옥(煉獄)에 대하여 논할 때 이 문제에 관하여 기재코자 하노라. 그런 교훈은 도덕의 가장 활기 있는 점, 즉 의지의 일치를 공격한다고 여기서 분명히 말할 수 있고, 또 성경 어디든지 이 성례와 내세의 속죄 사이에 아무런 연락이 있다고 암시한 것이 없으며, (비록 그런 사죄가 가능하다 하여도) 또 미사제의 집행이 아름답게 거행된다 해도, 죽은 자를 위하여 금전을 많이 내는 일이 없이는 거행하는 사례가 별로 없으니, 부자와 빈자가 주의 손님으로서 동일한 지위에서 함께 앉는 본래의 아름다운 의식이 변하여 친척의 속죄를 위하여 행할 수 있는 자와 그렇게 할 수 없는 자 사이를 구별하는 것이 되었으니, 이런 풍속은 그리스도의 정신을 그보다 더 반대하는 바가 없음을 우리에게 분명히 나타내는 것이다.

참회(懺悔)[351)]

로마교회의 승직(僧職)들이 인생의 심리를 속박하는 기구를 의논컨대, 인

351) 이 글은 「신학지남」 18권 4호(1936. 7), 19-24쪽에 게재되었음.

류의 죄를 사(赦)하는 하나님께 받은 능력이 있다는 교훈처럼 불행한 것은 없을 듯하니라. 이것이 저희 속죄 성례 교리의 일부분이라. 참회자(懺悔者)의 편에는 세 부분이 있으니, 1. 참회, 2. 고백, 3. 만족함이요, 신부의 편에는 서죄(恕罪)니라. 죄에 대한 진정한 통회(痛悔)는 성령께서 우리 속에서 역사하신 정서(情緖)인데, 우리로 하여금 죄에서 돌이키게 하는 것이라. 그러나 속죄 성례에 필요한 참회는 우리가 행한 바에 대하여 무서워하며 벌 받을 줄 알며 수치로 생각하는 자연적 정서만 요구되는데, 이 참회는 마음이나 도덕적 성질까지 변하게 하는 바, 성서에 가르친 회개에 대하여는 매우 불충분한 표현인 줄 알 수 있느니라. 이에 대하여는 지면 관계로 더 기재할 수 없으며, 만족스런 교훈은 후장(後章)으로 미루고, 여기서는 고백과 서죄 문제에 대한 로마교회의 교훈을 생각하고자 하느니라.

그 교훈은 이러하니, 하나님께서 로마교 신부(神父)에게 인생의 생명을 판단하고 저희 죄를 사하는 권세를 맡겼다 하며, 또한 사람마다 정기적으로 자기 죄를 저희에게 고백하여야 하며, 또한 신부에게 고백치 아니한 사망을 당할 만한 죄에 관하여는 용서할 수 없고, 또 신부가 서죄를 선언할 때에는 하나님께서 죄를 사하실 조건을 포고(布告)할 명을 받은 사람처럼 발명적(發明的)으로만 하는 것이 아니요 공평하고 유효케 하는 것이라 하느니라.

이렇듯 대담하고 그 결과가 이렇듯 무서운 주장은 사람들이 논박을 가할 수 없을 만한 것인데, 자기의 도덕상 책임을 저희와 같이 죄가 많아 약한 동모(同侔)에게 끼쳐주기 전에 사람의 인격을 압복(壓服)시킴에 유력한 증거로 성립되었느니라. 우리는 이 건설의 기초를 검사하여보고 이 기초의 전부가 과연 그런 상부 구조를 지지할 만한 힘이 없음을 발견하니라. 저희가 이런 무서운 교훈을 지지하기 위하여 인증하는 가장 요긴한 성경구절은 (요20:22, 23) "이 말씀을 하시고 저희를 향하사 기운을 불며 가라사대, 너는 성신을 받으라. 너희가 뉘 죄든지 사하면 사하여질 것이요, 뉘 죄든지 정하면 정하여지리라"는 이 말씀 중에 첫째는 이것이니, 저희가 운용하는 무슨 세력이나 권위는 승직에게만 아니요 평신도에게도 끼쳐 주신 것이니라. 우리가 이 성경구절과 또 이와 유사한 구절을 (눅24:33) 비교하면, "주께서 나타나사" 이런 말씀을 들은 자들은 "열한 사도와 그 함께 있는 사람"인 줄 알 수 있느니라. 열한 사도는 그때에 교회 내 유일한 직원들이요 (저희를 과연 직원이라 칭할 수 있으면 그 함께 있던 사람들은 물론 평신도들인데, 주께서 부활하신 때부터 승천하신 어간에 열한 사도와 함께 통상적으로 모이던 자들로서, 그 중에는 분명히 여러 명의 부녀(婦女)도 포함되니라. 둘째로 말하면, 그 말씀과 그와 유사한 구절을 비교하는 중에, 우리 주님께서 말씀하신 의미는 구원의 조건을 인민에게 선언하셨다는 것이 드러나니, 누가의 기재한 말씀은 회개함과 사죄함을 그 이름으로 만방에 전할 것이라(눅24:47)) 하니라. 그리스도께서 교회에게와 떠나신 후에 각개 교인들에게 세상에서 자기 대표자로서 구원을 전 인류에게 알게 하라고 승천하실 때에 부탁하셨는데, 그 구원을 환영하고 아니하는 것은 어느 범위까지는 교인들이 중한 의무를 이행함에 충성을 다하는 여부에 달렸다는 것이 우리 앞에 보이는 장중한 사실이라. 만약 앞에 기록한 인용문에 이 권세를 받은 것이 기재되었으면, 이것이 사도들의 가장 두렵고 중대한 부여를 구성하였을 것이며, 또한 그 임명을 받은 자들이 이런 일을 시작하는 맨 처음에 공공연히 나타났을 터이나, 사도들이 일찍이 자기가 이런 장엄한 능력을 소유하였다고 공상하며 원대했다는 표시가 없느니라.

재론컨대, 이런 신부의 권한을 지지하기 위하여(마18:18을) 로마교에서는 인용하는데, 저들은 상하 문맥을 떠나 이 구절을 해석하나, 우리는 상하 문맥을 통하여 해석하여야 할 것이다. 15절부터 보면, 우리 주님의 말씀이, "혹 네 형제가 네게 죄를 범하거든, 가서 그 사람이 너와 홀로 있을 때에 책망하라. 만일 들으면 네가 네 형제를 얻는 것이요, 만일 듣지 않거든 한두 사람을 데리고 가서 두세 증인의 입으로써 말마다 증참하게 하고, 만일 그 말도 듣기 싫어하거든 교회에 말하고, 교회의 말도 듣기 싫어하거든 이방 사람과 세리와 같이 여기라. 내가 진실로 너희에게 이르노니 무엇이든지 너희가 땅에서

매면 하늘에서도 매일 것이요, 무엇이든지 땅에서 풀면, 하늘에서도 풀리리라. 내가 다시 너희에게 이르노니, 너희 중에 두 사람이 땅에서 합심하여 무엇이든지 구하면, 하늘에 계신 내 아버지께서 저희를 위하여 이루게 하시리라" 하였는데, 이 주요한 구절 중에 몇몇 가지 명백한 의미가 있으니,

1. 그 말씀은 신부가 죄를 사하여 줌에 아무 관계가 없고, 다만 예수교회 내 교인들 중에 일어나는 쟁투를 평정시킬 방책이 되며,
2. 만일 이러한 쟁론을 진정(鎭定)함에 사사로운 노력이 실패될 것이면, 저희가 속한 회중이 반드시 종국중재자(終局仲裁者)가 될 원리가 있고,
3. 만일 쟁론자 중 일인이 회중의 재단(裁斷)을 받지 않겠다 하면 다른 사람은 그를 이방인이나 세리로 여길 터이나, 어찌 그리스도께서 우리를 그처럼 대우하시랴 하는 것은 주께서 탕자 비유에 말씀하심과 같은 담화로 친히 저희를 교제하신 방법을 보아 쉽게 알 수 있으며,
4. 이런 분쟁을 결정할 때에 교회가 기억할 것은 이것이니, 곧 사람을 교회 중 회원으로 여기는지 아니 여기는지 사실상으로 작정하는가, 또 세상에서 교회를 치리하는 중 하나님의 대표자인 그 사람들이 엄중한 행위로 모든 이런 기율적(紀律的) 정치를 시행하는가 기억할 것이며, 5. 그 말씀은 조건이 없이는 취할 수 없는 말씀이니 우리 주님께서 자주 진리를 설명하실 때에 세력 있고 역설적(語非理順) 방법을 응용하사 청중에 주의를 주어 저희로 하여금 자기 교훈 중 어디서든지 필요한 조건과 제한을 취하거나 발견하게 하시니라. 그 구절에 이 방법에 대해 의심할 수 없는 예제가 포함되어 있으니, 바로 아래 성경 말씀에 말씀하시기를, "너희 중에 두 사람이 땅에서 합심하여 무엇이든지 구하면 하늘에 계신 내 아버지께서 저희를 위하여 이루게 하시리라"(마18:19) 하시니라. 내가 추상컨대 누구든지 제한이나 조건이 없이 이 모든 말씀을 받겠다고 일찍이 공상한 사람이 없을 줄로 아노라. 그 말씀 중에 구주께서 합심기도에 큰 가치를 힘 있게 진술하시며 또한 필요조건을 남겨 두사 후에 다른 교훈

중에 포함되거나 나타나게 하시나니 그런 고로 이 말씀 바로 전에 하신 말씀이 그것이니라. 치리하는 능력으로 말하면 교서에 기재된 조건에 의존하여서만 매고 풀 수가 있는데, 만일 이것이 모든 조건에 고착하지 않을 터이면 그 행동은 무용(無用)이니라.

6. 아무리 권세가 "교회"에 속한 말로 운용되었어도, 그것은 회중을 가르친 것이 아니며, 교회의 치리권은 집합적으로 교인에게 속한 것인데, 저들은 직원들의 장중(掌中, 손 안)에 있어 위원으로 말미암아서만 운용한다 하나, 그리스도 교회 교인의 보편적 승직(普遍的 僧職)은 그리스도께서 일찍이 맡기신 모든 치리권을 행사하며 주장할 권리를 가지고 가느니라.

고린도후서를 보건대, 교회 치리상 요긴한 사건에 대하여 사도 바울이 파문(破門)하는 일이나 회개하는 증거를 보아 범죄한 교인을 해벌(解罰)하는 일의 책임을 고린도 교인들에게 맡겼고, 직원들에 대하여는 하등의 서술이 없느니라. 정당히 이해한다면, 모든 신부(神父)의 주장의 근본이 되는 교회치리에 특권이 있다는 것은 성경구절이 결정적으로 그 이상 더 공개치 않았는데, 죄를 판단하며 오직 자신만이 죄를 사한다는 사약무인(赦若無人)한 주장을 어찌 공개하였으랴?

자복(自服)에 많이 인용되는 구절은 야고보서 5:16 "너희 죄를 서로 고하고"라는 말씀인데, 이 문제에 대하여는 아무런 의의(意義)가 없고, 다만 그 구절을 회상하여 우리 죄를 우리 죄 범한 사람에게 자복할 의무에 대하여 교훈을 준 것이 명백하니, 신부도 평신도에게 자기 지은 죄를 고백할 의무가 있는 것 같이, 또한 평신도는 신부에게 지은 죄가 있거든 고백할 의무가 있느니라.

다른 성경구절 중에 그 교리를 지지하는지를 탐구해 보니 그런 고백은 없을 뿐 아니라, 도리어 성경에 명백히 가르치기를, 이는 하나님의 권리니 홀로 하나님께서 죄를 사하신다 하니라.

성경 말씀에, 참회자가 죄의 짐으로 인하여 마음이 무거워질 때 갈 곳은 하나님밖에 없으며, 그에게서 많은 용서를 구한다 하였으니, "내가 이르기를 내 허물을 여호와께 자복하리라 하고 주께 내 죄를 아뢰고 나의 죄악을 숨기지 아니하였더니 곧 주께서 내 죄악을 사하셨나이다"(시32:5), "하나님이여, 주의 인자를 쫓아 나를 긍휼히 여기시며 주의 많은 자비하심을 따라 나의 죄과를 도말하소서. 나의 죄악을 말갛게 씻기시며 나의 죄를 정결케 하소서. 내가 주께만 범죄하여 주의 목전에 악을 행하였사오니 주께서 말씀하실 때에 의로우시다 하고 재판하실 때에 완전하시다 하리이다. 우슬초로 나는 정결케 하소서. 내가 정하리이다. 나를 씻기소서 내가 눈보다 희리이다."(시51:1, 2, 4, 7) 하니라.

"여호와여 내가 심감(深坎, 깊은 구덩이)에서 주께 부르짖었나이다. 주여 내 소리를 들으시며 나의 간구하는 소리에 귀를 기울이소서. 여호와여, 주께서 죄악을 감찰하실진대 주여 누가 서리이까? 그러나 사유하심이 주께 있음은 주를 경외케 하심이니이다"(시130:1-4). 이상의 시편 구절이 구약에도 제사장 반(班)은 죄를 사하는 특권이 없고 회개자가 직접 하나님 앞에 나아가 죄를 고백하여 직접 죄사함을 얻을 것이요, 간접으로 사람을 중개로 하여 얻을 것이 아님을 나타내니라. 신약의 지위는 확실히 구약에 지위보다 고상한 것이요, 유대인이 가졌던 자유는 그리스도인에게 빼앗긴 것이 아니니라. 우리의 서로 범하는 죄과를 서로 인정하는 외에 신약에 있는 고백은 어떤 것을 물론하고 하나님께 직접하는 고백이니라. 사죄하는 이런 무서운 권세를 자신에게 끌어 붙이는 동모(同侔)를 위하여 채용하라고 사람을 가르치는 참회의 태도는 성도의 교훈에 반대되는 것이니, 비록 사람이 친히 하나님 자신의 영광과 거룩함에 대면할 때라도 하나님은 전율과 공포의 태도를 진작케 아니 하시느니라. 에스겔 선지자가 하나님의 영광에 대하여 묵시를 보고 말하기를, "이는 여호와의 영화로운 형상의 모양이라. 내가 보고 곧 얼굴을 땅에 대고 말씀하시는 자의 음성을 들었노라. 저가 내게 이르시되, 인생아 네 발로 서

라. 내가 너로 더불어 말하리라 하여 나로 더불어 말할 때에 성신이 내게 임하여 나로 하여금 일어서게 하시매 내가 그 나로 더불어 말씀하시는 자의 소리를 들으니"(겔1:28-2:2) 하였고, 또 그와 비슷하게 사도 요한이 밧모 섬에서 그리스도의 영광의 묵시를 보고 말하기를, "내가 볼 때에 그 발 앞에 엎드러져 죽은 것 같으며 저가 그 오른손으로 나를 안찰하여 가라사대, 두려워 말라"(계1:17) 하였으니, 그런 고로 우리는 인생인데 하나님의 형상대로 지음을 받아 그의 자녀가 되어 솔직한 확신을 가지고 모든 인생의 아버지께 나아오라 하신 말씀을 하나님 어전에서 들었느니라. 그러나 로마교회는 가르치기를 하나님은 인생이 무서워할 이시요, 상한 심령과 회개하는 마음이 그의 목전에 받아들인 바 되되, 다만 신부(神父)의 중보로 말미암아 하나님께 나아올 때라야 된다 하며, 하나님께서 주시고자 하는 사죄는 영혼의 모든 비밀을 동료 죄인의 목전에 가리움 없이 드러내 놓는 때라야 받을 수 있다 하며, 또한 죄를 자복하러 나오는 각 사람의 비밀을 탐측(探測)하는 것이 신부의 직분인데, 만일 누가 신부의 가려 묻는 문제에 대하여 대답하기를 거절하면 그것이 하나님의 사죄를 막는 것이라 하니라. 이같은 교훈은 거룩한 형상으로 지음을 받는 일에 얼마나 무서운 억압이 되며, 또 자기 행위에 대하여 하나님 앞에 얼마나 무서운 책임이 있는지! 이런 참회는 성경에서 여러 방면으로 얻은 쾌활성(快活性)을 압박하며, 사람의 전 도덕적 신령적 성질을 비천한 노예 모양으로 같은 죄인의 발 아래 두어(롬8:21), "하나님의 뭇 자녀의 영광을 얻어 자유함에 이른다." 한 말씀에 대하여 말하기에 합당치 않게 하나니, 개인의 영혼 속 안의 일까지 타인이 임의로 결정할 것 같으면 아무런 참 자유함이 없을 것이다.

참회가 인생의 생활을 지배하는 곳에는 개인적, 사회적, 공민적, 혹은 종교적 자유 같은 것은 있을 수가 없다고 경험이 증거 하니라. 로마교는 어디서든지 사상급 행동의 자유와 정신상 독립을 해치나니, 인생을 노예화 하는 주요한 능인(能因)은 곧 회개라. 이로 인하여 그 부락의 제반 사정이 다 신부에게 알려지게 되니, 저들은 독신자임으로 그 부락의 보통생활에서는 떠나 있는 자들이니라. 이렇게 얻은 지식은 저희 개인적 교회의 목적으로 사용될 수 있고, 또한 분명히 사용되었으니, 개인들이 가정생활에서 가장 비밀한 일까지 탐정하는 그런 교활한 제도를 승낙할 것 같으면 아무라도 쾌활성을 성공 조장할 수 없느니라.

타인의 행위를 판단하는 일은 그 사람의 행동과 주지하여 철저한 지식이 없이는 이를 정당히 시행할 수 없으므로, 로마교에서는 신부의 일, 곧 고백하는 자들의 가장 비밀한 행동과 주지를 묻는 것이 신부의 직무라고 가르치며, 또한 저희 도덕신학에 관한 서적은 참회자의 정형(情形)에 대하여 신부가 묻고 참회자가 완전히 진술하도록 된 문제가 대부분 점령한지라. 이는 매우 중대한 성질을 띤 악폐로 사용됨을 쉽게 볼 수 있으니, 이로 말미암아 질문을 받는 자들의 평생에 듣지도 못하고 또 고백하는 현실에서 생각해 내기까지는 도무지 상상하지도 못한 죄를 생각해 내는 결과가 생긴지라. 이것은 연약한 사람의 심리에 매우 중대한 덕성을 파괴하는 것밖에 아니라는 것이 명백하니라. 그러나 이런 방법으로는 그 참회가 죄에 대하여 연단하는 학교는 되기 쉬울지라도 죄에서 깨끗함을 받는 기관(機關)은 될 수 없느니라. 참회 중에서 나온 이 부도덕(不道德)은 여기 간단히 논의되었어도 부인할 수 없는 일이요, 또 심한 정죄의 고발 중에 하나를 형성하니라. 독신된 신부들이 결혼생활의 상세(詳細)와 모든 육욕적 사상과 병행하는 음란한 유혹에 대하여 단시간(短時間, 짧게) 심문을 할 때나, 또한 저희 자신과 저의 소위 참회자들에게 분부한 은밀한 장원(墻垣, 울타리)으로 저희가 둘러 싸였을 때에 많은 사람이 결단코 빠질 수 있는 유혹이 분명히 일어날지라. 그 결과는 상상할 수 없으리만큼 너무 잦으니, 이것은 외면으로부터 그 제도에 대하여 죄를 돌릴 것뿐 아니요, 가장 분변 잘하는 로마교 선생들이라도 참회자들이 도덕적으로 영적 큰 위험에 처한 지위를 가졌다는 것과 또 많은 인생이 타락하는 사실을 인정하는 바이니라.

이 모든 것이 그리스도 복음의 청정, 순수함과 어찌 다른지! 그리스도께서 자기 짐을 지고 나오는 자에게 안식을 주시겠노라고 청(請)하심을 영적인 사람이 들을 때와, "내게 오는 사람은 배고프지 아니할 터이요, 나를 믿는 사람은 영원히 목마르지 아니하리라. 또 내게 오는 자를 결단코 내어버리지 아니하리라"(요6:35, 37) 하심을 들을 때와, "하나님의 아들 예수의 피가 우리를 모든 죄악에서 깨끗케 하신다." 하며, 또 "우리 죄를 고하면 저는 미쁘시고 의로우사 우리 죄를 사하시며 우리의 모든 불의한 것을 깨끗케 하신다." 하셨으니, 이렇게 청하심에 복종하고 이 허락(許諾)을 신뢰(信賴)하면 고백을 듣는 자, 곧 죄 있는 신부가 줄 수 없는 평안과 청정과 사죄를 받을 터이니, 이 평안, 청정과 사죄는 그리스도의 보혈을 뿌림으로 하나님께로부터 직접 받을 수 있는 바이다.

부록

1. 왕길지의 영문일기 (Journal of Rev Gelson Engel)

- 1900년 9월 19일부터 1903년 12월 19일까지 -

Wednesday, 19th September 1900

On board the "Kasuga Maru" (Nippon Yasen Kaisha)

Punctually at 12 o'clock noon, the vessel dropped her cables and moved off the wharf. Last farewells were exchanged with the friends who had come to see us off (Mr R. Hayes, Mr C.B. Anderson, Miss Dowling, Miss Robb, Mr and Mrs J. Anderson, Rev T.R. and Mrs Cairns, Rev A. and Mrs Hardie, Mrs Irene, Mr York, Miss Jeanice Ross, Mr H. Ross, Mr Alexander, Rev W. Neilson, Mr J. Trend, Mrs J.L. Paton, Mr Stevens, father, Stan and Norm). Many of them overwhelmed us with kindness in the form of thoughtful presents (books, games and picture books for the children, etc.). It was very touching to see so many take an interest in us especially considering that the majority of them had got to know us only during the last few weeks. Their kindness will be a lasting memory in far-off Korea.

The children enjoyed the passage down Port Phillip Bay. Nelson took a special interest in buoys and light houses. Herbie became quite concerned about his safety when, on passing through the Heads, the boat assumed a little rocking motion. Nothing would console him except his bed where he soon fell into a sound sleep; but even after he woke, he felt that the boat was altogether too uncaring an abode to walk about in. So he wished back into his bed where later on he enjoyed his tea. Dora was very lively but finally settled down to her sleep. So Mrs E. feeling very tired decided to lie down as soon as the little ones had been attended to.

The number of passengers as far as Sydney is small. We made the acquaintance of Mr and Mrs Jones (Presbyterians) and their 2-year-old daughter, of Williamstown, who are sailing as far as Sydney. Captain and the chief officer are very kind. The captain (Haswell) early in the evening had quite a chat with me and offered his services whenever I should require them. The boat is very steady and the weather fair.

Thursday, 20th September 1900

With the rising sun a headwind freshened and the weather became somewhat rougher as the day went on. All the ladies were affected by it; even little Dora paid for her sealegs, but in her case they were very cheap as she soon proved a good sailor even when the sea became rougher. We passed Labo Island about 3:20 p.m. The lighthouse was scarcely visible through the rain. At 5:20 we made Green Cape.

Friday, 21st September 1900

During the night we had thunderstorms with frequent lightning, but in the morning the sea was calm and everything looked bright in the morning sun, which soon dispelled the mist that hovered round the hills on the coast. After our passing Botany Bay the coast became more interesting and soon our expectant eyes discovered the South Head Lighthouse. Waverly Cemetery which in the distance might be mistaken for an orchard in full blossom, was a conspicuous shot. Presently, we picked up the pilot and a few moments later we rounded the South Head and entered that panorama and labyrinth (Sydney) of bays, wooded hillsides with their lovely villas - Sydney Harbour. The harbour pilot that came a little later on board brought us safely, though the circumstantiality, to our berth at the Circular Quay. The number of ferry boats, which especially at night cause a suggestion of fairy lights, soon claimed the attention of our children, even little Dora who exclaimed, "Oh, see there!"

In the afternoon I went with Nelson to find his uncle Harry at the Bank of New Zealand on George Street. After office hours he came on board to meet his sister after a separation of more than six years. In the evening Mr Engel went to his home in Neutral Bay where we spent a few pleasant hours.

The customs officers of Sydney Harbour seem to be quite alert and anxious to do their duty. More than four hours after the boat had been berthed and the passengers for Sydney left, they arrived to find out whether we, the passengers for ports beyond Sydney, had any contraband with us that we might intend to smuggle into the colony that boasts of its free-trade policy. Was it a farce or sarcasm or both?

Saturday, 22nd September 1900

In the forenoon I took the two boys up to George Street, where we, among other things, saw a shop called Sydney Noah's Ark, in which birds (chiefly canaries and parrots) and some monkeys were on show and on sale. After lunch we went via Mosman's Bay to Belmoral Beach to spend the afternoon with our relatives. The children enjoyed themselves immensely and made good friends with their cousin Leslie who is one month older than Herbie. A row on the bay formed the fitting end of a delightful outing.

Sunday, 23rd September 1900

There is nothing in the neighborhood of Circular Quay to suggest the quiet of a Sabbath. Trams and ferry boats, instead of being few and far in between, are even in the forenoon almost as frequent as on ordinary working days. In the afternoon, I believe, the traffic was rather more than on weekdays. The Manly boats were especially crowded. One cannot help wishing that at least the morning should be left undisturbed, at least till after the end of the first service. We went to St Stephens to hear Mr Ferguson, but not having looked up the list of church services in the Saturday paper, we found the Rev Dunstan (a Congregationalist) preaching in his pulpit. Still the sermon was evangelical, full of apt illustrations and bright. We found the deacons very attentive to us strangers. The afternoon was spent in quiet reading as far as our attention on the children allowed of it. In the evening we were unable to attend divine service on account of the lateness of the dinner hour on board and because the children had to be put to bed before we could have left. Still as far as ourselves are concerned, the day has been a real Sabbath.

Monday, 24th September 1900

A wet day, regular down pours in the morning. In the afternoon it cleared up and Nelson and I went to see Mrs Cook (Kook), Miss Crevan of Isawell who had been at Chatswood. The view from the train was beautiful.

Tuesday, 25th September 1900

Took the boys with their cousin Leslie to the zoo. Had our brother and sister-in-law, Mr and Mrs Bath, with us on board for dinner, then went to see them off on the ferry boat and finally had a ride up to Enmore to see something of the extent of Sydney. But the streets are narrow and irregular; still it gives Sydney an impression of greater antiquity than she really possesses. What distances you can travel for a penny on the electric trams. A few steam trams still run in certain streets, but they are just the most horrid institution, noise and clatter of engine and cars (not carriages), dirtiness of the latter, all combine to cause a feeling of repugnance. Time to have them removed.

Wednesday, 26th September 1900

Mrs E. went with the children to spent the day at her sister-in-law's. I went to by a few more requirements to our outfit, and in the afternoon paid a visit to the Botanical Gardens, which is well worth a visit, both from the point of view of scenery and scientific interest. In the evening I went to meet my brother-in-law at the ferry accompanied him home to bring Mrs E. and the children back, who were, in spite of the late hours, still in high spirits and evidently had enjoyed their outing.

Thursday, 27th September 1900

At noon we had to say goodbye to Sydney. Mr and Mrs Kirkland of Burwood, whom Mrs C.B. Anderson had apprised of our intended departure, came to see us off, which was very kind of them. Unfortunately, Mrs Kirkland lost her purse while on board the ship. It was an almost hopeless task as there was such a crowd of visitors on board. The little search that was mad was entirely fruitless. Our relatives, of course, were present to bid us goodbye. The ride down the harbour was as interesting as it ever will be. The weather was perfect. But outside the Heads the Pacific greeted us with good swell, which in the evening necessitated the use of boards at tables. Mrs Engel conquered the feeling of nausea by the use of Seniors Cure for the seasickness, which was found a great success also in the case of the other lady passengers who got a dose of it. The number of passengers was considerably increased, among them there was a party of R.C. nuns with a young cur as companion. The captain distributed neatly printed passenger lists at table. He was very attentive to all his passengers and often inquires after their comfort.

Friday, 28th September 1900

The swell had greatly decreased by morning, and the whole of the day was very bright and cheerful; a really ideal day for sea-travelling. Still some of the passengers, especially some of the nuns, were down with seasickness. The children enjoyed themselves very well on deck, the sea air made them sleepy earlier than usual. Our chief officer, Mr Tyndall, gave at table expression to sceptic ideas; but it is doubtful whether he is a sincere doubtful or simply poses as one. Still we were able to answer most of his objections in a way he had not expected, and we hope he may see the truth.

Saturday, 29th September 1900

We arrived in Brisbane, or rather at Pinkenba Wharf, this morning at 10:30, after a pleasant and interesting entrance by a very intricate channel round Morton Island. The first train at 11:20 took me with many of the passengers into Brisbane where I made a few purchases and then called on Paster Naier of the Lutheran Church and the Rev and Mrs Nisbet of St Paul's house. I was in both places cordially received but could not stay long as they were busy and I wanted to get back to the boat in good time. I was shown over church and the Sunday School by Mrs Nisbet. St Paul's is a very fine site and property. No wonder the Roman Catholics have offered to buy it "right off" since they always choose, or if someone else has chosen before them covet, the finest and highest situations in any town or city I am glad to think the Presbyterians show as much appreciation of good sites as they. The boat left the wharf at 11:00 p.m. taking advantage of the tide. It was very interesting to watch the arrangement of lights red and a white one farther back and higher so that they, when in a straight line, can be a guide to the pilot till they are approached close enough when another pair will serve as guiding stars.

Tuesday, 2nd October 1900

Sunday was spent very quietly. Some ladies would have liked a service and I was willing to hold one, but there was some difficulty in approaching the captain on the subject as he prefers to take the initiative in everything. So it was decided not to make any suggestion to him, and he did not suggest the matter himself. We all the same had a "Sabbath." I greatly enjoyed reading J.R. Miller's little book The Friendships of Jesus. The weather both on Sunday and yesterday (Monday) was all that could be desired, only that we began to feel the heat, which cannot be helped in these latitudes. The trip yesterday was very pleasant as we passed between several islands, all of which, however, looked very desolate. Nelson celebrated his birthday yesterday by wearing a new suit.

This morning at 7 we dropped anchor off Townsville. The priest and the six nuns that came on board at Sydney left at 9 o'clock. I felt no desire to go on shore, but decided to write a few letters.

At 4:15 p.m. we weighed anchor and at once went full speed out of the little bay, past Magnetic Island. In the evening I had a conversation with Mr Elzas who represents the London Daily Mail (Newspaper) and is ordered to Yokohama. He is a fine talker. The son of a free (or Old) Catholic clergyman, he has very pronounced convictions against Roman Catholic doctrines, knows his Bible well, but professes to be agnostic. I asked him what he thought of Christ, and he acknowledges him as a great teacher but nothing more, when I pointed out to him that if he accepts him as a great teacher then he must also accept his teachings, among which was "No one can come to the Father than through me." He had nothing to reply to this. He maintains Christ taught nothing that was not taught in the Old Testament, but I showed him how Christ gave a deeper, more practical and spiritual application of the Old Testament teachings, indeed that Christ had come to fulfil the law and the prophets. Then I pointed out the importance of a personal relation to Christ. He, however, showed a desire to change the subject after that. I more and more realize how few followers and disciples Christ has.

Wednesday, 3rd October 1900

The weather is as calm as hitherto though many of the passengers feel the heat. In the forenoon we sighted the "Chasysha" (ship) also bound for the Thursday Island, Manila, and Hong Kong, leaving the roadstead anchorage of Cooktown. She had left Townsville 7 hours before us and must have had a start of some 80 miles. But her call at Cooktown reduced it to 6 to 7 miles, and as ours is a faster steamer we expected to catch up to her, which we did at 6:15 p.m. In the evening Mrs E. and I had a pleasant talk with Mr Elzas again on some religious topics. He told me of a small controversy he had with a Roman Catholic, an ex-major of Sydney, Sir William Manning, at the time of the Dreyfus trial. Mr Elzas maintained that the trial was due to a conspiracy from Rome, at which Sir William got up and shouted, "Why should the Roman Catholic Church be expected to espouse the cause of a Jew accused for treason?"

Mr Elzas quickly replied, "Sir, let me remind you that the founder of your church was a Jew accused of treason." We spoke about some of the other things and I told him that if he kept reading his Bible carefully and thoughtfully, he would soon find that his agnosticism would vanish.

Thursday, 4th October 1900

We anchored at 2:30 a.m. as it was too dark for safe navigation, and resumed our progress at 5:30. In the forenoon we passed several reefs and some very fine atolls which were very interesting to observe to one who had read so much about them. On one reef we saw a wreak, the "Corea," an A.V.L.N. boat which was wrecked some two years ago in a gale. May the country after which she is named safely weather all the political and other storms, and may also her people arrive safely in the haven for which we all are steering.

Friday, 5th October 1900

Last night we again anchored at about 8:30 to make the entrance to Thursday Island this morning at 7 o'clock. After breakfast I went to call on the Honourable John Douglas, the Resident of Thursday Island. He was very kind and attentive and on my informing him of my connection he inquired after several friends, e.g. the Rev A. Hardie. He took me to a point of vantage where he showed me all the glory of Thursday Island and its neighbourhood. Although in the tropics, these islands have very little to show of the tropical vegetation as it is generally taken; it is not luxuriant at any rate. Mr Douglas, who was getting his correspondence ready to go by our boat, was rather busy because of which circumstance I appreciated his kindness. As I left he gave me a note of introduction to the Rev J. Thomas, the Church of England clergyman. The latter received me very kindly and we had an interesting conversation. He took me to see their church which has only lately been built, it is called the Quetta Memorial Church in memory of the wreak of the British India boat S.S. Quetta, which struck on a sunken rock, the presence of which was at that time unknown. The life buoy and flag decorate the wall behind the pulpit, forming a fitting background. The life buoy and flag of a sailing vessel, too, and the compass boat with two forms or pews of another are also shown the visitor. There is also a fine memorial window on the eastern side of the choir, dedicated by a lady who was rescued from the wreck, at the time unconscious but still in the act of swimming, whose sister, however, was lost. A tablet also calls to the memory the fearful wreak of 73 vessels on the coast of Queensland on the 5th of March 1899.

Mr and Mrs Thomas and their little 5-year-old son Lancelot came with me to the boat to see both Mrs E. and the boat itself as it was the first time that a N.Y.K. boat had moored at the wharf. Later Mr Douglas also came to say goodbye to us. He brought me a pamphlet about Thursday Island, written by himself and containing several good and representative pictures of the work of civilisation among the natives of those islands. Evidently Mr Douglas believes in the work of missionaries and would like to see native churches for a considerable time yet, supervised by missionaries themselves. Mr Douglas spent a little time with the captain in his cabin and then bade goodbye. In the evening the captain took me up to his room and the chartroom and told to come up there whenever I pleased, a liberty of which I am sure to make good use as I am interested in the subject of navigation.

Friday, 12th October 1900

There's not much to record for the last week. We have had splendid weather for navigation. On Monday we passed Amboina and in the afternoon through Manila Strait, on Tuesday evening before dark we made the Banka passage, on Wednesday night during the first watch we passed through Basilan Strait. The weather has been very hot and as it was very moist we almost seemed to melt. The children bore the heat well except Herbie who got covered with prickly heat and has been a sight, his face but especially his nose being red with it. Yesterday there was a change in the weather. It rained a great deal; the wind was strong and it was more or less uncomfortable as the decks were wet and the saloon and cabins close. The first few hours after nightfall were dark, but as the moon rose there was a certain amount of diffused light, although the moon itself was not visible. In addition, frequent lightning in all the points of the compass often lit up the horizon. We were to pass up the west coast of Mindoro Island. In the morning at 6:15 we passed the wreck of the Titanic Maru, which in a dark night two months ago ran ashore here. We were thankful and glad when we made Cape Calavite in safety.

When I went up to the lower bridge in the morning, I found that the captain had been up all night. He was very conscientious, watchful and careful. We anchored in Manila Harbour at 2 p.m. and by 3 p.m. were able to go ashore. We had a drive round, first south of the Pasig River, through the walled city, then west of it along the beach, which slightly reminded us of Galle Face, Colombo, although it does not stand any comparison. Then we passed through the native quarter with its peculiar huts mostly thatched with straws. A company of American soldiers were having a bayonet practice in one of the streets through which we drove. At 5 o'clock the drive through the principal thoroughfare in the business part, running north parallel with the river, was very slow indeed; in fact, there was a congestion of traffic with which the police, in such a narrow street, were hardly able to cope. Imagine the crush at Mansion House only with less space but with more reckless, stubborn and heedless drivers! On one part of our trip we witnessed a cockfight we got back to the steamer at 6:30.

Saturday, 13th October 1900

At 12 we again weighed anchor. The Americans put on every boat a detachment of soldiers as a kind of customs guard. Some that were not on duty paid some attention to little Dora. One of them was very free in his opinion of her. He said, "Of all the advertisements about Mellins Food, Safarilla and that sort of thing she would take the gold medal." My word, "she is the sweetest and prettiest baby that has ever happened (sic),"

Monday, 15th October 1900

When we left Manila, we were apprehensive of some rough weather ahead as the storm signal had given warning of a approaching typhoon. However, what was dreaded did not happen. Still on account of the early setting in of the north east monsoon the sea was well ploughed up by it and nasty cross-seas mad the boat roll and pitch in a lively fashion and without rule or order. Still the boat, for her size, proved herself a very steady vessel. On the windward, the starboard, the portholes and ventilation had to be shut down well all day yesterday and today.

Yesterday morning it happened that several of the passengers on that side, in their desire for fresh air, opened the portholes with the result that only a few moments after a wave inundated two cabins completely. Safety with hot air was therefore preferable to good ventilation with sudden shower baths.

Today the sea seemed somewhat calmer than yesterday, but a little after twelve a mighty wave jumped overboard with a tremendous bang. Unfortunately the front bulkhead door had been left open to ventilate the passage to the cabins more thoroughly; the result was that a heavy sea was shipped in that passage and also in the baggage room which opened just behind that door. This was, however, the only wave that came right up to deck.

Towards evening the sea became calmer and at twilight we could see the lighthouse south of the island of Hong Kong, 22 miles off. There were a good many fisher boats out burning joss paper to propitiate the elements or the deity governing the elements. How deeply rooted in the human mind is the however dim consciousness of a being or beings overruling the natural elements and the destiny of man! And yet man, although recognizing or at least guessing the spiritual nature of that being, thinks to satisfy it by mere outward formalities that would only amuse children, or at the very most gratify the sensual nature of man. No wonder our God feels jealous of his honour when he sees men so blind and childish as to treat him and try to serve him in this childish fashion.

About 8:30 we entered the channel that leads to Hong Kong. When we got under the lee of islands and a peninsula, we found ourselves in quick waters where we cast out anchor to await daylight entering the harbour of Hong Kong.

Tuesday, 16th October 1900

By 7 o'clock we were moored to a buoy in the harbour. Before us lay Hong Kong, over towered by it "Peaks." Among all the well-built houses, the Queen Buildings, occupied by the various shipping offices and the Club, were conspicuous. The town is a picturesque panorama as seen from the harbour. And the harbour itself, though large, scarcely gives enough berth to all the steamers, launches (junks), sampans that traffic there. The newcomer is quite surprised to find so may traffic there, representing ever so many nationalities. And the roof of the Queen's Building is studded with flags indicating the various shipping firms or companies that have their offices there. Nearby is the Queen's Statue, but it is quite plain compared with the beautiful gothic design in white marble of its sister in Bombay.

With the first launch we went ashore and took two Jin rickshaws to visit friends in the Basel Mission House. The drive through the winding streets of shops was quite interesting. Everything looked Chinese except the houses which were in European style. The long streamers of advertisements suspended everywhere and the shop signs softened the rigour of the architecture. But the street population, while predominantly Chinese, was still cosmopolitan. You saw the Parsee merchant, the Hindu hawker, the Sikh in his to us familiar sepoy uniform who forms part of the garrison and also of the police force; Malays, Japanese, European, Americans; but horses were conspicuous by the rarity. Still the rickshaw coolie does very well in the absence of horses, he carries you just as fast and safer, for he need not be guided by reins, and what would you do with horsescarriages in the narrow thoroughfares? Their employment no doubt would lead to a similar congestion of traffic as we witnessed in Manila. Indeed the rickshaws and sedan-chairs outnumber here the carriages that traffic in Manila. Further the noise caused by the traffic is considerably lessened though it quite sufficiently strong still, and the fares are cheaper as one coolie takes less than a drier and his horse.

What clean streets that they have in Hong Kong! To drive through those streets gives one an appetite in itself. In Manila you almost lose what little appetite you have. In Hong Kong you have an illustration and an irrefutable proof of the ability of the Anglo Saxon race to develop a colony. In less than sixty years they have made Hong Kong a trading centre of first importance in the East. But they have not neglected to look after the sanitation and outward appearance of their colony at the same time. With all that cleanliness that surrounds you, you wonder how it was possible that the plague could break out; for here you have the cleanest city of the East. And another thing; they know how to make good roads that will stand the wear of a good deal of vehicular traffic and of tropical rains. I was told the road metal if such it can be called is a concrete of sand, clay and lime well mixed forms a firm cement. No doubt this kind of road is expensive but it lasts, and here is a wrinkle for places that have no suitable road metal.

At the mission house we found almost the complete staff of the mission gathered together, as three months before at the outbreak of the troubles in North China that they had all been ordered to the coast. The houses were not sufficient to accommodate all, so that an additional house had to be rented for several families. As the letter that summoned them was urgent in its terms, many took very little, partly for want of time, partly in the hope that in a short time the troubles would be over and they would be able to return. Thus a great deal of personal effects was left at the mission stations and many had to buy new things in Hong Kong; but the loss that will be felt most is that of valuable libraries which are sure to be destroyed by the rebels. That day the bad news reached them that some 50 houses of native Christians had been destroyed, several churches been despoiled, and that several catechists were in the hands of the rebels. Many would have liked to stay with their people at any rate longer had they not been called to the coast so peremptorily. Many, too, felt it that they were unable to assist their people with counsel; still they might not have been able to do much for them and would have, to little purpose, jeopardized their lives that will be of great value for the future. But at the coast they could do nothing as all regular work was suspended. Even the Chinese in Hong Kong were too excited to listen to the preaching of the Gospel. The only work they could do was to translate books into Chinese or do other literary work which may be of use for the future and for which missionaries often wish to have more time. Thus this time of inactivity in one direction may be without fruit in another.

I met several college friends whom I had not seen for eight years. They were in a way surprised to learn of the purpose of my voyage as some had thought I was still in India. We spent several hours of delightful intercourse together. Naturally we made a few new acquaintances among the older missionaries. Mrs E. also went to see some friends at the London Mission House where, too, she found large numbers of refugees, from the interior all unable to continue their work and yet eager to proceed to the former scene of their labours as soon as an opportunity offers. One of the Basel missionaries, who was just at the time building a new station in a most promising district, could not be held back and about 2 weeks before had gone inland but nothing had since been heard of him. Two missionaries had gone to Swatow, one of whom (Rettich) died of abscess of the liver; the other (Martin Maier) had gone with him to nurse him.

Wednesday, 17th October 1900

By agreement we met two of the younger missionaries of the Basel Mission at 9:30 at the wharf to ascend the Peak. Dora was this time with us. We took four rickshaws. Mrs E. had Dora, I Herbie and Mr Mille Nelson, while Mr Schisle had his rickshaw to himself. The ascent was by means of a cable tram very steep, in places 45 degrees and more to the horizontal, but whilst taking one up giddy hillsides, it afforded us fine views of the harbour. At the highest level we took two chairs for Mrs E. and the children and then went up the summit where we got a veritable bird's eye view of Hong Kong, its harbour, its approaches. Even the large warships look only like small boats and the sampans had got reduced to tiny specks. To our left, as we went up, we noticed earthworks in progress for purposes of fortifications. The barracks are up here too, and a better place could not have been chosen for the health and safety for Tommy Atkins. The wind blew strong from the north-east, but it is the summer during the south-west monsoon when the breeze is shut off by the mountains for dwellers in the city below that the Peak with its hotel and the other residences is most appreciated.

On account of Dora who missed her sleep, we had to reluctantly give up the plan of paying a visit to the Happy Valley.

In the late afternoon we went ashore again to buy some ratten chairs which we were told are cheaper here than Japan.

Thursday, 18th October 1900

At noon we weighed anchor or rather loosened our mooring. Mrs E. had been ashore with the two boys to do some much longed-for shopping in which she must have simply revelled, to judge by the look of her countenance when she returned. The passage by the eastern channel was again quite picturesque as it had presented itself two mornings before. Outside, to our surprise, there was only a small swell on which made the outlook for the trip to Nagasaki quite cheerful.

Monday, 22nd October 1900

The fair weather only kept till Friday. On Saturday it felt very close all day, with heavy mist and occasional rain hanging about; the wind increased and the decks were naturally very uncomfortable, being wet either with rain or spray. On Sunday the force of winds and waves increased. But this morning we got under the lee of some islands and the sea is much smoother. At two we arrived in Nagasaki Harbour, but it took some time before we were moved to our buoy.

The harbour is very fine as a landscape, almost rivalling Sydney Harbour. In fact the only real difference between the two harbours seems to be that in Sydney they ask, "How do you like our harbour?" and in Nagasaki they don't, taking it for granted that you do like it.

I went ashore to do some business in the shipping office, chiefly in order to make sure of our steamer from Kobe. As I left it I noticed two ladies, one of whom I made sure was American and whom from her dress I judged to be a missionary. When I went to the wharf later in the evening, the N.Y.K. launch brought the same ladies to shore. As there was no one there to help them across it I did it, and just as they thanked me and moved away, the one turning back quickly asked me, "Are you Mr Engel?" which I did not deny. She introduced herself as Miss Melton and her companion as Miss Harries. It turned out she had been asked by Miss Menzies to look after us while in Nagasaki. She had even engaged a room in a hotel, only provisionally though. As our boat was late, she had some trouble in repeatedly inquiring about it. Finally they went to the boat, met Mrs Engel and were just returning when they met me for the second time and introduced themselves. We agreed severally that on our way back we should come up to tiffin next Saturday. A letter of welcome from Miss Menzies was handed to us too. The boat was to leave at midnight for Kobe.

Tuesday, 23rd October 1900

The steamer left Nagasaki about 2 a.m. Towards noon we were making for the entrance to the Inland Sea of Japan, Shimonoseki, i.e. the "Western Gate." The sea was studded with rocks and islands, and fishing boats were in abundance. In order to get into the proper channel the boat had to go a good distance north before turning to the south again. To our right, making for the entrance, we noticed a large fleet of sailing boats, called the "mosquito fleet" by the sailors; the captain informed us they carried coal to Moji, a coaling depot opposite Shimonoseki.

As we got nearer we all assembled on the lower bridge, which seemed the very thing the captain desired us to do. Indeed, he even sent for certain passengers and he was indefatigable, directing our attention to points of interest of beauty. He, of his own accord, ordered tiffin to be postponed till 1 o'clock, to give us time to enjoy the passage through the straits to the full.

The entrance is really a double gate between the two straits of which lies the harbour of Shimonoseki and Moji. The first gate is 1/2 mile wide, the second and inner one only 1/3 mile. You had almost every variety of landscapes, islands, peninsulas clad with the sombre firs, hillsides covered with the brighter maple, bare crags, glassy slopes here, a few huts nestling among the trees there, a fisher village extending right down to water's edge. On the other side signs of western influence, a railway train running a race with us and winning, cement kilns, coal depots, and forts on the hills with threatening muzzles peeping out between the trees of the places a woeful thorn in the flesh of man with the camera. All this beauty of nature may not be transmitted to the sensitive and faithful plate to delight the eyes of him that cannot come behold for himself or recall its picture to him who has seen, with more accurate fidelity than that of memory. Man has trodden these hills and has turned them into barricades and fortresses and watches the strangers that enter within these gates with jealous and suspicious eyes lest he take a picture of these forts and hand them over to foreign enemy.

Although our passage laid through a harbour non too large, yet a good sea was left for ships to pass without let or hindrance. Besides, the tide runs too strong to Shimonoseki side to allow of ships being anchored there. By 1 o'clock, we had entered the Inlands Sea. Here we had, at first, a pretty open course, but towards evening the passage became more intricate, the sea being studded with islands large and small. The captain pointed out several passages which steamers had mistaken for safe ones and had gone onto the rocks. Navigation at night must be at all times dangerous and altogether hazardous undertaking in dark nights of nasty weather, which is not altogether unknown in these parts.

At night the green phosphorescence of the water was a most entrancing sight, perhaps more than the same phenomenon in the Red Sea and the Indian Ocean on account of its peculiar hue.

Wednesday, 24th October 1900

When we arrived in Kobe we had a forcible demonstration of the dangers that beset navigation in the Inland Sea. A steamer of the Nippon Yusen Kaisha had, about midnight, run down a French transport. Most of the officers and soldiers managed to got on board the Japanese vessel in time; only one or two lives being lost. Fifteen minutes after the collision the French boat sank in deep water. From the description of the locality our captain concluded that we must have passed over the very spot 3 or 4 hours after the accident had taken place, although there was not the slightest sign to indicate such a catastrophe. We had again cause for thankfulness in having safely passed through all the narrow passages and had we left Nagasaki two hours earlier as we were timed to do, we should have been very much closer to the scene of disaster if not quite near.

By the courtesy of the purser we were allowed to stay on board till the next day, which gave us time for making our necessary purchases without the trouble of trans-shipping to a hotel. We could thus leave the children in the care of the stewardess. We found Kobe well supplied with all the commodities of Western civilisation.

In the evening I transshipped our baggage but I had a considerable amount of trouble before it was safely bestowed on board the Yamashiro Maru, the boat that will take us to Pusan. The purser thought excess of baggage was everything that was too large to be carried up the gangway.

Thursday, 25th October 1900

The captain having shown me in the Kobe Herald of Tuesday an alarmist report about serious trouble in the south-eastern province of Korea, i.e. the district of Pusan, I on his advice called up the British Consul, Mr Hall, to ascertain the true political significance of this report and to get advice on the question whether I should take Mrs E. and the children with me. Mr Hall was of the opinion that there's no cause for anxiety or need for precaution as indicated. I had a very friendly chat with him, and when I, on rising, suggested I would not trespass on his precious time, he assured me that it was a pleasure to him to meet missionaries, for he said, "You missionaries seem always somehow or other enlarges one's horizon."

A visit to the Kobe Herald office elicited similar information as that given above. In fact I was assured that the Korean people were very peaceful and that the Korean correspondent was given to pessimism in political things. We had a hearty farewell from the officers and especially from the captain of the Kasuga Maru. The children had become endeared to many of the passengers and also the stewardess and stewards.

At noon we entered on the last part of our voyage. In the afternoon and evening we had a fair amount of diversion on account of the scenery that we passed on our way through the inland sea. But through the most interesting port, we again passed by night.

Friday, 26th October 1900

We arrived in Moji Harbour at 10 a.m. At 2 o'clock I took the two boys with me for a short visit to Shimonoseki, of which we saw as much as could be seen in the short time allowed by the regulations for the launch service. At 4 p.m. we weighed anchor once more.

Saturday, 27th October 1900

We arrived by daylight outside Nagasaki and by 7:30 were moored to our buoy in the harbour. After breakfast we went with the children to spend the day a M.E. Mission House where we met several missionaries from China, too. They have a very large property there, a two-storey building, with very long front and several wings, serving both as the mission house and a girl's school. It occupies one of the best positions in Nagasaki on the "Bluff."

A stroll through the bazaar was the finishing touch to our visit on shore. Miss Melton and Miss Harris (the daughter of the American Consul) came with us on board, but were able to stay only a few minutes.

Sunday, 28th October 1900

Mrs E. went to the morning service in the C.M.S. when the bishop preached. I decided to stay with the children. As the steamer was appointed to sail at 5 p.m. we were unable to attend the union service which was fixed for 4:30. Three Korean gentlemen came aboard to take the passage to Pusan. As I had seen so many Korean pictures, their appearance was to me quite a familiar sight, and yet I felt my inability to address them much though I should have liked to.

With expectant hearts we now look forward to the morrow, for that day is to bring us to the shore of Korea and at once to the place of our destination, Pusan.

Monday, 29th October 1900

We were up early. We passed Tsu Shima about daylight. Pusan Harbour lay ahead. It was a dull morning. About breakfast time, 8:30, we entered the head.

We got through breakfast as quickly as possible. Before us, lay the three-mile shore. To the right of the village of Pusan, out of the midst of which rose a white European house, our future home. To the left the Japanese settlement the port proper separated from Deer Island only by a narrow channel. Between Pusan and the Japanese settlement lay, halfway above, the village of Choryang, the mission house inhabited by Mr and Mrs Adamson, similar to the Pusan house. Again halfway between it and the settlement on the hill were the conspicuous houses of the American Presbyterian Mission that of the Customs Commissioner. Nelson and Herbie were quite interested in the white house in Pusan where I had told them we were going to live. It seemed almost a familiar sight owing to having studied the geography beforehand at the hand of Miss Perry's sketch map.

At 9 we dropped anchor. Soon we saw a lady being carried in a chair towards the settlement. It turned out to be Miss Moore who had spent the night at Mrs Ross' of the American Mission. Soon she arrived on board. We loaded two sampans with our belongings and went ashore. There the greatest problem of the transport awaited us. It was impossible to get a boat to take all the luggage and ourselves down to Pusan, so we were left with two devices, either to leave the luggage at the customs house and transship it later when no steamers were in harbour, or to put it on the backs of the coolies. Now in India the latter would have been outside the realm of possibility. Not so in Korea. To get coolies was no difficulty. There were more to be had than we wanted. But before we attended to the luggage we sent Mrs Engel and the children in two chairs on their way to Pusan. Miss Moore and I then began to assign the load to the various coolies. This is done very quickly to a certain point. But there remained yet 5 large bookcases, a trunk and a big case measuring 23 cubic ft. At first it seemed as if the coolies fought shy of those seven pieces. But they tried one bookcase and safely fixed it on the rack they always carry their loads, having them secured suspended from their shoulders by straw rope. You have to come to Korea to have your eyes opened as to the carrying powers of human beings and the tenacity of straw rope. Gradually the other cases, each heavy enough for two men, were got ready for transport, and also the trunk. But there still remained the large, cubic-shape case. they were declared too big, clumsy and heavy. What was to be done? A youngster of 14 volunteered, by recommending the suggestion of sawing it into two equal parts (sic). Would we have to charter a special boat for it? But to my inward satisfaction, I noticed one strong man looked at the case with ambitious eyes. I asked Miss Moore to offer him a double hire. Four men lifted it on to the rack. He put his arms in the ropes, firmly placed his stick on the ground, bent under load, slowly rose; he was going to carry the case a distance of fully three miles, you could see it in his face. And he did carry it. Off we went, or rather, set the coolies going. It was a small caravan of 25 men, many of whom carried two or three boxes on their backs.

The coolies having started on their way, we went to the post office; Miss Moore, to get letters, I, to announce my arrival and register my name and residence. then I went on my way, Miss Moore having some business yet to attend to. It was 11:30 now. The chair coolie thought me a heavy load and deposited me every half mile or less for rest of five to seven minutes. The result was that we did the three mile in an hour and a half. Had I known it I should have undertaken to walk all the way, but the road was rougher than I was accustomed to. So it was just as well. On my arrival the coolies deposited me in the yard of the girl's orphanage, which is to say the outer court. Two old Christian women came up at once to me and gave me such a hearty welcome. Although I could not understand one word, I all the same knew what they were saying; it was all in their faces and gestures.

Mrs Engel and the children had been met with a similar warm reception. And in the mission house the reception was just as hearty. Everyone seemed glad that we had come. The coolies, whom I had passed on the road as they were taking a rest, arrived with their load at about 2 o'clock; not one article was missing. The hero of the transport looked very proud of his performance, and yet there was a certain meekness in his face, a result of the patient toil he had undergone. I took a photo of the first comers. While they showed all the luggage to the veranda, we went inside to sit down for our first dinner on Korean soil and in our new house. I should not forget to mention that several of the women servants wondered how a steamer could carry so much luggage.

The afternoon was taken up with unpacking and settling down. What impressed us on our first look around was the charming view to be had from the veranda, and the neat and practical fitting and appointments of the mission house. The workmanship is equal to many at home, if not better than what you find in many cases. The house is indeed a very cosy and well-built manse. The atmosphere in the village is not as bad as we fear; still Dr Gresswell would find there be great room for improvement.

Main Street of Pusan is the broadest thoroughfare of the village, as irregular as George Street in Sydney, but not quite as broad, seeing that only three men can walk abreast and even that is not practical throughout its length. The houses are not as magnificent structures as those in Collins Street, but they are big enough for Korean ideas. The roofs are thatched with straw, and it is much more convenient for thatching to be this low so that the eaves come down to the level of your head than to have to stand on tip toes in order to get a view into the house through the lowest window. The result is that, you especially when in chair or on horseback have a pretty free view of the scenery even while passing through a village.

Tuesday, 30th October 1900

Rain… which towards evening. After nightfall in the midst of the downpour, Miss Moore came with four daughters and 1 adopted one (a Korean) of Dr Hardie, who was with his wife going into Shanghai, before settling in Gensan.

Thursday, 1st November 1900

Began Korean. Chief difficulty not to be able to have things explained except by signs.

Sunday, 4th November 1900

First Sunday service in Korea. There were 63 people (15 men and 48 women) assembled at the morning service, several had come from Chob to meet the new "moksa" (missionary). Impressed with the quiet behaviour, good attention, good singing of the people. But dining room far too small. Herbie calls it "Church and Dining Room," and will have no other designation for this room.

Thursday, 15th November 1900

I took ill with fever this day last week and have been suffering from its effects and the severe cold connected with it till today. Catarrh in the head, the throat and the chest gave on Tuesday more or less way to severe rheumatism in the back. I am, however, almost recovered now, but I was unable to do any work until today, when I began Korean again.

I inspected a house that is for sale today. We cannot for any length of time continue our services in our dining room; the congregation gets too large and the day of rest is turned into a day of commotion. Besides we shall be able to have the children of the Sunday School with us in the morning services, which will be a considerable help in the service of praise. The house is quite close to our premises. Still this one house will never be sufficient accommodation. Moreover, the moral effect of having a separate building for worship will be great.

Kim-Sebang, our right hand in negotiations of this kind, came again tonight at 8 o'clock to report that he would be able to conclude the business. I should add that these negotiations have been going on for the last week but we could not come to terms on account of my indisposition.

Friday, 16th November 1900

Kim-Sebang came after breakfast with the receipt fully made out, a circumstance which greatly surprised me as I had not expected such promptitude in Korea. He had also reduced the price to 53,000 cash from 55,000. As the settler had done everything on his part, I fulfilled ours and got the money. This was no small piece of work as will be seen from the following account.

We started for the Japanese settlement at 10, arriving there a little after 11. First Kim-Sebang on inquiry as to how much cash he could get that day, found 530 was offered per Japanese Yen. Then I drew the required sum from the bank. But to our disappointment the Japanese merchant who stated the rate at 530 would not do the business for us.

We went to others to find 525 and even 500 quoted as their rate. Kim-Sebang knew no English, and I no Japanese and only a little bit of Korean, not sufficient to express the few sentences necessary for full instructions. He took me to a Japanese druggist's and there explained, at great length, our difficulty in Korean, expecting the man to put it to me in English, but his English was poor as my Korean. I could gather, which I had nearly understood before from Kim-Sebang, was that if I wanted cash I could only get 525 but on paper it could be done for

530. But how the latter was to be done without loss, I could not find out. I left the shop not a bit wiser. But I intended to go up to the customs house to get a European or a friendly Japanese to help me, but Kim-Sebang kept running into this shop and into that one, till he found a man who offered 530 cash per yen.

The notes were handed in and after Kim-Sebang had engaged the requisite number of coolies for carrying the money, the merchant proceeded to throw out the money, in bundles of 2,000 cash (consisting a 20 strings of 100 cash, the strings being made of straw). The money was roughly counted by the coolies chiefly to see whether there was the requisite number of hundreds. There was no time for counting the money carefully, so we had to trust the merchant. Then the coolies carefully piled and tied the money on to their racks.

Men carried 18,000 cash for which they got 80 cash for a distance of 3 miles. Three men to carry a sum representing 10 guineas, and you have to pay about 11 for having it conveyed. In addition, you have to superintend the whole business or depute a reliable Korean gentleman to it. We go home at about 2:30 hungry and tired. But before anything else the money had to be paid over to the present owner of the house who at once set to work to count it, Kim-Sebang staying with him. At 8 o'clock, he came to announce the counting of the money was finished and that 585 cash was wanting, some hundreds only containing 94 pieces. So much for trustworthiness of Japanese merchants.

Saturday, 17th November 1900

Another day had to be devoted to this money business by Kim-Sebang. I gave him a note to the merchant in English requesting him to refund the missing cash. Kim-Sebang came in the evening, tired, to bring the money but also to report that he had seen a great deal of shame and had a great deal of abuse. The merchant told him not to come to him again when he wanted to exchange money for a foreigner. It shows what they do when no foreigner is concerned.

Herbie developed a very bad throat, so that we sent for Dr Irvin of the American Presbyterian Mission. He had a fever since Thursday.

Monday, 19th November 1900

I resumed my regular work of language study. Miss Brown who had intended to go itinerating last week but desisted from her plan on account of Miss Menzies' indisposition, set out today for the "Sulphur Spring" 10 miles distant, to work during the week with that place as a base. Herbie is slowly improving but he still needs careful watching. Nelson has fever today too and show symptoms of getting a bad throat. I have been spraying his throat as I do Herbie's. While I was writing the above, Dora got an attack of croup so that we had our hands full to attend to her also.

Tuesday, 20th November 1900

Regular work with the study of Korean and with moving the two boys who are seemingly improving, whose cases the doctor diagnoses as severe pharyngitis. Dora is as jolly as usual. Engaged Chang as regular servant. He is very poor and being a Christian he finds it difficult to get honest work in the settlement. His wife washes for our mission house. So they make some money at least.

Heard today a nice story apropos of the lowness of Korean houses. When once you have got inside one, you have fairly good standing room in the middle, but you cannot attempt gymnasium exercises or you damage either yourself or the house. A missionary from the north was one day shown over the few square yards of our girls' school room. The school had originally consisted of 3 rooms, but the walls were removed leaving the cross beam at 4 feet about the floor to support the roof. This gentleman was specially warned to mind the beam, but he did not mind it until he had almost cracked his skull. When recovered, his eyes fell on the text on the opposite wall and read: "Rejoice always." This was too much for him for he confessed: "I have not got as far as that yet."

Friday, 23rd November 1900

The same routine of life. The children are improving.

Saturday, 24th November 1900

The boys are allowed to be up during the whole of the afternoon. Miss Brown returned from her itinerary tour.

Sunday, 25th November 1900

Mr Yanada who does business with Mr Robert Harper Melbourne for Messor Twai & Co. called. At the close of the afternoon service I pronounced the benediction in Korean, this being the very first public attempt. The people were quite delighted and quite taken by surprise. Kim-Sebang, my teacher, was especially pleased. They all expressed their delight in addressing a host of flatteries to me. It is at least a little step forward, some little thing accomplished. I do feel as if I was getting on particularly well with this language. I do not think it is merely my own ability but there is such a thing, a special divine helper. Luther did not for nothing always exhort: "Diligent prayer is half the study," i.e. diligent prayer carries you through your studies halfway. God that called me means to fit me out properly for this work, of this I'm sure.

Monday, 26th November 1900

Kim-Sebang and Kim-Seoksa went out to Mandiky to visit the old woman, formerly a Buddhist, whose clothes were stolen from her room while she was attending service at Chob (see letter p. 8 in Letter Book). They reported to us on their return, the facts of the report being the subject of the letter.

Saturday, 1st December 1900

Regular work at the language, letter writing, also a little photography occupied most of the time during the past week, during which nothing special occurred.

Monday, 3rd December 1900

The people from whom we bought the house on Nov. 16 vacated it yesterday, and the question arose what we should do with it for the present. At first the ladies had thought of occupying it; but they soon changed their minds about it as the building is too low and too closely surrounded by other houses. It was suggested to use it meanwhile as a school for the boys, but there did not seem to be any urgent necessity for a change from the present arrangement, that of letting the boys assemble in Simsangwan's sarang (guest or reception room). (It seemed best to devote the building to the purpose for which we had originally bought it the worship of God. There was no possibility of immediate building operations. For when we build we should not simply consider present needs, but also future ones, and for that purpose the present area is too small.)

An inspection convinced me that with a few alterations the house might be utilized as a place of worship. Meanwhile, although I realized that there would not be much room to spare, indeed that there would be scarcely sufficient room for our present needs. Still we felt that we could not possibly continue our services in our dining room any longer as it meant so much trouble, commotion, discomfort on Sunday and even disturbance both to the congregation and the children of the house. Moreover, since we had to tell ourselves that it was time to long-made promises of a separate house for worship were fulfilled to show our people that our promises mean fulfillment in the end. I therefore had the house cleaned and gave orders for breaking down two walls to throw three adjoining rooms into one, leaving only the crossbeam for support of the roof in, also for papering the whole to get it ready for the coming Sabbath.

Tuesday, 4th December 1900

This was the day fixed for our meeting for prayer and united consultation with Mr Adamson. Mrs Engel accompanied me. After singing prayer and the reading of Scripture, we took up the discussion of some matters that Mr Adamson brought up. He seemed to have thought that all the details of our work should mutually be discussed and decided, this being his interpretation of the term, "all business of a church requiring joint action" contained in a paragraph of my instruction communicated to him by the conveyer of Foreign Missions Committee. In the light of past experience and in consideration of my peculiar official relation to the P.W.M.U. branch and the instructions under which I was sent out, I had to firmly oppose this interpretation of the words while I declared myself to be willing to bring up any matter that I thought was important enough or was on a parallel with business dealt with by presbyteries at home. I therefore could not consent either to consider our meeting as possessing sessional power or to have it constituted as a session which would have been strictly in contravention to our church rules, while at the same time our meeting could not have a full presbyterian power. That to declare too in the absence of a regular session I had to exercise sessional power as Mr Adamson confessed to having exercised all along. Thus much of the business that might have been brought up remained unmentioned. But something was gained by having fixed a basis of cooperation which will avoid unnecessary friction. After the meeting was closed by the benediction, we partook of afternoon tea and had a short season of free and friendly intercourse.

Friday, 7th December 1900

Went into the settlement in the p.m. to buy a few things, especially a birthday gift for Herbie. Chang accompanied me. It was a cold day, a strong N.W. wind blowing all the time. On my return I was surprised by the report that Dora had undertaken to walk without help.

Saturday, 8th December 1900

It was a treat to see Herbie receive his birthday gifts, and Nelson's eyes were a study when he watched the unpacking of the presents; they were full of silent wonderment. In the afternoon Mrs Engel and I to 연산고계, Yansankoge, to return our calls to Dr and Mrs Irvin and to Mr and Mrs Ross. Mr Ross accompanied us beyond 구관 (Kukuan) village. We felt very glad to find a cosy home as it was very cold. Ice was forming in the middle of the day in our basins in the bathroom.

Sunday, 9th December 1900

We had services for the first time in our separate church building. Alas, it is far from being an imposing structure! (The room measures about 25 by 8 feet.) doors or better windows by which you have to enter are not more than 3 feet high; you cannot stand erect near the wall as the roof comes down so low, and in the middle just under the ridge you have about a foot above your head. It is indeed a humble, lowly place, not altogether unbefitting when we remember that our Master was in his earthly days not unaccustomed to similarly humble dwellings. We felt our living Lord very really present that morning. The people were delighted about the building. Their prayers as some of the men led spoke of their delight. They said they were unable to thank God in fitting terms for having given them this place of worship. The lowness of the doors and of the roof did not make any difference to them; they were accustomed to that. Then they had comfort of a heated floor underneath, as all Korean houses have flues under their floor. They had found our dining room floor, in spite of the matting, rather cold in winter, naturally so as our European floors are not meant primarily for squatting on. So the house suited their taste in that respect. There were 52 people present in the morning, the attendance being slightly less than usual on account of the cold day. (I never thought that 54 Miss Menzies and I included people could find sufficient sitting accommodation in the narrow space of 200 square feet, but there was room for a couple or two more.) Towards the close of the service the atmosphere became a little oppressive as they took care to keep the three doors shut. We have to conclude something to them by allowing them comfort according to their ideas rather than giving them what may be might comfort to us.

We must always remember that tastes differ, and of this you are most emphatically reminded in Korea. Whether the peculiar smells about their lanes and houses are to them like sweet perfume, I know not; at any rate they are accustomed to them and their noses are not offended. But introduce rose scent, or lavender water, or carbolic acid; they at once hold their hands before their noses. They cannot bear it; their olfactory nerve is not educated up to appreciation of such dreadful odours. But this is the way.

The service of praise needed to be supported by instrumental music or the singing would have ended in a climax of disharmonic noises. But the organ would have taken up the place of four or five people, we could not think of filling our lowly room with such a sacred instrument. So there was nothing left for me but to take the "wee sinful fiddle" as somebody of the old school once called it, and to keep the people up to pitch. Apart from these outward differences and the reference in prayers, the service took its usual course.

Tuesday, 11th December 1900

We had a visit from two American gentlemen, Mr Reynolds and Mr Whiting, who were on their way to Japan. Mr Whiting has travelled extensively to China, especially in the regions where the recent troubles took place. As they had to catch their steamer, they were unable to stay long but they had tiffin with us.

Thursday, 13th December 1900

Today Ko-Sebang, my teacher proper, returned after an absence of more than 5 weeks instead of a fortnight. His behaviour was not of a kind to inspire me with great confidence, indeed the very opposite. He was perfectly rude in his manner. As I was quite satisfied with Kim-Sebang, I decided to keep the latter as my teacher, having good reason for dispensing Ko-Sebang's services.

The "Tainen Maru" which was originally due on Friday last but had been delayed several times, at last arrived today. Dr and Mrs Hardie were on board and consequently their children who had been staying here while their parents were in Shanghai, joined them to accompany them to Gensen, their new home. Dr Hardie paid us a short visit.

Friday, 14th December 1900

We had set this afternoon for returning calls to Rev and Mrs Sidebotham of the American Presbyterian Mission, and to Mr and Mrs Huben.

Saturday, 15th December 1900

We followed an invitation to tiffin with Mr and Mrs Adamson. We spent a few pleasant hours with them. Really social intercourse with them is much more enjoyable than that of an official nature when lately I was compelled to frustrate several well-laid plans. But really I had enough of social engagement for the present. They take up a good deal of my valuable time. The study of the Korean language demands my whole attention, and rightly so.

Sunday, 16th December 1900

We had quite good attendance today, 33 women, 16 men and 1 boy in the morning; 31 women and 15 men in the afternoon, the attendance in the afternoon always being thinner.

Monday, 17th December 1900

I called a meeting of our men (as kind of informal committee of managers) for this evening to consider the question of adding to our present church accommodation by fitting up the kitchen of the house and breaking down portion of its wall and using it for the men as were pretty well crowded. But there was the other question to be considered whether it was wise to expend so much money on a building that we did not expect to use permanently. The men took the latter view and I quite agreed with them, but explained to them that I would not like to think that they were pressed for space, so their spokesman, my teacher, declared on their behalf that as Christ Himself had, for our sakes, given up so much, they were quite willing to sacrifice a little comfort for his sake and that they preferred to put up with the temporary inconvenience in order to have more money at our disposal for the building of a new church, a house fit for worshipping God. Again this shows their spirit. This discussion again elicited the fact of their exceedingly thankfulness for having a separate building now.

My main reason for calling them had been to make them take an interest in their church affairs, in which I fully succeeded. I had feared they would be too ready to look upon all these things as the affairs of the missionaries; but I was completely disabused of this fear. Another sign of how far these men have progressed in their Christian views was that they suggested letting the women also have a say in the matter, as they might prefer the men to sit in a separate room. We decided to put the question before the whole congregation next Sunday. In another way I was able to feel their pulse; I do not think we shall have any difficulty in leaving away from the start the wall of partition that Koreans and the Chinese think as a demand of propriety for the separation of the two sexes. These are all encouraging signs, especially when we consider that in the churches of northern Korea they are beginning to do away with what we never had for our people. It also came quite natural to them to express through Miss Menzies, my interpreter, their thanks to me for having called to consider this matter with them. This little meeting will pave the way to the election of a regular board of management or deacons and meeting at no distant date.

Sunday, 23rd December 1900

Not feeling very well, I decided not to attend the morning service. The attendance, I was told, was very good, 64 being present. The question of whether the women desired enlargement of our church accommodation or separation from the male worshippers was the former answered in the negative, coupled with the expression of their satisfaction. In the afternoon I attended the service.

Christmas, 1900

We had a very enjoyable day. In the morning we were overwhelmed with presents, especially the children. The mission house was decorated with flags (Korean and British), Chinese lanterns and greenery.

When I in the early morning looked out to see what the weather was like, I noticed to my astonishment two Korean flags wavering over our Korean church building, and a string of Korean lanterns supported by poles in the yard in front of the house. It showed our people were glad to have a building of their own.

Half-past ten o'clock was the hour of the service. The house was not, by far, large enough for such a gathering as assembled that morning. But the weather was very mild, in fact quite summery, for which we were grateful. We were thus able to throw the doors open and let some of them sit on the veranda. All the girls and young women were inside whereas the outside was left to be occupied by the less good-looking women and the boys (see photo). But perhaps this, as regards to the women, was a mere accident since most of those who sat outside were late-comers. So the men, who during the service sat inside, having been one time, were asked to sit outside in the yard so that they would appear in the photo to give the Australian children (readers of the "Record") an idea of their appearance.

Some of the children and younger women were gorgeously arrayed in silk garments of bright colours, red, blue, green, magenta, even one or two of the younger men appeared in long magenta silk coats. Many of the older people, with the exception of the very poor, wore white silk. But all appeared in their best suits or dresses. It was a sight and it showed that they thought a great deal of "Christ's birthday" as Christmas is called in Korean. The service was short and good, indeed thrilling. The present of the children materially improved the congregational singing; besides they sang several Christmas hymns that the older people did not know, and they did sing; one could see they enjoyed it, both boys and girls. One hymn was sung respectively, the boys alternating with the girls.

After the service prizes were given to boys and girls that had attended Sunday School most regularly. The bigger ones received a copy of the New Testament in Korean that had been lately completed. Although it cost only a shilling in our money, yet to them it is as valuable as a book that would cost ten times the money in Australia since the people are so much poorer. The younger children received slates and slate pencils covered with coloured paper, and they seemed to be very pleased. After that the ladies distributed presents in the shape of paper bags containing peanuts, Japanese sweets, two Japanese cakes and an orange. Everyone received one of these bag; a few of them were in the afternoon sent to people who on the account of weakness or sickness were not able to come. 160 bags were altogether distributed. At the beginning of the meeting we counted 30 girls and 27 boys, 48 women and 12 men; but the little children in the charge of their mother and older sisters were not counted.

In the evening the front of the mission house and the church yard were illuminated. The boys assembled there and in the light of the lanterns engaged in some games under the supervision of the teachers and few other older men. This illumination showed the people that we Christians had one of the big days. It was a most harmonious day; everyone was happy and let others see it. Indeed the song of the angels over Bethlehem's fields was here fulfilled.

Saturday, 29th December 1900

A Christian woman in Chob who had been on the catechumen roll for some years and who had expected to confess Christ by baptism at an early date, but who had been ailing for a considerable time, was called into the ranks of the church triumphant. Although her son is not a believer, he did not object to a Christian funeral for his mother to be with the Lord. It had been planned for Friday but as it was very wet, the burial had to be postponed.

Today the rain lessened to an occasional drizzle. I decided to be present and direct the funeral, although I was not yet able to conduct it. I selected several suitable passages from the Scriptures to be read by three of our men on whom we look on as our helpers. Kim-Sebang, my teacher; Sim-Sebang and Kim-Suksah, son of the former. They were to accompany me. They were joined by two more men, several of our Christian women having gone before us. For about two miles the road was fairly good, the last two miles lay along a path through fields, stony and slippery in rotation. The only male member of our Chob congregation, a young fellow, came to meet us about half a mile outside the village.

The village itself is picturesquely situated, nestling between hills fairly well wooded. A further charm in the scenery was a little artificial lake or dam at the entrance to the village that served as a reservoir for the irrigation of fields lower down the valley.

When we arrived we found all the Christians assembled in or near the house. We, therefore, at once began with the service (in the veranda) which consisted of hymns, the reading of a few Scripture passages and a short prayer. Then the body was brought out in a simple coffin which was placed on a rough bier, which they hastily constructed. These operations were, however, not performed in silence, to which we are accustomed at home; but we must remember there is no professional undertaker nor had they had much experience themselves. The result was that those who thought they knew gave their advice in marked and sometimes in a decided tone. When everything seemed ready, I gave the signal for the procession, Kim-Sebang and I leading it. But we found that they were not quite ready yet, so that we had to wait a good while at the grave site.

Since there is no public burial ground, people in each case have to select a place that may seem suitable. The heathen do that through the agency of geomancers who, after many deliberations, declare a certain spot propitious. While this site is being chosen, the bodies are meanwhile housed in straw huts on the hillside where they remain for days or weeks before the final burial takes place. But Christians are buried at once. As the grave was not deep enough, three men had at once set to work to dig a foot deeper. As rain was threatening, part of the operation had to be carried on while some of the Scripture portions were read at the grave site. The lowering of the coffin was not altogether a silent performance either; still the men confined themselves to the most unavoidable remarks. Then a few curious boys who posted themselves right in front of me had to be directed to the back. In spite of all these interruptions we succeeded in making the service as impressive as possible. One of the helpers led in prayer during which there was absolute silence, and I pronounced the benediction. But this was not the end.

One of the spectators, in a Confucian scholar's cap, now raised some objections to the site of the grave. The graves of some of his ancestors were some two hundred yards off and he feared the spirit of the Christian woman might interfere with the peace of his ancestors. Some of our men argued with him, but he still seemed concerned. I personally could not indulge in any flow of rhetoric, so I simply pointed out to him that the graves of his ancestors were on higher ground than this grave. This seemed to satisfy him. I was afterwards told that my presence did avoid serious trouble. But that is scarcely more than an oriental way of expressing delight at my presence which later then showed in other unmistakable ways besides.

On our return to the village, I was taken to the house where the people meet for services. Here I was invited to enter the only room, about 8 feet square. The door, or what looked really like a small window, was one and a half feet above the ground. As my boots were really dirty and the floor of the room was covered by a clean mat, I objected to entering pointing at my dirty boots. Whereupon my teacher at once stooped down to unlace them. After this I could no longer object but I took the unlacing of the boots in hand myself. Then we crawled in.

I had brought a few sandwiches and mandarinsoranges I had shared with my teacher; they also made some tea for me. But our Pusan men were going to be treated to a proper meal, and I was asked whether I would also eat some "Chosen Pap" (Korean rice) to which in order to please them, I assented. I had here my first lesson in the use of chopsticks. The meal was set before us on small tables of the size of trays about one foot high, one for each person. There was on each table, a brass bowl of rice, a fried herring very tastily done, a dish containing a cabbage-like vegetable not unlike "sauerkraut" and seaweed, another dish with pickled turnips, a little dish containing a strong salt sauce, also three hard-boiled eggs, the latter a special treat for the missionary. I ate as much as I was able, seeing that I had already spoiled my appetite by eating sandwiches etc, I could not do justice to the "Chosen" food which I considered not at all bad. The meal was concluded by the drinking from a brass bowl of hot water in which some rice had been boiled. It is the Korean substitute for an Australian tea (not half bad). After some meditation, which is always necessary after a Korean meal in order to prevent a quarrel between the various ingredients but ostensibly to show that you are well bred, we prepared for our return home. I cannot conclude this account without saying a word of the "esprit de corps" that exists amongst our Christians, but perhaps I ought to call it love. They at any rate stand by another whenever they can. Their actions cannot fail to produce an impression on those outside.

Monday, 31st December 1900

Last day of the year and of the century has come round. It had been arranged some time ago between us missionaries of Pusan to unite in a monthly meeting for worship and mutual edification. Today, the most opportune season, was the first meeting held at the house of the Rev and Mrs Sidebotham who live in the Japanese settlement. The Rev C. Ross of the American Presbyterian Mission conducted the service. He took as his subject the transfiguration of Christ.

Tuesday, 1st January 1901

Last night we had a watch night service from 11:30. The expression of New Year's wishes at the end of the service was a very hearty affair, almost every one of our people making it a point to shake hands with the missionaries. In the afternoon we had at our house a social gathering of the missionaries of Fusan. Mr and Mrs Adamson had their two daughters with them who are house for their holidays from Chefoo. Misses Menzies, Moore and Brown had arranged this gathering party in order to - what shall I call it celebrate our arrival. The reason being too late for a welcome which we had received already.

Wednesday, 2nd January 1901

Meeting with Mr Adamson at our house.

Friday, 11th January 1901

The village people are in great excitement today. Robbers have been infesting the neighbourhood and are reported to have come within 40 li (12 miles) of Pusan with the intention of paying a visit here. They are supposed to be a band of 20 to 30, but the numbers may be exaggerated. The official is said to have sent instructions to the people to protect themselves and by having stones near their gates ready, also 1 spear to each house. This report has thrown the people into great consternation and they are ready to expect almost anything. They think our house will be especially singled out for an attack as we as foreigners are supposed to have many possessions. Our house, however, is well protected by outside shutters to doors and windows, and I have taken the precaution of seeing to their being securely bolted. Beyond this we need do nothing but trust in Him under whose wings we can securely abide.

Sandwiches and Meandrine-orange which I shared with my teacher. They made also some tea for me. But our Pusan men were going to be treated to a proper meal, and I was asked whether I would also eat some 'Chosen Pap'(Corean meal), to which in order to please them I assented. I had here my first lesson in the use of chopsticks. The meal was set before us on small tables of the size of trays about one feet high one for each person. There was on each table a brass bowl of rice, a fried herring very tastily done, a dish containing a cabbage like vegetable not unlike 'sauerkraut', and seaweed, another dish with pickled radish, a little dish containing a strong salt sauce, also three hard boiled eggs, the latter a special for the missionary. I ate as much as I was able, being that I had already spoiled my appetite by eating sandwiches etc, I could not do full justice to the Chosun food which I considered not at all had. The meal was concluded by the drinking from a brass bowl of hot water in which some rice had been boiled.

Tuesday, 24th January 1901

Today the Commissioner of Customs, Mr Laforte, who is also acting as H.M.'s Proconsul, sent us news that Japan papers contained telegrams reporting the Queen's death on the 22nd. He had received a telegram to that effect. We were not aware of the Queen's having been ill at all. Thus a long and most fruitful reign was abruptly closed. May God protect the Empire and guide its destinies.

Monday, 28th January 1901

Our second union service was held today at our residence. Miss Moore who had been ill the last two days and Mrs Ross alone being absent. The service was conducted by myself. After the service a most enjoyable social hour was spent, before the visitors took their departure. Those gatherings will do much to bring us closer together seeing that we live so far apart, besides they are a most desirable break in our work and a most welcome change in a place where there is naturally so little social life.

Sunday, 3rd February 1901

Youn Sebang, who had during the week met with an accident that might have cost his life, was present at the afternoon service. At its close he was naturally given an opportunity to recite his experience. When it was suggested that he ought not to come out so soon he said: "It is true, I have been feeling very ill, and especially this morning I felt very ill; but I was afraid that if I did not come to tell the congregation how God had saved my life, I should yet die and be buried. So I asked God to give me strength and, as I felt better, I came."

He had been preparing an explosive for killing wild cats or wild dogs in the mountains. This is a mixture of gunpowder with some caps and strips formed into a small ball which is put in a piece of meat and which, when bitten upon by the animal, goes off and kills it, immediately shattering its skull. It goes without saying that the preparation of such an explosive is, in the highest degree, dangerous. It has happened that men were killed by only three of these balls going off accidently. Now it happened to Youn Sebang that while he was preparing an order of 35 such explosives, 32 of them, which were drying on the hot floor, went off. The door of the room was torn off its hinges and twisted into an unshapely mass, a box of clothes that was near entirely burnt up with its contents; his hat, which they ware also indoors, was blown off his head and flew through the door helter skelter (the latter an English rendering of his own expressive words). He himself had his face blackened with the gunpowder, his hair singed, his eyes considerably hurt, his left hand wounded. His clothes were in various places burnt, but not one of the slugs had entered his body. A baby that was lying close by on the floor asleep was not even hurt (must have taken place in his master's bedroom because Y. is a bachelor).

The doctor considered this a most wonderful case when he saw how universally his body and especially his head had been hurt by the gunpowder without any wound to speck of except in his left hand. This wonderful escape has made a deep impression on his neighbours and acquaintances who say that had he not been a believer, he would never have escaped, but because he was a Christian his life was spared. May this impression be a lasting one and may it result in their surrendering to Christ, too. He himself is convinced that it is by the grace of God alone that he came out of this accident as well as he did. We can clearly see that the day of miracles is not passed.

Monday, 4th February 1901

We heard today that a party of 13 Koreans who went out fishing on Saturday or Friday night (during which a very cold and strong wind was blowing) were capsized and drowned.

Tuesday, 5th February 1901

Our monthly meeting with Mr and Mrs Adamson took place today. There was not much business. So most of the time was taken up by an informal conversation in which un-Presbyterian methods of the American missionaries formed the chief topics.

Wednesday, 6th February 1901

As I had fixed coming Sabbath for a general baptismal service, I began this afternoon with the examination of the women. In the absence of a regular session, I asked Miss Menzies to be present (both to chaperone the women and to act as their interpreter if necessary), also Kim-Sebang and Sim-Sebang, our trusted helpers and teachers. Each woman separately gave intelligent evidence of their faith in Christ. They all knew the essentials of Christian doctrine. But some of their answers were most original. To the question, "Where will you go after death?" one woman answered, in good Presbyterian fashion, by a question, "Where will I go if I follow Jesus, except to heaven?"

Another when she at the end of the examination when quitting the room was told she would receive a baptism on the following Sabbath, exclaimed, "Why, I have been waiting for that all these years!"

When Kim-Sebang's wife was examined, she was very bashful and would not look at him, indeed so bashful was she that Kim-Sebang was forced to the following fatherly exhortation: "Don't always keep your finger in your mouth." When I put the question whether there was any reason why she should not be baptized, I showed to Kim-Sebang more or less unconsciously where at he said, "You had better ask her; she knows best."

One woman put her confession thus: "Christ died for my heavy sins." It took three hours to examine them all.

In the evening the men were examined. They too gave a good account of their faith as well as three boys who I thought might be baptized on their own profession of being old enough to understand the doctrine, although they will not yet become full church members. (In fact the boys were clearer and more decided in their answers than some of the men.) Youn Sebang's testimony in answer to questions was the clearest, brightest and most forceful of all.

"Why do you want to be baptized?"

"Because Christ died on the cross to save me from my sins, that I may witness for Him and, as well as I can, teach others."

As he had been an inveterate drunkard before his conversion, I asked him whether it was right for Christians to drink (in Korean the term used implied excess) intoxicating liquor, although the matter was not mentioned in the Ten Commandments.

"No, because if I got drunk, I might sin against God and the Holy Spirit could not live within me because my heart would be dirty."

"Is it possible to sin after baptism?"

"If I do according to my mind, yes; but I would at once turn to God and ask him to forgive me and to strengthen me."

Another when asked the same question, answered with full assurance: "No," but afterwards saw his mistake when I asked him why he would still need to trust in the Lord, and then he said, "If I do according to my mind, I will surely sin;

but I trust in Jesus who can keep me from sin."

Chang-Sebang, my servant came last; he also gave good answers, but when asked what baptism name he had chosen, he could not remember it, a little while after he had gone, he came in a great hurry with these words, "I have thought of it just now, Un Tuk (grace favour)." Un Tuk was therefore entered on the roll.

Thursday, 7th February 1901

As it was market day, most of the people from Chob (Cho Up) were expected. I have been told that they would have great difficulty in giving intelligent answers, but to our great surprise they answered as well as their Pusan sisters.

"What will you do in heaven?" was answered, "I will sit before God and thank Him eternally, only I won't be able to thank him well enough."

"Whom do you love?" was put to another woman who answered, "God and Jesus."

"Do you love anyone else?"

"No, I love no one besides God and Jesus." Meaning she loved no one more than God, but afterwards readily mentioned others whom she loved. Women caused quite a diversion by one of her answers, as will be seen by the following dialogue.

"Who is the head of the church?"

"Jesus Christ."

"Is there any other king?"

"No."

"But what about the king of Korea?"

"He has nothing to do with the church."

"According to whose will, therefore, must you do?"

"According to Menzi-Preen's (Miss Menzies') will."

She was no little astonished when we gave way to some merriment, but afterwards she gave the right answer. This, however, shows how much they look up to Miss Menzies. Besides, it is not the first time that the missionary's will and God's will were used by converts inside or outside as interchangeable terms. Another woman said with reference to the king of Korea.

"He is nothing. I have nothing to do with him; Jesus is my king."

"But in matters of this world you must do the king's will."

"I say I have... he is no king; he is a useless man; he only taxes us and allows us to be oppressed. He has no thought for his people; he does not trouble about us at all. There is no king like Jesus."

Nothing could be said against this.

Friday, 8th February 1901

This evening several young women and some of the girls of the orphanage were examined. Miss Brown took Miss Menzies' place as she had been teaching the class. Although the latter are still somewhat young, yet I thought I would baptize them on their own responses if they showed sufficient saving knowledge. I was, however, agreeably surprised to find that their profession of faith was as clear as that of the old people and that in some cases their answers were even more distinct and decided. Among the older girls, Keemy, the deformed girl, gave the brightest answers exhibiting a very clear insight into the plan of salvation. Throughout I could see that they had been very carefully taught with the result that the truth had reached and transformed their lives, their hearts. One of the girls, Popay, when asked how she knew that she was a sinner, showed by her answer how deeply realized her sinfulness but also that she had found her salvation in Jesus

Christ. They had invariably as others also to recite the Apostle's Creed, the Ten Commandments, or both.

Saturday, 9th February 1901

The Rev C. Ross of the American Presbyterian Mission here came down this afternoon to congratulate us on what had been achieved; for he had heard through Miss Chase (of the same mission) who had come down here yesterday evening that we expected a baptize a large number of our people.

Sunday, 10th February 1901

Some of the Chob people that had been unable to come in on Thursday were examined, this morning before the service. They too gave all satisfactory evidence of their faith. In order to see whether the people had told each other what questions I had put, I repeated one or two of them, but I got different answers. One woman took the question, "What will you do in heaven?" in the sense of actual work with their hands and answers, "No work at all, there will be perfect rest and peace."

Miss Chase of the American Presbyterian Mission was present at the private invitation of the ladies. The little church building was crowding to overflowing. The presence of the children enlivened the service of praise considerably. We sang "Awake, My Soul," the 100th Psalm, "What Can Wash Away My Sins" (the translation of a hymn from Sankey's collection), and "O, God our Help in Ages Past." The latter to the tune of "Balerma" as it is pentatonic. All pentatonic tunes go with a swing and with good intonation. Having with Miss Brown's assistance, translated the two baptismal services from Dr Hodge's "Manual of Forms," I was able to conduct the whole service myself; first I baptized the adults, and then

I asked the parents to come forward with their children on whose behalf they responded to my questions.

A baptismal service is always an impressive ceremony but when 41 adults and 27 children are baptized in the same service, it becomes doubly solemn and important. Two whole families of 7 and 6 members respectively were among those baptized. They looked all so clean; the children in colours of red, green, blue, yellow or other tints, the older people in spotless white. It meant something for those mothers to turn all their children out clean, considering that the garments were dyed by themselves after every washing. The joy of our people knew no bounds, although they were very quiet throughout the service.

In the afternoon we had a thanksgiving service which took the form of a praise meeting. Both men and women engaged prayer, and the prayers came thick and fast; there were no pause.

Evening worship in the orphanage was also turned into praise. Every one of the girls prayed, and in each prayer God was thanked above all for their having received His priceless salvation and that it had been sealed to them by baptism. The smallest girl, Chongy, prayed as follows: "Heavenly Father, I thank thee that the moksa (missionary) had studied so well; that I was baptized today, and, please take all the bad things away for me, Amen."

Another girl, Maymery, also thanked God for having helped me in the language, and continued: "But there is a good deal that the moksa does not know yet; therefore, help him to learn the rest quickly." The adherent that was present were all deeply impressed and many rejoiced with those baptized.

It goes without saying that the joy in the hearts of the missionaries was as great as that of the people. Indeed I saw tears of joy in some of the eyes after the service was over. Was not this an answer to so many petitions that had been sent up to the throne of grace? It was a day that they had long looked for, and yet they never imagined that so many would be really ready for baptism. The first (rough) estimate had revealed only a possible number of 25 adults to be baptized, but as the list was made up, it gradually was swelled till it reached the number of 41 future communicants and 27 children. Miss Brown said that evening, "I feel like singing all the time." Our family worship too was, therefore, turned into a service of praise, which we closed with the 122nd Psalm. But the day's experience cannot be put better than the 3rd stanza of "Jesus Shall Reign" puts it:

"People and realms of every tongue,
Dwell on His love with sweetest song;
And infant voices shall proclaim,
Their early blessings on His name."

Thursday, 21st February 1901

When we got up this morning, we found there had been a considerable snowfall during the night, quite unexpected since yesterday we had lovely warm weather. We availed ourselves of this rare opportunity to have a good snow-fight (not a real battle) in which later on some of our people also took part. This is welcome recreation and did us a lot of good physically. Herbie found the snow too cold, so he took a lot of snowballs into the dining room and placed them of the coal-skuttle, informing his mother a little later they getting warm. By noon all the snow had gone.

Saturday, 23rd February 1901

We had another burial today. It was of an old paralysed woman who had been a believer for a good many years but who on account of her illness was unable to attend out meetings. Had she been able to publically profess her faith in Christ, I should have gladly baptized her with the others. She is all the same gone to her reward. Indeed she just longed to be with Christ. Her death was somewhat sudden. She upset her lamp (which then kept burning through the night) and was severely burnt. The ladies were sent for.

I should have liked to baptized her with the others if she had been able to attend the baptism service, but I shrank from introducing baptism in the house for fear it might lead our Koreans to think that baptism was more necessary than faith. We can rest assured that this believer has all the same gone for her reward in glory.

Her daughter and son-in-law, who had been none too kind to her, did not object to a Christian burial partly because they were saved the troubles of doing ancestral worship to her. But our people had to go a mile out of town to find a suitable spot, i.e. a spot which would not be disputed by others. This is a very inconvenient arrangement, as we never know when trouble might arise. There are some Christian graves at the western end of town, but we dare not bring any more people there.

As the Koreans have an idea that the spirits of the dead need a good view from their graves, they always bury them on the hillside, and the graves of richer people are in the most favourable situations. There are several beautiful spots among our hills, but they are invariably occupied by graves of some rich men, spots which should select at home for villas etc. The nicer the place and the more beautiful the view, the happier the spirits of the departed will be. Of course rich people can manage to buy these places for their dead, and no one will dispute the occupancy or bury near them. If a grave onlooks others, the spirit occupying the former may exercise some influence over the others. Poor people, who cannot afford to buy the ground, must put up with any "spiritual" inconvenience, and they content themselves with territory that is free to any comer, provided that the geomancer had declared the spot propitious in the case.

If we, therefore, buy a field, which, however, must still be selected with the greatest care and complete secrecy as to its future use, we are undisputed owners of the ground and by building a wall round the whole, we prevent the spirits of those buried there from looking out on any other grave and can, in the event of any raising a dispute, point out the fact, so then, which may be entirely satisfactory to them? Many of our people from Chob had come to attend. The two relations mentioned above behaved very quietly, and were also present.

Sunday, 3rd March 1901

This was the day appointed for our Communion Service, the last one having been conducted by the Rev C. Ross of the American Presbyterian Mission (during Mr Adamson's absence in Australia) 21 months ago. Then, the company of communicants was small; today, it reached the number of fifty. The collection, which was a thanks offering both for their baptism and the first communion, amounted to 20 yang. It equalled an average collection of more than three months. When the general service was over, we had to send the non-communicants outside on the veranda as there would not have been enough room; this made room for all the communicants inside but there was none to spare without inconvenient crowding. As I glanced over the congregation, the majority of which had so recently been added to the church, it struck me we had the fulfillment (in part) of the words of Christ. "Many shall come from the east and west, and shall sit down with Abraham, and Isaac, and Jacob, in the kingdom of heaven" (Matt. 8:11). The communion of saints seemed ever more real that morning than ever before, although it was not the first time I had communed with people of the East. And

I am sure many friends of the mission would have been glad to sit down with us to the Lord's Supper.

We had our first thanksgiving service in the afternoon on account of those that had come from a distance, and as I am still unable to give an address, and was unable to prepare one in addition to the communion service, I considered that the service had best taken the form of prayer meeting (in the primitive sense of the word) in which I encouraged many as possible of them to take part. As on a previous occasion; there was no need for prompting. Twice it happened that three began at the same time. It is a joy to take part in such a meeting. Apart from their readiness to thank God in public there was the quite flow of a tide of interest, spiritual feeling and praiseful exultation. "It was good to be there."

Monday, March 4th 1901

This evening about 6 o'clock, Miss Menzies came to draw my attention to a crowd of men near the beach to inform me that they intended to beat one of our adherents (a fisherman who had been ill lately) because he had not attended to some public duty. I immediately took hat and stick to take a walk on the beach and to prevent any such act of injustice by my mere presence. There were no signs of any such action taking place, or threatening, when I got there; indeed there were only a few men left. As everything remained quiet, I decided to make sure by going to the house or the man myself.

As it turned out, the man had already been beaten, and that the report to Miss Menzies ought to have informed her of the deed having been carried out. It appeared that the man's brother, during his illness, attended to all the public duties, such as night watching in the town of others, and that today he had gone out fishing not anticipating being called upon for performance of a public duty. But unexpectedly several robber (who had been severely beaten in Tongnay), being unable to walk, were being transferred to Choryang and each village had to provide the required number of bearers as far as the next village. The arrangements for this developed on our friend, but not having received any exact notice as to the time and place, he, or rather his brother, had made no preparations. When the escort arrived and found no bearers, they inquired after the house, and as they found the man, though ill, crossing his yard just at the moment of their arrival, they most unmercifully beat him in their anger without waiting for an explanation. As there is a semblance of justice in the whole proceedings indeed to the Korean mind there is no unfairness in it I am afraid the man will get no redress. This is just one case of many to illustrate the high handedness of officials and their underlings. Justice as we know it is not to be found in Korea.

In the evening I engaged Kim-Sebang (a pipe maker) and Pak-Suksah as colporteurs under the British and Foreign Bible Society. They had not expected any such appointment; but I find it highly desirable to have two good men regularly engaged in this work left some time ago. Besides I find that their finances do not allow of such undertaking for the present if they do not want to cripple their building fund.

Tuesday, 5th March 1901

We had our monthly meeting with Mr and Mrs Adamson this afternoon. After devotional exercises, we discussed some business, among which I reported our baptism last month of 70 persons (2 children being baptized on the 17th). Mr Adamson especially asked the number of men. He did not report any baptism, although he is supposed to have baptized some at Ulsan on the 24th. Still I may be wrong.

Wednesday, 6th March 1901

Started Kim-Suksah, whom I with Sim-Sebang selected for special training, in English. Sim-Sebang, who is ill just now, has learnt English by himself, and it is wonderful how correct his pronunciation is, seeing that he is entirely self-taught. He had also taught Kim-Suksah a little. It is my intention to let them first learn some English and then later on, perhaps some years later, to begin Greek with them, before the proper theological instructions begin. In English I intend to include Geography and Universal History and perhaps some Natural History. As to the necessity of Math, I have not yet made up my mind, as this branch would be dispensable seeing that their turn of mind is towards literature. Besides an education that would include Math might take too long for our circumstances. The lessons are only given in the afternoon as Sim-Sebang is teaching in the morning. Later on I may put Kim-Suksah into the boys' school in the morning too, where he may be able to earn something.

Miss Brown who has gone to Kăkung for the day returned in good spirits as she had a very good audience.

Friday, 8th March 1901

I am becoming a dentist or getting the name of one. This morning a little girl of seven years belonging to the best of families in Pusan was brought to me, and I successfully extracted a tooth, for which her mother and aunt thanked me heartily. Teeth are among the few things people seem glad to get rid of. Free dentistry may prove, however, one of the keys with which new doors may be opened to us.

In the afternoon we went across the bay to the little headland just opposite our house. The sea was a beautiful calm in the morning when we decided to take the trip and engaged the boat; by the time we started, however, a wind had sprung up which blew against the tide making the sea a little choppy. Poor Dora was the only one that had to suffer, just before we reached the other side. We held our picnic on the lee side of the hill where it was beautifully sunny. Then while some of us with the children strolled to the beach on the other side, Chang, my servant, seized the opportunity of telling the Gospel story to the men who had gathered around him while we had our tea, and who had also been partakers of his share of tea, a novelty to them. Our children, but especially Dora, proved a great attraction, she finds admirers everywhere. There was a fine sandy beach; the tide was just at its lowest (spring tide) so that we had the full width of the beach. As it was well on in the afternoon, we could not stay long there, but resolved to repeat our visit in summer more frequently. The wind had lessened and the tide had turned now so that we had a much smoother return home.

Saturday, 9th March 1901

At 8:30 this morning we were rejoiced by the birth of our third son. He looks well. There was no doctor here as Dr Irvin of the American Mission had gone to Taegu some time ago to attend Dr Johnstone who was down with typhoid fever. But in the afternoon we learned that Dr Irvin had returned last night, but tired and sick so that even had we known of his return, we should scarcely have expected his attendance even in case of necessity. For Dora's sake we should liked the little one to be a girl; yet Dora will be dearer to us being thus our only daughter. May the Lord bless the little fellow as He has blessed the others.

Extracted a tooth for our cook this afternoon. I have at least some practice.

Tuesday, 12th March 1901

Heday, a former catechumen in our congregation who had gone with his mother and aunt to Ulsan and there had last year started the movement which our ladies were called upon by the people there to follow up, has been here lately. I saw him at service last Sunday. He called today and explained that he (and with him others in Ulsan) greatly desired to be connected with us as formerly. The facts of the case are these: Miss Brown at the above mentioned call went to Ulsan some time in May last and had some meetings there. One day after her arrival Mr Adamson also appeared on the scene without, as far as we can find out, having been called by the people there. Miss Brown informed him that the ladies looked upon his work as theirs, which fact Mr Adamson acknowledged. Still he took more or less complete charge there, presumably on the ground that Miss Brown being a lady had nothing to do with the formation of the catechumen-classes or congregation of inquirers. This was the visit in the report of which (in a letter) Mr Adamson casually mentioned the presence of one of the agents of the PWMU. Our ladies being, through the absence of a clerical missionary as their superintendent, handicapped, did not feel free to interfere and for the time being quietly withdrew.

At our first meeting on the 4th of December 1900 with Mr Adamson, when Ulsan was casually mentioned, that gentleman without me having asked for an explanation of his actions, explained that two of his colporteurs hearing of the movement had gone there and that he followed them up. At that time, being not in possession of all the facts of the case, I refrained from any discussion of the matter at issue. Today now Heday wanted us to take him back. I told him in the presence of Miss Menzies and Kim-Sebang, my teacher, that I could not do so unless he came to live in Pusan or Mr Adamson handed over the work to us, and that there was no difference in doctrine and therefore no ground for an opposition movement. Miss Menzies also told him that as Mr Adamson and I were on friendly terms, I could not interfere, but that we should be glad to resume the work if Mr Adamson handed it back to us. This she said with my consent. On being questioned whether he had any communication with Mr Adamson in the matter, Heday told us that yesterday, he had called Mr Adamson and told him of the desire to return to connection with our work. In order to be sure of Heday's statement I asked him to put his request in black on white.

After Heday had gone, I had to attend to Kim-Sebang (a former pipe maker) and Pak-Suksah (of the same trade) whom I had selected as colporteurs. Kim-Sebang who had been helping Yang-Sebang in his shop asked to continue with Yang-Sebang a little longer as the latter was handicapped for the present with his wife's illness. We allowed him to do so to the end of the month. Pak-suksah was equipped with books and instruction and sent away with our blessing to set out tomorrow morning.

Wednesday, 13th March 1901

When Kim-Sebang came this morning for study with me, he brought the written request of Heday which leaves no doubt as to clearness.

Monday, 18th March 1901

A man (Kim-Sebang) from a place called Changkey, some 80 miles from here and a little more than 30 miles from Ulsan, had some weeks ago came here to collect a debt, but as his debtor was absent he decided to wait and to take advantage of this opportunity to learn the Jesus doctrine. He has been regularly attending all the meetings for the last four Sundays, and also those on weekdays, has also learnt privately from our men as much as they were able to teach him. He is a fine-looking man of a superior type. Today before leaving for his native place, he came to make his salutations and to tell me that he wants to be baptized as soon as he has learnt more and invited me to come to Changkey. I gave him some tracts and promised to go there before the rainy season. This is an example of the way in which the Gospel spreads. The man who had come to collect his debts, learnt the way in which his own are to be forgiven.

I sent a letter written on Saturday night to Mr Adamson to ask him to hand over the Ulsan work. Since I knew what was going to take place, I thought time had arrived to approach Mr Adamson on the subject, and I suggested him to hand the work over of which he had been in charge so to say an interim moderator. But his unofficial note in reply to an official letter simply pointed out the desirability of a discussion as the method of procedure in such a case. I therefore wrote today another letter in which I insisted on the impracticality of bringing the matter before our monthly meeting which was incompetent to deal with the matter pointing out, too, that the issues were plain and the matter required no discussion. I intend to send this letter tomorrow.

Tuesday, 19th March 1901

Mr Adamson's reply to my second letter was to the effect that he could give no categorical reply either in writing or verbally before we met in conference and discussed the matter. But I am not willing to discuss a matter which is so obviously clear from an ethical stand point. Besides, I am too well aware of the futility of such a procedure when you have to deal with a man who cannot give a categorical reply in a matter which requires nothing but straightforwardness.

However, the matter is not going to rest where it is. Perhaps half an hour after I had received Mr Adamson's reply, there arrived from Ulsan two women, Heday's mother and another of the converts there, carrying a letter to me containing nothing new. They brought information to the effect that the majority of the people there (also from outstations) had met on Sunday last (17th) and decided to be united with our work here and to inform Mr Adamson to be taken by one of his colporteurs in the morning. Heday's mother was quite beside herself for joy to be able to see the ladies again. She declared she had not had the courage to come before; they had felt guilty, and for a long time had greatly desired to see some of the ladies, their former missionaries. They had prayed about the matter a good deal and at last they found they would have to choose between Mr Adamson and our work, and so last Sunday they had chosen the latter. This changes the position of Mr Adamson altogether. He will now be forced to drop Ulsan; but he had a chance of getting honourable and even some credit out of a dishonourable business.

Thursday, 21st March 1901

The two women had another talk with Miss Menzies today. It seems Mr Adamson suggested to Heday and a few others to be baptized. They, however, said they belonged to Pusan and not to Choryang since they had come from the former place, to which Mr Adamson replied that it made no difference, that the work was all one. Still they would not be baptized by him since they realized that although the work was one, they would not be able to belong to us, and as he was told that we could have nothing to do with them while Mr Adamson had the work, they realized the situation and decided not to have anything more to do with Mr Adamson.

Tuesday, 2nd April 1901

Our monthly meeting with Mr and Mrs Adamson was due today at their house, but as Mrs E. was unable to go out yet, I asked them to come to our house, to which they readily accepted. After various business had been transacted, more in the shape of reports, Mr Adamson brought up the Ulsan matter. While I did not want to enter into any discussion, I did not object to Mr Adamson's making an explanation, which he then did very well, as to the reason of his going there and looking after the work the actions of Heday and his family were also mentioned but I assured Mr Adamson that I was not being led by them, but simply agreed to abstain from pastoral oversight in connection with the work there, but declared that he would continue to hold himself free to work in that or any other district. To which the latter I remarked that in the future division of territory between missionaries this matter would be decided right enough and that then each one with his colporteurs would have to keep to his own district. This is a matter I shall not lose sight of as it is absolutely necessary that we should not tread on each other's toes. As regards the Ulsan work itself I am glad that it is settled who is to take pastoral oversight.

Wednesday, 3rd April 1901

Miss Menzies left today by the "Yamashiro Maru" for Nagasaki to consult her doctor about her health and to receive treatment there. It was very foggy all day. Miss Moore, Miss Brown and myself saw her off.

Thursday, 4th April 1901

Pak-Sebang from the Ulsan district arrived yesterday evening and brought a letter from Heday. He is a very nice man. It is a pity he is blind on one eye, and it looks as if he might lose the sight of the second by grey cataracts. This kind of trouble is very frequent here and a skilled doctor might do a great deal. Pak-Sebang impressed me as a born gentleman, although his exterior would not gain him admittance among the gentlemen class.

Monday, 8th April 1901

We had our monthly devotional meeting, which has now been fixed for the 2nd Monday of each month at Mr Adamson's who conducted the service.

Wednesday, 10th April 1901

As I find necessary to pay a visit to Ulsan, I have decided to start tomorrow, there being a probability that if I don't go now I may be delayed till next month; but I realize that I may have to go next month again and extend my visit to Changkey. In the evening about an hour was taken by palaver.

My servant, who I had some time ago engaged with the special object of using him on my itinerating trips, thought he ought to be paid on a royal scale for this extra work. While I recognised that a small extra allowance would be only fair, I considered his demand extravagant as it was at the rate of a monthly salary. There was nothing to do but to go and see my teacher and hear his opinion. But he, too, seemed to think that I must either pay as much as he demanded or pay for his food all the time we should be away. While my servant had based his demand on what practice obtained among our American colleagues, my teacher cited Korean custom by pointing out that Korean gentlemen always paid for their servant's keep on their journeys. For a long time he could not be brought to see that the case was different. At last I drew a diagram and showed him that Korean gentlemen keep themselves responsible for their servants both at home and abroad, in short that they, on their journeys, do only what they would do at home, they're giving only a little money in addition to food or clothing, but that I who gave a sufficient salary to keep the servant and his family and was at home not responsible for his food, was not expected to be responsible for his food I addition to sufficient salary. At last he saw the difference. Still I fixed a rate which he was to receive above his salary while we were away. We then left him to let him settle the matter with the servant, this being according to their customs and a very effective way of dealing since you leave the trouble of persuading to the Korean when once he has accepted your view of the matter.

Thursday, 11th April 1901

In the morning my servant declared that he would not come if I did not satisfy his demand. This was a little too much, and I went to my teacher and informing him of the situation, asked him if it was Korean custom for a servant to do as he liked and if the master was ever to do according to the servant's word. So they had another conference while we took our breakfast. The servant seemed to be unmovable. Finally I appealed to his Christian conscience and quoted Col. 3:22 to him, to which the teacher more fully and idiomatically expounded and fitted into the frame of the present circumstances. By this time the arrival of the mapoos with their ponies was announced. The conference between my teacher and servant came to an end, and the latter went to get my baggage ready for the horses, by which I knew the matter was settled and therefore, never by a word referred to it.

Although I had engaged two ponies to take me, my teacher who is a bad walker and my luggage to Ulsan and back, I was informed that as one of the men belonged to the Kyung Choo and did not intend to return, I should have to get another horse at Tongnae (20 li from Pusan). After much talk the loads were finally adjusted on the horses' back. Over the back saddle rugs were put to make the seat more comfortable. It is wonderful how much travelling creatures are able to carry. A fair crowd of our people had assembled to see the thing properly done and us safely off.

So after many good wishes for the journey we started, walking the horses through the village. At the last house we decided to mount. As I passed my pony behind, he gave me a friendly reminder on my shins to let me know he meant business. He evidently was one of those kindly creatures that consider timely warning more appropriate that sudden tricks. After that I decided to take his hint and to remember not to unnecessarily provoke him to anxiety as to the safety of his flesh. The mapoo, however, most feelingly reproached him for his want of respect for the person of a foreigner.

There being no stirrups, one has to mount from the low walls or stone on the road side. In order to preserve the balance you have to seat yourself most carefully, your legs the neck of the horse between them dangling down in front of the luggage. You seat yourself as gracefully as you can as if you were posing for a photograph. There are no reins for you to hold so you can fold your arms while the road is level, but going up a steep hill you have to hold onto the saddle. There is one comfort; the mapoo is always near you, leading the horse by a single rein on the right hand. I noticed too that the pony's bit was not of steel but of hempen rope. That does not matter, especially when the horse is old.

My teacher's horse was not as kindly as mine; for after we had gone about six li, he, without giving any notice whatsoever, threw him off. This was taking too many liberties. However, my teacher got mounted again, and we were able to proceed. Thus Tongnae was reached after 1 hours. We fortunately had, just as we were leaving Pusan, met a mapoo who was engaged only as far as Tongnae. So we engaged him. Since we had to unsaddle one horse and feed it too, my mapoo thought it was best to also feed his horses and himself. Now there is no wisdom in opposing their well thought-out suggestions. Thus when being assured that no such halt would be made before we reached the inns at which we had decided to stay overnight, I accepted to the request. My teacher and servant, too, after a while thought it would save time to eat something there then approached me with the inquiry if I would eat "Korean rice" which means a regular meal or have my own food. Although I had a small lunch ready, I considered it best to join them at their meal whenever it would be ready since there was no knowing at what time we would reach our halting place in this evening.

After almost two hours halt, we got under way again. A cold N.E. wind was blowing straight in our faces. The road led along a valley which was as well cultivated as possible. Of the hills some were bold and rugged, others were grassy, others again fairly wooded with pine trees. The formation was granite with stray basalt rocks. The river, now almost waterless there having been no rain for some months, had to be crossed by fords again and again. There were only few bridges, and these over brooks only, no attempt ever having been made to bridge the broader river. The only arrangement was a row of big stones from one to the other of which the mapoos stepped; in other places the ford was in the shape of a temporary path built across the river. I fully realized that on account of these deficiencies, travelling in the rainy season and sometime after would be out of the question.

The road was in some places as good as to admit of vehicular traffic, but it was mostly rough and frequently traversed by small water courses either natural or for purpose of irrigation. As we got further up the valley the road was nothing more than a rough bridle path. Thanks to the sure-footedness of the Korean ponies there was no cause for apprehension. Only twice we made a short halt to rest our animals and to exercise our stiff thighs. Once we walked for several miles. About five o'clock we reached the top of the pass that leads into another valley. Here the road is very rough, nothing but a field path. The formation is granite too, but in a few places noticed stray haematites, in the river bed grey schist besides granite. I also, to my surprise, found a bush of beautiful camellias growing wild.

At 6:20 we reached Se Chang where we had decided to halt. Our mapoos knew the way, and before I knew where I was, I had dismounted in the courtyard of the "Grand Oriental Hotel" of Se Chang like which there is no other inn in the neighbourhood, and I heard my teacher asking whether a room for the foreigner was available. His inquiry being answered in the affirmative, the luggage was unloaded quickly and placed on the veranda. I, myself, took a seat there to await the arrival of my servant who had lagged somewhat behind, being tired. On his arrival my luggage was conveyed to my room which measured 7 by 7 and had its available space reduced to less by a few chests that belonged to the landlord. In spite of these drawbacks the above title for this inn is justified when all the surrounding are fully taken into consideration.

The evening meal, and this time of foreign food, was soon prepared and soon taken, and being tired, I decided to go to rest as soon as we had evening prayer together. But either my bones were too sore, or my tea had been too strong, or the room was heated too much it may have been only moderately warm according to the Korean mind or there were head stalls with the bells on during the night, the fact remains that I was able to hear whatever made a noise. By about two o'clock the moon must have risen, and I thought it was getting daylight. In this thought, I was confirmed by the landlord calling out to one of the servants to get the horse food ready. But when I opened the window, I was able to correct my error by the position and size of the moon. At last weariness of the flesh over came all noises and other drawback to sleep, and at about 4 o'clock I must have fallen asleep only to be roused at a quarter past five by my servant who brought me the news everything was being got ready for starting. Of course I had to take my breakfast first, which was ready by 6 o'clock. We mounted our steed at about 6:40 for another day's march.

Today the sun shone warm and there was no wind. But when the morning freshness (Chosen) had passed away, the heat became more oppressive. We, however, after two left the valley which we had followed since yesterday evening. Just at the last turn, I noticed a man at the butcher's work. The animal he was skinning was of the size of a small sheep or goat, only the legs were shorter. As I looked more closely, and examined the shape of the head, I knew that he had killed one of his dogs and was preparing it for a savoury feast.

The road from here was winding in and out among the hills in which were well wooded with pines, some of the hills having their sombre hues relieved by the bright colours of the azalea that grows here in abundance. Higher and higher we went till we reached the top of the pass where a really beautiful view opened up before our eyes, wooded hills and valleys in venture clad stretched below us. The descent was made quickly and at 10:15 we reached Che Tong Kol inn where we decided to rest and take some food. To save trouble I preferred to take Korean food, which in the case I found to be much nicer than I had been led to expect. As they always give boiled water at the end of a meal, there is a safe chance of satisfying one's thirst without incurring the risk of infection.

At 11:45 we were off again. The road was from here again but a field path until we reached the big river (틔하강). This had to be waded through as there was neither bridge nor stepping stones, nor ferry. Fortunately not for us on horseback there was a coolie just endeavouring to cross. So our mapoos instead of keeping us waiting until they had taken off shoes and socks asked the man to carry them over. Thus the mapoos sat on the man's back holding the rein of the horse on which, of course, I had preferred to keep seated. Here, too, we meet a coolie that was carrying a huge affair on his back. On examining it more closely I found that the load consisted of Korean cupboards, all set in one frame for purpose of easier transport. The man told us he had come from Taegu and was carrying the consignment from there to Ulsan, a distance of 230 li or some 80 miles. We passed through Ulsan city at 1:30 and reached Pyung Yung (pronounced Peeyung) at 2:30. Here we went to the house of the family that had been instrumental in making true Gospel known among their friends in Ulsan and neighbourhood. We were joyfully received and after the crowd of curious sightseers had dispersed we settled down in our quarters.

Saturday, 13th April 1901

In the forenoon we went to have a look round the town. There is a company of Korean soldiers stationed here, and we saw them at drill. They seemed to follow the German system and were practising that antiquated Prussian parade march that is so useless in the field. All their movements were carried out with bayonet fixed. One man's rifle had evidently got a little out of order, so he had tied his bayonet to the rifle with a string!

This was, however, no part of the German system. If a soldier happened to get out of step, one of the non-commissioned officers would rush into the ranks and treat the man to the measured time of a stout bamboo stick laid across the shoulders. If, however, a man was found to be unteachable, he was called out of the ranks and given a special treat. This evidently is part of the drill, at least in endurance and the men indeed stood the treatment well, for they, like the Spartans of old, betrayed no signs of pain. Korean discipline is evidently as strict in some respects as in the army they intend to imitate, only more closely adapted to the Eastern mind. In other respects, however, I thought the discipline to be defective since when I took a photo the soldier could not be kept from gazing so that one of the N.C. officers had to request me to be done quickly.

Towards evening rain began to fall, and it has all likelihood of continuing for some days. This rain will be a boom to a thirsty land.

Sunday, 14th April 1901

On account of the rain, only people living in Pyung Yung attended. I arranged for regular teaching in the Korean character every Sunday morning before worship so that in course of time they will all be able to read with perhaps the exceptions of the oldest of people. It was wonderful with what zest they fell to their task. I found there was one woman more intelligent than the ordinary run of them in Korea who had learnt the characters by herself by simply following the words in the hymn book. In the afternoon after the service I examined those that applied for baptism and formed a catechumen class. Fifteen were thus admitted and four that were account of the weather have to be examined later. The difficulty here is that their teacher is a catechumen himself but as he is more advanced in knowledge than the others he will be able to give them the instruction they need. Besides we shall come here as often as possible. I found them all sound in their faith so far as they have understood this truth. Indeed in the cardinal points they were very positive in their utterance. In the evening we had a prayer meeting. In fact we are holding a morning and evening family worship daily, at which several of our people also attend.

Monday, 15th April 1901

It is still raining. This rain entirely crossed my plans but not the Lord's. The day was spent indoor, and I fully learnt to appreciate the comfort of our house; for life in a Korean house on a rainy day is somewhat miserable. Even the Korean feels those drawbacks. You are compelled to live with ever so many others in one or two small rooms, there is no chance for exercising; but all day you sit on a heated floor and only occasionally get up to stretch yourself. The day was, however, whiled away by reading, writing (I had no English book with me), and talk. I found my teacher a capital story-teller; only I was not far enough advanced in the language to appreciate all the nice points he made.

In the afternoon I told them something about Indian customs and they were surprised to find so many coincided with theirs. These facts are further reason for the supposition that the Koreans originally in pre-historic days had come from India, having left that country at the time of the Aryan invasion and gradually as it is supposed having found their way to Korea.

Tuesday, 16th April 1901

The rain stopped during the night. But the ground was still wet; only by about one o'clock was it sufficiently dry to allow of outdoor exercises. Kim-Sebang of Changkey had arrived in the course of the forenoon, and as I had told my colporteurs, who came here a day before us, to go tomorrow to Kyung Chu, which is the home of one of them, they suggested to accompany Kim and then from Changkey to go to Kyung Chu. We saw them off till the river which they had to ford, the water reaching to their thighs. When they were safely on the other side, we returned here.

Tomorrow, we propose going to Mok Soom where some of the believer are.

We thus changed our plans and shall go as Mok Soom is on the way to Pusan only by a slightly longer route, and reach home on Friday instead of Saturday as we had originally planned.

Wednesday, 17th April 1901

We left Pyung Yung at 7:20. The roads were very muddy after the rain. Everywhere people were at work in their rice fields, ploughing and sowing. We reached Mok Soom at 12 o'clock. This is a fishing village on the coast of the Japan Sea. Here we had a fine illustration of the people's curiosity as it was market day in the neighbouring village, only seven minutes away through which or way was led, a lot of people came to the house so that they could see every one of my movements.

Boys were very much in evidence as they would be anywhere else. One of them seemed to think I was a very interesting animal of a foreigner, for he came up, walked around me and had a special look at my spectacles. Having apparently satisfied his curiosity, he ran off again; but I was mistaken, in a little while we was back with more or his ilk, and this time he intended to go further with his research. He walked round me on the veranda, tried the feel of my coat behind me, and finally pulled my hair perhaps to see whether I possessed the sense of feeling. This was too much and I suddenly turned and held him for a little. But he did not yell, still he was glad and smiled when I told him not to behave like this and gladder still I let him off. After this there was no more menagerie show for little boys.

But the old people made up their minds to have their full share of this rare opportunity. So I thought it was also a rare opportunity for me and asked my teacher to tell them the Gospel. To allow of their giving and undivided attention to the message, I withdrew into a room and closed the door where I was able to listen to the preaching. After about a half an hour when the teacher stopped for a while, I looked out to my surprise found that the audience had changed there being now only women present. After a time they, too, went off.

In the evening, we had a short meeting at the time of evening prayer. Beside the family who are relatives of Pi Pueen of Pyung Yung, there was one old woman present who had come some distance. The others had either not been informed or not had time to come. The man, a fisherman, had evidently paid too long a visit to a drink shop, for he was intoxicated and frequently punctuated Kim-Sebang's exposition with superfluous remarks. I could clearly see how ashamed his people were of his conduct. On me this occurrence had a depressing effect, for I had been informed that the man was a believer. Perhaps my authority had erred in his judgment or the man had given way to an old temptation. I am, however, inclined to think that his belief so far is only a head belief, and that the truth had not yet touched his heart. But I hope and pray that the latter may soon come about.

Kim-Sebang and I, before retiring to rest, again changed our plans. We considered that if we rose early, we might be able to reach Pusan in one day; we accordingly gave instructions to the mapoos to be ready at 4 o'clock.

Thursday, 18th April 1901

We were up at about 4:30 and ready by 4 o'clock. But the mapoos had not yet come. So Kim-Sebang went to see what the matter was. They had "slept long," as they said afterwards, which fact I did not doubt. The result was that they did come at 5 o'clock. We started at 5:10 without breakfast. The master of the house, before leaving, apologized to Kim-Sebang for his conduct before saying goodbye;

he was sober now. After crossing two hill ranges and fording a river we reached Nam Chang at 7:10 where we had breakfast. Here, too, we were surrounded by sightseers. Outside this village another river had to be forded, then we ascended a range along the ridge of which we rode for a considerable time. To the right we had high rugged hill, to the left there were hills, too, but lower, reaching as far as the sea, which was invisible. However, at a certain turn of the road, suddenly we got a beautiful glimpse of it. As we were very high, we could even see the hills of Japan beyond. After another rest for the midday meal at Cho Chan we pressed on past Kee Chang. The road here led for a time through real mountain scenery, rocks abounding everywhere.

Night fall when we were ten li from Pusan, which we reached at 7:45 to the surprised of all. It was a peculiar sensation to walk into the house without having to stoop and, after a wash at a wash stand, to sit down on a well spread table. I can now better imagine how the prodigal son must have felt on his return and warm reception at his father's house. We were glad to be back without any serious mishap, although Kim-Sebang came very near meeting with one as he was twice thrown from his horse within the last twenty li. He, however, escaped with a slightly sprained wrist.

Friday, 19th April 1901

Rain began to fall during the night and had continued all day. So we are glad we returned as soon as we did; we should find ourselves weather bound somewhere near Kee Chang.

Monday, 6th May 1901

Miss Brown left us today for Australia via Kobe. The "Ise Maru" came in yesterday afternoon; but as we were not sure of the time of her departure, we decided to go in early. As the boat did not leave before 5 p.m., we had time to do some business in the settlement. I had taken Miss Brown's luggage in a boat and Nelson and Herbie, with my teacher, accompanied me. As a strong wind was blowing in the evening we decided to return by land after we (i.e. this time Miss Moore and I) had seen Miss Brown safely on board. We are now for a time deprived of a valuable worker and shall, when the time comes, look anxiously forward to her return.

Tuesday, 14th May 1901

One of the Christian women of Chob had come into town last evening with a tale of woe caused by a certain man there who had abused them a great deal and given trouble otherwise by cutting down trees and so forth. While we told the woman that they, according to the Christ's teaching, ought to count it joy to be persecuted for Christ's sake, yet we could not help feeling that their lot was a hard one since they had a very large share of persecution before this. Kim-Sebang and I talked the matter over between ourselves. It had been my plan to go out this morning with Kim-Sebang and see the man personally, although I had my doubts as to the effectiveness of this method. Kim-Sebang, however, hit on a bolder plan than even this.

He suggested to send a relation of the man's, who was one of our Christian women here, and to summon him before us. Now, as Kim is not, as a rule, a daring man and as he moreover knows his Koreans, I approved of his plan, leaving the question of its feasibility in abeyance, the approved Korean plan, "Having seen, we shall know." But the man did come and we had our leading men ready. Kim-Sebang and Sin-Sangwan, in solemn assembly of the elders who were such in essence if not by appointment, reproved the man, gently, however, and made him confess that "he had done wrong" and promise that "he won't do it again." This mode of procedure was a revelation to me, but as it has now the stamp of "probation est" on it, who shall say it was a doubtful method.

Thursday, 23rd May 1901

I am back in the "Grand Oriental" of Se Chang, occupying the same room as six weeks ago; indeed there is scarcely another available. We were kept in Pusan a day longer than we had proposed, but the rain is a factor that one has to calculate with in Korea than anywhere else except India. At Tongnae we had to again change the pack horse, because he limped on the hind legs.

At one place we had to stop to shoe one of the horses, but the mapoo had everything ready. Things are done pretty much the same way as elsewhere, although I have seen one horse on its back for shoeing. The horse shoes are naturally much smaller, but have eight holes for the nails. While the shoeing business was proceeding, the other horse took the liberty to roll himself on the ground with all the luggage on. This, of course, would not do so, so the mapoo had to drip everything and to untie the other horse who was lying on his side.

Friday, 24th May 1901

Up at 4:30 a.m. when everybody and everything was already astir and after breakfast off at 6:20 a.m. The road was in places very slushy, the rivers were deep. But the weather was fine and the scenery charming. We reached Pyung Yung at a quarter past two in the afternoon after an hour and a half at Chi Tong Kol Inn for our midday repast at 10:30! Within a quarter of an hour of our arrival, almost all the "believers" living in Pyung Yung had arrived to salute us and bid us welcome.

Saturday, 25th May 1901

Went to 새장터 or "New Market" to see Ko-Sebang, Miss Brown's former teacher. He is in the employ of a rice merchant. We had a walk with him when we invited him to meet with us on Sunday as he had not been in the habit of meeting believers in Pyung Yung. The road was a difficult one as it leads all the way between rice fields. On the way back we were directed to a better road which, although longer, led to our destination in a shorter time.

Sunday, 26th May 1901

We had a very good attendance. People were able to come from all the outlying places as the weather was fine. They all were anxious to learn. Still they are somewhat reluctant to become catechumens and to thus signify their desire to be ultimately baptized. Two women who had been absent on the former occasion were, however, admitted to the catechumenate. Some who had given in their names withdrew them desiring to think over the matter a little longer. Pak-Sebang's brother of Chitang attended the services to day for the first time. Pak-Sebang himself was not present as he had gone to Taegu. But he seems to have returned that day having reached the neighbourhood the evening before. When he heard that the missionary was in Ulsan, he came in for the evening. His happy delight is an inspiration to others.

Saturday, 1st June 1901

We left Pyung Yung at half-past seven on Monday morning after having conducted worship with all the local believers present. Our destination was Changkey or its neighbourhood. We chose the easier road which, after crossing a range, leads along the east coast northwards. In the range the path became so rough and also steep that we almost dismounted. On the other side of the pass the road was much better so that we preferred to walk. The east coast has some very fine scenery in some places; rocks and beach are all jumbled up producing a most striking effect; but as a rule, clean, sandy beaches one to two miles long alternate with small promontories that exhibit a rugged weather-beaten front to the sea. I was delighted to find myself wrongly informed. The hedges afforded beautiful view to the eyes with wild roses of various hues clustering on them and, in addition, greeted us with a delicious perfume such as is not frequently exhaled by wild roses in the homeland except by wild briar. Having been told that Korean wild flowers lack perfume, e.g. the most beautiful violets, I was delighted to find it otherwise. A kind of dark purple rose was especially fragrant, I naturally plucked a few, and long after they had withered, my hands remained saturated with their agreeable scent.

At midday we stopped at a wayside inn to take our Korean midday meal, and while we were waiting till it was ready we had the opportunity to tell the people of the reason of our coming and speak to them of the salvation in Jesus Christ. We had willing listeners, who also became willing buyers of the Gospels we offered them for sale and further information. We left "Hash Inn" as the place was called at half-past two and reached Kam Po at half-past six, a fishing place of some importance stretching along the curve of a bay with a fine beach. We had some difficulty in finding an inn as the chief innkeeper had given up business on account of a death in his house. Finally, we were directed to what we took to be a separate hamlet, five minutes farther on, but practically forming with the other, one village. There was, however, only one room in which all the teachers, mapoos and myself would have to sleep if no other arrangement could be made. The landlord offered me a stuffy little room without windows to which access could be had only through the living room of the family. So I decided to sleep on the veranda and was none the worse for it.

On Tuesday we were up early, leaving Kam Po at 6 o'clock, and reached Changkey at 9:30. Changkey itself lies on a hill and looks like an ancient fortress. At the foot of the hill, the market of Changkey was held just that day. But as we were anxious to find the place where the headband maker Kim-Sebang lived, we did not stay longer than to make inquires about him. The appearance of a foreigner in these parts was evidently a novelty and the men that speedily gathered around us made various conjectures as to my nationality: American? Russian? Englishman? Finally they decided I must belong to the latter class.

Unfortunately my teacher had forgotten to get the name of the village where our friend lived; for usually the Koreans just simply state to what district they belong. I knew from the man's own mouth that his village was about 20 li to the west of Changkey whereas my teacher thought it was to the south east, which would have been the route we had just come. I thus learnt that Koreans are surely to be relied upon when the points of the compass have to be considered. After a good deal of time spent in enquiry, during which time my mapoo gave his pony a chance to bolt in order, I suppose, to make the waiting more exciting, we got the information we wanted following which we reached the place (Chat Tey) at half-past eleven and found our friend at home and glad to welcome us.

We had, of course, a good concourse of curious sightseers again, but we or I rather had got accustomed to being regarded a novel sight, and gradually we were left to ourselves to have a more personal conversation with our host. As we found that there was not much accommodation available in his house and no inn in the place, we decided to go on that day. We read a passage or two of the Scripture of which he explained the salient points, answered what questions he put and then had a session of prayer. I wished we could have stayed longer, for the man is quite alone and so young in faith yet that Christian companionship was an important factor. Still, under the circumstances, we could not do more but had to be satisfied with what we were able to do for him in the short time.

We left exactly at 3:10 p.m. the man accompanying us about a mile from his home. For a long time he stood looking after us, and my heart went out in great sympathy to the tall figure in white on the brow of the hill left there in his loneliness, and my only comfort was that no one would have more sympathy for him than his Saviour who had died for him too and that he would be near Him and the Holy Spirit, in all His plenitude of grace, would be his teacher and comforter.

At 6:50 p.m. reached Tasu, which is situated on the very shallow Unkoffsky Bay. The region through which we passed was very hilly. At a turn in the road we saw a beautiful lake lying before us encircled by bare rugged hills behind which the sun was preparing to set, and I was wondering why it had been marked on the maps. As we went farther on, the apparent lake widened into the above mentioned bay. It had been a delusion, partly produced by the maps showing Changkey far too south. The region around the bay is quite sandy for several miles inland, and it was hard work for our horses to get on in some places. The people in Tasu were a rough lot, for which reason quite apart from our being tired I did not feel at liberty to preach to them the precious truth of Christ's salvation.

Wednesday, off again at 6 o'clock. Had our midday meal at an inn that was recommended to us as the best; but I must confess that I would give up eating Korean meals if I had to eat many of the class I got here; for everything was dreadfully salty to the exclusion of every other flavour.

We passed through Kyung Chu, the ancient capital of Silla Kingdom, at about two o'clock. Great conical mounds attracted my attention but I could no exact information concerning them. We stopped near the great bell (greater than the one in Seoul). Many people crawled in under it, for it holds about a dozen to a score of people. I should have liked to stay for a day or two in this interesting place, but for some very definite reason we decided to move on after an hour's halt in order to reach a comfortable inn for the night which placed called 각젼 in Sino-Korean or 메억닉 in ancient Korean (possibly Silla), we reached by 6 o'clock. As there was a small river near, I went out to have a plunge in it till my evening meal always composed of foreign food was being got ready which means chiefly the boiling of water for tea or cocoa. This inn was newly built, and the proportions were on a much larger scale than they are generally found in the South Road good, through fertile valley which we were ascending.

On Thursday we breakfasted again at 5 o'clock and were on the march by six. We soon crossed over the range into a valley that leads south. In Un Yung we made our midday meal. While the mapoos were putting the luggage on the horses, we went on our way. After crossing the bed of a now small river, we halted to await the arrival of the horses. At last, after an usually long time they came in sight.

Here in order to see how long our patience would last, my mapoo gave his pony another chance to bolt after some horses that had just passed him. The pony went at full speed back through the narrow lanes of the town quite regardless of the fact that my camera was part of his load. I prepared myself to learn that in the wild race it had been dashed or crushed against one of the walls, but fortunately only a spring had given way. But my mapoo was prepared too, for he took his scolding quite meekly as an honest Korean will do when he knows "he has not done well" which latter phrase they use in the place of an apology.

Our destination was the Buddhist of Tong Do (통도) which is most picturesquely situated in the midst of a pine forest through which a fine mountain torrent runs, whose bed is strewn with huge boulders. It speaks highly for their good taste that they selected the site for their monastery in such picturesque surroundings. Still in this the Buddhist monks just resemble those of medieval Europe who, too, preferred beautiful mountain scenery to the plains when they had the choice.

One of the monks surrendered his cell to us for the night. In area it was about the usual size of a Korean room 8 ft by 8 ft, but it was much higher; the door, too, was high enough to let a tall man walk in without stooping. Its clean appearance spoke well for the cleanliness of the Buddhist monks. Although they never kill any animal, not even the flies or fleas or bugs, I felt sure that we would not be molested by any vermin.

Before my evening meal, I took a bath in the brook which in places was quite deep. Fish, I noticed were in abundance; but alas fishing is forbidden within the bounds of the monastery. We, of course, had a look at all that was to be seen. A monk showed us round the several halls, each one of which contained the image of Buddha but in different grouping.

As one of our attendants had at the beginning made a serious mistake by quarrelling with the abbot, my teacher and I cast about for a means of showing our gratitude; for lodging and the food of horses and men were given free of charge. We finally decided to treat the abbot to tea, cake and biscuits as could not offer him any meat. He readily accepted the invitation. When cake was offered him, he first asked whether egg or animalist fat had been used in its preparation. My teacher answered with the greatest sang flow: No. Perhaps he did not know himself. When ignorance is bliss, there is folly to be wise, and so I held my tongue. Before parting I gave him a Gospel.

The air in the cell was rather warm during the night and we had to be content with brief snatches of sleep. At two o'clock the bells of the monastery began clanging for about half an hour; then the chanting of prayer by various monks could be heard which was frequently interrupted by the striking and even tolling of bells. At five o'clock everybody was astir. For by six o'clock the rice had to be ready for the many hewers of wood and stone attached to the monastery. What a noise! But not different from that the night before between 7 and 10 o'clock.

When we were ready to start, the abbot appeared to escort us to the precincts of his little realm. With an invitation to repeat our visit and with best wishes for our journey he took his leave. I should add here that the office of abbot is conferred by the crown. Buddhism, therefore, is the "Established Church of Korea."

Thursday, 20th March 1902

Started this morning for Ulsan. The weather during the last three days having been as hot that in June with monsoonish S.W. wind; we expect very hot weather for our trip. During the night, however, the weather changed, a strong and cold E. wind having begun to blow. Thus we had to add winter clothes to our summer outfit. As the wind was so strong as to be almost blinding, we stopped at Tongnae in our usually frequented inn; but as the people were out of rice we had to forgo the Korean dinner and make a lunch of tinned meat, scones and tea. Before leaving I vaccinated four children of the household, receiving the price of my lymph and the hearty thanks of the parents.

We stopped 20 li further on at Anpyung (Rest-peace) and went to see Pak-Sangwan (Mr Pak senior) but found he had left his house to his son who had been the former innkeeper of the place and was also well known to us. He, himself, having been a widower for some years, had married again and gone to another one of his houses, he being evidently one of the four well-to-do people of the place.

After some time spent in conversation (chiefly about the doctrine), we were guided by the son to his father's house through the labyrinthine lanes of the primitive village where each compound is girded, by thick hedges of tall bamboo bushes. In Pak-Sangwan's house, too, the conversation turned at once to the subject of the divine truth, our host having again several questions ready to put to us.

As the time for the evening meal had approached, we arranged to meet for prayer and Bible study at the son's house. So far these two men are the only students of the New Testament in this place. After we had reached the house, we had to wait a considerable amount of time as the "old man" (an honorific title in Korea) had not yet arrived. However, the waiting time was well spent in explaining various matters to our young host whom we also taught to sing the hymn "What Can Wash My Sins Away." We have with these people always to insist on the inward spiritual meaning as opposed to the outward form as their religion be it Confucianism, Buddhism or Shamanism is to them nothing but a dead rigmarole of ceremonies and outward observances. This danger is especially great among the class that goes by the name of scholars in Korea, but we have to impress them with the new necessity of repentance and a change of heart without which the new religion would be of not much greater spiritual benefit to them than old worn-out systems.

The "old man" arrived after about an hour's time, bringing a friend with him who had evidently been detained. My helper seized this opportunity of giving in a general outline the chief truths of Christ's religion for the initiation of the newcomer, and as it was already late we desisted from Bible study proper but took up the rest of our conversation that had been interrupted by the their arrival. The "old gentleman" took up the Manual for Catechumen and began to read aloud from it for the edification of himself and all others present, and we had some difficulty in making him stop his reading to get a season for prayer. My helper afterwards remarked, the old gentleman did not want to pray very much, and we smiled, understanding their initial difficulties. As the truth gets more and more hold of them, they will delight in these spiritual exercises especially when they have the opportunity of meeting with brethren older in the faith. (I do not consider it out of place to ask our friends at home to remember these isolated men in their prayers that they may become steadfast in the faith.)

[The friend of 박싱원 was a 강 가 of 지촌, a market place in 기장 district, 20 li from 초젼, i.e. halfway between 초젼 and 남쟝.]

Friday, 21st March 1902

The proverbial equinoctial gales have this year come at their proper time. During the night the wind blew hardest. Although the sky looked very dull, we decided to push on. As the wind blew from the N. or N.N.E. we hoped there would be little rain. Before starting I vaccinated the 4-month-old son of Pak Jr. By the time we were ready to start, a slight rain had began to fall. As we got higher up, it stopped, and while we were on the leeward of a huge mountain in surrounding as peaceful as on any other day except that a gap between the hills gave a glimpse of the storm-tossed sea. Soon after emerging on the open plain, the wind came with its full force and after passing Ki Chang, the rain began not to fall but to be driven with such force into our faces that my helper afterwards thought it had been hailstones. After half an hour we reached shelter at Cho Chun, a former halting place of ours. Here we had no other choice but to stay, there being not the least hope of proceeding on the Korean roads that in rainy weather became perfectly dangerous.

Saturday, 22nd March 1902

Still weather bound. During the latter part of the night the rain stopped. But it is not likely to hold off long. As it cleared up after dinner, we decided to start for Pusan, but the mapoos would not go. In the afternoon we entertained each other with puzzles. This led to some stories about extraordinary cleverness. Here are two samples:

A Woman's Wit

War had broken out in the country which compelled a husband and his very beautiful wife to seek refuge elsewhere. While travelling they were one afternoon stopped by a band of robbers who demanded neither money nor goods but the beautiful woman as their prisoner. For this prize they were willing to let the husband go free. The latter saw no means to escape for if he refused to deliver his wife into the hand of the robber they could kill him or take his wife by force. So he resigned himself to their inevitable misfortune. Not so his wife was unwilling to be separated from the husband whom she loved dearly. She was, however, not only very beautiful but also a very clever woman. She began to parley with the robbers after having quickly counted and found they were exactly thirty.

"There being thirty of you," said the woman, "it will never do for me to become the wife for you all. Such a life is impossible. But I am willing to go with one of you."

To this the robbers assented. She went on, "Since none of you seem either beautiful or in any way preferable to the others, it would be very difficult indeed to make my own choice. Moreover, I do not want to appear arbitrary in this matter. So if you are willing, I shall employ the method in order to select the right man for whom Heaven has destined me."

"You form a circle, and I shall go round. Every tenth man that I count shall go out till only one is left and he shall become my husband."

To this they all agreed. But she went on, everyone hoping he should be the lucky one, "In order that you may not appear to be partial, let my husband stand in the circle with you that he, too, may have his chance with you."

Being fair-minded they agreed also to this condition without any misgivings. Then she began counting from her husband.

One, two, three, four, five, six, seven; suddenly she stopped here with a puzzled look on her face and declared she had made a mistake, after a short pause began counting again in the opposite direction beginning where she had left off. Round and round she went and every tenth man went out. When she came to the thirtieth round her husband and another man were left. Between the two lay the final choice. According to the order of counting, the odd numbers fell to the former and then even ones fell to the latter, thus when "ten" was called, the last robber went out.

The others stood all in amazement, declared: "This is God's choice; we cannot but accept it," and left the husband with his beautiful wife to go their own way.

Detectives ought to be the Cleverest Thieves

The former King of Korea (father of the present) was a good and wise ruler. He was not quite satisfied with the detective service, fearing that their detectives were not worth their salt. So he decided to test them. He took a small silk pouch, filled it with gold dust (gold sand), half full, and hung it up on a hook of the ceiling of his reception room, had the chief detective summoned and explained to them that he was not quite satisfied as to their ability but would give them a chance to show of what stuff they were made.

"If any of your number," he continued, "is able to steal this pouch containing gold dust (pointing to the pouch suspended from the ceiling), I shall not reduce either your numbers or your salary, but if you are unable to accomplish this feat, your days are numbered. For I give you only three days to do it in."

With heavy hearts they departed to inform their colleagues of the King's decision. No one seemed to carry out this piece of work, for the King had set watchmen (night and day) to guard the precious pouch and had made it a case of life and death for anyone who should fail in his duty. On the third day there appeared a comparatively young detective who informed the others that he would do the work. The others only too readily acquiescing, he went and sought an audience with the King that was granted. He had a good look at the pouch from all sides noticing all the details but hypocritically declared that he thought the task was impossible. Still he requested the King to grant two more days. His request was granted.

"For," the King said, "you will not be able to steal it even if I gave you a month."

The man went home and prepared a pouch in all respects perfect imitation of the original, filled it half full with common sand, and on the second day appeared before the King again having previously hidden the imitation pouch in the right hand sleeve of his ample court dress. He enlarged on the difficulties of the task, took the pouch from the hook and said,

"If I put it in my right sleeve," suiting the action to the words, "your Majesty will see it. If I take it and hide it in my left sleeve, your Majesty will still know it too." Putting it back he continued. "I am afraid the task is impossible. Still, will your Majesty grant us one more day?"

Smiling the King acceded. At midnight of the following day, the King sent for the detectives. When they arrived, he declared to them that the time of grace was ended and as they had not accomplished the task, he would dismiss them all.

They replied, "Is your Majesty sure that what we see is the original pouch?"

"Of this I am sure, for it has been guarded night and day as you are well aware."

"Will your Majesty satisfy yourself with your own eyes that the pouch contains gold."

The King took down the pouch, opened it and to his amazement found it contained common sand in place of gold. At first he would not believe that the pouch had been stolen but contended that they had employed witchcraft.

"Spirits only could have done this kind of thing," he exclaimed. But when he was assured that one of their number had stolen, he demanded to see the man and declared that he would not believe him unless he was able to tell him how it was done. When the man had explained that he had brought an imitation pouch in his sleeve and exchanged the two pouches during the manipulations during his last audience, the King laughed heartily and cried: "You are cleverer than the King himself. Let the detectives attend to their duties as hitherto."

Sunday, 23rd March 1902

Not being able to leave this place yesterday, we had no choice but spend the Lord's Day in this inn. The weather seemed fairly steadfast in the morning, but in the afternoon rain set in again. So our prospects for travelling tomorrow are small indeed. We had regular worship both morning and evening with hymns, scripture exposition and prayers. What is the Lord's purpose in keeping us here? Some time we'll understand. At any rate His purposes are, and were it only to teach us the value of meeting with other disciples or to make us appreciate the feeling of isolation of those believers who have none of the privileges that our Christians in Pusan enjoy Sabbath after Sabbath, this lesson would be even something. But the

Lord's way leads perhaps higher than even that. Is there a seeker after truth whom we might yet be able to meet only in this way?

Monday, 24th March 1902

In the morning we had occasional showers, but we decided to start for Pusan after dinner. I shot a water-bird (어리새) in the forenoon. We left a little after two o'clock and, travelling without a rest, reached Pusan at seven o'clock, feeling very cold and therefore glad to reach the cozy fireside. It was a little surprise for them to see as they had expected us back until the day after.

Friday, 28th March 1902

Yesterday morning, the weather having settled to "fair," we started after breakfast, my wife having smartly baked a batch of scones to give me a sufficient supple of bread. By the time we reached Tongnae (20 li), my horse, which was much inferior to the one I had last time, had turned lame in one of the hind legs. We soon secured a find, strong one and proceeded to Key Chal (30 li) where we halted for our midday meal. We had a talk with one Kang-Suksah of Seoul who was proceeding to Changkey. His mother, he said, had been a believer for some six years, and from his statements I gathered that she was a member of the Mead Memorial Church Congregation (M.E.C.). We gave him two tracts in which he had seemed interested. he promised to visited us on his return from Changkey.

Shot two pigeons (and 2 magpies) in the afternoon. We reached our old inn in Se Chang by 6:15 p.m., but found a new landlord there, who from all appearances had not yet been able to attract much customers. Our mapoos too were desirous of going to another inn. But we insisted on staying there. I had occupied my old room, which being minus the chests, was much more spacious.

In the morning we proceeded and reached Chit Tong Kol Inn by about 11 a.m. While waiting for the dinner we produced a session of reading the tracts for the people there present. One of them stole quietly away, another had the patience and perhaps curiosity, of reading through one. When we offered them for sale at 5 cash each, there was not one to buy one, although they never mind spending 6 cash on a bowl of country liquor. This is just a typical example of how ordinary man prefers what he imagines benefits to his body to benefit conferred on his soul. But perhaps if the tracts had been written in Chinese, they would have bought more readily, although few know more than a limited number of character.

Shot a wild goose near Ulsan. Reached Sillibang, where the saltpans are. The older Chang-Sebang had built himself a new house some 5 li from there. We went there being guided by his younger brother who still lives in Sillibang. We stayed only a short time, had prayers with them and then went on our way to Pyung Yung which we reached at about 6 o'clock.

The people here were delighted to see us, and when it was known we had arrived they came one after the other to greet us and to say what great fortune had befallen that we had arrived. It is now five months since I had been here last, various obstacles having prevented me from coming here earlier. The catechumens are all anxious to be baptized.

Saturday, 29th March 1902

Spent the day looking over the attendance roll, looking into various affairs, and in the afternoon I went to see a house that I was told was for sale. It is best I have so far seen in the south, and could be easily made habitable even by foreigners. To lessen tomorrow's work, I, in conjunction with my helper, began to examine the catechumen. They all, even the older women, were able to recite the Lord's

Prayer, the Ten Commandments and the Apostles' Creed; they likewise gave a good account of their knowledge of salvation, of the meaning of the sacraments and of simple church government. Only one woman had to be put back on account of insufficient understanding of the plan of salvation. One young man to whom the leader reported as being the originator of a quarrel with his mother had to be put back too. His own mother, who too is a catechumen, was at her own request not admitted to the sacraments as she, according to her own statement, was not possessed of sufficient peace of mind to profitably partake of these means of grace. It was eleven o'clock when we finished our sessional work.

Heavy rain has begun to fall.

Easter Sunday, 30th March 1902

Heavy rain having fallen during the night, we awoke to a wet day. As soon as people arrived, we examined them either for baptism or for the catechumenate. As the day cleared up, I decided to defer the administrations of the sacraments till the afternoon. In the morning service I took for my subject John 20:1-10. In the interval of the two services some more people having arrived, they were also examined.

At three o'clock we began our afternoon service. First I baptized twelve adults then four children for whom their parents responded. Then I administrated the Lord's Supper to the new communicants, and finally I formally admitted nine persons as catechumen. We have now a membership of thirteen communicants, the wife of Chang-Sebang having been formally baptized in Koonsan by a missionary of the American Presbyterian Mission South, of 14 catechumen, of whom two persons, being on account of the weather prevented from attending, might have been baptized today and of the five baptized children, one of whom being the son of Chang-Sebang, was baptized in Koonsan. There is besides a considerable number of adherents or enquirers. These people live in 8 different places. At my next visit I shall have the opportunity of admitting some more people who were not present today, as catechumens.

After the service, I vaccinated five children. Their parents had brought them to the service from a considerable distance and would be unable to bring them again tomorrow for vaccination.

In the evening those residing in Pyung Yung joined in a thanksgiving service.

Monday, 31st March 1902

In the morning I learned that the owner of the house that I had looked at on Saturday was unwilling to sell, but that a smaller property (1 house of 4 "squares" and another of 3) were for sale. We decided to see it and found it was just above the other property, therefore on a still higher ground. We soon agreed about the price which was settled at 250 yang = less than 4 pounds. A property for which I should have to pay in Pusan about eight times as much.

The receipt was duly drawn up, and we were ready to leave. All our people had turned up to say goodbye. We found the rivers still very high, although they had fallen about three feet since the rain on Saturday night.

In the inn at noon a man came in and said he would like to look my gun. I instead said he could have a look at a tract which I produced. He and a friend were soon interested and we were able to proclaim the Gospel to them and to sell at least three tracts (Bible and Catechumen), which is something considering the general apathy of the ordinary inn-frequenter.

We reached our customary inn at Se Chang feeling very cold as a cold wind had been blowing the last two hours of our ride.

Tuesday, 1st April 1902

During our journey today we met a lot of people trying to effect the transport of a log. Some fifty coolies were employed of beasts of draught. The men, often middle class, numbering about an equal number were there to encourage them as their share in the task. The village band had turned out with gong, drums and cymbals, and at the opening bars of the stirring rhythm of these various instruments, the whole company began to move, the coolies pulling, the semi-gentlemen shouting at the rhythmic intervals and the log moving too. What an effect! What a grand spectacle! "Parturient montes, nascetur ridiculus mus." (The mountains multiply, the stupid mind is born.) What matters it if the Koreans are satisfied with their mode of life. I learned that beam was destined for a public building and as all the citizens have to share in the public works, they chose this mode of expediting their business which decidedly fall very lightly on the individual shoulders. If with the least exertion and the greatest ado the common weal is efficiently served, there must indeed be some merit somewhere.

On my return I learned Pongsung and Popay of the orphanage had run away and were hiding in Yangsan Kogai (2 miles from here on the way to the Japanese Settlement) with an aunt of the former, that Miss Menzies had seen the police inspector and requested him to institute a search for the girls. As the inspector of police is a relation of Pongsuny's aunt, the matter looked rather suspicious.

Thursday, 3rd April 1902

I wrote a letter to the police superintendent we learned that the police had not yet done anything. He promised in reply to attend to the matter.

Saturday, 5th April 1902

Not having any news about the girls from the police, I went myself to the yamenin company of Sim-Sebang. As I learned that the police superintendent was absent that day, I demanded to see the inspector. I let him understand that his family connections coupled with the delay in this matter would throw considerably suspicion on him and that I should lay the matter before the British Minister in Seoul if it was not settled soon. I told him that I would certainly do so if nothing was done by Monday.

Sunday, 6th April 1902

The police inspector sent word the girls had been found and that he would send them in the evening. As rain set in, however, we knew we should have to wait.

Monday, 7th April 1902

The police inspector sent a message whether the girls, since they were not feeling very well that day and their clothes were not very clean, could not stay a few days longer, to which we replied that they were to return this evening.

Tuesday, 8th April 1902

Although we waited in vain for the girls last night, until they returned early this morning. In fact they had come out late last night, but finding the gate of the orphanage closed and being in no mood to face us, they went to a Christian neighbour where they spent the night.

As it was washing day, they were required to do their share of the work but they refused. However, after a brief exhortation from me, they went to their task.

Sunday, 29th November 1903

Today was our quarterly communion Sabbath. We had during the week examined one woman. But after the morning service three more women, who we had not expected to be ready for baptism, urgently requested to be baptized. A strict examination revealed unto us our previous misappropriation and we found that nothing hindered them to be baptized. Thus we were able to administer this sacrament to four persons instead of only one. At the communion 52 of our members were present.

At the close of the service a messenger came from Pak senior in Anpyung asking if possible for medical aid as he had a fall from horseback. We promised to go there tomorrow.

Monday, 30th November 1903

Dr Currell and I started this morning for Anpyung, which we reached after three hours and a half. We found Pak better than we had feared, at least there was no internal injury, still he was bruised a good deal. The doctor left a liniment, and a messenger returned with us to get some more.

Thursday, 10th December 1903

A year having passed since my last visit to Ulsan district, I set out today. We reached Imkey before nightfall. The servant of the inn is an inquirer and there are a few other people in the village interested in the search after the truth. We went to the village which is a little distance from the main road after the evening meal, taught them and prayed with them. None of them are yet able to enter the catechumenate.

Friday, 11th December 1903

A long ride lay before us. I therefore had my breakfast by candlelight and we left the inn while the frost was still lying thick on the fields and the sun had only just peeped over the shoulder of the hill. Before noon we sent our colporteur Kim, who had left Pusan earlier, and our leader Pak from Ulsan, who was on his way down to Pusan but readily turned homewards. As the day was short, we were still a good distance from Ulsan city before nightfall and after reaching it, we had to yet travel three miles further to Pyung Yung, our centre. As the night was dark and the stars gave only a faint light, it took us more than an hour to reach our destination. But we preferred this to sleeping in a Korean inn. It was nine o'clock before men and horses had taken their evening meals, neither of whom had anything to eat from two o'clock.

Saturday, 12th December 1903

The day was devoted to various administrative matters and preparations for the Sabbath.

Sunday, 13th December 1903

The morning service was fairly well attended, although the numbers are considerably smaller since the insincere would-be-members have discontinued attending. In the interval between, the candidates for the catechumen or for baptism were examined and thirteen communicants sat down with the pastor to the Lord's table. After careful inquiry a few catechumen were struck off the roll because they had discontinued attending the meetings.

Monday, 14th December 1903

A young man from Kumchun had been to Pyung Yung to learn something about the Jesus doctrine and left word that the missionary might come to his house and see him. As Kim was footsore and had a severe cold with fever, the leader Pak volunteered to accompany me.

The road leads east over a high pass across a range that separates the Pyung Yung valley from the east coast region. I had crossed this pass in May 1901. After an hour and a half we left the well-travelled mountains path and had to follow a very narrow track along a brook, after which Kumchun is probably named. I did not see any sign of gold, however. At one place the path leads through a wild gorge. At the end of three hours, we reached the village which lies close to the shore of Japan Sea and stayed for a few hours, during which we taught the man and his people a few salient doctrines and a hymn or two, and prayed with him, and at his expressed desire admitted him as a catechumen.

We found he had bought a good many tracts and portions of Scripture, and he still bought a few from us including a hymn book. As we did not want to embarrass the young man in his relations to his parents, who are still standing aloof, we insisted on paying for the meals they had prepared for us and my horse, although such a procedure is not customary in private houses. It was not exactly to my surprise that I found the price of my meals and that of the books he had bought from us exactly agreed; for no payment had been made for them.

The young man accompanied us a little of the way and then I found out that the Roman Catholics were fairly strong in that village, although they received hardly any spiritual care from the priest. Our friend was apprehensive of opposition or persecution from them. We got back to Pyung Yung after nightfall.

Thursday, 15th December 1903

A rainy day, and we are forced to stay indoors. The shelter for the horses is insufficient as they barely manage to keep out the rain. I have suggested to the leader the erection of a little hut to serve as a stable.

Wednesday, 16th December 1903

It was impossible to start early in the morning as the roads were still too slippery. A stiff north wind had begun to blow, but as we could not afford to spend another day at Pyung Yung we decided to leave after an early dinner. The wind was cutting. My servant who was leading the pack pony had hardly sufficient clothes to keep himself warm. (While preparing to cross the river below Ulsan city by a ferry, his hat got blown off, the force of the wind having burst his hat band.) Once my horse slipped and fell with me, but no harm was done. As we got among the hills the force of wind abated. Towards evening we had to cross a broad estuary. The available boat was not a ferry boat but only an ordinary fishing boat, we had some difficulty in embarking and disembarking the horses, which barely managed to step over the high board. About dusk we reached Hakdong (Crane-village). It lies as the Koreans say "about a pipe's smoke." (Korean pipes have only small bowls and a smoke therefore lasts about ten minutes) from Moksum, where I had been last in April 1901. I think I have described the bay of Moksum in a former diary. It lies on the southern shore, on what is geographically know as the Korean Strait.

We have one catechumen at Moksum (hitherto attached to Pyung Yung which is four to five hours distance.) I had been invited to Hakdong by an elderly man Kim-Sengkil, who had formerly lived on Deer Island, which lies opposite Pusan had become a catechumen under the American missionaries, but had returned to his village to live permanently there, I found he had taught his whole family;

wife, two daughters, son-in-law and grandson, so that they were all ready to be admitted as catechumens. As with the catechumen from Moksum, who met with us that evening, the group consists now of seven catechumens; I appoint Kim leader of this group.

Thursday, 17th December 1903

The weather is still cold. All the brooks are frozen. The wind has stopped. After morning prayers we left Hakdong and planned to reach Sesaing (west life) at about noon, to enable us to get to Naytuk. Before reaching the former we again had to cross the mouth of a river by an ordinary boat. Here, while waiting for our dinner to be cooked, we spent an hour with a catechumen who had formerly lived in Pyung Yung, when he was a private soldier there. Now he follows his former trade of pipe maker.

In the afternoon colporteur Kim left me to meet me again at Kaychen city the following day. We went to Kaychen to see a few catechumen attached to Naytuk. But our detour was in vain as they were away from home. The sun had now disappeared behind the western hills and we had still two hours to travel, which meant again as in the summer that we should have to climb the mountain path to Naytuk in the dark. But tired though we are we must reach Naytuk as colporteur Pak had been instructed to wait for us there and we were already two days overdue owing to the unforeseen trip to Kaychen and the rain.

We were warmly welcomed, although our arrival was late. While I ate my evening meal several of our people sat around and took note of the various items with great interest. After that we had hymns and prayers. When we had finished a few more came in and proposed a few hymns at ten o'clock. We indulged them a little and then with gladness I sought my couch, viz my camp cot.

Friday, 18th December 1903

After breakfast church business was transacted and two more catechumens were admitted after a satisfactory examination, after which, we bade them farewell. The day was cold and a west wind was blowing, which the Koreans significantly call the "knife-wind." If a friend had passed me, he would not have recognised me this morning as I was muffled up, only my spectacles showing under my hat brim turned down in bush fashion. Still I was fairly comfortable. We reached Kaychen city at one o'clock and ordered dinner at the inn. While waiting for it we examined an inquirer Kim-Sengchin and admitted him to the catechumenate. After dinner we went to see another inquirer who was sick. I found he was suffering from dropsy and was beyond medical help. We prayed with him and read portions of Scripture to him with explanation.

In the evening we reached our familiar group Anpyung. Old Pak was still suffering from his fall but was able to sit up. In the evening we had our usual meeting.

Saturday, 19th December 1903

I returned home at dinner time and found the whole family suffering from colds. But in spite of that their faces beamed a welcome, foremost among which was that of little Norman, who was glad to recognise his own father in the rough-looking traveller. Nine different places have thus been visited on this trip and twelve catechumens admitted while the establishment of a new group (Hakdong) is also to be recorded.

2. 브라운의 영문일기 (Journal of Miss A. Brown)

– 1900년 5월 12일부터 1906년 5월 7일까지 –

1900

May 12th Left Fusan for Ulsan 10th inst. Arrived yesterday. Am quite a curiosity here. Crowds of women & children come daily to 구경 me. Yesterday (Sunday) we had greater crowds than ever all day long.

19th Returned from Ulsan.

24th Dr. & Mrs. Clark our guests that evening.

25th Organized Junior C.E. Society.

26th Dr & Mrs. C., Miss Benjamin left for Vladi.

29th Mr & Mrs. Baird returned from furlough.

July 3rd Belle returned from Japan Miss Melton with her.

12th Miss Harris arrived by Yamashira Maru on which she & Miss M. left next morn for Vladivostok.

14th After long waiting rain came today.

23rd Misses M. & H. returned from Vladivostok.

31st Belle's birthday we three took supper at Mrs K.

August 21th Esye Bang & Sun Pagie left us for Wonsan. We were sorry to lose E. but he had no wish to remain in Fusan after his unpleasant cooperation last month with Son Moksa.

Sept 4th Bessie & Miss C. left for Chemulpo.

8th Dr and Mrs J. arrived from Taiku.

Oct 5th Returned yesterday from Kusay & Mandekey after a three days trip

12th B. returned from the North.

29th Mr & Mrs Engel & three children arrived from Australia.

30th Hardie girls came.

Nov 20th Left home for sulphur springs.

21st Went to 션초 today 20 li from spring.

22nd Visited 신에 10 li distant.

23rd Visited upper & lower 손치 before dinner. Afternoon went to 군산 women all very attentive, but very dark & ignorant.

Dec 4th Visited Yusan, 아레 군산 this a.m. reached home, about dusk.

1901

Jany 1st Last night we held a watch night service, quite a number of women & men present. Motto for the year chosen by Mr Engel. Joel 2:18.

2nd All the other missionaries here took afternoon tea with us today.

10th Kapsu's mother & I went to 모곳 ten li distant had a very good day.

24th K's mother & I revisited Kayme where we had been three months ago were kindly recd every where. Heard of queen Victoria's death on my return home.

31st United prayer meeting held here this p.m. Mr Engel addressed us from Isa 55:8.

Feby 6th 18 women, 6 men, three boys examined for baptism.

7th Chobe women, 6, one from Kusay.

8th Young women & girls in Orphanage.

Sunday Feby 10th A great & glad day when forty one adults & twenty seven children were baptized in the Name of the Triune God. service a very impressive one. Miss C. was with us. Afternoon a praise meeting.

17th Went to Chobe, accompanied by 순남이.

25th P. meeting held at Mr Kosse's. Mr Sidebotham gave the address from Heb. 7:20.

March 3rd Sacrament of Lord's supper. dispensed by Mr Engel fifty mature communicants partook of it.

9th A little son born to Mr & Mrs Engel. (Mark)

April 4 Belle left us for Nagasaki.

May 2nd Miss C, Mr & Mrs H. & I went down to Masanpo for the day. I returned with Mr & Mrs H. next evening, Miss C. remaining on an itinerant trip.

8th Left Fusan for furlough 6th inst. reached Kobe this p.m.

10th Sailed from Kobe noon today.

12th Nagasaki said goodbye to Belle & friends there.

June 17th Arrived in Melb. after a very pleasant voyage.

18th Ballarat by express.

Sept 29th Began my deputation work with two meetings at Stawell, afternoon & evening.

Oct 3rd Returned to Ballarat, after visiting Win. Presby.

5th Meeting, Beaufort.

8th & 9th Smeaton & Mt Prospect.

11th Ebenzer. P.W.M.U. large meeting.

15th Set out for Goulburn Valley. Presby.

Nov 12th Returned to Melb. Assembly week. spoke at Ladies' Conference, Wed afternoon.

Dec 21st Returned to Ballarat after a five weeks' tour in Gippsland Presby. including Orbost.

1902

Jany 3rd Came to "Lumeah" with Freda to spend a week or two.

13th F. returned to town today.

14th Meeting in the little church here last night.

26th Meeting at "Darriwill"

27th Came on to Meredith today.

31st Meeting in Meredith Presby Church.

Feby 1st Back to Ballarat.

7th United meeting in Kyrie St Ch. Geelong

8th Left Geelong by train for Camperdown thence coach to Darlington. Miss D. & Mrs Millar met me.

9th (Sunday) Meeting in Church at Darlington morning, another at

Dundonnell afternoon.

10th Addressed members P.W.M.U. Darlington

12th Very wet, unable to go to Gerang

13th Miss Atcheson drove Miss D. & me over to Gerang, Meeting that evening at Noorat.

14th Addressed members PWMU Gerang afternoon meeting held in Church vestry. Sunday p.m. spoke to S.S. children all greatly interested in hearing of the Coreans.

18th Cobden. Evening meeting.

20th Worrnambool, Wangoom. Framlingham, Ellerslie, united (23rd, Woodford)

23rd Port Fairy. Evening meeting.

24th Camperdown formed branch.

March 2nd (Sunday) Beeac. Spoke at evening service, at out station, afternoon to S.S. children.

3rd Beeac. Monday evening. meeting Beeac.

4th Colac. evening meeting.

5th Winchelsea, afternoon formed branch.

6th Meltham (Barrabool) formed branch

12th Weerribee afternoon meeting.

13th Home to Ballarat, 15th S. S. Picnic

19th Melb. last night Dr C. ordained for Corea

22nd Left Melb. via Queenscliff for Ballarat, saw Mrs M. & Mrs D, also Julia L. at Sorrento.

April 3rd Nth Melb. arrived today from Ball. staying with E. D.

4th Meeting Toorak Church Hall.

12th Returned from Philip Island, meeting there Friday night.

13th Beginning of Sinkt Mission. Dr T. preached Baptist Ch. Collins st. Went out to Toorak to hear Dr Torrey this p.m. but Mr Geil conducted the Bible reading. Very helpful, subject God is Love.

During April & beginning of May. Visited Hawthorn, Mentone, Brunswick, Essendon, Collingwood, E. Melb., Nth Melb., Footscray, Coburg, St. Kilda W., St. Kilda East, Armadale.

May 19th Arrived in Bendigo from Melb. this evening. Staying with Misses D.

21st Addressed S. S. children, yesterday p.m. connecting this evening St. Andrews. Visited also in Bendigo Presby, Inglewood, Charlton, Wycheproof, Kerang, Eaglehawk, Golden Square, Castlemaine, Echuca! Rochester.

June 5th Home for a rest before sailing for Fusan beginning of August.

9th Thanksgiving service Alfred Hall, re close of War SA

20th Anakie. for a day or two to say goodbye to folk here.

27th "Peace" Demonstration, Ballaret school children, addressed by Mayor, opposite Town Hall.

29th Mother ill, Pleurisy.

July 15th Farewell meeting Ebenezer.

Left Ballaret via Geelong, addressed that evening class of girls at East St. Kilda.

August Tuesday 5th Left Melb by express for Sydney.

Thursday 7th Sailed from Sydney at noon today by "Kumano Maru", only another woman 2nd class three men.

9th Brisbane, Miss B. & Maud K. came down on tender, to see me. Mr S. of am. with them. Mr G. came on board here.

11th Townsville.

13th Thursday Island, met Miss White, & Miss Buchanan. Mrs M. & child left ship at Manila, a good passage so far.

20th Left Hong Kong, midday, Miss W. who is going to Tokio came over to see me from 1st class.

Sept 7th Fusan, Had a very rough trip from H. Kong to Nagasaki, but smooth across to here, arrived three days ago & found all well, weather very 덥소, Cholera very bad in village 붕름리 died (15) & was buried by moonlight this evening.

Oct 8th Left home for Kusay, with Eusurie, stayed with 졔슈's mother, E. I visited while there 오륜ᄃᆞ, 셕은듬이, 셰마을, 모ᄃᆞ, 쟝, 짐 & another. Returned to Fusan 11th.

12th Communion & Baptismal service, Railway engine made its trial trip in the afternoon, ran about 10 li out.

22nd Belle left us for furlough. Pongnama married to Ko Sucsa, this a.m.

Ulsan 29th Arrived yesterday from Fusan with Heday's mother. rec-d a warm welcome from the Xtns.

Nov 13th Eusurie & 박셕ᄉᆞ came from Fusan 오후.

14th Visited Ulsan Emnay today. Had a nice time with the women there.

17th Quite a number of "saseayes" came in tonight. Women very busy during the day with rice kakes.

20th Mr E. & 심 셕ᄉ arrived while Eusurie & I were at 셔쟝ᄃᆡ

23rd Sunday, a 샹거라은 day very hard on the 목ᄉ. Evening a better spirit prevailed.

26th Safely back in Fusan.

Dec 1st Prayer meeting 죠량 conducted by Dr C. Met new workers of am. mission.

2nd Devotional & big meeting at 손목ᄉ's, 샹거랍소.

7th Baptismal Commu. service here, three women & a man admitted to church membership.

8th Herbie's birthday, B & I invited tea.

23rd Hurbie and Gelson ill with measles, afternoon tea and Xmas tree at Hurbies'

1903

Feb. 3rd 진순이 came to us.

7th Mr & Mrs H. left us for Nagasaki after a fortnight's visit.

March 8th A son born to Mr & Mrs Engel. (Norman)

10th United prayer meeting, ᄉ목ᄉ's, addressed by Mr Adams.

August 8th Moved into our new house. such a lovely change from the Corean one.

15th Mrs C. came to spend a day or two with us while Dr away in country.

Sept 2nd Annual meeting (first) held at 죠량 yesterday 편소.

14th Mr E. & Sim left for Pyengyang.

Oct 3rd 취쥬 died early this a.m. Mr E returned from the north later. & 취쥬 was buried this evening.

5th Prayer meeting at 심 목ᄉ's met ᄃᆡ구 friends there. afterwards Mr & Mrs B & Mr S. came to stay a day or so with us.

7th Taygoo folk left us today. B. & Mrs C. went down on the train as far as Kupoo with them.

15th Dr I. & Mr H. called.

20th B. left for a fortnight's visit to Ulsan.

21st Dr C. & Mr Peacock called.

18th (Sunday) Began to visit Umnay with the hope of getting a weekly class meeting established there.

24th Made up S Order this p.m.

26th Went to Eumnay yesterday but was not well met.

Nov 2nd Got a room inside city wall (Eumnay) during week & began to meet with women there yesterday. stayed all night. Had several women & girls in.

1904

April 4th Came out as usual yesterday to stay a week in the city. Today being wet, have not been able to go out nor have had any visitors.

5th Visited outside east gate this a.m. & in city after dinner.

6th Visited inside east gate & in this neighborhood, 16 houses all & 50 people. 5th 10 houses, 45 women.

7th Today being "Chang" visited only in the morning 10 houses & 20 people four women came to the house to see me, had usual evening meeting with women here.

8th Eleven houses, 24 women.

9th Twenty nine houses, 67 women.

10th Visited Kusee, & met with Xtns there.

11th Returned to Fusan, calling at Chobe on its way to see lame woman.

May 3rd United prayer meeting at Mrs S's.

27th Sim Suc Sa's ordination service, in new church building. Present Revs. S. A. & C. service conducted by Rev. G. Engel.

29th Sunday, Baptismal, & Communion service, two men, & two women, admitted to Church membership. Visited Eumnay on Sat. 28th this week three women there asked for baptism.

30th B & I went by train to Mereang today.

June 7th United service Rev. A's.

11th All invited on board "Indramayo" p.m.

Sept 11th Left Fusan yesterday for Seoul per S.S. Ohio with Am friends. day dull & wet, but smooth sailing.

12th Emberly's Hotel, attended meeting of C. this p.m.

21st Was present at Miss P's wedding reception last night, staying with Mrs B.

23rd Left Seoul by train for Chemulpo. No accommodation at hotel, came on board ship with 목ㅅ & two boys.

25th Fusan ward bound Dr M. & M. fellow passengers.

26th Home again.

Oct 6th Little Chinsoonie died. B. left for Japan. Mr & Mrs A & children stayed all night left early by train next morning for Taigoo.

12th Called to C. Annie born, which interfered with our plan of going to 구보 for a picnic the occasion being by Eb 생일.

13th Mr E. came in & made arrangements for 수남의 wedding with Chung Sye Bang of 볌곡.

14th Mr E. attached by Jap coolies.

26th Returned home.

Nov 7th Mrs E's birthday & prayer meeting at Rev. H's Mrs E. I went.

14th Belle returned from furlough.

21st Sun Namie's wedding day.

Dec 22nd Pobay's wedding day.

28th Taigoo, Came up to help Mrs A. with her winter Bible Class for women.

1905

Jany 11th Returned to Fusan found all well here.

Feby Bessie, & I spent ten days in Eumnay & also visited 범곡, brought 순남이 back with us for a few days.

April Bessie left us for furlough about end of month.

May Spent three weeks in Ulsan, & Nayduk districts.

Aug Away in Gensan, for much needed holiday.

Oct Dr & Mrs C. spent three weeks with us preparatory to their going to Chinju.

Oct 26th Miss Niven & Miss Kelly arrived from Aust. a welcome addition to our staff.

Nov 3rd Paikmyung & I left home to visit Ulsan district. travelled 1st day as far as Sechang. Coolies mad when we reached Hangtarie at dusk & found 마부 had gone on.

4th Sat. A bitterly cold day. Started out at 7 a.m. stopped for dinner at Ulsan Eumnay & reached 병영 about 4 p.m.

5th Sunday still cold. had a nice time with the Christians who turned out well in spite of the weather.

6th Paikmyung, & Heday's aunt went down to Songchin to secure a room for us to stay three or four days in.

7th Arrived in 송진 today but for some reason or other the 쥬인s here have changed their minds & say we cannot remain longer than one night.

8th Removed to Paksyebang's where we have to share a wee room. It was like creeping in & out of a den every time we moved.

9th Visited 소임 쟈일 divisions. People afraid to take the books lest they should be made to believe in spite of themselves, one boy brought his back to us & went off with out even asking for the money.

10th 쟈동, 고불개, 하동, 하산, & 세셩.

11th 상방 & 쟝터. Returned to 병영. In some of the places visited the people took us for begging priests & told us they had nothing to give us (대소 가소). Baik's wife who used to oppose his being a Xtn is now an earnest one herself, she was brought to decision through the illness of her child.

12th Sunday. Eumnay. had a nice time with the Xtns. the day was a lovely bright one. Kim Colpt. arrived from Fusan bringing letters with him.

14th Went down to Ulsan Eumnay, stayed with Mrs Kim who has a dear old mother who is blind, to whom I taught the Lord's Prayer & a verse of Scripture.

17th Haktong, Walked over from Ulsan yesterday & got caught in the rain, today is bright & fine & we feel none the worse for our wetting & ten mile walk.

18th The Xtns had meetings with them yesterday (Sunday) & practice some new hymns at the pryer meeting last night. Have taken advantage of a quiet day here to do some letter writing. Purpose going on to Sinwul tomorrow.

23rd Fusan, Sim Suc Sa came to Nayduk from Sinwul and after hearing his report of visit there I decided to come home direct.

24th Paikmyung arrived today had a hard time with a yangban mapoo who did not know how to manage his horse.

Dec 26th Mr Sidebotham opened women's class which is to continue for ten days.

1906

Jany 3rd Dr I ordered Mrs E home to Aust.

5th Today at reading lesson (Korean) it was Jum to see women turn their faces into the corners of the room and pray for grace to learn the Character.

12th Mr Smith closed the class.

14th Sunday. Mr E. left by steamer to take out Mrs E's passage at Shimonosekie.

17th Belle & Mrs E. sailed by Railway steamer to Shim. last night. We and the children went on board to see them off.

18th B. returned this a.m.

22nd Mrs E. unable to get "Empire" at Shim. sailed by Tiayuan from Kobe today.

23rd Mr E. came home today.

March 12th Paikmyung & I set out on an itinerating trip. Today are spending the night at Eumnay.

13th Kusee, arrived about midday & were warmly welcomed by the women here.

14th Visited.

15th

16th Visited, Orunday & Dinghol.

17th

18th Sunday. Eighteen women gathered for worship today. Afterwards Paikmyung and I walked part way home with the Dugutong women.

20th Sinwul. came up here yesterday from 두구동. Just got in when rain began to fall. But in spite of it we had a number of women & girls in to see us. "Is it necessary" used as a lamp stand, demands for it from various parts of the room.

21st Had many visitors today while sitting out of door chairing a luce in the afternoon. doing a little sewing a woman came into the courtyard & exclaimed "Oh! you can see to sew. I thought by the colour of your hair your eyes would be too dark." & pointing to the insertion in my work she asked, "What is that looks like a coarse strainer!" We met sixty women & sold thirty books. expect to leave tomorrow for Nayduk.

Friday 23rd Had a nice walk over from Sinwul to here (Nayduk) yesterday. Chay Sucsa's mother saw us coming over the brow of the hill & called to her sisters "Our Juwen is coming!" & out they rushed to meet us one with her hand all covered with a brown sauce she'd been busy making. Saw a wedding here this p.m.: table in gold with pair of live fowls on, sprinkling of water, drinking of wine, bride & bridegroom bowing to each other, (and) she with face veiled.

Monday 26th Expected to have left for Pemkok today but Paikmyung ill.

28th Pemkok. Reached here this eve. Paikmyung by chair. I walked with 죄승셕ᄉ's mother. A long 40 li met 졍셕ㅅ on the way who told us 심셕ᄉ

& 목수 gone to Pyengyang.

29th Wet. Went down to Anpyung this p.m. & saw two Xtn women there.

30th Eumnay. Bible woman gone on to Fusan. I remain for Sunday.

April 1st Reached home yesterday. Alice & Mary left for a week's visit to Eumnay.

9th Took Belle's classes for her. Yesterday A. & M. returned this p.m.

12th Expected to have left for Ulsan today but mapoo disppointed me.

18th Delayed till yesterday by rain. Mary & I had a good trip up to Syechang. I am very noisy did not sleep much. Arrived Peyung 5 p.m. today.

Sat. 21st Day very wet. weather looks doubtful for tomorrow Sunday.

23rd The weather cleared up enough for all the Christians to gather for service.

24th Visited 세경더 today & saw my former teacher 고셩원.

25th or 26th Eusil & I visited in city (Peyung)

28th Sat. We walked over to Haktong yesterday and returned today being misdirected yesterday we went quite 10 li out of our way & did not reach Haktong till 3 p.m. M. & I went down to the beach later & had a good paddle which rested our tired feet.

Monday 30th Had a good day yesterday with the Christians in Peyung. Came down here to Ulsan Eumnay this a.m. Put up at Mrs Kim's house where quite a number of women came in to see us in the afternoon. & after 구경 ing me said to each other, "Let us go & see young one, now!" Mrs. Kim's daughter came to me hurriedly with a terrified face & asked me to go down quickly to over room across the yard where M. was studying as her father was coming to the house. He came in presently and scolded a great deal. Mary & I watched kin through peep holes we had made in our paper door for air. Later the wife came and papered new house ventilators as she was afraid he'd be angrier still if he saw them. After he had gone we were requested to leave the house and to go a relative's where a room was being prepared for us. We are rather glad of the change as the house is a better one and the outlooks much more pleasant. We're sorry to leave the Grannie of the other home when she is so anxious to learn. Kim Suc Sa came here this evening to apologise for his father's behaviour, and asked us to return to the house, but we are more comfortable here and shall stay. It was something for Kim Suc Sa to come to us in this way as last Nov. he even was not in favour of my staying in their home.

Have decided while here to meet with the Christian women every morning for study and visit in the city from house to house after dinner.

Tuesday May 1st 1906. Today very wet. Ten women met at Mrs Kim's house for study we went there on account of the Grannie. There was no fear of her son-in-law turning up today.

Wed 2nd Also wet. Unable to do any visiting these two p.m.

Thursday 3rd Visited 쇼박동닉 this afternoon.

Frid. & Sat. Visited Ulsan city, saw in this trip 50 women.

Monday 7th M. & I walked up to Peyung with the women from here yesterday a.m. & had a very nice time with the Christians there. It was hard to say goodbye to them when parting. Expected to have left for home today but are delayed by weather. Met with the Christian women again this p.m. for study. They are glad we are detained.

3. 왕길지 선교사 연표

1868. 10. 10.	다니엘 엥겔의 장남으로 독일 남부 도시 뷔르템베르크왕국 로텐아커에서 출생
1872. 5. 18.	아버지 35세로 사망
1872.	네카르하우젠(Neckarhausen)으로 이사
1883.	뉘르팅엔(Nürtingen)의 Lehrer Seminar 입학
1887.	위 학교 졸업.
1889. 7.	에빙겐(Ebingen)에서 개최된 선교대회에 참석하고 선교사 결단
1889. 8. 29.	바젤선교회 선교훈련원(Basel Mission House) 입학
1892. 6. 6.	바젤선교회 인도 푸나 선교사로 파송됨
1892. 7. 이후	짧은 기간 에딘버러에서 선교 연수
1892. 말	인도 푸나 도착
1894.	푸나의 테일러 고등학교 교장으로 임명됨
1894. 12. 19	감리교 출신 여선교사 Clara Bath와 결혼
1896. 10. 1.	장남 Fred 출생
1897. 12. 8.	차남 Herbert 출생
1898. 11. 11.	호주 빅토리아 주 멜버른 도착
1899.	스타웰의 하버드 칼리지 교장 취임, 스타웰(Stawell)에 정착
1899. 5.	빅토리아장로교(PCV: Presbyterian Church of Victoria)으로 이적, 1900년 5월 정회원이 됨
1899. 5. 20.	장녀 Dora 출생
1900. 9. 19.	한국선교사로 파송되어 멜버른 떠남
1900. 10. 29.	한국 부산 도착. 여전도회 연합회 사역 총괄
1900. 11. 4.	부산진교회 목회 및 경남 동부지역 순회목회 시작

1900. 12. 9. 부산진 좌천동의 한옥 예배처소로 사용
1901 ~ 1918. 25개 처 교회 설립 혹은 설립지원과 순회목회
1901. 3. 9. 3남 마크(Mark) 출생
1902. 6. 14. 부산진일신여학교 제2대 교장 취임
1902. 9. 15. 장로교공의회에서 신학교육위원회, 찬송가위원회 등 활동
이때부터 여러 위원회와 평양신학교 교과과정 심의위원으로 활동
1902 ~ 1927. 찬송가편찬위원회 활동
1903. 3. 8. 4남 노만(Norman) 출생
1904 ~ 1905. 장로교공의회 의장 피임
1906. 1. 17. 부인 신병 치료차 부산을 떠나 호주로 향함
1906. 4. 2. 부인 클라라 바스 시드니에서 사망
1906. 4. 평양신학교 강사(교수)로 교회사 등 강의 시작(연 3개월 간)
1906. 10. 첫 안식년으로 멜버른으로 돌아감
1907. 7. 3. 한국선교사인 브라운(Agnes Brown)과 혼인
1907. 9. 17. 안식년 및 결혼 후 부산으로 돌아 옴
1909. 5남 조지(George) 출생했으나 곧 사망, 복병산에 묻힘
1911. 10. 21. 6남 프랑크(Frank) 출생
1911. 12. 6. 경상노회 창립 및 노회장으로 피선(1912. 8. 31일까지)
1913. 6. 이후 호주선교부 숭실대학과 협력 및 이사로 활동(1937년까지)
1913. 10. 15. 차녀 엘지(Algy) 출생
1913. 9. 7. 장로교총회 제2대 총회장으로 피선 (1914. 9월까지)
1915. 1. 첫 단행본 『긔졍후 수기』 (평양예수교서원) 출판
1915. 3. 두 번째 단행본 『古敎會辨證論』 (평양예수교서원) 출판
1916. 9. 20. 경남노회 창립 및 노회장으로 피선 (1917. 12월까지)
1917. 4. 평양신학교 교수 겸 이사로 선임
1918 ~ 1921. 「신학지남」 창간 및 초대 편집인으로 봉사

이후 각종 논설 혹은 논문을 발표함

1919. 2. 평양으로 이거, 평양신학교 전임교수로 활동(1937. 3월까지)

1920. 1~1923. 6. 숭실대학 교수

1920 ~ 1930. 구약개역위원으로 성경개역작업 동참

1921. 6. 15. 미국 오하이오주 소재 우스터대학(Wooster College)에서 명예신학박사(DD)학위 수득

1937. 3. 평양신학교 교수 사역 마감, 한국에서 은퇴, 멜버른으로 돌아감

1938. 8. 31. 선교사로서 공식 은퇴

1939. 5. 24. 멜버른 시 버우드(Burwood)에서 사망

1939. 5. 27. 스프링베일 공동묘지 안장

1954. 8. 16. 부인 브라운 사망

4. 왕길지 선교사의 가계

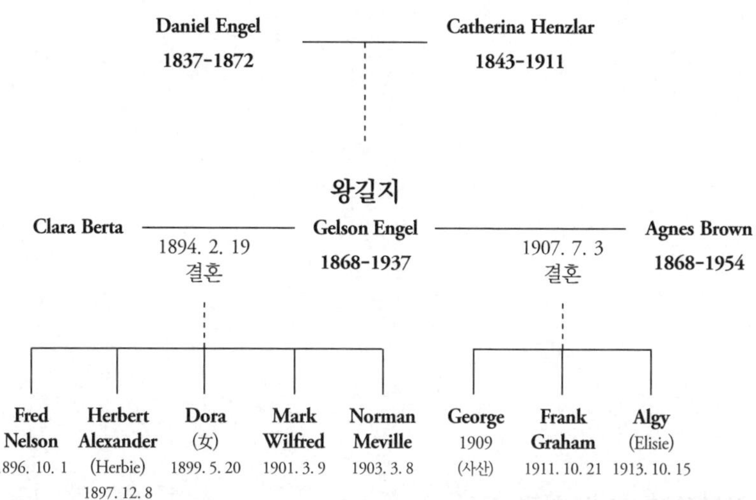

1915년 당시의 왕길지 선교사 가족
왼쪽부터 Fred, Norman, Brown, Frank, Herbert, Engel, Algy, Mark, Dora

왕길지 王吉志**의 한국선교**

초판 발행일 2017년 4월 30일

저 자 이상규
발행인 황준성
발행처 숭실대학교 출판국
등 록 제14-2호(1982. 1. 25)
서울 동작구 상도로 369
전 화 02-820-0772
팩 스 02-817-5297
홈페이지 http://press.ssu.ac.kr
디자인·인쇄처 디자인 그린비(02-2275-5756)
값 28,000원

ISBN 978-89-7450-364-2 04230